“跨文化研究”丛书（第二辑）
[法] 金丝燕　董晓萍　总主编

中国客家地方社会研究（三）

江西客家与非客的社会

[法] 劳格文（John Lagerwey）　谭伟伦　主编

中国人民大学出版社
·北京·

教育部人文社会科学重点研究基地重大项目
“跨文化学理论与方法论”
（项目批准号：16JJD750006）

综合性研究成果

同步执行项目：

香港特别行政区研究资助局优配研究金支持计划
“中国东南部的地方仪式传统”
（计划编号：港中大2110235）

教育部人文社会科学重点研究基地
北京师范大学民俗典籍文字研究中心
资 助 出 版

— EFEO —
École française
d'Extrême-Orient

本书获法国远东学院授权许可出版

“跨文化研究”丛书编辑委员会

总　序

本丛书属于教育部十三五规划“高校人文社会科学重点研究基地重大项目”，由教育部人文社会科学重点研究基地北京师范大学民俗典籍文字研究中心承担执行。

跨文化学发端于北京大学，学科奠基人是乐黛云先生，乐先生同时也是我国比较文学专业的开创者，以往我国跨文化研究的成果也大都集中于这个领域。在法国，由新一代汉学家金丝燕教授领衔，已经开展跨文化学研究多年。北京师范大学跨文化学学科建设之不同，在于将跨文化学由原来的比较文学研究向以中国文化为母体的多元文化研究全面推进，让这一吸收世界前沿学说并提倡平等对话的学科在中国本土扎根更牢，同时也让中国文化研究成果通过跨文化的桥梁与世界对话。这种学科的转向是经过长期准备的。

北京师范大学近年连续举办了“跨文化学研究生国际课程班”一级平台教学课程，乐黛云先生、法国著名汉学家汪德迈（Léon Vandermeersch）先生、中国传统语言文字学家王宁先生和民俗学家董晓萍教授等联袂教学，将跨文化研究向传统语言文字学和民俗学等以使用中国思想材料为主的学科推进，促进多元文化研究与跨文化学学科建设的整体关联理论付诸实践。令人欣喜的是，此观点得到了加盟此项目的海外汉学家的一致响应，因此，这套丛书，也可以说，是在这批中外教授的共同努力下，在他们以跨文化为视野和从中外不同角度研究中国文化的学术成就中，在经过中外师生对话的教学实践后，所精心提炼的一部分研究成果。

与开拓跨文化学学科一道，我们同步进行了跨文化学研究生的培养工作，此项工作得到了北京师范大学研究生院的大力支持。我们希望通过这种双向推进，为跨文化学理论和方法论的建设积跬步之力，也为中外高校跨文化学研究生的高级人才培养履行社会责任。希望这套丛书的出版能够帮助我们接近这个目标。

“跨文化研究”丛书编辑委员会

2016 年 10 月 27 日

目　录

吉　安

铜 鼓

前　言

劳格文　谭伟伦

本书的文章选自“客家传统社会丛书”①。这是劳格文于 1992 年首先与福建社会科学院研究员杨彦杰先生一起开展的课题，不过课题的研究队伍很快便得到扩大，嘉应学院的房学嘉、韶关学院的曾汉祥、赣南师范学院的罗勇和林晓平、赣南地方博物馆的刘劲峰、香港中文大学的谭伟伦都先后加入进来。“客家传统社会丛书”自始至终都保持着一个特色——坚持寻找地方作者撰写他们地方的民俗与历史。

有几个因素促成了这个课题的成功。首先，是地方政府的关心和支持，并大力协助寻找和组织地方作者。其次，是我们拥有一群一流的学者编辑，从旁协助地方作者，往往一而再、再而三地为他们修改文章，使行文上更符合学术的规范和水平。最后，是我们得到香港和台湾地区不同的经费资助，使我们的研究工作得以开展。另外，上述所有课题合伙人都必定陪同地方作者跑田野，并向他们示范在访谈的时候问些什么问题和如何提问。

我们课题的成功或可以从本书的编选工作之困难反映出来。因为“客家

① ［法］劳格文（John Lagerwey）、谭伟伦主编，共 35 卷，1996—2006 年由国际客家学会、海外华人资料研究中心、法国远东学院陆续出版 30 卷，此后又由四川大学出版社和社会科学文献出版社等不同出版社出版 5 卷。这套丛书的总书目见本书“附录二”。我们在“附录二”中提供了“客家传统社会丛书”所有书目的全部信息（包括卷次、编著者、书名、出版年）。出于篇幅的限制，本书对每篇选文的信息，除了提供具体文章的作者、题目和所在“客家传统社会丛书”的卷名、页码外，对重复率较高的其他信息（如出版社和出版年），一般不另注，读者翻看书末的“附录二”便可得到清楚的查阅结果。特此说明。

传统社会丛书”所收录的文章都是弥足珍贵的记录，实在是鱼与熊掌，难以得兼。我们从一开始便选取了比原定的出版计划多出两倍的文章，幸好“跨文化研究”丛书总主编之一董晓萍教授慷慨地把我们原来只有两册的出版计划大幅增加了一倍。可是，尽管如此，我们依然不得不极为遗憾地放弃许多好文章。有些文章不被收录的原因，只是它的篇幅很长，甚至有些由学者执笔的文章也不得不割爱！剩下来的文章多是地方作者的作品，它们代表了“客家传统社会丛书”的三个地方社会基本分析面向：宗族、经济和民俗。我们特别优先地选取了与地方庙会相关的文章，是因为它代表了中国传统社会的“公”的一面。

虽然有点犹疑，我们最后还是决定把文章简单直接地按地区划分，而非按主题来归纳，否则，文章便会不停地由一个客家地区跳到另一个客家地区，而游走于广东、福建、江西的不同客家地域之中。我们还特意选取了一些描述客家地区中的非客家族群之文章，包括粤北的瑶族和壮族，以及江西的赣方言族群，结果是我们给读者展示了 1949 年前中国的一大块地区的详细地方生活信息，相信这些资料已很难在其他地方找到！

在这篇“前言”结束前，我们必须感谢“客家传统社会丛书”的几位原编者，包括负责闽西地区的杨彦杰、负责江西地区的刘劲峰，以及负责粤北地区的曾汉祥。

最后，感谢“跨文化研究”丛书总主编之一董晓萍教授为本书出版付出的大量辛劳。中国人民大学出版社与策划编辑王琬莹对出版本书的信心让我们感动。北京师范大学中国民间文化研究所博士研究生徐令缘和硕士研究生柯勇、刘芳三名同学承担了本书的文字录入工作，在此一并致谢。

2016 年 9 月 25 日于香港

宁都

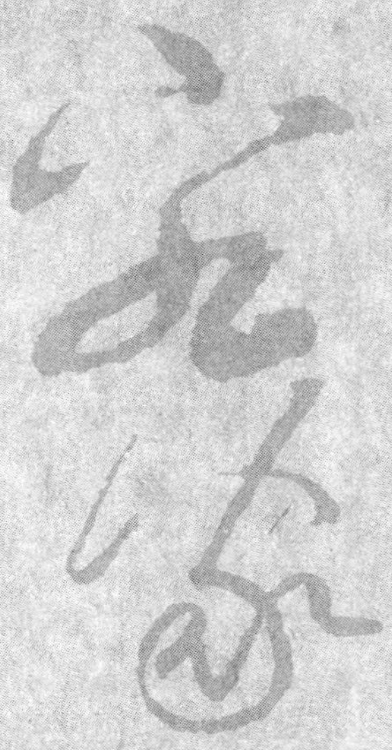

宁都的宗族、经济与庙会*

劳格文

我们选择宁都作为赣南的第一个县一级系统研究的县份，是基于该地悠久的历史和地理位置。自西晋开始一直至后周（265—960）都有“宁都”这个名称，宁都还包括宁化以东的石城。假如说，福建的宁化与长汀和江西的宁都与石城均属客家人的语言、文化形成的核心地区，那么对宁都的研究将为我们了解客家核心地区文化如何分化发展提供线索。我们并没有失望：虽然由于移民的缘故，特别是来自长汀的移民使宁都的南面于清初出现了新的客家群体，并成为地方上的大多数，宁都的文化和经济处处表现出它为江西的一部分。首先其货物便是主要通过梅江和贡江再到达赣州及其他地方。宁都的主要神明——老官、七仙、汉帝、许真君明显是“江西制造”。宁都的宗族常声称自己可推溯到唐或宋，大体上它们比闽西的宗族更古老和更成熟，特别是当我们与长汀比较时。傩剧在宁都南部的遗迹是宁都的地方文化之相对古老的另一个显示。

选择宁都的另一个原因在于它是刘劲峰的家乡。刘先生热情地到县内24个乡镇找寻作者，找到以后，又耐心地指导工作，包括漫长、艰辛的调查访问和写作过程。除了写县城的文章，如庙宇、湖南剧的专题以外，还有数篇专注于乡村宗族和四篇关于商贸的专论。其他的文章均描述由墟市演变成的乡镇的宗族、经济和节庆。在理论上，本论文集可以根据上述这些主题来组

---

* 本篇原为刘劲峰主编的《宁都县的宗族、庙会与经济》（“客家传统社会丛书”，第18卷，2002）的“序论”。

织，又或以地方行政区划作为组织原则，但最终我们选取了以地理做机械的划分。为了避免此举之随意性，我们将按上述的主题作为组织原则介绍宁都部分的内容。

一、宗族

据刘劲峰《宁都历史地理概要》的介绍，宁都的宗族均把它们的历史上溯至唐宋，这与闽西以宋末明初作为起步的时间明显不同。问题是：它们的宣称有多可靠？又如何反映在它们的本地宗族文化当中？首先可注意的是，宁都的族谱大抵于较早的时期开始修撰，至它们于二十世纪九十年代重修时，多已是第十五或十六次修谱，以下的表乃基于一些有具体族谱历史的文章为我们提供的一些基本资料。

表 1-1　宁都族谱资料表

村落	姓氏	版次	年份	最新版次年份	最早版次年份	代数
中坝	廖	14	1947	1994	1055	43
旸雾	胡	13	1947	1995	1460	34
灵村	邱	9	1917	1995	1535	40
东龙	李	9	1942	1995	1444	37

单看版次的数目已是惊人，而且差不多所有的当地宗族都修了新谱，并同时保存了老谱。廖氏宣称他们早于唐末（879）已到达中坝，是否能证明不得而知，但邓文钦与廖近远《黄陂中坝的宗族、墟市与庙会》所提及的廖氏之宋代十二进士却于《宁都直隶州志》中考据得到。廖氏族谱于宋末至明中叶期间（1265—1458）都没有修订过，这说明始自元朝的打击一直延伸至明代。廖氏的宗族重建始于明中叶，即当廖氏于1459年建设起他们的第一间房派分祠，亦是在他们四修族谱后的一年。万历年间，廖氏又建设了四座分祠和一座开基祖祠堂。现存的清乾隆四十五年（1780）版本的廖氏族谱列举了廖氏当“牙人”的七个商人，他们于顺治九年（1652）负责代收当地市场某些货品的税项，名曰“落地税银”，税款先交给开基祖的祠堂，再转交有关政府部门。同一部族谱又罗列了不少于二十一间庙宇，由族人建设，最

早的一间为关帝庙，建于明洪武二十六年（1393）。至清宣统元年（1909）又多列了七间庙宇，还有十三间“社坛”。

曾文明《大沽旸霁的胡氏宗族与民俗文化》所描述的旸霁村之胡氏宣称：他们的开基祖胡伯原于十二世纪到荒芜的竹子坝打猎。夜幕低垂之际，其猎犬不肯回去。及至问它不离去的原因是否与该地之优质风水有关，它才三点头。胡氏又称，于八世即宋末之际，出了一位县令；于十一世明初期间，又出了一位县丞。他们于十六世（1441—1494）和二十世（1700—1777）分别出了两位进士。自明天顺四年（1460）开始，胡氏便定期修撰他们的族谱。清康熙三十六年（1697）所撰的一个序却表示已一个世纪没有修谱，而且许多资料已于改朝换代时的战乱中丧失了。他们的二十世祖胡汝梅因此要远赴吉水，寻回失去的万历版族谱。康熙三十七年（1698）所撰的一份《祠堂记》表示，主要的老祠原筑于水口，后因地过于狭隘而移建于今址。作者以原挂于族祠上的堂匾之嘉靖题词推断，祠堂亦建于明嘉靖年间。十六世纪初（正德年间），已开始用土地出租之收入（多租给本族人）来支持后代进学。族人又于清初在县城建考寓，方便子弟赴考。最有趣的是，现约三千二百人口的胡氏宗族居于三十多个自然村落，当中大部分是单姓村落，由一房或多房共同居住，极少与其他姓氏一起。

邱常松的文章《洛口灵村的邱氏宗族与民俗文化》介绍了他自己宗族（一个本地宗族）与县城房派分支混合的有趣的故事。宁都的邱氏以为自己是邱崇之后裔，唐乾封二年（667）因直言而忤高宗被谪贬虔州（即今赣州）。其子文仲，生于唐嗣圣元年（684），被认为是迁灵溪村（灵村古称）之开基祖，唯这项宣称的最早之根据为明嘉靖十四年（1535）版的《灵溪丘氏宗谱》的一个序文。① 灵溪村的十五世孙迪诚兄弟被认为于南宋开禧元年（1205）迁往县城，族中几乎所有的进士——宋朝四位、元朝三位、明朝两位都是出自县城一系。直至清一代，邱氏一族中进士人数暴升，本地（灵村）一支才能分沾光荣。邱常松以为真正从事宗族重建的是县城一系的有名

---

① 北宋崇宁三年（1104）十三世孙邱原晋的谱序仍存，据此邱常松以为这是第一次修谱，但这与明嘉靖十四年（1535）相差了四个多世纪，因此笔者没有采纳。同样，中坝廖氏以为其第一次修谱在唐天宝十五年（756），比我们表中所列的一修谱早了三个世纪。

族人邱维屏（1614—1679）。[①] 他在一篇撰于清顺治十五年（1658）的《迁徙总图考》中指出，文仲公的后裔分布在二十三个不同的地方，最远的在广东。当时宗族人口多至三千人，至1917年版的族谱就提出了五百五十多处居住地，据邱常松说现有一百三十万人宣称为文仲公之后，当中四十五万人在四川，二十万人在台湾，十二万人在福建及湖南，十一万人在广西，十万人在江西和广东。1997年，台湾的回乡寻根觅祖人士捐资三十万人民币，全面维修灵村两祠堂。[②]

被选中做仔细研究的四个宗族，其中东龙的李氏非来自本县北部，这并非偶然。首先宁都的南部于十七世纪即被客家人“入侵”。一如胡氏宗族，东龙李氏的开基祖亦是来打猎并听从猎犬决定不再返回石城。据说此事发生于宋初乾德三年（965）。李氏后来取代了当地的刘氏与曾氏，因为他们（刘氏与曾氏）怠慢了一位风水先生而李氏却热情招待了他三年。李氏的第一次修谱和建设宗祠都是由明初十七世孙思常兄弟主持的。李氏于明初共出了三位举人。清初的进士是有名的李腾蛟。位于东龙中心地带的市场也由李氏宗族控制。全村分为三甲，庙会亦以甲为主持单位，每甲轮流当首。外姓人没有入甲的机会，但可以在游神的沿路上摆设供品。

上述四个宗族的历史与刘劲峰在“客家传统社会丛书”第1卷的《赣南宁都县洛口乡古夏村的民俗文化》一文中所描述的古夏李氏之间的相同处值得注意：彼此都是晚唐开基而传至今共四十三世，第一次修谱在南宋淳祐二年（1242），而往后共有十三次增修，十七世以后元末期间宗族没落，宗族重建于明，第一间宗祠建于明正德十三年（1518），族内的“甲”制把其他姓氏排拒于外。刘劲峰引用的古夏村李氏于万历三十八年（1610）所订立的《条规》显示，古夏村的制度以立约模式实行，祠堂为约规存放地。每甲轮流替地方政府收取税项。刘劲峰写道：“由此可见，古夏所谓‘甲房’实际是户籍管理‘甲’与氏族管理‘房、祠’相结合的产物。它的建立不仅使地

---

① 李腾蛟（1609—1668），即东龙李氏之后，与邱维屏等都是“易堂九子”之一，他们在靠近县城的翠微山峰钻研文史。

② 这些具体事项帮助解释为什么新修谱不再是以本土为主而是超本土甚或超全国。族谱的作用永远都是建立网络和名誉，而新修的谱要建立国际上的声誉。1917年的族谱显示民国时期已转入此方向。

方行政管理机构得到进一步健全，使国家权力深入农村每个角落，同时也使氏族权力得到进一步加强。”① 很明显，宁都的古老宗族自始全面地参与了宋及宋以后新儒家对中国社会的一个改造——以宗族结构和祖先崇拜为中心。

刘劲峰所展示的这种哲学上预设了立场的改造以及建立地方政府的重要第一步，对宗族与行政结构在明代中国社会的产生中之结合这一事实，有不可以低估的重要性。回到我们这个论文集，上述事实在宁都一县中比闽西各县包括宁化来得更清楚。②

二、经济

我们已提及几个宗族控制地方市场的案例。在长胜镇的九十六间店铺中，有二十九间属于黄氏宗族（当中有八间是赌场或烟馆）。武姓则有十九间（六间是酒店）。邓姓有七间陶瓷店，邓姓人还做“六种行”的牙人。牙人必须花重金到县衙购买契约，购得后经营资格可代代相传。据宋拔偕《赖村宋氏宗族与民俗文化》称，赖村镇中五十六间店，宋氏族人占了四十间，其中三十八间还是用宋氏宗族的族产建造的，租金归宗族所有。墟场的管理由宋氏宗族的二十四位长老（包括正、副族长）推举出来的四位侠士负责。他们有权于祠堂中审判滋事者。外地人开的十四间店铺经营制药（三间）、染布（二间）、做木工（一间）、打铁（一间）、缝衣（二间）等项目。赖村一如宁都的其他墟市，建有一座老官庙（本书中其他的例子如会同乡、小布乡、田头乡及长胜镇）。宗族拥有的店铺之租金用来支付七至八天湖南祁剧，每年在四月上旬演出。赖村本身只出产农作物。农闲时农民会从本地肩挑鸡鸭等到三百里（150 公里）以外的长汀，回来时购回食盐在本村或邻村销售，来回一趟需八九天。也有人从邻近墟市收购红糖，挑去二百里（100 公里）以外的吉安、永丰出售，再购回茶油、白棉布在本墟出卖，来回一趟需五六天。

---

① 刘劲峰：《赣南宁都县洛口乡古夏村的民俗文化》，见房学嘉主编：《梅州地区的庙会与宗族》，“客家传统社会丛书”，第 1 卷，1996，第 256 页。

② 单是建于明清的祠堂的数目已是惊人。曾材在他的《宁都城厢的各姓祠堂》中列举了 174 座祠堂，其中 19 座是曾姓的。30%～40%的土地均被祠堂占有。

大沽乡是其中一个主要的茶油出产地。曾文明的《大沽旸霁的胡氏宗族与民俗文化》描述了整个榨油的经过。夏布的主要原料是苎麻，在邻近的墟场如永丰县等地购买。旸霁中心村的中老年妇女负责绩线，男人负责排线、上浆，年轻妇女上机织造。商会每年都斥资请戏班唱戏一个月以庆祝老官神生日。小布乡是宁都北的粮、茶油、土纸、夏布、木、竹等的中心市场。它有三百六十间店铺。货品沿着小布河及通往黄陂、大沽、永丰的山间小道运往县城及周边地区。清嘉庆十七年（1812）所建的真君庙——万寿宫位于市场中心，旁边还有三座庙，各有自己的庙会：（1）正月要为石仙爷唱线班（木偶戏），石仙爷原为从河坝上拾得的一块像人的石头；（2）五月二十四日至六月初二的老官庙庙会要演七至十天戏，由各行各业的商会支付，在庙门外的戏台上演；（3）八月地方的家族会出钱演十二天的戏，献给许真君的十二位结拜兄弟。三间庙的庙会均由七十二村半及各行各业自行推举出来的数十名代表经营。他们分为六至七组，轮流筹划与组织工作。由于当年许真君万寿宫建庙多余的钱由各村平分，而东岭村的林姓自称富足，只领了应领的一半，此后每年集资唱戏也就只出应出的一半钱，故称“半村”。

县城以南的田头乡街上有六个主要墟场，分别为蔗糖、牛肉、鱼苗、鸡禽、粮食、草席的市场。糖要以杉木制的桶装好，每桶 100 斤，1947 年时每桶雪花（蔗糖的一种）约值七十银圆。糖由木船运往赣州，再转运闽、粤等地甚至上海、海外。北面的县城如南丰、南城的人会成群结队地用独轮车到田头来贩糖外销。田头也是宁都县唯一一处宰杀老弱残牛之地。全墟只有黄姓方有世代相传的宰牛权。他们的“牛岗契”是由嫁到当地的一位黄陂女子给予的。每年的二至四月，春耕季节会停止宰牛。当地人要远赴九江去买鱼苗，养成之后再销往县内及赣南各地甚至漳州。田头墟市商业分为行商、坐商、笼担三种：（1）行商用船把本地农产品运往赣州及南昌等地，回来时运回南杂货（即副食品）或小百货（俗称广货）卖给坐商；（2）坐商指在田头开店的经营者，包括四十二家酒店、二十多家猪肉案、十二家布店、九家南杂货店和七家药店；（3）笼担即肩挑箩担，在墟上摆摊设点销售南杂货、广货、药材及各种土特产。布店多由乐安人或县城内的人开，且多有染缸自染色布。

彭月生在《石上镇的墟市、寺庙与民间风俗》中忆述，他的曾祖父是三代推独轮车家族中的第一代。推车者常结伴到长胜、竹笮买红糖，再推到上杭、长汀等地发卖。回来时又买食盐或桂圆干、荔枝干，卖给当地商人。来回一趟要五六十天。他们也会到南城，来回便要三个月，每人要带上三套衣服和六七双草鞋。出门前还要在神台“装老官灯”，天未亮时出门，以免碰见女人或听到不吉利的话。他们至少十人一组，当中有一名领头人。到了目的地后，要分头去尽快把货卖完，还要帮未能卖完的人去卖，以便能尽早回家。所有推车的人都没有田或地。据张长生与邓诗墅《长胜镇的墟市与庙会》描述，长胜镇的肩挑者担红糖到乐安，再担回布匹，担红糖到南城，再担回药材，路程三百多公里，来回需时七至八天。本钱少的穷人多先挑便宜的货如大米，再挑油，以谋更大的利润。通常挑往长汀的有大米、豆子、鸡、鸭、油、糖、陶器等，挑回长胜的多为食盐、闽笋、胡椒、鱿鱼、海带等海产。每年八月十五，打担工都参与一项摇扁担活动，届时会召请月亮姑姑下凡，由两位未婚男青年抓着一根新扁担，当扁担越转越快至不受控制时，表示扁担仙已下凡，使扁担成为最好的。扁担和箩筐要挂在没有女人，特别是没有孕妇跨过的地方。过年时，打担用具要全部贴上红纸，新年后的第一次出门要选好日子，从大门出去，路上不能碰见女人。

张长生和邓诗墅同时写了一篇《长胜窑下传统的制陶业》。各种的陶制缸瓮器皿最远能卖到河北。农闲时农民会肩挑陶器到瑞金、广昌、长汀等地。瑞金的小贩常带一些杂货如用泥制造的可吹响的小动物形状玩具来卖，再挑陶器回家销售。长汀的小贩则会带来闽笋、茶叶。石城、雩都与赣州来的都是批发商贩，他们吃住在窑老板家。石城商贩会带来土纸、豆豉。雩都商贩则用船带来石灰。赣州的带来百货销售，再将陶器大批拉回。宁都县城的商人则将需要的陶器列出清单给窑老板，将货物运往北面。窑下村的父母喜欢看到小孩弄得满身是泥，认为是好事。窑下陶业世家有八九个姓氏。拜师学艺先要到老官庙拜张罗明祖师。庙的正中是罗明菩萨，右边是老官菩萨。庙宇相传是明中叶的一名窑老板所建。看庙的人须为老板们推荐的德高望重的长者，他还要负责供应各窑的“打冷火”所需的120捆草柴。每烧一窑产品，窑老板要给老官上供一定的供品，作为对罗明祖师的谢意。烧窑之前，老板要亲自到老官庙杀鸡烧香。张长生和邓诗墅写道：“商贩也非常信奉老官，特别是一些船运的大商贩，在出船之前定要到老官庙点烛燃香……出船前，还在船头点烛插香贴红纸，鸣放鞭炮。”每年九月初的老官庙庙会由窑下大老板轮流主持，并确定唱戏的本数。一般四条龙窑各点一本，赣州、雩都、瑞金、石城、县城的客商各点一本，窑下蒸酒、做豆腐的合点一本。挑陶泥用的撑杆被称为“三君九头目”：三君指吴真君、许真君、太上老君，九头目指萧老官、王都督等。王都督是修筑万里长城时的小吏，他设计出撑杆以便民工用以顶着担子休息而泥土不会倒出。大家都把撑杆当作王都督的化身。烧窑时若碰到困难，须到附近坟墓去偷棺材盖烧或杀黑狗献祭以祛邪。众多陶器中有一种叫禁罂，供给病人和命中犯血光之灾的媳妇存禁。存禁即把灵魂藏到禁罂里，经道士画符盖口后，即使城隍庙的无常小鬼也抓不走其灵魂。

整个种植甘蔗与制糖的过程在曾诚钊的文章《宁都竹笮乡的传统制糖业》中有一详尽的交代。甘蔗地须两年轮作一次，种满两年的蔗田要隔种一年花生、番薯、豆子。熬糖师傅可得双份工资，他的得力助手打泡工则享受倍半工资，其余十人各得一份工资。土糖由车运至南昌、樟树，或由船装至赣州，或由三至五人一组肩挑至吉安、汀州。竹笮乡十多家糖行分布在四个产糖村。糖行有固定的场所、客商、秤手和木桶。糖行在甘蔗成熟而尚未压碾前派人到糖农家逐户上门议价、订购和付订金。土糖收成后须按合同把土糖送到糖行，糖行用七十四斤的桶；当中半斤为糖行之手续费。大多数农民都会选留上等甘蔗连叶埋到地下。榨蔗一般是一家一户轮班，轮到时，须办一场酒席，称榨蔗酒，给参与工作者。酒席前先在老官菩萨前杀鸡，并把血滴在老官前、绞石和四根架木上。榨期每天早晚向老官烧香。如某日的出糖率高，便称此日所产之糖为“老官糖”。

据邱维汉与阮春妹的文章《钓峰曾村的鱼苗生产与民俗文化》，曾村的鱼苗生产行业技术是由一位东龙老头讨饭时带来的。他受到热情款待，为报答曾村而把祖传的生产鲩鱼的技术传授给村民。他由于破坏村规向外人传授了技术，便不敢回乡，由曾村村民轮流供养他。以后他去世，村民又于村头建了一座小庙纪念他。每到鲩鱼繁殖时，养鱼户须到庙里上供。清朝时，村民会走到三百公里以外的九江去买鱼苗。民国时期，他们行经黄陂、永丰到吉安去买，若买卖不成就坐船到樟树。挑担鱼苗需要特别的技巧。五人一组，有一人挑“干担”，即挑挑夫们的换洗衣服和鱼饲料，他亦同时当鱼医生，当鱼苗出现异常情况会懂得如何及时救治。鱼苗被担回曾村以后要存放两星期，每天喂给鸭蛋混米浆，直至鱼苗有筷子头般大小。用来装鱼苗送至邻近的县份（如宁化）的鱼箩高约二尺，口径和底径六寸，以圆竹编织，内壁贴有多层桐油纸。出门贩运鱼苗和把鲩婆投放到寮塘里产卵时，家人要到村头老官庙去上供，鲩婆寮塘边还要另设老官灵坛，初一、十五须备上几样供品。

一如其他的老官庙，老官坐中间而两边分别是“千里眼”和“顺风耳”，管提供给商人市场上的信息。过去每年的正月初十到十五，曾村五姓代表会抽签确定福神庙的菩萨到各姓祠堂轮坐的次序。庙会期间每天都演戏，菩萨轮流到五姓祠堂坐神一天。至十五日再抬神明到各祠，家家户户以备办酒席结束。

据卢炳燊的文章《宁都梅江河与商业、商俗》，1947 年以前宁都内的梅江全长 142 公里，从北向南流，常年通航，全县江河及支流可通航的里程达 580 公里。以篙撑为主的竹筏适合梅江支流的运输，顺流而下可载 3 吨，洪水季节可载 4 吨，逆流可载 2.5 吨。大米与烟叶会用这个方法运至县城，再转由常年可载 20 吨、洪水季节 30 吨的木帆船运至外县。1937 年，全县共有 45 艘这样的船只，运载煤油、大米、食盐、烟叶、布匹等往返宁都和赣州。县城内有三个码头：一个竹筏码头和两个船码头，各有特定的运载货品。其中阳和门码头由周步郁管理，他在赣州亦开设了一个宁都码头。县城内共有店铺六百间，每条街道的大门都与特定的商行有关。输入宁都的货品主要有米、盐和油，输出的则有杉木、粮食、夏布、土纸、烟叶和红糖。1928 年共有十五万根木材，扎成 25 米至 35 米长的筏，流放到赣州，再转销到广东。赣州商人在宁都买的米亦用同样的方法运输。由苎麻织造的夏布非常流行。民国初期，全县有土木机九百多台，纺织出来的夏布经水路运到南昌或由陆路肩挑至长汀。县城内在清末民初还有兼营染布的大小布店二十间。染布用的白棉布多从临江经吉安、赣州输入。染料则用本地产的土靛，将草本植物“蓝叶子”浸泡在三合土的大坑里加入石灰而成。南城、南昌、清江的商人和工人都有自己的会馆与相关的神明。清江人的临江会馆安有三皇神像，南昌人的洪都会馆安有许真君，南城人的建昌会馆则有药王菩萨。八月初一许真君的庙会为宁都最大的庙会。

三、神明与庙会①

正月的庙会必然有演戏与神明及花灯巡游的节目。邓文钦与廖近远《黄

---

① 关于端午节，参见邓水蘅：《宁都西关汉帝庙庙会调查撮录》，曾材：《回忆宁都城隍庙》，均收入罗勇、林晓平主编：《赣南庙会与民俗》，“客家传统社会丛书”，第 7 卷，1998，第 228～229、234 页。

陂中坝的宗族、墟市与庙会》中所写的中坝村，正月的花灯巡游要花上一星期（初八到十五），而且极有特色。正月十三日晚上，廖姓要把福神菩萨从螺山庙中抬出来游街和游每个自然村。正月十五日元宵夜福神要再次游村，但方向恰好相反，与灯一起游。在旸霁村，除了正月十一日至十五日晚上把菩萨抬到全村各处巡游外，还要在大祠堂内的戏台上唱“福神戏”。在田头乡，正月十一日先在城隍庙戏台演出十二天，再往汉帝庙戏台演十二天，二者均是永久性戏台。正月十二日和十五日两天，墟日会有二十四台“古史”（故事）的游行。第一台是《天官赐福》，两天都有，其余的在正月十五要全部更换，称“不食旧饭”。正月十六日，汉帝庙、老官庙、七仙庙、东岳庙所有的五十三尊神像要全部洗刷一新，有穿戴的换上新的衣帽，并按上述次序坐在小木轿上游行。东岳大帝压阵，因为他是“百鬼之帅”。

在小布乡，七月十五是商人付钱请道士在许真君的万寿宫打醮的日子。最后的节目是道士拖着鸭子，串街过巷去赶鬼。店主在店门口等着，然后叫出逢凶化吉的话语，并把预先准备好的水倒出去，再关上门。七月十四日要用鱼、鸭和茄子祭祀祖先，因为第二天他们要去“买子孙”。“请祖公祖婆吃秋（天）茄，多买子孙，少买姑婆。”七月十五日傍晚，又多于三岔路口烧“路纸”给无祀鬼，但无须供品。在石上镇，七月十五日是敬祖节，会烧给祖宗一大纸包的纸钱，以便他们代买些好子孙回来。在宁都城关，七月十二日要将神龛及木主洗刷洁净，并将祖先遗像挂起以迎接祖先回家。七月十三日、十四日的早、午、晚三餐都要先敬祖先。七月十四日是祖先往离县城二十里的赖坊村许墓旁赶墟买子孙的日子，所以早餐要提前于黎明前吃完，并要在神案前焚烧纸制的罩马子，当中装满金银纸锭、冥币、烧纸等。商人那天会在墟上听到许多鬼话。及至中午祖宗回来，午餐时加“粉干”。七月十五日中午是送祖先回墓的日子，午餐丰富，要宰鸭，把血滴在有名字和地址的钱包上再烧掉以送祖先回墓。在长胜镇，七月十二日至十五日，福林寺的和尚要组织游佛念经。和尚先派人将佛牌送到各家各户，然后再逐家逐户到佛牌前念经。佛牌到后，每天早晚全家大小都要在佛牌前作揖叩佛。七月十四日和尚开始将佛牌收回，十五日在寺内念经，晚上在窑下老官庙前设坛追鬼。和尚先是穿红袈裟坐在高台上，好言奉劝孤魂野鬼不要作恶，下半段则大声训斥，不断拍打惊堂木，责令野鬼往别处。最后设宴五席，让孤魂野鬼饱餐一顿，令其立即离开；和尚转身念经回寺，余人紧随其后。每三年，蔡江乡华祝寺的和尚会举行一次“颁官走赦”。赦官代表百姓上奏玉皇、下奏阎罗请求赦罪，而和尚自己也难免会因念经上的错误，被天宫地府以为欺骗了他们，所以赦官要请乞丐或很穷的孤寡老人来当。七月十五早饭后，首事、和尚会率领队伍先到太子庙，再到南岳庙，宣读用朱砂作墨写在黄表纸上的赦文。

老官作为地方上的财神与市场神明已很明显，但他是谁？他是萧官、伏波与船工神，他的祖庙在赣河畔樟树之南。传说他曾助明太祖在鄱阳湖与陈友谅打仗获胜，因而被封。他的诞辰在四月初一，从那天起宁都地方开始上演漫长的节日戏剧。真君是江西的另一位神明，与商人和他们的节日有关，信仰范围包括宁都、小布与蔡江。蔡江的真君庙有和尚，庙属十五坊半人所有。正月初一至初七，和尚念皇经用“静经”的方式，只敲木鱼、钟磬。到七月二十一至二十九又继续念，但用“响坛”，即伴以锣鼓、唢呐。从八月初一到十二，十二坊每坊负责一天的唱戏支出。黄陂的流塘和石流塘两坊以及梅口的半坊不参加，负责当年庙会的一坊也不用出钱。同一时间要举行太平清醮，一样十二坊轮流，每坊负责一天，轮到打醮的那一坊人，早饭后要游神，一般从各坊的中心屋场到真君庙，祈求允许打醮。和尚按程序去打醮赈济鬼魂。

会同乡的真君庙始建于清朝同治年间，每年从八月初一起会唱足一个月的湖南戏。庙会每天由一甲人负责，每甲不多于二十四人，常来自同一村。庙会期间除演戏外还要舞火老虎。每村的青年组成两队，每队七盏火老虎。在晚上到本村每户门口把玩。进屋时说吉利话，并从火老虎上换下几根香，交给主人插在鸡、牛、猪栏，以及灶台、神台和门额上，是为散福。火老虎要舞三个晚上，然后送到河里扔掉。从八月十三日起又开始搬三天龙灯。搬龙灯难免打架，但到八月十六日打架的人又和好如初，并祝愿受伤的人身体康复。据说打架是“地龙显灵”，能保佑人畜。搬龙灯从八月十二日开始，先放龙灯下水，并选好一人当灵官。灵官从五个村轮流挑选，年年轮换。八月十五日晚，五村齐集会同墟大街，当灵官的先到真君庙去戴上面具，左手提火，右手握剑，由八位青年抬着游行，十点钟左右，灵官突然出现在墟上，从街头被抬着飞跑至街尾，五支龙灯队和手执火把、铁器、柴棒的人追赶在后，直到灵官至村口河里洗脸为止。龙灯也就在河边烧掉。追灵官时，他手中的香火会被未生育的年轻女子一路抢走。真君庙旁的观音堂庙会每年唱戏也不少于十六天，庙会组织也以甲为单位，共有十六甲轮流支付每天的戏钱。

青塘镇的真君庙亦与观音堂有关。它有一固定的戏台。每年八月初一至十二庙会期间都演戏，由建庙的十二甲支付。十二甲中除一甲为孙姓、二甲为杂姓外，其余都是何姓。道士要到真君庙请神牌，双手拱着出巡十二甲。庙会于八月十二结束，要杀猪还神。在刘坑村的真君庙有相同的组织情况，而且包括县城的范围。这里的真君庙有斋公斋婆，而且道佛合一，主殿供许真君，侧殿供佛，二者均是吃素的。刘劲峰的《地方志中的宁都寺庙》显示，真君为宁都最受欢迎的神明，共有十四间庙宇列在县志中。据曾诚钊说，许真君是“福神”，且把水口有功，因此许多村落把真君庙建在河边。

邓水蘅与邓庆环的《灵华山汉高祖坟与南团曾氏大祠堂的有关传说》给我们介绍了位于县城西北海拔 1 455 米的灵华山上的汉高祖坟。整个山脉宛如一条游龙，由宁都的西部延伸到雩都。坟则位于灵华山偏西侧山脚下第七个龙潭上。据作者们提供的故事，墓中所葬的并非汉高祖而是他的祖先，当年他向一地方神明蓝光菩萨收债时碰上地震而被困在墓内。另一版本说墓中所葬的是朱元璋之敌人陈友谅，他自称“汉王”，曾把江西的百姓从蒙古人的统治中解放出来。无论如何，该墓是每逢大旱之年的秋天来求龙王降雨之重要地点。有趣的是，附近南团村的曾姓并非崇拜汉帝，而是崇拜他的第八个儿子“福主老爷”。每年正月初八，这位太子菩萨都要被抬到曾氏祠堂，一直坐到正月十六。相反，石上镇的刘氏以为元宵节源自汉文帝。他的两位功臣助他除吕后于正月十五又拥他为帝。所以每到这天晚上，文帝就微服出宫与民同乐。据说刘邦在灵华山的墓从正月十五造到三月清明完工。清明时节，石上周边的刘姓都会到灵华山去扫墓。由于石上流传着一个把生男孩联系到汉帝庙的故事，自此凡生了男孩的人家，正月十四都要到汉帝庙去杀鸡朝拜。

位于会同乡中心的汉帝庙是每年七月初唱“禾苗戏”之地点。田头乡亦有汉帝庙，除主神汉帝外，还有汉母和十二位皇子（称十二太保），另有七皇子的师傅曾公，据传有崂山法。据邓文钦说，六位荤食菩萨的庙宇包括城隍、汉帝、东岳、老官、七仙及唐、葛、周三元帅的庙宇。清乾隆以前庙会多演傩戏，至乾隆初年改演祁剧。赖村的汉帝庙建于明正德年间，一位不知名的汉太子托梦说他随宋姓开基祖文高从庐陵来赖村并住在后龙山，若为他建庙可保一方平安。宋氏遂为刘邦及太子建了一庙。每年七月十一为太子公公的生日，要抬他到村内每一座宋氏祠堂和老官庙，还要在太子公公前杀鸭和唱十天的戏（七月初八至十八）。由于在太子公公神位前求仙茶能治病，宋氏族中有人患病便会请太子公公的神位到家里供奉至痊愈。每逢大旱，也会将太子公公抬到羊岭古樟树下让烈日暴晒。据说另一黄族曾趁太子公公在宋氏祠堂时派人到宋氏宗祠偷菩萨，但偷后竟找不到祠堂大门而被迫放回原处。

汉帝为灵村邱氏的福神，庙宇建于明初，供奉了刘邦、汉母吕后、三太子（传说曾到茅山学法）和先锋神。先锋神是邱先锋，他于明正德五年（1510）因流寇侵犯灵村，抗贼身亡。他之所以成为保护神乃嘉靖皇帝所允许。所有的神明会于正月初八开始被抬到各村巡游，至正月十五才回到庙宇里。太子菩萨亦见于小布及蔡江。在小布，庙宇位于小布墟的水口对岸。太子菩萨于每年元宵的“解钱”活动中被抬至各家各户，最后拂晓时分到水口，每户烧掉三根香与一沓纸钱——象征废物。① 在蔡江，太子庙又名东岳太子庙，供奉的主神为三国英雄刘备、关羽和张飞。刘备的右侧是太子菩萨，右手举剑，左手拿着红色接生袋（助产师用）。此庙为四村共有，且地处两条小河的交汇处。每年正月十三、十四要与龙灯一起游神。从一村到另一村时，抬菩萨的人要更换。交接点是规定好的，但接菩萨的往往故意不到规定点而让抬菩萨的多走几步路，但如是，抬的人就会不吉利，因此常发生纠纷甚至打架。由于四个村屋场分散，游神要两天。正月十三晚上，菩萨会放在就近最大的厅堂内歇宿，包括参加游神的人。凡老人去世，都要请太子菩萨替死者赎罪。凡产妇生孩子，家人会在自家神台前烧香，请太子菩萨保佑。如遇难产，还要派人把菩萨接到家中。据刘劲峰说，三太子和七太子在宁都最流行，这是由于他们有驱鬼的能力。

刘劲峰所列的表显示，七仙庙祀奉十一位神。曾材和邓文钦都把七仙联系到又被称作太子的天府大帝。传说某朝有一太子因患天花而死，被封为天府人圣大帝，以监视三太夫人与七仙娘娘，若出现天花死人，即拿她们母女问罪，因此天府大帝之像便安放在七仙庙楼上。七仙娘娘是玉皇大帝的七位使者，每天定期查看病人的病情和病人家庭成员的行为，上报玉皇，以判定

① 如长汀古城的正月十六“送香梗”压阵的是道士，举着驱邪的法器。参见张鸿祥、李积发：《古城镇传统社会调查》，见杨彦杰主编：《长汀县的宗族、经济与民俗》（上），“客家传统社会丛书”，第15卷，2002，第116页。

病人生死。曾材忆述自己六岁时因患肺炎在七仙庙中住过几天避邪。患严重天花的被称为“做大婆婆”，稍轻的为“做二婆婆”。患病后除了许愿和每天到七仙庙祈求外，对病人不能直呼其名，要把病人看作神的化身，尊称为“婆婆大人”。如孩童暴躁发怒，均视作神的反应，服侍者要再三恳求谅解。还愿要越早越好。可以逢五月龙舟竞渡时“上花”，或五月十八天府大帝生日又或六月六日七仙娘娘生日时加演戏目。曾材亦证实了小东门七仙庙殿左侧专设的漆木架上存放着端午龙舟竞渡的龙头，称为“金龙”。

在宁都非常流行的祁剧之保护神为清源祖师。据邓文钦的文章《祁剧在宁都》，祁剧每月演戏，各有不同的称谓，通常以在该月生日的菩萨名为名，但十月至十二月都演赌博戏。祁剧艺人不准吃狗肉，因为狗是清源祖师的舅公。每个戏班都有一个箱，内置清源祖师的坛位。神龛箱随班走，开戏前要在坛前烧香烛，艺人分别参拜方可演出。卖武的亦以清源为祖师，但唱戏的要将神位牌“敕封四川灌口得道清源……”中的口字写成门字，以示唱戏必须开口。新建戏台在演出时须烧香杀鸡拜鲁班和清源。据万迈《黄石中村的傩戏》称，中村的傩戏班亦供奉清源祖师。据罗怡文《会同乡的寺庙与庙会》说，会同乡大姓的正月骑马灯活动要先把清源祖师的神位放在祠堂或厅堂的右边。罗怡文以为清源祖师即四川灌口人杨重华。他七岁时淹死于池塘，七天七夜无人发现，后成了仙并组成神戏班子，包括七仙庙中的金花娘娘和银花小姐。刘坑村十二月二十五日马灯舞活动要先到汉帝庙朝拜“青年祖师”。苏传耀和邓水蘅的《刘坑村的马灯舞与真君庙会》据《中国民间诸神》一书以为，青年祖师即清源祖师，四川灌口人，姓赵名昱，为一名道士，在隋时持刀投水杀蛟龙后不知所踪，后他现身骑白马救人于覆舟之中，被李世民封为神勇大将军。这当然是有名的二郎故事的翻版。①

马灯舞的每个步骤都要向清源祖师行礼敬拜，一直至正月十六半夜的解灯仪式。先杀一只雄鸡，再把汉帝庙清源祖师的神位请下来。舞马师手执小纸马在庙内舞几圈后便送出庙门，以示欢送祖师返天庭。众人再到河边，杀

---

① 关于四川仪式剧二郎，参见拙文“The Altar of Celebration Ritual in Lüshan County Sichuan”，in Daniel Overmyer ed. *Ethnography in China Today*（台北，远流出版社，2002），p. 77。他是川主杨戬，于桃山救母，在观音的帮助下，打败了引起洪水的孽龙，这故事与江西许真君的内容雷同。

一雄鸡，把绷马灯的布解下，再将手中小纸马烧掉，以示神马归天，此时在场的人不能说话。一如其他驱邪的仪式，静悄悄地回到庙里。在竹笮乡，也是每年正月初一至十五举行马灯会和演戏，正月十六下午把神马送回天庭，即送到河边，边烧边唱戏，然后停锣息鼓，将纸马架解下，避开来路回庙，也是一路保持沉默，以示不惊动神马。

宁都的一个最特别的神灵被供奉在海拔 1 236 米的宝华山上的宝华寺。此山在宁都、兴国、雩都三县交界处（据黄安君与何德锡《青塘镇的寺庙与庙会》，宝华山为宁都之祖龙的始点）。胡循荣《蔡江乡的寺庙与庙会》介绍禅和祖师前世为定光佛，因判阴阳时刻有差错被罚降生在福建，父母双亡，靠祖母抚养成人。祖母去世时，他十七八岁漂泊到宁都青塘镇，给姓陈的做长工。故事的发展一如长汀的定光与伏虎一样，当释迦牟尼与诸佛会于宝华山，一块黑石滚到佛祖足下，并变为一相貌堂堂的男子，要求皈依。佛祖得悉他前生为定光佛，便告诉神农和后稷，让他做保护农作物的禾苗之神。禅和马上答允，从此他天旱降雨，有虫除虫。自此，上述县份的百姓每年五月初一都会上宝华山打醮。每年五月以后，不同的害虫会在宝华山寺里集结，传说都是禅和祖师收来的，以保禾苗。据胡循荣所搜集的《禅和经》，禅和解释道："每风（逢）春社、秋社之日，吾察世人之善恶，奏通上界……以达神农帝主、后稷帝君殿前，定其丰歉与旱涝。恶多则放旱魃山魈入境，善多则旱魃山魈远逃。"佛答允，抄此经者及受持诵读者，转祸为福，赐福无量，灾祸蠲除（诵读者可请僧道、儒生或斋公代诵）。

曾材《宁都城厢的寺庙与庙会》讲述了一位"好仙佛"和常扶乩降鸾的文人彭应龙于清同治三年（1864）倡建文昌祠的故事。祠内二楼天花坛用来做降乩仙之活动。1927 年，曾材亲自与表妹（需两个童男童女）一起扶鸾。曾材亦讲述了由股份形式组织的信奉斗姆的斗会。类似的组织还有玉皇会、三官会、财神会、罗汉会等。每会有三四十个股份，经费上颇宽裕，能买田收租，建房收税。能当斗会首士或自己家设龛祀斗姆是一件大吉大利的好事。斗会首士家里要安奉斗姆坐像，通常设在阁楼，朝斗时请到楼下，道士们于六月初一至初六朝南斗，九月初一至初九朝北斗。在赖村，六月初一至初六诵《玉帝经》，九月初一至初九诵《九皇经》，诵经者全是书生。民国二十六年（1937），宋氏宗祠的几位书生开鸾得启示，要修建水口的经纬阁。据一位书生称，九月初一至初九的九皇斋习俗始自五世祖。他为感谢九皇老爷于明万历年间在风浪中救他一命而定下此斋期规定。长胜镇的仙花坛于六月和九月都念《玉皇大帝经》七至十四天。念经之前和结束日必须到应灵庙叩拜玉帝，并选出正副乩生以主持本年度的扶乩降鸾活动。

邓文钦《田头乡的庙会与墟场经济》所描述的田头乡演戏好像永不停止。先是二十四天的唱新年戏，还有四月初一开始的二十天的老官戏（十天在老官庙，十天在城隍庙），再来五月二十开始的二十天的禾苗戏（十天在城隍庙，十天在汉帝庙），八月十二开始的城隍戏（还愿戏），还有九月初五开始的三元戏，规定演十五天。老官戏由各行业负担，城隍戏由还愿者支付，其余的各有经费渠道。城隍戏最后一晚规定唱目连戏。完戏时有“追刘氏精”和“追小鬼”。刘氏精为目连母，小鬼即随青面无常来勾魂的，必须追之令远走他方，方能使地方得安宁。演员被数十名手执火把的健壮青年追赶，他们须按约定的两条路线向村外飞跑，并经过三口井，以洗尽恶鬼身上的罪。若到达前被抓着就要挨打。在石上镇，刘氏精被认为是三名于同年同月嫁往石上村三户李姓人家的刘氏女子。不出一星期，她们的丈夫相继去世，她们被大骂是刘氏精，甚或目连母，她们在被辱骂下于七月初二同时上吊自尽。村人于是决定每年七月初一至初十在她们自尽的地方搭台唱大戏，最后一晚便“追刘氏精”。据邓文钦《祁剧在宁都》，追刘氏精在不同的地方有不同的称呼，但相同的是，均在唱了一段日子的戏之后，在完戏那天先唱一百零八套短戏方开始。在洛口街每年七月初一至十五，在东山街正月十三，在安福街六月上旬，演戏最后一晚追刘氏精。在会同乡，八月十五赶的是灵官。

据万迈《黄石中村的傩戏》称，宁都唯一现存的傩戏唱本是当地的福主（华光）所给予的。现在它是郭氏的专利品，据其九修族谱，郭氏始祖于南宋绍定年间至黄石地。傩班供奉华光与清源祖师，还要携带独脚魔王的木雕神像。演员头上要戴一块一面红（阳）、一面黑（阴）的“包胎布”，表示与阴阳隔断，代表了神明。傩班演员到歇宿地，要端出一碗清水，手持雷令，在水面上画符念咒，使阴兵守卫在旁，防止妖魔邪鬼。最后一个节目时，信众要与傩班换米——将带来的白米倒入傩班的箩筐中，又从傩班的另一个箩筐中取回一些米。据说这些米有灵性，回家煮成饭可延年益寿。演《太公钓鱼》时，演到中途，头首会把纸剪的鱼卖给在场妇女，她们回去放在灶头，然后拌入鸡食和猪食，以保六畜不生病发瘟。第一次傩戏巡回演出（游傩）在正月初二至十六，会经过三个乡镇，六十多个村落。第二次在九月十一至十七，只经黄石乡内六个村。每晚表演完后，傩班演员用雷令镇坛，并连声唱肃静，接着右手持代表华光的令旗，左手捧六部大臣面具，向着河边飞跑去，村民在后紧追，到了河边，信众焚香，杀鸡祭神，火化纸钱后把纸灰抛入水中，然后从另一条道路悄悄回村。回村时若听到鸟叫或狗吠，会被认为是大吉，表示瘟神邪魔已被赶走。

四、结语

据万迈称，傩班跑到河边是瘟神邪魔被六部大臣赶走的意思。原来庙会的三十六股捐献者（大部分为郭姓）的后人分成六组，每组六人轮班成禳神理事小组。万迈以为傩戏传人在戏中是"演员"，在请神与送神中又是"道士"，而傩戏介乎道教与方术、巫术之间。万迈引用现年六十四岁的华光庙（储藏傩具之地）庙首所提供的资料谓，以前中村周围一二十里内的土地都集中在当地七个田主手中，他们正住在第二次游傩的六个村内。他们看见佃农（居住在第一次游傩的村落内）经过舞傩之后人丁繁衍、百事昌盛才开始他们的游傩。我们若假定佃农是客家人而地主是本地人，则傩戏是宁都文化的一个最佳之掠影，是本地人控制了土地和宗族的一种文化资源的遗产，也就是江西的远古文化。

即使没有这些详情，万迈所描述的傩戏也体现了典型的宁都文化与闽西文化的区别。首先它是一种宗族遗产，显示宁都宗族文化的源远历史。其次，闽西从未发现过傩文化，但它流传在福建客家地区北部的邵武与泰宁。① 最后，面具与短剧所代表的神表现出一种驱邪赶鬼的情形，与闽西的闾山派和陈靖姑非常不同。② 除钟馗、太公同属于中国文化整体以外，赖公、判官、王卯这些短剧中的人物全与赣南的东部有关联。赖公在赣州府的雩都县当过

---

① 参见叶明生：《福建省邵武市大阜岗乡河源村的"跳番僧"与"跳八蛮"》，"民俗曲艺丛书"册十，台北，施合郑基金会，1993；陈雄、梁印浩：《泰宁城关的庙会、节庆及打醮旧俗》，见杨彦杰主编：《闽西北的民俗宗教与社会》，"客家传统社会丛书"，第 11 卷，2000，第 34～35 页。

② 参见林守明：《上杭县城区的仙师崇拜》，见杨彦杰主编：《汀州府的宗族庙会与经济》，"客家传统社会丛书"，第 6 卷，1998，第 387 页，及笔者所撰之"序论"，同上书，第 24 页。

官，后在祈山得道。判官是唐宋时期处理公事的人员，民间借用来指阎王手下管生死簿的官。在赣南的东面，他常常与赖公的塑像在一起。王卯在秦朝修建万里长城，后在宁都的北部修炼得道。华光在闽西亦十分流行，但他与墟市有关而非驱邪赶鬼。虽然赖公是到祈山——而非闽西的典型说法闾山——去学法，但在本论文集中，像三太子一样往茅山学法更普遍。刘劲峰在《地方志中的宁都寺庙》中提及，2001 年 7 月在汉帝庙中看到一副对联："茅山初学法，汉室显奇勋。"胡循荣的《蔡江乡的寺庙与庙会》讲述了胡东庆的故事。他到蔡江放养母鸭，后跟茅山祖师学法。由于得到师傅干女儿的帮助，他通过了师傅的检验，后与师傅的干女儿成婚。他虽然与八角庙的菩萨斗法失败，但最后也在八角庙做了一个小菩萨。除了这些例子外，我们还可加入崂山，这是七太子曾公学法之地，在这些故事中只是缺了闾山。如何解释对茅山的偏好仍然不清楚，典型的说法是，茅山比闾山更属于中国文化的主流。这是除神明、货物流通、宗族历史的久远之外表明宁都比闽西更接近主流的另一个例证。我们若撇开名字上的不同而看闽西和宁都道士与神明斗法的故事内容上的相同性，则似乎应说成是在共同的驱邪赶鬼的基本共同主题上的一些地域上的不同。清源祖师在宁都文化生活中所扮演的角色或可用作论证共同点上的不同诠释。我们可以看到，清源祖师作为宁都的代表文化——戏剧的祖师，并同时是武术、舞马灯和傩戏的祖师，事实上是二郎的化身。可是二郎的故事也就是许真君——闾山之主与陈靖姑之师——的故事。如是我们可以把四川、湖南、江西以至福建串联起来。若把"驱魔"的故事算进来，则我们甚至可以把整个中国的中部与南部串联起来。姜士彬（David Johnson）所描述的江苏、安徽、浙江、湖南、江西地区的仪式剧与本论文集所记录的有很多相同的地方。①

关于所谓驱邪赶鬼的基本共同处，闽西与宁都最明显的分歧是：在宁都几乎找不到当过道士的祖先被供奉成地方神明的例子。我在"客家传统社会

---

① ［美］姜士彬（David Johnson）《行动比语言更有力》（"Actions Speak Louder than Words），in *Ritual Opera / Operatic Ritual*："*Mu-lian Rescues his Mother*" *in Chinese Popular Culture*，Berkeley，Publications of the Chinese Popular Culture Project，1989，pp. 1-45，特别是该书中的"The Capture of Madame Liu"，pp. 17-19 and "The Hanged Woman"，pp. 20-24。

丛书”第11卷的“序论”中曾指出，闽西北客家和非客有类似的分别：“祖先和神明的关系似乎更像是一种物权关系，它部分的是受佛教施主观念的影响。”① 刘劲峰在他的文章内指出，明清期间宗族建的庙宇不少于一百一十座似乎反映出一个类似的社会事实，一如在宁都找不到一个在闽西那种典型的轮祀神明的例子。② 把以上所列举的事例与宁都的宗族历史和组织综合起来，或可以这样说：一般而言，宁都比闽西更接近新儒家的理想宗族社会。

2002年7月15日于巴黎

---

① 杨彦杰主编：《闽西北的民俗宗教与社会》，第34页。

② 参见杨彦杰：《珨瑚侯王：一个跨宗族的地方土神》，见杨彦杰主编：《闽西客家宗族社会研究》，“客家传统社会丛书”，第2卷，1996，第237～273页。

蔡江乡的寺庙与庙会*

胡循荣

蔡江乡位于素有“文乡诗国”之称的宁都县西北隅。全乡辖池江、池源、白门、上湖坊、蔡江、罗坑、小砾、双溪、大坑、源头、山梨迳等11个村委会，114个村民小组。全乡土地面积80.4平方公里，总人口12 218人。村民主种水稻，经济作物主要有烤烟、西瓜、油茶、白莲、生姜等。

乡内主要有胡、廖、龚、谢、刘等5姓。其中，廖氏，据1941年《湖坊廖氏十四修族谱》记载：湖坊廖氏在明朝成化年间分别由黄陂中坝、下坝迁入，至今已传19世。胡氏，据1946年《宁都山堂安定胡氏十四修族谱》中《历代源流世传》记载，胡氏开姓之祖为胡公满，传至第99世时，一郎次子大琅讳大郎一府君，三子二琅讳二郎二府君，由宁都县城迁至黄陂山堂，遂为山堂、旸霁、竹溪三族一世祖。“大琅公传至第二十世东昱翁，与其子复由山堂迁至蔡江。”二琅公后裔则迁至白石。谢氏，据《珍溪东山谢氏族谱》记载，唐大历年间，始祖谢六郎从兴国凤凰庄迁居谢坊（今双溪）。刘氏，据《宁都彭城刘氏族谱》记载，始祖讳韶，唐贞观丙子岁赐判虔州，复诏入朝，敕号宗臣，后解组游宁都金精胜地，旋至安福乡，见山水环秀，遂留居马迹营立户。传12世，兴景携二子蓝田、玉田由安福迁至蔡江源头村开基。龚姓，据《龚氏罗溪六修族谱》记载，始祖颜泽于明嘉靖年间从福建建宁迁至蔡江坦子坑开基。除此之外，人口较多的还有张姓，据《宁都清河大州塘张氏族谱》记载，始祖公直，原居江苏吴县张家巷，登宋嘉定丁丑（1217）

---

* 原载刘劲峰主编：《宁都县的宗族、庙会与经济》，第15～45页。

进士，任为虔化县令，遂由江苏迁居宁都县城。传 4 世，兴泰于元大德年间(1297—1307) 复由县城迁居黄石，再传 10 世，少五郎生 3 子，长子少一郎由黄石分居到蔡江湖坊，现主要居住在廖屋、墩子、罗屋等自然村。依据地理位置及居民姓氏、房份结构，历史上，整个蔡江乡曾形成 13 坊半的自然区划。该区划与现今的行政区划大致相同（其中，有的 1 个行政村便为 1 坊，有的则 1 村包含数坊）。所谓 13 坊（这里指的是大坊），即蔡江、村里（今属蔡江行政村管辖）、麻源（今属蔡江行政村管辖）、池源、罗坑、小砾、谢坊（今为双溪行政村）、山梨迳、大坑、源头、中田迳（今属源头行政村管辖）、湖坊、白门。半坊指的是梅口（今属白门行政村管辖），因其区域小、人口少（至今才 200 余人），故称为半坊。各个坊均以一个姓氏（或房份）为主，如蔡江坊主要居住着胡氏大琅公的后裔，白门主要居住着胡氏二琅公的后裔，湖坊主要居住着清河郡廖氏的后裔，山梨迳、梅口主要居住着太原郡廖氏的后裔，谢坊、大坑主要居住着谢氏后裔，源头、大田迳主要居住着刘氏后裔，池源、罗坑、小砾主要居住着龚氏后裔，麻源主要居住着张氏后裔。

蔡江风景秀丽，历史久远，有许多民间习俗流传至今。尤其是该乡寺庙之多，在全县都名列前茅。当地人认为，正是由于有了这么多寺庙神灵的保佑，蔡江的人民才得以瓜瓞绵绵，繁衍生息至今。其寺院仅现存的就有 21 处之多，它们基本上是按山脉水系及自然区划分布。有的由一坊、一姓独建，有的由数坊、数姓合建，如蔡江的华祝寺建于双溪河与源头河的交汇处，为胡姓人独建；真君庙为全乡人共建；双溪龙凤寺为在这一水系范围内居住的村民合建；罗坑的苏木幢寺及山梨迳的青旗寺则是廖姓人的世主庵，为廖氏宗族所建。现将该乡主要寺庙的民间传说及庙会活动情况分录于后。

一、别开生面的华祝寺庙会与醮会

华祝寺位于蔡江街头，双涧合流之处。据传蔡江属船形，此寺为船头之桅杆，亦为蔡江之守护神寺。始建于明朝武宗正德年间，为当时蔡江旺族胡氏所建。据 1946 年《宁都山堂安定胡氏十四修族谱》记载："市头有古神祠八角庙也，庙侧东昱翁创寺宇，取名华祝。"庙内所存清光绪三十二年丙午(1906) 秋月，由州庠生绍元所撰《华祝寺记》碑，亦称："此寺曷名之为'华祝'也？余揣房太祖美意，盖取华人祝尧之义：一曰多富，二曰多寿，三

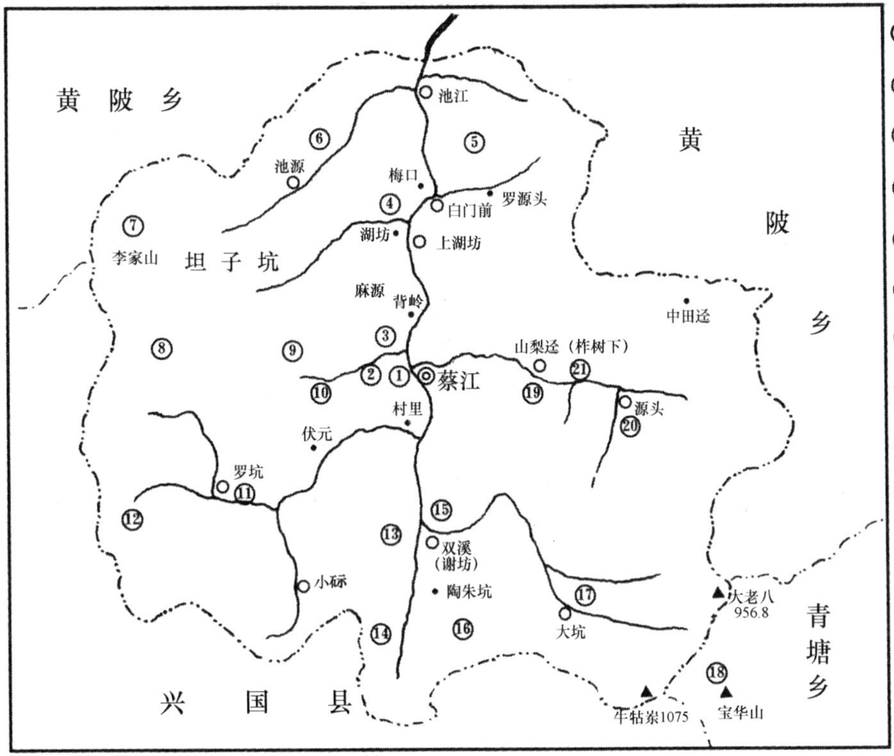

①华祝寺 ⑫苏木寺

②八角庙 ⑬刘家寺

③真君庙 ⑭枫树寺

④庆云寺 ⑮太子庙

⑤陈公庙 ⑯饭坑寺

⑥西莲寺 ⑰大坑庙

⑦荣华寺 ⑱宝华寺

⑧七枧寺 ⑲丫纪寺

⑨石岩寺 ⑤杨家寺

⑩平家寺 ㉑伞子寺

⑪水口寺

图1-1　蔡江寺庙分布示意图

曰多男子。良词美誉，颂声遍野，中天所以开景运也。我房太祖亦以华祝意名其寺者，意欲使后之子孙，入寺求富者则多富，求寿者则多寿，求嗣者则多男子。仍然如见放勋之世界，不亦大可乐哉!”

华祝寺为二进式殿宇。前有门楼，进了门楼是宽广的空地。四周广植花木，中有石砌小路直通殿宇。整个殿堂雕梁画栋，鳌鱼托梁，高大宽广，金碧辉煌。中有天井，殿西侧墙上布满壁画，画有天宫、地狱以及传说中的各种人物故事，栩栩如生，活灵活现。大门两侧原刻有对联，“文化大革命”时被铲去。殿分上、下两栋，上殿供奉三宝、十八罗汉、韦驮等菩萨，下殿供奉目连、地藏等菩萨，共 24 尊。殿之左右有正间，供僧人住宿及保管香烛等用，殿右外侧有巷，殿后设厨房、餐厅，可容 100 余人同时用膳。

寺内主要祭祀活动有四项：念《妙法莲华经》，唱戏，颁官走赦，过天桥。活动时间主要集中在七月，主要是因为七月为菩萨生日，实际为蔡江乡夏收夏种刚刚结束。农民们辛苦了半年，七月属农闲季节，时间上比较宽裕。另外，农作物收成了一部分，可拿来做集市交易，商贾们也好抓紧时间做生意赚农民的钱。此外，七月十五是中元节，俗称鬼节，通过颁官走赦、念经拜忏、超度亡灵、赈济冤魂，祈求一方平安。此大型活动每三年一次，平时仅供香客进香，为许愿者念经。

寺中经费来源主要靠胡氏祖上留给该寺的众产 30 担谷田，加上平时香客进香捐赠，可保寺中各项活动正常进行。据新中国成立前夕该寺最后一位住持，现年 85 岁的和尚钟梧林回忆，1946 年为活动比较大型的一年。其间，所举行的主要活动有：

第一，念《妙法莲华经》。七月初七夜开始，到七月十五日结束。通常有五六个和尚，身穿袈裟，手拿法器，敲打乐器，大和尚诵经，并边念边跪拜，小和尚亦步亦趋。据说他们每天都有一定的任务，所以晨钟暮鼓，从早到晚都念经拜佛。念经期间，所有人都要吃素，到七月十五日夜才可开斋，杀鸡杀鸭以祭祀鬼神。

第二，唱戏。在念经期间，从福建或湖南请木偶剧团到蔡江来演出。所演剧目主要是《东游》《西游》《目连救母》《武松打虎》等。他们白天分上、下午演出，晚上还需演一场。此时，虽不能说商贾云集，倒也熙熙攘攘，热闹非凡。外地不少卖草药、玩杂耍的都会来。对当地老表来说，印象最深刻的莫过于“烧挂花”(他们至今仍津津乐道)。据他们描述，烧挂花时，要雇请玩杂耍的人在两根约一米长的去掉枝叶的杉木上扎上彩色的纸，纸中放入火药，然后把树竖在山坡上。到了晚上，点着引线，杉树上的火药便爆炸，既响且亮，同时出现“国泰民安”“四时清吉”“五谷丰登”“人寿年丰”等祝颂语，火树银花，耀眼夺目。

第三，放洞竹、焰口。七月十五日这天，为招孤魂野鬼，超度亡灵，需分别在3个成品字形的山头上（剑山岭、麻源岭、庙背岭）竖起洞竹。洞竹用长竹竿制作，据说竹管上的每个节可管10里。如果竹竿上留20个节就能管200里，亦即点燃之后，200里之内的孤魂野鬼都会前来接受赈济。由于当地和尚没有这么好的法术来镇住这么多的鬼魂，也没有这么多的食物、孤衣供给他们，所以竹竿上的竹节一般都在20个以内。洞竹头上剖成若干片，里面放入松脂，到了晚上，选3个以上精壮男子为一组，共3组，分别去3个山头上点燃洞竹头上的松脂，然后把竹竖起来，插于山头。同时，在华祝寺外的空地上，和尚用二至三张八仙桌叠起来（最多时曾连叠七张桌）作为高台。道行高的和尚坐在高台上诵经，名曰坐台，其余和尚在台下和经，以安慰鬼怪远走别方，不得在此地作祟。旁边另摆几张供桌，摆放香烛、茶、果、菜、饭供孤鬼食用。念经到一定时候，台上和尚还不时往地下丢“斋子”——一种用糯米做成的圆形糍粑，供鬼怪享用。同时燃放焰口，即把开始念经时用竹篾和纸扎成的无常——一种高大似人的鬼神像烧掉。接着烧表文，化纸钱、纸衣等。此项活动要持续四五个小时。

第四，颁官走赦。七月十五日举行。首先要选好“官”，往往由乞丐或很穷的孤寡老人充任。据说因为他要代表本地百姓上奏玉皇、下奏阎罗，以赦去凡间人的罪恶。而凡间之人不可避免地都会做错一些事情，如杀牲、骂天咒地等，所以大家要请和尚念经，花钱消灾。但和尚念经，因种种原因，常常会打些折扣，由此，天宫地府就会认为赦官欺骗了他们，弄不好会折赦官的寿。所以，赦官要请乞丐等来充任，不仅供其食宿，还要给他一笔可观的工钱，以养其残年。其次要写赦文。为了启奏玉皇、阎罗，必须有一篇文书，此文书叫赦书或赦文。它由和尚负责写好。写前须沐浴更衣，桌上放置观音菩萨，用朱砂当墨，写于黄表纸上。由于赦文需一式多份，所以要一整天才能写好。写前要先念经文，写作过程中不准旁人打扰，连吃饭都不准叫喊，只能敲门。赦文的主要内容为“赦十大罪恶”。写好后念给众人听，然后由首事、和尚等人画押，再盖上“三宝”印，以示这些神明能作证，以赦去凡人的全部罪过。

七月十五日早饭后，由首事、和尚指挥人们整好队伍，排好次序，从华祝寺出发到双溪太子庙朝拜太子菩萨，再到湖坊南岳庙朝拜南岳帝君。一路上逢社神、土地、谷雨庙都需点烛，放鞭炮。朝拜队伍以旗锣凉伞、法扇法幡、金童玉女为前导，赦官殿后，队伍逶迤数里，仪式繁缛复杂，此谓之“颁官走赦”。

第五，过天桥。庙会期间，还有一项引人瞩目、别开生面的活动——过天桥。所谓“天桥”，是用杉木和木板等建筑材料搭在旱地上的一种桥。它高约 1 丈，宽约 1 米，两边搭成楼梯状，供过桥者上下用，桥中间稍宽，上建一凉亭，用脸盆盛水置于凉亭中，供过桥者洗手，意为金盆洗手，不再作恶，可添福添寿。

传说过了此天桥可免灾，死后可免过奈何桥，所以过桥者很多。又说第一个过桥者最好。所以为避免纠纷，族中规定，第一个过桥者必须是大富大贵者，或子女中有大出息者，或对族中有大贡献者。这样的规定比较笼统，最后还是看谁交的钱多，便由谁先过桥。当然，此钱由寺中统一支配。

过桥时鼓乐喧天，观者如云。和尚前导，早已排好次序的善男信女跟在后面鱼贯而上，到桥上凉亭中洗手后，再放下一个红包作为吹鼓手的额外收入。

据几位 80 余岁的老人回忆，华祝寺以往的庙会既隆重，又充满神秘色彩。活动形式多样，内容丰富，在附近县、乡都是比较有名的。近年来，以上活动仍每三年举行一次，只不过因没有了众产，其经费需由胡姓各房筹集罢了。

二、引人入胜的八角庙游神

八角庙，顾名思义，此庙为八角形。庙内原先供奉着 5 尊比真人还大的菩萨，它们分别为同一水系的蔡江、村里、麻源、山梨迳、源头五坊的福神，故八角庙又称五坊福主庙。后来据说源头坊的菩萨离开八角庙吃素去了，所以 5 尊变成了 4 尊，但又另外加上了 1 尊位于庙门口的小菩萨，形成 4 大 1 小的格局。小菩萨到底是谁呢？这里有一个动人的传说。

相传古时候，茅山祖师曾到蔡江与兴国县接壤的石子下开法门，招徒授法。当时有一个叫胡东庆的外地人来蔡江放养母鸭，曾住在蔡江村的麻田坝。他听说茅山祖师招收徒弟，便丢下母鸭去学法了。他跟随茅山祖师学法

3年。茅山祖师欲检验他3年所学的成果，以便进一步授予他关键技法。一天，师傅叫他用竹篮去挑水，由于师傅干女儿的指点，他终于用竹篮把水挑回了师傅家。一次，茅山祖师又叫他第二天早上必须把对面山上的毛竹全砍下来，他急得一夜未睡，又是他师傅的干女儿告诉他，只需将最大的那根用力捏破，其余的就会自动倒下来，他如法去做，结果也完成了任务。又一次，茅山祖师端了一箩筐芝麻从屋内到屋外，不料绊了一跤，芝麻洒了一地。他忙叫胡东庆将芝麻捡起来。胡东庆想，这么多、这么小的芝麻要一粒粒地捡起来，谈何容易！他忙去找师傅的干女儿商量，看有没有什么更简便的办法。他们商量来商量去都没有结果，只得边捡边想。忽然，他们发现，这些芝麻中有的已经发了芽。他们想，师傅叫他捡起来，一定有更便捷的办法，这办法可能就是将这些发芽的芝麻先捡起来，其余的芝麻就都会自动回到箩筐里去。他们边说边捡发芽的芝麻。不出所料，当他们把发芽的芝麻捡起后，其他芝麻果然都一起回到箩筐里去了。他师傅看了，高兴地对他说："今后不管做什么都要善于动脑筋，箩筐里是我给你的3斗3升油麻兵，你自己保管好，日后自有用处。"

就在下山之前，茅山祖师想最后考验胡东庆一次，同时也给他一次消灾免祸的机会，所以就想了一个叫他喝脓血洗澡水的主意。这天，他师傅洗完澡，便叫胡东庆将洗澡水倒掉，但要求他倒在上不见天、下不见地的地方。胡东庆想：倒在什么地方才能上不见天、下不见地呢？莫不是要我将此水喝掉？否则，不管往哪里倒，不是可见天，就是可见地。再一看此洗澡水，不光脏，而且满是脓血，还有不少疥疮屑漂浮在水面，叫人怎么喝得下去呢？这时，他又想起师傅的干女儿，立即找到她，并将情况一五一十地对她说了。他师傅的干女儿告诉他："只有喝下去一种办法了，不过我爹从未得过皮肤病，看来这水看上去虽然很脏，其实是很干净的，你就放心喝吧。"于是，他闭着眼睛，一口气将水喝完了。谁知刚刚把水喝完，他就觉得体内特别畅快，神清气爽。茅山祖师看了，告诉他，这是给他消灾免祸的法水，从此后，只要不跟神斗，便可所向无敌了。

于是，胡东庆拜别师父，领了3斗3升油麻兵，回到了老家。为了检验所学法术是否有效，做饭时，他念动咒语，锅里立刻就有了米、菜；把脚伸进灶膛，就能生火做饭。他的邻居觉得非常奇怪，不时去偷看，并发现自己家里的米、菜、柴经常会不翼而飞，于是便找到胡东庆，问其所以然。胡东庆这才承认，为检验三年来所学法术，借了邻居们不少的东西，三天内一定奉还。果然，邻居们短少的东西三天内都莫名其妙地回到了家里，大家始信他真的学到了茅山祖师的法术。

从此以后，他用师傅所赐的3斗3升油麻兵，劫富济贫，行善积德，做了许多好事，为地方上除了许多害，为老百姓伸了许多冤，得到了当地人的交口称赞。他与他师傅的干女儿也结了婚，成了家。一天，他骑着一匹高头大马昂首挺胸来到蔡江，想重游旧地。本来到了蔡江街头，在过石拱桥之前，不论什么人都得下马、下轿，步行过拱桥。而他却不仅不下马，反而扬鞭策马直冲过桥。一过拱桥，迎面就是八角庙的大门。八角庙中的菩萨见胡东庆直冲而来，知道来者不善，便拿起大刀，朝着马腿挥刀一砍，把一条马腿砍断了。胡东庆见所骑的马被砍断了腿，自己也差点掉下河去，便怒从心头起，恶向胆边生，忘记了师傅再三告诫他的“不可与神斗”的话，举起马鞭便朝八角庙抽去，只见八角庙来了个90度的大转向（原来的庙门是正对拱桥朝东的，经他这一抽，庙门竟朝南了）。他随即用芒秆接好马腿，便策马回家去了。

回家后，他一直闷闷不乐，晓得惹了大祸，不该与神斗。且庙门转了向，菩萨也绝不会善罢甘休。于是，他叮嘱老婆，近几天可能有人来找麻烦，让她在大门、二门和房门前分别放上扫把、蓑衣和长竹杠，不管发生什么情况，都不能哭。他老婆答应照办。果然，八角庙的菩萨见庙门转了向，决定要与胡东庆斗法。菩萨来到胡东庆家门口，只见门口两只恶犬，凶恶无比地向他们扑来。菩萨将它们制服后，发现竟是两把竹扫把。接着来到二门，门口又跳出两只黄斑大虎，张牙舞爪。菩萨将它们制服后，一看，原来是两件蓑衣。再进到房门口，一条一丈来长的毒蛇正吐着芯子，呼呼有声地守在门边。菩萨提刀一斩，只听“咔”的一声，原来是一根竹杠。进到胡东庆屋里，楼下到处找不着人，继续往楼上找，才在柜子里找到了他。原来胡东庆见自己布置的三道机关已破，只好去请师傅帮忙了，留在柜子里的仅是他的一副躯壳而已。菩萨见胡东庆躺在柜子里不动，忙找来糯米饭，放在他的鼻子里，并故意大叫：胡东庆已经死去多日，鼻子里都生蛆了！他老婆听了，赶忙上楼，恍惚间，看到他鼻子里确实有蛆，以为他真的死了，竟忘了她丈夫“不要哭”的嘱咐，在一旁大哭起来。这样一来，胡东庆的魂魄就无法附体了。菩萨念他师从茅山祖师学法三年，学成之后又为百姓做了许多好事，为解庙门转向之恨，也已对他进行了惩罚，便启奏玉帝，让他到八角庙做一个小菩萨。

再说，每年的六月十五日，按农村风俗是食新节。农民们都要用当年收获的新谷碾成米做饭，杀鸭子过节。这年的六月，趁过食新节的机会，麻源坊的菩萨偷偷回到了麻源，麻源百姓知道菩萨回来了，家家户户都杀鸭子做新米饭请菩萨过节。节后，菩萨回到八角庙，其余各坊的菩萨知他偷回本坊吃了那么多的鸭子，便提出要算账。在算账过程中，由于言语激烈，遂发生了口角。传说源头坊的菩萨脾气最为暴躁，拿起算盘就朝麻源坊菩萨的头上打了过去，结果，在麻源坊菩萨的额角上打起了一个大包（从那以后，麻源坊菩萨的头上始终留有一个大包，哪怕是请医师来把这个包割掉，可第二天又会长起来）。因为源头坊菩萨动手打了人，其余各坊的菩萨都埋怨他。源头坊菩萨心想，自己一时冲动，动手打人确实不对，而现在大家都来指责他，不如回源头坊去算了，免得大家合不来。于是，他便跑回源头坊去了。后来每年七、八月做庙会时，大家都会派人到源头把该菩萨接回八角庙，但据说头一天把他接回八角庙，第二天他又会跑回源头坊去。且后来为了免去麻烦，他干脆上真君庵吃素去了。源头的百姓认为他改食荤为食素，更能行善保护人民，所以更加刻意祀奉，直到现在仍香火不断。也是从这时起，八角庙的菩萨便由 5 尊大菩萨变成 4 尊大、1 尊小的菩萨。

对八角庙的菩萨，每年要举行一次盛大的接神、游神活动。他们是食荤的武菩萨，所以大家在进行这些活动的时候，动作都比较粗野，而不像对斋菩萨那样文明。自源头坊的菩萨上庵吃斋以后，八角庙里只留下蔡江、村里、麻源、山梨迳四坊的福主菩萨了。每年的五月初一，由这四坊百姓派出精壮男劳力，带好香烛到八角庙将各坊菩萨接回本坊去，并把他放在精壮劳力多的屋场厅堂中，由该坊各家各户人带着三牲、供果去祭祀。到了二十六日，各坊再将菩萨送回八角庙，也要举行类似于接菩萨时的仪式，人们把这叫“菩萨归庙”。

因每年八月蔡江墟上要唱“真君戏”（从七月的最后一天晚上开始，一直到八月十二日下午），所以从十二日晚上开始，才给八角庙的菩萨唱戏，直到十六日夜结束（十六日是最隆重的一天，晚上的戏须唱到天亮）。演这种庙戏，须选择“祁剧”（老表叫“大戏”）。唱第一出戏之前要“打八仙”，然后“打天官”，后面才唱整本的戏，如《郭子仪贺寿》《五鼠闹东京》《穆桂英挂帅》等。

每年唱戏的经费筹集都有约定俗成的规矩，即八角庙所属四坊（源头坊除外），每坊只要出每天唱戏的一半钱，其余一半钱由蔡江街上的个体工商户（如卖豆腐的、卖布匹的、卖南杂百货的）筹集。另外，当时蔡江的赌博业比较盛行，很多人参与赌“六名”，即用六个长方体的木（或骨）牌，上面刻有“天龙、天申、日官、火官、日山、坤山”等字样，庄家把其中一张牌置于桌上盒子里，其余人猜他装在盒子中的是什么牌子，猜中了则赢，庄家要赔他的钱。但当时有这样一个规定，假如庄家需赔 10 圆的话，赢家只能得 9 圆，剩下的 1 圆，一半返回给庄家，另一半则作为八角庙唱戏的戏钱。所以，该庙从唱“真君戏”起到唱完“八角庙戏”，前后一共十五六天，各坊及墟上各行会都只要负担白天及前半夜的戏钱，后半夜则用从赌博行中所收的利钱去加演有关剧目。另有一个规定是，理发师这一行业比较辛苦，也比较“低贱”，收入也较少，所以每年唱戏，他们都不要出钱，但要负责搭戏台。

八月十六日举行游神。这一天是重头戏，整整要闹一天一夜，即白天游神，晚上唱戏、赌博到天亮。这天一早，包括源头坊在内的五坊代表都早早吃过早饭（因这一天既紧张又累，大家无闲暇时间回家吃饭，所以各坊都会统一办伙食），到八角庙将各自的菩萨接出来，全部放到蔡江街头的一个小山丘上集中。然后依次整理好队伍，其次序是：帅旗（包括龙旗和令旗）、旗锣（一种用竹竿挑着的前面是锣后面是旗的组合物）、香桌（上面放着插有令旗令箭的兵桶、香炉及用红布包着的四方形官印）、菩萨、凉伞、西皮锣鼓，最后是各坊的男人（他们中有的是来看热闹的，有的是准备帮忙抬菩萨的，有的甚至是准备在菩萨下马、进庙时专门打架的，有时里面还混杂一些从外地请来的、有武功的“教头”）。整个队伍有四五百，甚至上千人。这里特别需要提出的是，这一天的游神因为要热闹，所以各坊中几乎所有的三眼铳都会拿出来用，铳内填满了黑色的土硝，从早到晚打个不停。游神时，大家用它做前导，祭祀时用它做响器，打架时则用它做自卫的武器。

游神，除源头坊以外的四个坊都要去。游神路线长、屋场多，所以菩萨只在各坊所在地的宽阔的河坝里或草坪上停放一下（如麻源坊在背岭桥边的大坝里，蔡江村在扬木坨，山梨迳在石咀脑，村里坊在拿巴山下），具体先去哪坊，后去哪坊，每年要抽签轮流，这叫“菩萨下马”。在队伍到达各坊所在地之前，每个坊都争先恐后地想把本坊的菩萨先抬到目的地。据说谁的菩萨先到，谁就能先得福、多得福。因此，原来排好的次序常常会被打乱。

其中，秩序最乱的，要数去村里坊的拿巴山下的时候。去那里必须走过河边一条仅一米宽的石砌小路，路的左边是河，右边是山，快到拿巴山时还要涉过一条约一百米宽的沙河。过了河就是一片宽阔地带。于是，各坊力壮的年轻人便挤到本坊菩萨边，用手托着菩萨的座椅向着拿巴山下飞跑起来。在赶超的过程中，大家不可避免地会产生摩擦、争吵，甚至有的人还粗鲁地把别坊的菩萨拖住。这样一来，势必就会发生你争我夺、你推我搡，你打我一拳、我还你一杠子的现象。所以整个河堤上，走的走，喊的喊，推的推，抢的抢，骂骂咧咧，挤挤撞撞，乱成一团，直到所有菩萨都到达沙丘上为止。把菩萨抬到目的地后，该坊人都要在菩萨前奉香烛斋饭，杀鸡杀鸭，以还平时所许之愿。此外，还必须杀猪，一来供祭祀，二来供本坊人办伙食之需。

游完神以后，各坊仍将菩萨抬回蔡江欧背坪集中。下午四时许，在一阵鞭炮声中，各坊争先恐后将菩萨抬回八角庙，这是争夺最为激烈的一幕。所以，各坊都必须全力以赴，平时不管在外做生意的、做手艺的，还是在外当官、卖力气的，适时都会主动、自觉地回到蔡江，而且一定会来参加这一年一度盛大的菩萨回庙活动。整条街上摩肩接踵，熙熙攘攘。菩萨进庙时，大家先各自抬着本坊菩萨，争先恐后，你挤我拥地通过一条塞满乱七八糟东西的窄窄的街筒子。经过大街角逐之后，大家来到八角庙前。庙门一次只能容纳一尊菩萨进去，而需进庙的菩萨却有四尊。同时，各坊也都早已派人在庙门口接应，菩萨还未到庙门口，庙门口的“战斗”早已开始。待菩萨一到，大家你推我，我拉你，骂声、打架声连续不断，直到打得筋疲力尽时，菩萨才在庙里安定了下来。

菩萨入庙后，各坊打铳，供奉，处理好一些日常事务，这年的活动就结束了。

在八月十六日的游神活动中，八角庙所属的四个坊及源头坊（这个坊的菩萨尽管现在已不再加入游行的行列，但依照过去的传统，该坊的群众当天依然会来参加游神活动），都要以坊为单位办一天伙食，以招待参加游神的吹鼓手、旗锣凉伞手，抬桌、抬菩萨以及游神中用得上的人（少者五六十人，多者百余人）。伙食点一般设在蔡江墟上（因这里离庙近，且各坊均有人在墟上有店面，这些在墟上有店面的人又大多有钱有势，并常常是庙会的领头人，故伙食点也一般选在他们店里）。办伙食的经费以往来自各坊主要姓氏的祠堂众产收入（其来源有的是祖先或绝户遗留，有的是族人捐赠，有的是向族人摊派资金置办。其数量多者有田亩百余石，少者一二十石），不足部分由村民分摊（其中亦包括杂居在村中的外姓人）。

三、香火长年不断的真君庙

真君庙建在剑山岭脚下，又名万寿宫，为前后两进式建筑。前栋有左右两个大门，进入庙内，中间是戏台，两边有庑廊。庑廊为双层建筑，楼上有专供达官贵人看戏用的"包厢"。庑廊中间为天井，天井及庑廊底下为一般人看戏的地方。进入上厅，首先映入眼帘的是一副红底金字对联："出宰旌阳百姓同沾福泽，为神豫章万民共浴洪恩。"踏进上厅门，迎面两柱上又是一副金字对联："佛光普照神通广大显神威，法扬宏扶永保众信增福寿。"中间端坐着真君菩萨，其左为三宝殿，右为三官殿。殿后两边是厨房等生活用房，左边通道门上书"贝阙"，右边通道门上书"瑶台"。上殿两边墙上神橱中排列着十八罗汉。罗汉神像外边，即一进入上厅的两边角落里有两个神龛，一放弥勒，一放韦驮。上殿两侧有厢房，供住持与和尚们住宿用。两厢房门前的角落里一边放地藏菩萨，另一边放目连菩萨。两菩萨后面的墙上分别嵌着三四块碑石，左边碑石上刻着民国十八年（1929）时重修此庙的情况，右边碑石上刻着历次修葺时捐款数目较大的乐助者名单。

真君庙属于蔡江、村里、麻源、池源、罗坑、小硋、谢坊、山梨迳、大坑、源头、中田迳、湖坊、白门、梅口（为半坊）等13坊半及黄陂镇的流塘、石流塘2坊，共15坊半的庙宇。因为流塘和石流塘离蔡江较远，它们只参加庙宇的修葺和朝神，均不参加唱戏和打醮。梅口仅半个坊，依照以往的规定，无须出唱戏与打醮的钱。且每年又必须有1坊为庙会的组织者，称"当年"（"当年"由各坊轮流担任，其轮流次序据说在明朝就已经排定，依次为村里、池源、麻源、湖坊、蔡江、山梨迳、罗坑、小硋、谢坊、大坑、中田迳、源头、白门）。凡轮到做"当年"的那一坊必须负责搭戏台、招待各坊首事、请戏班、维持秩序等。轮到做"当年"的这个坊，按规定也不出唱戏与打醮的钱。所以每年八月唱真君戏和打醮，出资者实际只有12坊，每坊负担1天，能唱12天。

真君庙的佛事活动，主要是每年正月、七月念经，八月念经、唱戏、打醮。正月从初一开始念皇经，一直念到初七夜。念经由六个和尚负责，他们说这段时间须念“静经”，即不用锣鼓、唢呐，只敲木鱼、钟磬。到七月二十一日又继续念经，这次叫“响坛”，即要用锣鼓、唢呐等乐器伴奏，念经时有板有眼，押韵整齐，声音洪亮，说是念，倒不如说是唱更恰当些。这次念经要一直念到七月的最后一天。

八月初一起，戏班开始唱戏。轮到做“当年”的那个坊要事先请好戏班，负责搭、拆戏台（本来真君庙内有固定戏台，但随着人口的增加，外地来的人逐年增多，真君庙容纳不下那么多人了，所以戏台需搭到街上去），此外，还要负责维持整个庙会期间的公共秩序（防火防盗），负责坊与坊之间的联络及庙内日常事务等。从八月初一到十二日，按历年排定的次序，依次负担每一天唱戏和打醮的开支。唱戏的内容均为大戏，如《郭子仪贺寿》《白蛇传》《薛仁贵征东》《三打白骨精》等。唱戏之前，依惯例，须“打八仙”，即按照传说中的故事，由八个演员扮演八位仙人，在一片笙歌声中依次上台，然后由皇帝封王拜相，丞相奏本：“今天蔡江真君庙唱戏，请求皇帝允许。”皇帝则下旨“同意演戏”，并祝“风调雨顺”“国泰民安”。然后开始唱戏。每天唱戏是这样安排的：上午和晚上各唱一本，由各坊出钱，下午则由在真君菩萨面前预先许了愿的人出钱唱戏，叫“还愿戏”，年年如此。

从初一到十二日，除每天从中午到晚上都要唱戏之外，还要按明朝排定的次序，每天轮流打醮（即轮到唱戏的这个坊，要负责当天的打醮）。其建醮内容有：

第一，起醮福。所谓起醮福，其实是成立建醮委员会。一般在七月念皇经，趁各坊首事来议事时举行。主要解决以下问题：建立醮会领导班子，做好醮会各项准备工作。另外，打醮时要举行游行，而游行时各坊要推出一个端香盘的人，据说这个人应是各坊最具权威的人物，既要学历高，本钱大，又要办事公正，福、禄、寿够格，所以大家推选时非常认真，常常要争论半天才能达成一致。

第二，起醮。即醮会正式开始，时间为八月初一，有如下工作：

各坊首事分派好任务，所有人员、物资必须全部到位。

各坊布置所有家庭吃素，街上不准有猪肉上市。

真君庙门前张贴对联，高挂写有“太平清醮”字样的红灯笼。

庙门前用纸、竹扎好无常像，每天用香烛供奉，完醮时火化。

庙门口空地上竖起“天天竹”。选用粗而直、无虫蛀、无暗节的长毛竹一根，去枝叶，尾顶装滑轮，并用红绳穿过滑轮，作升降用。然后把竹竿竖起，固定在地下，要求与地面垂直，不得歪斜。这叫竖天天竹。在天天竹滑轮一端的红绳上悬挂一条用红绳系着的横竹竿，竿的一端挂一圆形灯笼，外写“天官赐福”四字，灯笼内放入装有茶油和灯芯的油灯，油灯须每日通明（若熄灭，则被认为是极不吉利的事）。横竿另一端系一长条形红布。醮会期间，必须对天天竹每天朝拜一次，并降下红灯笼，加足茶油再升上去，以保一切顺利。

各坊在居民较集中的屋场上竖立幡旗，以为招引幽魂和赈济幽魂的信号旗。其制作方法是：用长六至七米的竹竿做旗杆，用坚韧的白纸黏结成三四米长的三角旗，旗上写“赈济幽魂”四字，然后套入旗杆，再把它竖在空地上。同时，每家每户都制作赈济幽魂的“孤衣”“冥具”“冥钞”等，以备完醮时烧化。

由和尚在真君庙门贴出赈济幽魂的告示。

第三，轮到打醮的那一坊人，这天要早早地吃过早饭，像游神时一样，排好队，敲锣打鼓地从各坊的中心屋场到真君庙来。一路上，大家逢寺庙必拜，端香盘者还要到该寺庙神坛前烧香、掂香。来到真君庙时，戏班“打八仙”迎接（即丞相向皇帝启奏，皇帝发旨，允许打醮，并祝一方平安），然后戏班与打醮队伍分别完成各自任务。

第四，上表。此“表”是和尚预先印制好的，内容为某地某坊今天打醮，赈济孤魂野鬼。赈济之后，不准孤魂野鬼扰乱百姓，以保佑一方平安之类。然后由端香盘者代表一坊人签上坊名及自己的名字。和尚念经念到一定时候，便要读这份表文，进香跪拜后焚烧于神前。

第五，放河灯与放生。这是醮会中解救生灵的一项活动。放河灯时，仍按原定次序，由僧人身穿袈裟，头戴毗卢帽，手执各种法器，带领众村民在傍晚时来到真君庙门前的河边上，摆上香桌，桌上放供果、茶水、素菜之类，和尚一边念经，一边焚香点烛，村民则一边放鞭炮，一边把用金银箔纸折叠成的、里面点燃小蜡烛的小船放入河中，让它顺流而下，据说这样可以给水中生灵照明出路。同时，把预先准备好的小鱼放入河中，让它们回归大自然。等和尚念完经后，队伍返回真君庙。

第六，施孤衣、鬼食。这是醮会举行的赈济鬼魂的特定仪式。和尚念经，并在纸扎的大无常神前点香烛，叫它去维持秩序，使野鬼们不致争抢。

然后烧纸衣、冥钞，摆放食物，以赈济鬼魂。具体程序为：

以真君庙为中心，各派三四个人到四周山上点亮一种用竹竿挑着的松明子，叫放洞竹，作为孤鬼的照明灯，以指引各方阴魂到真君庙门前取施舍的孤衣、食物和冥钞等。

轮着打醮的这一坊，由几位精壮男子在傍晚时将原先竖起的幡旗拔起，由一个最威武的人擎起为前导，引领该坊居民扛着用竹竿串缀的孤衣、冥具等，敲锣打鼓，迤迤逦逦送到真君庙，待令烧化施舍。据说如果不由精壮男子做前导和压后，孤鬼有可能在路上抢夺。

夜深人静时，和尚穿上法衣，站在一临时搭建的台上（往往用几张八仙桌叠成）念经，请出无常监督，下令焚化孤衣和纸钱等。

第七，散醮。从八月初一到十二日，天天重复着上述程序，到了十三日举行拆除天天竹仪式。先在天天竹前进行最后一次朝拜，然后降下顶端灯笼，再拔出天天竹，使它朝指定的方向倒下（绝不能朝向附近居民住宅，且每年所倒的方向均要由和尚或地理先生根据推算确定）。最后，再次朝拜无常，然后将它就地火化。各坊开斋，并开始参与另一活动——八角庙庙会。

如上所述，真君庙活动频仍，仪式隆重，可见许真君菩萨在人们心目中是何等神圣。它反映了当地人民对安居乐业、世界清平、五谷丰登、六畜兴旺的强烈祈愿。

四、海拔最高、香火最盛的宝刹——宝华寺

驱车从蔡江出发，一直往东，10 余里后弃车登山，约 20 里便来到了宁（都）、兴（国）、雩（都）三县交界的宝华山下，山顶有一古刹——宝华寺，海拔高度为 1 236 米。山上视野开阔，远望梅江河，似玉带飘忽，若隐若现；看宁都水口塔，如矗立在梅江河畔的一支玉笋，清晰可辨。尤其是晴朗的清晨，站在宝刹门前看太阳东升，犹如泰山观日出。五时许，只见东方霞光万道，一轮红日冉冉升起，既而喷薄而出，令人心旷神怡。近处，群山起伏，似流动着的一个个“泥丸”，当此时，无论谁都会发出“会当凌绝顶，一览众山小”的感慨。山下树木葱茏，山腰灌木密集。春夏之交，登上山顶，大红的杜鹃漫山遍野，令人叹为观止。其风景之秀美，视野之开阔，当属罕

见，难怪前人要发出“天下名山僧占尽”的慨叹。

顺山势而上，先到了下庵，寺门上方“南无阿弥陀佛”六个大字首先映入眼帘，其下是“诸佛显应”的横额，大门两边有“宝殿上神通广大通四海，华寺中佛法无边扬五洲”的嵌字联。进入大雄宝殿，三宝、观音、地藏、韦驮等菩萨排列有序，庄严肃穆。再登100余级水泥台阶，上庵即展现在眼前。寺门墙上一个极大的“佛”字几乎将整面墙壁占满。寺门上是“宝华名山”的横额，大门两边又是一嵌字联：“宝庵仙峰千古藏雨皆挥尘垢通禅门，华寺至峦万载清风尽除秽念建佛第。”殿堂内供奉着禅和祖师等菩萨。

上庵外侧建有僧房，供僧人住宿起居之用。下庵左侧建有约400平方米的厨房和膳厅，它可同时供100余人用膳。膳厅左侧建有客房6间，共有客床35张，其中有高级客房1间，墙纸贴面，釉砖铺底，内有4张席梦思床，干净整洁，怡人悦目。另有1间供僧人圆寂后用，僧人圆寂后放入此房中，给他洗刷净身，换衣戴帽，然后放入一木制小轿中，再连轿带尸一起火化。收集火化后的骨灰后，用瓷罐装好放入半山的宝塔中，供后人祭祀。

此寺建在高山顶上，平时风力很大，所以原建寺庵几经颓废。现在看到的建筑非常别致，两庵均用长条石以榫卯砌就，屋顶也是用这种石头拱顶。生活用房则由红砖砌就，屋面全用马口铁皮封顶。

根据禅和菩萨像背面的文字记载，此寺始建于清康熙壬寅年（1722），距今已有270余年了。禅和祖师是农民的化身，他能保护农民及农作物，而附近几县的老百姓又几乎全是农民，所以该寺几百年来一直香火鼎盛，香客不断。

又据宝华寺现存典籍《禅和经》（见本篇附录）记载，禅和祖师姓金，其前世为定光佛，因判阴阳时刻有差，无极老祖罚他回到人间，降生在福建。他很小的时候，父母双亡，依靠祖母抚养成人。嗣后，祖母去世，举目无亲。十七八岁时漂泊到宁都青塘镇的坎田赤岭下做长工度日。开始几十年与东君相安无事，到了将近五十岁时，他给一个姓陈的人做长工。姓陈的人外出经商，出门时便将家中一切事务都托付给了金禅和。姓陈的外出后，其老婆看禅和老实憨厚，做事勤快，便想尽办法引诱禅和，禅和就是不从。这女人恼羞成怒，怀恨在心，便加以报复，给他吃馊饭和不放油盐的青菜。三年后，陈姓主人回到家里，发现禅和一个人另桌吃饭，他怀疑老婆与禅和有奸情，每餐弄些好吃的给禅和吃，所以他就借故去尝禅和吃的饭菜，结果发现饭是馊的，菜是淡的。他问禅和："这样的饭菜，你怎么吃得下？"禅和答道："你才回来，不了解情况，这样的饭菜我已经吃了三年了。"姓陈的东君叹息说："这样的饭菜，你用来充饥三年，你可以成仙了。"

姓陈的东君看了禅和吃的食物那么差，心想：他给我做工是否会偷工减料？于是，有一天，他借送饭的机会，来到田间，发现几个田坑里的水都是混浊的，说明禅和不仅在犁田、浇水，而且效率很高。尤其使他惊奇的是，有些田尽管上丘没水，但下丘却是水汪汪的，且下丘的水正顺着一根茅草叶缓慢地往上流。要知道，在当时的生产条件下，水能倒流简直是天方夜谭。于是，他想找到禅和了解情况，谁知每个坑都找遍了，却仅听得到禅和的应声，看不到人。

原来，此时释迦牟尼刚从兜率宫讲完佛法，与诸佛会于宝华山。忽然一块黑色的石头滚到佛祖足下，随即石头变为一个相貌堂堂的男子，要求皈依佛祖门下，佛祖问他："你是何方施主？要修何种道法？"于是，这个男子——也就是禅和——便将其前世为定光佛，因受罚为佣工等情况跟众佛说了。释迦牟尼听后，便告诉旁边的神农帝主、后稷帝君，让禅和做了保护农作物的禾苗之神。禅和听后，再三拜谢，并表示："我一定当好农作物的保护神，天旱时降雨，有虫时除虫，合五谷丰登，六畜兴旺。"所以直到现在，附近几县的老百姓每年五月初一都会到宝华山打醮，祝贺禅和祖师生日。

却说陈姓田主当时只见一块黑色石头从坑底一直往上滚，想跑去看个究竟，却始终跟不上。他想：禅和在我家做长工三年，吃苦三年，现在来找他，却看到两件奇事，一是水倒流，二是石往上滚，莫不是我说他能成仙，他就真的成了神仙么？晚上，他忽然做了一梦，梦见禅和来到他家，告诉他，释迦牟尼封他（即禅和）为神，田主可去山顶将那块乌石雕为菩萨，日后自有报应。陈姓田主醒来后想：禅和在我家做工三年，吃尽了苦头，何不依禅和之请，将功补过？于是，第二天，他便请石匠来雕琢菩萨。石匠说："现只有一块石头，你叫我雕什么样的菩萨？"这时，只见一个僧人来到近前，对石匠说："你就照我这个样子雕吧！"结果石匠就按照面前坐着的僧人模样雕就了一座菩萨，这就是现在大家看到的禅和祖师像。

说来奇怪，每年五月以后，打屁虫（一种能发出臭气的农作物害虫）就会像蜜蜂一样，在宝华山寺里集结成球，数不胜数；蝗虫、蜈蚣、百节虫、负泥虫、螟虫、牛虻、刷毛虫及一些叫不上名字的害虫也都会一下子全聚集到这里。传说这些害虫都是禅和祖师收来的，所以每年五月以后一直到八月，附近县、乡的农民都会成群结队，到宝华山来打醮，以示报答。到七、八月天旱时节，有的还会上山求雨。平常时节，也是香客不断，人来人往。

五、谢坊太子庙里会接生的男菩萨

距蔡江约5里的谢坊，有一座古庙，叫东岳太子庙。庙虽不大，但分前后两进。前面为大厅，作集会、议事之用；后面一分为三，左右为庙祝（守庙人）生活用房，中厅是菩萨宝座。宝座上有刘备、关羽、张飞三人像，刘备的右侧是太子菩萨，只见他右手举剑，左手拿着红色的接生袋（类似于现在助产师的医疗箱），威风凛凛。

此庙为陶朱坑（属大坑坊）及双溪、兴坊、谢坊（以上三村属谢坊）等4个自然村（习惯上又称小坊）共有，地处流经陶朱坑与双溪、兴坊、谢坊的两条小河的交汇处（即水口上）。庙中长期有庙祝，逐日香烛斋饭均由庙祝负责。每年正月十三、十四日要举行盛大的游神活动，其开支过去由庙中众产解决。庙中现存两方碑记：一方为清道光十七年丁酉（1837）仲夏所立《福荫群生》碑，另一方为清光绪二十九年癸卯（1903）季冬，钦加同知衔委办宁都州请赋局候补正堂、特授广信河口镇分防府调署宁都直隶州正堂兼水路营务处提调毕版所撰。从以上两方碑记可以看出，该庙众产虽几经变故，但始终是有着落的，换句话说，庙祝的生活历来不成问题，每年的祭祀活动也能正常开展。

活动的内容，一是唱戏，二是游神。

从正月十二日开始，当年值事（四个自然村轮流当值）必须到庙，组织人员搭台、接戏班，晚上开始唱戏。所请戏班亦是“大戏”班，唱的是整本的历史剧，如《三国演义》《水浒》《西游记》等。唱戏的同时，还要玩花灯。这四个自然村都有各自的花灯。双溪、谢坊为龙灯。这种灯一般由七节组成（如果一个自然村有两条以上龙灯，那么除主龙以外的其他龙灯就只能扎五节），不管它为几节，每节龙身上都有两个铁制的火钳，每天傍晚，用土纸条沾上用茶油、硫黄、樟脑等混合熬制成的溶液，点燃后固定在铁钳内。节与节之间用扎着竹圈的绳子相连接。玩花灯从正月初九晚开始，一直要玩到元宵节夜，每晚必舞。若中途遇上大风大雨无法出灯，即便在放龙灯的厅堂门口，也要敲锣打鼓玩上一阵。玩这种灯时，必须有西皮锣鼓敲敲打打。龙灯前面要有两盏排灯（一种成对的扁形灯，里面点上蜡烛）为前导。后面是麒麟、狮、象、马等动物灯。龙灯所过之处，逢寺庙都要参拜（即用龙头对准神像低三下头，意为三鞠躬）。到了每个屋场则要上下前后舞动一番，以示驱除邪恶，报吉祥。除龙灯之外，陶朱坑、兴坊则专门玩排灯。这两个自然村包括好几个屋场。各个屋场都有自己的排灯。这种灯除四盏大灯做前导外，主灯一般为 12 盏或 24 盏。据说，12 盏代表 12 个月，月月吉庆；24 盏代表 24 节气，节节顺遂。玩这种灯的时候，逢神庙，要进庙点灯放爆竹；逢厅堂，要进厅，按照“之”字形、“回”字形等穿梭而行。

正月十三、十四日两天除了观灯看戏之外，青壮年男子还有一项非常重要的任务——抬菩萨游行。这天早饭之后，由轮到“当年”的那个自然村的精壮男子将太子等菩萨从庙里接出来。依照铳、旗、锣鼓、香桌、菩萨（其次序为刘、关、张、太子）、凉伞、鼓乐等次序到所属的四个自然村巡游。

因为菩萨为四个自然村共有，所以在由这个村的地盘到那个村的地盘时，抬菩萨的人也由这个村的人换成那个村的人。轮到最后的那个村则要负责将菩萨送回太子庙。因为换人抬菩萨时，菩萨不能放到地下（若菩萨放在了某个村地盘上，那个村的人就必须杀猪以谢菩萨）。所以当菩萨到了规定的交接地点，如桥上、河边、山脚、山坳等处时，接菩萨的那村人往往会故意不到规定的地方去接，而要抬菩萨的那村人多走几步路，但抬菩萨的那村人到了该换人的地方，连多走一步也不愿意（原因据说是多走了这几步就会不吉利）。所以，游神时，常常因此而发生纠纷，拉拉扯扯，甚至于吵架打架。所幸的是，每次吵架打架之后，待游神一结束，大家照样相安无事。

由于这四个村屋场多，村民居住分散，且沿途都是山路，所以游神需要两天才能完成，亦即第一天晚上不管走到哪个村，只要天一黑，菩萨就要放进该屋场较大的厅堂内歇宿，参加游神的人也在该屋场吃晚饭。晚饭后，他们有的回家，有的留在村里看戏。第二天早饭后，再齐集到该屋场，继续抬着菩萨，沿着固定路线，将全程游完。

除此之外，每年蔡江华祝寺举行庙会时，该四个村的人都要组织人到太子庙去朝拜太子菩萨，请他上奏天庭，为人们祈福消灾。凡老人去世，做 3

日 4 夜甚至 7 日 8 夜香火（道场）的，也必须和华祝寺所做的颁官走赦一样，请太子菩萨帮死者赎罪，并到湖坊南岳庙请菩萨下奏地府，以使死者到了阴间免受皮肉之苦。

据说太子庙的太子菩萨还能给人接生。故新中国成立前，凡产妇生孩子时，家里人都会在自家神台前点起香烛，请求太子菩萨保护产妇顺利生产。如果遇到难产，还要派人把菩萨接到家中，再三跪拜。更为有趣的是，不仅蔡江乡附近几个乡的人会这样做，就是兴国、永丰等县的人也会经常来接太子菩萨去那里帮助接生。

六、汉源陈公庙的庙会与传说

在蔡江乡最北端的汉源村，有一座远近闻名的陈公庙。说起这个陈公老爷，有一段非常动听的故事。传说很早很早以前，当地有一个叫陈清河的人，他出身贫贱，一生帮人做长工度日。他做长工，一年到头，只收 3 斗粮食作为工钱，并把所得的粮食全部用来周济一个瞎眼的邻居，由此大家说他长着一副菩萨心肠。

转眼到了壮年，陈清河想：我这样年年做长工，只能帮东君料理农事，所得工钱也只能解决瞎眼老人的一时之需，对其他人，特别是和自己一样穷困的人则毫无帮助，我何不趁闲暇时间学点草医草药知识，好为附近的农民解除病痛呢？

这年春节，他回到家里，跟瞎眼老人谈起了自己的想法，得到了瞎眼老人的大力支持。原来瞎眼老人在眼睛未瞎时曾采过草药，也医好过不少人的毛病。为此，瞎眼老人凭记忆给陈清河讲述了很多草医草药方面的知识，陈清河就凭着学来的这些知识上山采药，为乡民治病。一次，他采集了十余种草药，熬的熬，敷的敷，给瞎眼老人服用，用药不到一个月，竟然出现了奇迹，瞎眼老人瞎了十多年的眼睛竟重见了光明。这样，陈清河便成了远近闻名的神医了。

他给人治病能手到病除，所以，找他治病的人逐渐多了起来。以后，他便辞了长工，专门给人治病。不过，他帮人治病，从来不收分文报酬。有人要给他钱，他便劝他们去敬菩萨。时间一天天、一年年地过去，被他治好病的人越来越多，敬神的人也就越来越多，由此惊动了玉皇大帝。玉皇大帝派神仙下凡查看，发现原来是陈清河在用草药普度众生，便封陈清河为药王祖师。

再说，在蔡江汉源的半山腰有一条通往黄陂的小道，路虽不宽，但过往行人却很多。路边上有一块石头，石下面有个岩洞，面积不大，仅可容一人坐下歇息。这天，有一个做鱼苗生意的人用鱼箩挑着一担鱼苗经过此地，恰逢下雨，他便就近躲在这块岩石下，一不小心，将鱼箩弄翻了一只，结果，一担鱼苗只剩下了一箩。他唉声叹气，心想，这下必定亏本无疑了。忽然，他听见身后有人对他说话，叫他挑到附近石上墟去卖，还可赚钱。他回头看了看，并不见人影。雨停之后，他抱着试试看的心理，真的把鱼苗送到离黄陂六十余里的石上墟去卖，竟卖了个好价钱，虽然倒掉一箩，却还净赚了几块钱。他想：是不是汉源这岩石里有神明在指点我，我一定还要去看个究竟。

几天后，他又挑着一担鱼苗经过汉源，因为劳累，已走得一瘸一拐了，当他来到岩石边时，不知怎的突然出现一个大树兜，将他一绊，人摔倒了，但爬起来一看，鱼箩却没有翻倒。他想，上次没绊倒，却倒掉了一箩鱼苗，这次摔了一跤，反而没倒掉，到底是怎么回事？再说附近并无大树，哪来的树兜？再看树兜，它竟然是一段发了霉的朽木，这到底是怎么一回事？他百思不得其解。联系起上次的遭遇，他认定树兜就是神灵，于是，便脱下草鞋跌珓，对着树兜祷告："你若是神明，请再次显灵，准个胜珓，我就来给你塑菩萨。"他将草鞋一连丢了3次，每次都是一阴一阳，换句话说，3次都是胜珓。随后，他便小心翼翼地将树兜移至岩石下，挑着鱼苗仍到石上墟去卖，又卖了个好价钱。他卖完鱼苗回到家里，晚上睡在床上做了一梦，只见一位拿着药瓶的中年人来到他床前，告诉他："我是奉玉帝之命做了药王菩萨的陈清河。我现在在汉源。那树兜确是我的化身。只要你牵头，大家都会来筹钱建庙、塑菩萨。"说罢，人已不见了。第二天，他将几次发生的事跟大家说了，并请来丹青，按梦中所见，用这截树兜刻成了现在放在陈公庙中的药王菩萨。刻好菩萨后，一开始放在路边的岩石里。随着朝拜的人越来越多，香火越来越盛，不仅菩萨被雨淋日晒，就是朝拜的人也甚感不便，有时人多，连个站脚的地方也没有。于是，人们就在此岩石四周拓宽地盘，盖成了现在的陈公庙。它分为前后两栋，前栋宽阔，供朝拜者休息、歇脚用，后栋中厅为殿，殿内正中放药王菩萨，还有左臣右相。中厅两侧为正间，供庙祝住宿。其外侧还有厨房、膳厅等生活设施。

凡到汉源陈公庙拜了菩萨而如愿以偿者，不知从何时起，都会许唱一天或几天的还愿戏，有的还扛猪去杀，更多的是提鸡、鸭去杀。由于许愿者太多，所以，每年从正月初二就开始唱还愿戏，若正月唱不完，则放到八月，从初一起继续将正月未唱完的戏唱完。有的年份用两个月时间都唱不完，则按顺序留到下一年继续唱。这里唱戏的戏班比较复杂，只要有戏班来，不管是京剧、越剧、木偶剧、花鼓戏、赣剧、三角班都可以唱。即使在“文化大革命”期间，唱戏的风俗也一直未改。只不过，那期间没有剧团，就改放电影。近年来，有了录像机，间或也放一放录像。

陈公菩萨是荤菩萨，所以没有像斋菩萨那样的念经拜忏等活动。但他能解除群众的病痛，老表看得见，信得过，所以其香火鼎盛，朝拜者如云。

纵观蔡江寺庙，各具特色。在人们的传说中，这些寺庙中的菩萨，不管是斋菩萨，还是荤菩萨，都是村民的保护神。其中，宝华寺虽地处高山，行走不便，但因为它能保护农作物，使五谷丰登，所以，人们依然不辞劳苦，攀登几十里的陡峭山路去那里朝拜、打醮。谢坊的太子菩萨，能确保产妇母子平安，所以其庙会活动十分兴盛。而汉源的陈公庙，据说只要能去那里许愿，连久治不愈的病人都能起死回生，因而正月、八月的庙会能年年不断。

附录

禅和经

释迦牟尼在兜率宫讲佛法，与众佛会于宁、兴、雩邑，见一乌石跪求文佛脚下，自愿皈依佛门。乌石化一仙人，头戴僧帽，身穿袈裟，脚踏朝靴，手拿简笏，相貌堂堂，众佛瞻望。

接引大佛问此仙人，何方仙佛，居在此山？修何道法？禅和祖师跪而答曰，吾本乌石之佛，前世名为定光佛。为斡旋阴阳不匀，准是时刻有差，无极老祖罚事转劫。今世名为禅和，堕落闽中，幼失双亲，游于江豫赤溪变姓，从入红尘世界，代人佣工用力。但我真性不寐不摇，灵光不坏。昔学孔圣之书，常领孔圣之言，以守本性之善。陈东主外出经商，数载不回，遗嘱禅和，付家托妻。代理家事，从无私心，秉正守义，毫无恶行。可对天地神明，堪对日月三光。佣工数载，馊淡可餐。

将来饭菜，难以下咽。东主叹曰，如此，何下咽呀？余曰，东主，一日三餐难咽，再吃三年无悔。东主摇手而语曰，禅和真能成佛仙也。余听其赞，言曰，吾能分身变幻为乌石，故在山中修道。望诸佛慈悲垂怜，指明玄关大道，早登宝座莲台。

文佛听罢赞曰，妙哉妙哉，尔乃上界佛身，上通仙佛，下通地祇。吾赐接引佛祖，奏明神农帝主、后稷帝君，命尔永保菜蔬禾苗，收管虫虎恶兽，四海八方分野去处，驱逐无踪。能救人间之荒歉，能祷皇天之晴雨，能救世劫之旱涝，呼西风以唤雨，拔洗蟊贼之虫，以为保禾苗之祖师。举凡九州六合，土公土母神君，土子土孙神君，田公田母神君，田子田孙神君，一切土神田神，俱属此神。千千土兵，万万田将，提兵拨将，任尔驱遣。带领田兵田将，同佑禾苗之秀实，共获五谷之丰登，驱山魈之扰害，收螟蠊之侵凌，显灵道于乌仙，著功勋于江豫，奏人间之善恶，定世上之丰歉。鉴察一乡之为善，则布一乡丰稔；若有一乡之为恶，则布一乡之荒歉。考校一县之为善，则布一县之丰亨；若有一县之为恶，则布一县之荒歉。运大地之稻谷，无有休息；判人间之饥馑，岂有安宁？

接引佛祖，即领佛旨，于神农帝主、后稷帝君殿前投递。于是两位帝君即差五谷神君，手捧法旨，驾起五彩祥云，来到宝华山下，敕命禅和祖师遵行，以收诸般虫蚔：

一收茄菜蕻菜虫，苋菜豆角虫。
二收莙荙葑菜虫，米谷豆子虫。
三收眉豆薯芋虫，茼蒿菠菜虫。
四收禾苗粟子虫，菜蓟白菜虫。
五收姜蓝糖蔗虫，萝卜葖菜虫。
六收莆藤吊菜虫，芥蒜叶子虫。
七收葵萁禾麦虫，苗笋茄菽虫。
八收蠹鱼箱箦虫，乌烟木梓虫。
九收松毛刷毛虫，蛀竹蛀木虫。
十收飞蝗荧火虫，螟蠊蟊贼虫。
十一收蜘蛛卷心虫，青虫转屎虫。
十二收鸡壳斑蝥虫，土狗打屁虫。

十三收土鸾花罗虫，一线蜈蚣虫。

十四收蝴蝶百节虫，毒蛇化骨虫。

十五收皮蛆食血虫，疮节书纸虫。

聊表数十之虫蚳，千千虫蚳，万万虫蝗，统收宇下，风扫为尘。一心存爱物之仁，雷绕殿中，三年邀上天眷，云集飞腾。

禅和祖师拜而受之，照旨遵行。

若世人能持斋布施，修善除恶，敬仙礼佛，惜谷重粒，孝顺父母，恭敬孔圣，尊师重道，戒杀放生，守义秉直，祛邪遏谣，存心养性，守身保命，敬重三光，尊重三教，种种功德，获福无量。每岁五月初一日，禅和祖师宝诞降在人间，若有善男信女，叩求必应。或立像建坛，广陈供养，酌水献花，诵经礼拜，自然岁稔年丰，赐福增龄，功德无边。每风（逢）春社、秋社之日，吾察世人之善恶，奏通上界，与土公土母，土子土孙，田公田母，田子田孙，同理田物之充盈，共奏天朝，以达神农帝主、后稷帝君殿前，定其丰歉与旱涝。恶多则放旱魃山魈入境，善多则旱魃山魈远逃。在世农夫士庶，若有不信此经者，多受饥饿末劫之灾，田物耗散，所求不遂，五谷不丰，丁财不吉，田禾不穑，家口不安。

尔时，接引大佛问牟尼文佛曰，如何免得此难？文佛告曰，善哉善哉，闻此缘由，斯吾诚言，大善也。吾今誓愿，度一切之众生，救获厄难。倘若农夫士庶家口不吉，六畜不旺，田产不丰，菜蔬不茂，田神不旺，土神不安，见闻此经，加深倍之。宜抄此经与世，或在家庭，或在庵庙，大开经卷，或请僧道，或请儒生，或请斋公，受持此经，三五十遍，千五百遍，踊跃忏悔，转祸为福。受持诵读，令诸百谷之神，神农皇帝、后稷帝君、禅和祖师，俯察有情，赐福无量，灾祸蠲除，晴多降雨，雨多转晴，旱魃不至，虫蝗不生。虐虐水涝不能为殃，五谷必定丰登，禾苗结实，六合土神旺相。因此善功，家肥屋润，血财兴旺，猛兽终不能害，鼠雀远离他方。四时八节清吉，百事俱从心意。于是祖师而说偈曰：

乌仙得道禅和公，

自古神通显英勇。

一世厚道勤苦力，

三年馊淡愿为工。
人之初来性本善，
四海苍生心敬崇。
昔日菜禾蟊贼害，
口念成佛愿收虫。
鸟禽恶兽驱无踪，
螟蠓飞蝗扫殿中。
祈晴祷雨神通显，
保苗除恶布恩隆。
田中作物般般熟，
千园万庄处处丰。
荡荡天怀存宇宙，
巍巍义气贯苍穹。
苗而不秀宜念我，
自然洗涤墨菁浓。
绽定花开方结子，
保佑众生为善功。
和风甘泽而来雨，
刮扫虫蝗再莫逢。
经中意念心如此，
仙佛日日显神通。

被访谈人员名单：
胡道波，75岁，蔡江宗教活动点首事
黄福生，73岁，蔡江宗教活动点秘书
谢昌炳，56岁，宝华寺住持
钟梧林，88岁，华祝寺住持
龚兰英，85岁，女，真君庙住持
廖翠兰，60岁，女，陈公庙庙祝
胡道谷，68岁，汉源村村民
廖直森，71岁，谢坊太子庙庙祝

刘必春，73 岁，源头村村民

陈玉生，75 岁，蔡江算命先生

刘必登，83 岁，源头村村民

谢先英，76 岁，大坑村村民

宁都城厢的寺庙与庙会*

曾材

宁都县城位于宁都县的中部，地处梅江之滨，现名梅江镇。该镇原名雪竹坪。隋开皇十八年（598），位于今宁都县境南、北两地的阳都、虔化两县合并为虔化县，移县治于此。从此，这里便成为虔化县（南宋绍兴二十三年，即公元1153年改名为宁都县）政治、经济、文化的中心，历今已有1 400多年。城内分设东、西、南、北四关十四图。四关之中，过去大小寺庙林立，其中仅清道光四年（1824）《宁都直隶州志》所记载的祠庙（含儒家祠庙）、寺观就有89座之多。

这些祠庙、寺观散布于县城的各个角落，其活动内容丰富多彩。现仅据本人以往耳闻目睹，将其中几个寺庙的基本情况叙述如下。

一、崇福寺的兴衰

崇福寺在宁都县城状元坊内，始建于东晋永和年间（345—356），原名"宝林寺"，南朝时改名"安国寺"。北宋大中祥符年间（1008—1016）赐今名。明正德十三年（1518）以寺基为学宫，易学基建寺，改名"隆兴寺"。万历三十二年（1604），寺与学宫复各自迁还故地，清乾隆中阖州重建，复名"崇福寺"。① 1917年，笔者五岁时随父母由县城小东门迁居南门东平庙北向

---

* 原载刘劲峰主编：《宁都县的宗族、庙会与经济》，第265～288页。

① 参见清道光四年《宁都直隶州志·寺观志》。

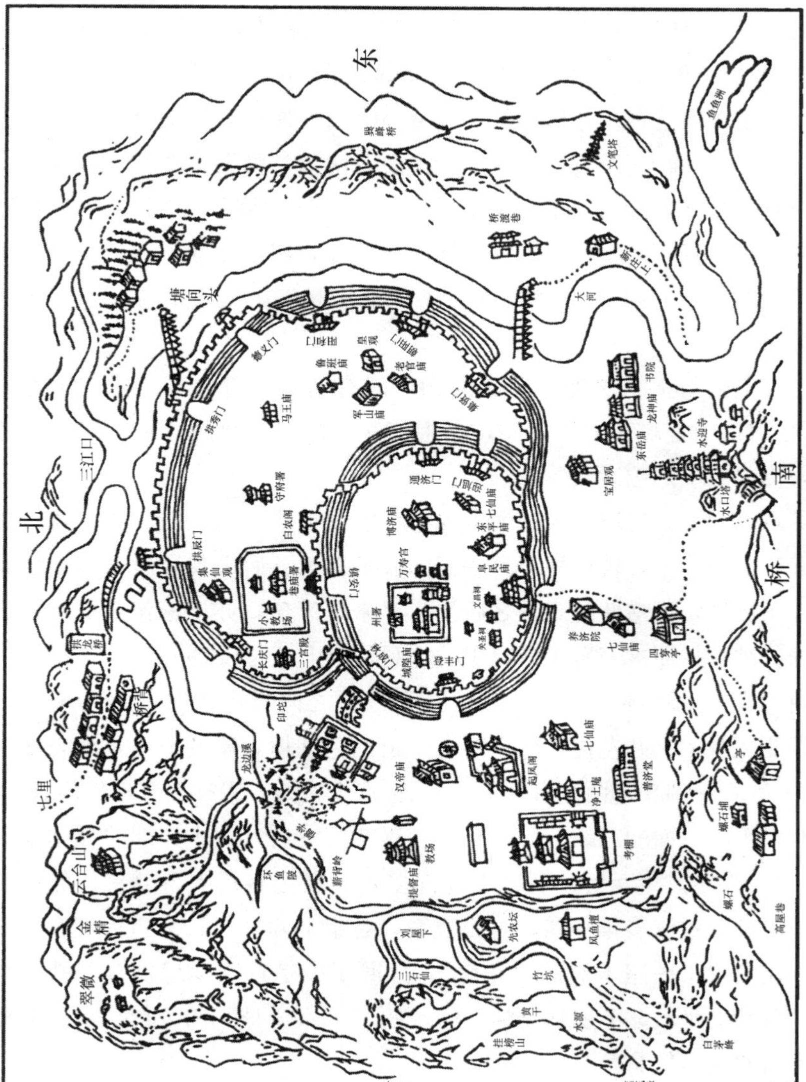

图1-2　宁都州城图

杨屋巷杨屋井东侧居住。七岁就读于“丰备义仓”院内的宁都县城西第三区立小学，经常从南西巷，经“古庠序地”，进入崇福寺，再经羊间里去学校，故对崇福寺情况记忆犹新。

崇福寺，民间又称为“大殿上”。寺宇坐北朝南，东邻穿巷里（今名川巷里），西邻羊间里（今称大井巷），北邻彭氏祠堂。大门额有“祝圣道场”四字，入南大门是一长方形小院子，由小院入内便是寺宇的第一进“四大天王殿”，或称“四大金刚殿”。殿正中正面向南为“弥勒佛龛”，龛高约一米，佛像金身，盘坐，含笑，显得很慈爱，人称“笑面罗汉”。韦驮佛与弥勒佛共一佛龛，只隔一扇木板。韦驮佛像正面向北，威严站立，右手平伸，手掌按着“降魔金刚宝杵”。弥勒殿东西两侧靠墙是四大天王的佛龛，每边各有两尊天王坐像。

四大天王与弥勒佛神龛东西两侧之间有通道可进入第二进“观音大士殿”。殿内正中是观音大士佛龛，龛上有镂花门窗，两侧分别供奉十二尊佛像，人称“二十四位诸天”。

有意思的是，这里的观音大士像与韦驮像恰恰对面相望。传说观音原是西方某王国的公主，曾许配于另一王国太子韦驮。后来观音看破红尘出家修行，终于成佛，而韦驮随观音之后，宁弃来日王位，亦出家修行成佛，成为佛教守护神，故而被安置于寺院中，与观音大士相对而立。

由观音大士殿佛龛与二十四位诸天佛龛之间可进入第三进，正中是天井，两侧宽敞。天井左边大殿东向有一道白色墙垣，墙的南端，坐东向西为“地藏王菩萨”佛龛，两侧有联：“□□指点天堂路，锡杖敲开地狱门。”

登上天井后面的三级石阶，有一列镂花门，进入其中，即“释迦牟尼佛殿”。殿顶耸立，高度超过一、二进许多。大殿左右角隅各悬钟、鼓；殿当中的前后依次置许多排拜凳，一张香案，香案上除钟磬、木鱼、灯台、香炉以外，还安置了一座木制的“龙牌”。大殿正中是释迦牟尼佛龛。佛像全身饰金，盘膝而坐。龛上屋檩下横一匾，题“丈六金身”四个金字，两侧靠墙是“十八罗汉”佛龛。

龙牌高约50公分，宽约30公分，精雕细刻，朱漆描金。牌顶有浮雕龙头，牌两侧刻对称的五爪飞龙，正中直刻“当今皇帝万岁万岁万万岁”11个描金大字。据方志所载，清代州县的上谕亭内都要敬这样的牌子。

在地藏王菩萨佛龛的南侧，有一道拱顶门，门上书“兰若”二字，兰若即“寺庙”，是梵文的略语，不知何时起改为客堂所在，其布置一如民间厅堂。东边槅扇后为住持卧房。南边则通僧房、厨房，并有小门通向寺外穿巷里。天井右边登阶向西有门进入经堂。经堂后有经库。这座寺宇为长方形，估计总面积为800平方米。

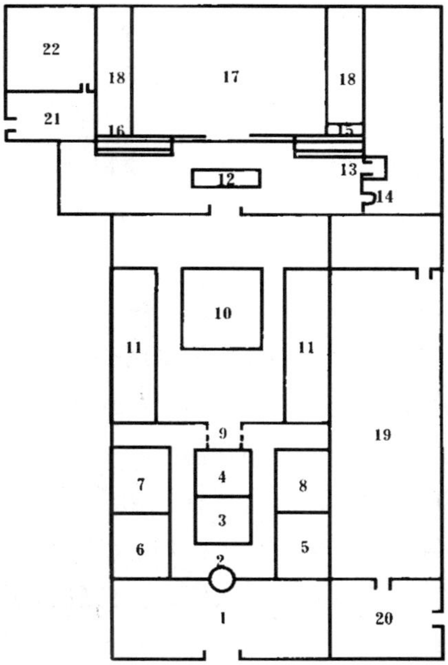

图1-3　崇福寺宇示意图编号注明

1. 院　2. 圆门　3. 弥勒佛龛　4. 韦驮佛龛　5. 持国天王佛龛　6. 增长天王佛龛　7. 广目天王佛龛　8. 多闻天王佛龛　9. 走廊　10. 观音大士佛龛　11. 二十四位诸天佛龛　12. 天井　13. 地藏王菩萨佛龛　14. 兰若（客堂）　15. 悬钟　16. 悬鼓　17. 释迦牟尼佛龛　18. 十八罗汉佛龛　19. 僧房　20. 厨房　21. 经堂　22. 经库

崇福寺虽然没有金精福地、莲花古刹的山水之美，但它设计周密、巍峨壮丽，在县属诸寺中首屈一指。寺中常有数十名卓锡、挂单的和尚，但却不容留一名尼姑。其经济来源主要是县公署规定的“常住”，故无须向民间托钵写乐助，这项优遇是除莲花山以外其他寺观所不易得到的。

二十世纪三十年代初，寺庙的菩萨被毁除。不久，寺宇亦被歹徒全毁。究其原因，不能不提到该寺住持和尚大州。

大州是本县某村人，俗姓李。因幼年父母亡故，生活无所依靠，13岁便出家为僧。由于勤习功课，苦练修行，遂有成绩。青年时就“受戒”，头顶上打上了三排佛门“戒疤”。30余岁当上了崇福寺住持。二十世纪三十年代初，崇福寺的菩萨被群众毁除后，寺里原有的和尚陆续走了，挂单的和尚也不来了。此时，大州面对现实的变革，联系自己的幼年遭遇，对西方极乐世界的渺茫信念感到怀疑，感到虚度了自己有限的黄金年华。从此，他对寺里的事情逐渐消极，名义上虽仍称“管家和尚”，实际上却另有打算，以至发展到经常不回寺宿。这时，某些歹徒认为管家和尚不管事，有机可乘，便对寺宇建筑予以破坏，先拆木料，后拆砖瓦，夜以继日，不消几天，整个寺宇就成了废墟（据笔者回忆，这是1930年至1931年之间的事）。

事后，羊间里、李家巷之间贪图近路的行人便在瓦砾中走出了一条小路。从路边便可看见废墟内残存的三项“遗物”：一是北边盘膝而坐的丈六金身，二是东边兰若的拱门及其题额，三是南边进入四大天王殿的圆门。

丈六金身是金属铸造的，敲不碎，搬不动，所以幸存下来。兰若拱门、天王殿圆门居然也侥幸留下来，则不知何故。

崇福寺附近的居民看见丈六金身久在风雨中暴露，不免惘惜，便买了一顶大号箬笠，用绳子绑在金身的头顶上。但箬笠经不起风雨的袭击，不久就掉到脸颊上，随风飘荡。而兰若门和天王殿圆门则直至抗日战争胜利之后才全部毁坏。

1933年，大州脱离佛门，公开“还俗”，与一女子一起到区政府申请结婚，从此脱了袈裟，改换民间便装，以贩米为业。

二、县城四镇的神庙

宁都县城以往被分成东、西、南、北四关，每个关口均有一座神庙坐镇。

（一）东门太公庙（博济庙）

据清乾隆六年（1741）《宁都县志·祠庙》记载，博济庙，俗名太公庙，北宋崇宁中（1102—1106）赐额，建于河东潭富村。祀土神胡雄（后晋封为“博济昭应王”）。明洪武中，知县庄济翁复建庙于县治东，神像左右为部将丁权、吴卞，两庑为神曾孙曰“昊”，曰“渐”。后，邑人张非潜建魁星阁于其上。乾隆元年（1736）毁于火，第二年阖邑重建。

按旧庙记，神生于后梁龙德辛巳（921）四月八日，体貌魁异，隆准广额，顾目见耳，言行淳笃，邑人敬畏，寿终八十三，每著灵异。元至正壬辰，熊天瑞率众攻宁都，至螺石，见城外兵多，遂退。① 使人觇，实无兵，乃进。及交锋，熊军见白须老人巡城，飞炮射矢不能逼，或言胡太公阴兵也，熊怒毁潭富原庙。熊去时，兵死相望。一部将抱病狂言曰："我营盖殿宇事亦未竟。"自河东潭富"博济庙"被毁之后，明洪武中，由宁都知县庄济翁发起，人们又在县城的东面重建了一座"博济庙"，人称旧庙。庙宇坐西朝东，站在庙门口可以一直看见通济门（内城正东门）。这座建筑为两坡式砖木结构，陶瓦顶，马头式山墙。正中有三道门，俗称三进门。庙门前是一块空地，可供庙会时架搭临时戏台用。平时则为小贩卖瓜果之所和行人过道。通过这条过道，往南可通阜民门，并经高街，过鸡鹅市北口转而向东至大街，再转向北至削筋街，出镇安门、拱辰门。

庙门虽有三进，但平时人们只由左门进出。进了庙门就是左钟右鼓，再往里数米是左右两庑。两庑神龛原各有两尊木雕的硬身立像，左边是部将丁权和主神曾孙胡昊的像，右边是部将吴卞和主神曾孙胡渐的像。左右神龛前设木架，列仪仗，依次排列：肃静牌、回避牌、博济昭应王牌匾、金瓜棒、龙头棒，最后是一面黄色绸布神旗。正殿主神神龛略高于两庑神龛，正中是博济昭应王胡太公软身坐像一尊（神龛上不见有方志所载的博济昭应王之妻刘氏"慈佑助顺妃"像）。公脸呈橘红色，眉宽展，须长垂（皆银白色），衣冕服，冠垂旒。像前置公案，置笔架，架上搁长毛笔一支。案右侧置黄绸包裹的玺箱和封诰筒。龛前挂黄色幔帐，左右卷开，只露出神像。神龛顶上悬红底金字横匾，自左而右题"如在其上"4 个大字。神龛左侧设木座，安置木雕神龙一架，名曰"老龙"。该龙，每年端午节龙舟竞渡时被安插在舟的前头，平时则在此接受香火敬祀。该庙管辖的区域内有一条大街，每年的龙舟竞渡均由大街两边的店铺主持。但因店主俱是商人，不习惯于水上功夫，故每逢龙舟竞渡，总要雇请水上行家予以帮助，上水日期也自然总要较其他

① 清乾隆六年《宁都县志》卷二载："博济庙……元至正壬辰，伪汉熊天瑞率众攻宁。"按，元至正壬辰为公元 1352 年，其时还没有"伪汉"，窃以为"至正壬辰"乃"至元壬寅（1362）"之误。

庙宇迟些。

在博济庙主神神龛背后与庙宇后墙之间有一条狭长的过道，通过过道，有木梯可登上庙顶的魁星阁。魁星阁上最引人注目的是一盏铁制的“奎”字灯，灯外框浑圆，直径约 1.2 米。外框和“奎”字的每一笔画都安了许多盏清油灯。其中，外框的灯较小，计 25 盏，笔画的灯较大，计 24 盏，共计 49 盏。

每月初一、十五日及过年过节时，庙祝便要将油灯点亮。站在通济门（东门）的城楼上，就能看清楚“奎”字的每一笔画。它与夜空交相辉映，甚为壮观。

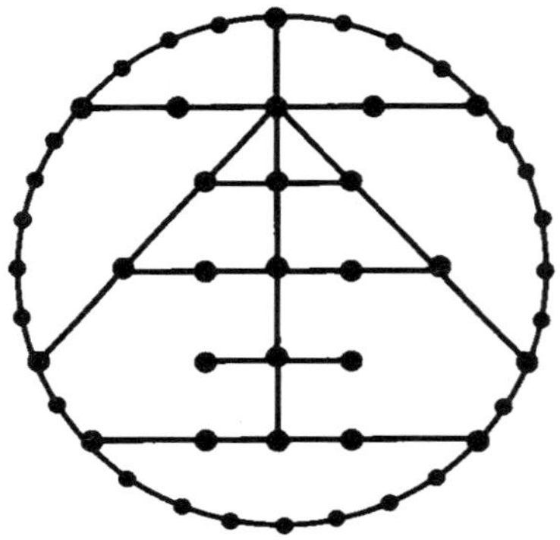

图 1－4　奎字灯

博济庙的庙会日期为每年四月初八。相传这一天是胡太公诞辰，所以东关四图的信士们要在庙前空地上搭台演戏，以示庆贺。

除此之外，由于博济庙的庙主姓胡，所以每到春节，城里城外的胡姓人都会来进香，故正月初一、二、三，庙里最为热闹。

民国十四年（1925），因旧庙圮败，由东门衙背巷的秀才赖恢牵头，人们集资拆去旧庙，在原址上盖起了一座新的“博济庙”，俗名新庙。与旧庙相比，新庙不仅升高了地基，而且还在庙内增建了戏台等，其余一如旧庙。1936 年，因扩建道路的需要，博济庙被拆毁。之后数十年，在没有庙宇的情况下，县城东门的居民仍念念不忘“太公老爷”，每逢春节过后便要在原址附近临时搭台，敬奉神位，并演戏 7 天，以示奉祀。

（二）南门东平庙

东平庙初建于南郊第一桥，始建年份不详。明正德年间（1506—1521）迁南门（又名阜民门）口，庙内主祭张巡、许远二王。

张巡，河南南阳人，唐开元（713—741）进士，知兵事。初为清河令。天宝十四年（755），安禄山举范阳兵叛唐，时巡为真源令，与单父尉贾贲同举义拒逆。雍丘（今河南杞县）令令狐潮降逆走，巡与贲引众入雍，膺城守。禄山遣兵攻，贲战死。既绝粮道，相持数月，城中日困。巡以雍小邑，储备不足，势难久持，乃率师三千人转移至睢阳（今河南商丘县南），与太守许远会合，同拒敌。睢阳乃江淮战略要地，禄山欲东南犯，必先谋得睢阳。至德二年（757），禄山被次子庆绪杀死。庆绪遣部将尹子琦合众二十万围攻睢阳。许远，浙江人，为龙朔中（661—663）宰相敬宗曾孙。初，从军河西，曾任碛西支度判官、剑南镇章仇兼琼幕从事，以姻事忤，贬高要尉，遇赦还。禄山叛，朝中破格拔将帅，以远素练戎事，玄宗召见，拜睢阳太守。及张巡领兵来合，城父（今安徽亳县东南）令姚訚素与巡亲善，亦同来，合力拒逆，远以才不及巡，自居巡下，专治军粮战具，让巡掌握指挥大权。睢阳拒守经年，食尽请援，巡遣麾下将南霁云冒死突围往临淮，求援于河南节度使贺兰进明，不应，且欲利诱软留。霁云斥以不忠不义，啮一指以示信，复冒死入危城还报。睢阳军民戮力守城，一心无二，经年乏食，忠义不衰，城中数万人，仅存不过数千。巡每与敌战，大呼誓师，眦裂血流，齿牙皆碎。城将陷，西向再拜誓忠。城陷，巡与姚訚、南霁云、许远皆为贼执。巡、訚、霁云骂贼死。许远执送洛阳被杀害。睢阳城破，遗民止四百，守城时无一叛者。

张巡等甫殉三日而援至，十日，广平王收复东京，肃宗诏封巡扬州大都督，远荆州大都督。立庙睢阳，庙名“双忠”。大中时（847—859），图巡、远、霁云像于凌烟阁；宋景定中，追封张巡为“东平王”，许远为“昭济王”。

后人有言，睢阳之陷咎在郭子仪统率三军调度不力，所以，宁都东平庙每年庙会演戏酬神，有禁演《郭子仪贺寿》之俗。传说该神灵怨郭援睢不及时，故言若演此剧，必犯倒演员。

东平庙位于南门口，坐东朝西。南门大街穿庙而过，分庙为东西两部分，东边是神殿，西边是戏台，两部屋顶相连，过道顶上是八角藻井，行人过此，可借以憩息、避雨、乘凉。

殿内当中神龛上并排为张、许二公软身坐像，龛前列儿童神像二尊，为二公世子。左侧专设漆木架，安置金红龙。两庑神龛各列立像二尊，为南霁云、姚訚、雷万春、贾贲像，俱是睢阳战役之忠烈。

戏台后壁悬一横匾“江淮保障”。台前柱子上挂一对联：“国士无双双国士，忠臣不二二忠臣。”

相传张、许二公生庚相同，故每年二月二十二日，南关二图的群众都要举行盛大的庙会，以示庆贺。

庙会的前一天，先要举行出神仪式，届时，由全副王爵仪仗为先导，用特制的无顶神轿将二尊世子坐像抬到南关二图所属的各条大街小巷中巡游，居民沿途设香案顶礼膜拜。当天下午，神明回庙。从第二天开始，由两个不同的祁剧戏班，在同一个舞台上先后演同一出戏，俗称“两个班子打窜台”。群众则穿梭于庙堂之中，有的进香，有的还愿，有的悠然看戏，人来人往，煞是热闹。庙会演戏一共需进行七天七夜。其中，以《南霁云请援》一场戏最受群众欢迎，故每年必演。每次演出时，均有许多人为之落泪。而其他一些被认为会亵渎神明的戏，如《曹操下宛城》，则常常一开台就会遭到群众的激烈反对。东关的太公庙、西关的汉帝庙、北关的孚惠庙也要在庙会的前一天，在本关所属的大街小巷范围内举行出神仪式。内容与此基本相同。

八月的上半月为“朝仙”日，县城四关的居民会成群结队轮流到博济庙、东平庙、汉帝庙、孚惠庙去进香朝拜，俗称“朝四镇”。

（三）西门汉帝庙

清乾隆《宁都县志·祠庙》记载：“汉高帝行祠，一在登丰门（即下西门）外直街，一在秋成门（上西门）外横街。老庙基址在西净乐园左。”该庙据传始建于南宋淳熙年间（1174—1189），后经多次迁移，至明万历年间（1573—1619）徙于登丰门外约200米处。庙宇背西朝东，门前仅一米余即有水井一口，相传其水来自莲花山寺佛座下的龙潭。庙门、水井、登丰门同在一条直线上。按方志记载，宁都县城墙始建于唐太和六年（832）。按照常情，应是先有登丰门或水井，后有汉帝庙。明知汉帝庙每年要禳神唱戏，但当地人却偏偏要把庙建在水井的后方，连搭戏台的地方都没有了，原因何在？据传说，庙址上曾经有凤凰栖息，故“形家”认为其风水好。庙正殿神龛是汉高祖及吕后软身像，左右两侧神龛，左边为张良、韩信，右边为萧何、樊哙。

汉帝庙的北边与七仙庙共墙，南边则傍墙建了一个小小的土地祠。七仙庙也是西门八坊不可缺少的庙宇，据统计，清代宁都城厢共有这种庙宇 12 座。但 12 座庙宇中，与汉帝庙共墙相邻的仅有登丰门外及秋成门外的 2 座。

宁都城厢汉帝庙除下西门（登丰门）、上西门（秋成门）两座以外，近郊乡村坑子里、下廖、径口、虎陂下及水东村等处均有汉帝庙。此外，背村还有一座圣公庙，庙主传说是汉高祖的上辈亲属。有意思的是，这些庙大都集中在西郊（水东村除外），民间传说其原因是刘邦兴汉朝建都于西安，故有镇西之意。

每年三月十八日是汉帝诞辰，西关四图的群众要集资演戏七日，以示庆贺。汉帝庙受门前那口水井的限制，无法搭戏台，所以历年的庙会都借用与之有一墙之隔的七仙庙戏台进行。

近郊其他几个汉帝庙逢汉帝诞辰时均只朝拜不演戏，所以庙会期间东起登丰门街，南至桥子脑，北到刘屋坑，一路来赶庙会的人络绎不绝。

汉帝诞辰正是春耕农忙季节，平时生意清淡的登丰门外小街此刻变得热闹非凡。赶会的农民带着刚刚成熟的桃李上市，常常顷刻间被抢购一空。街上的香烛铺、饮食馆也是生意兴隆，应接不暇。

（四）北门孚惠庙（行祠庙）

清乾隆《宁都县志》记载："孚惠庙，祀怀德乡人严夏，五代中仕为都督，殁，屡显灵异。庙初建于城西八十里稻田。一夕，溪暴涨，神像驾浪东下，止三江渡口，遂立庙河岸，庙址在今普渡桥关后。复于拱辰门内集仙观左建行祠，故俗呼行祠庙。"道光《宁都直隶州志》亦载："旧记宋建炎二年（1128）邑令徐商霖以神致雨功，上闻，赐额'孚惠'。绍兴三十一年（1161）大旱，邑令曹粹中辟正堂舍神以祀，礼成，大雨浃日，遂有年。上其功，封'灵应侯'。"

该庙虽赐名"孚惠"，但民间知之者极少，普遍都以其为行祠，而呼之为"行祠庙"。笔者因家居西南门，故对该庙情况所知甚少。

行祠庙是城厢神庙"四镇"之一。管辖范围主要是北关四图。庙宇背北朝南，门前有藻井，藻井与戏台相连，藻井下便是城南至城北的交通要道。

每年五月初五，这里也要举行庙会。记得二十世纪二十年代中期的一次，该庙雇请了山西梆子班来演晋剧，这实实在在是宁都县空前绝后的一次，所以前来赶庙会者比任何一次庙会都多。

二十世纪三十年代中期，省立宁都中学毕业生邱小雨办梅江小学，利用集仙观和行祠庙的庙宇做学校校舍，但庙内还保留了神像，每年朝仙禳会亦照常进行。新中国成立后，集仙观、行祠庙庙宇都已改建成宁都第二小学校舍，唯有从庙前的戏台还依稀可看到一点旧迹。

三、七仙庙与七仙传说

宁都县城素以七仙庙多而闻名，据统计，清末以前，全城共有大小七仙庙 12 座。笔者幼年所见，城厢东、南、西、北 4 座关门均各有 1 座，其中大东门（通济门）的七仙庙在老衙背，小东门（迎旭门）的七仙庙在城门内街道西端，南门（阜民门）内的七仙庙在狮子石下（又名老七仙庙），南门外的七仙庙在迎恩街，上西门（秋成门）的七仙庙在城外高祖庙北侧（今第一小学校舍内），下西门（登丰门）的七仙庙在城外汉帝庙北侧，北门（拱辰门）的七仙庙在行祠庙北、城门口南，长庚门的七仙庙在城门口东杨公庙的东侧。各庙宇的建筑规模大同小异。

（一）对小东门、长庚门七仙庙的回忆

在所有的七仙庙中，笔者最熟悉的是小东门的七仙庙，因为六岁时，笔者曾得过一次急性肺炎，在庙里“避邪”，住过几天。病愈的次年端午节又到庙里“上花”。且七仙庙离笔者外祖母家很近，笔者去外祖母家玩时，每次都要从庙前经过，故对庙里的一切记忆犹新。

走进小东门七仙庙，可见庙的两侧悬立着左钟右鼓，钟鼓的后面排列着仪仗，仪仗中有 1 副牌匾，上书“代天巡狩”四个大字，庙当中分列前后两座神龛（民间称之为前后殿），两龛间相距约 4 米。

前殿神龛上端坐 1 尊木雕青年软身神像，头戴冠冕，身穿红袍，足蹬朝靴，它就是“天府大帝”，亦称“天府太子”。后殿神龛上并排坐着 7 尊木雕硬身饰金女神像，中年容貌，衣着华丽，这就是 7 位“仙娘”。前殿的左侧专设 1 个饰漆木架，上面放着 1 个似昂首欲飞的木雕饰金龙头，名为“金龙”。端午节龙舟竞渡时，它和其他各庙的龙头一样，被安插在龙舟的最前头，以标志该龙舟属小东门七仙庙所有。

长庚门的七仙庙距城门约 60 米，门前有参亭，每逢七仙娘娘、天府大帝生日及春节唱傀儡戏禳神时，戏台就搭在参亭下。参亭顶棚下悬吊着 3 只龙船（本庙 2 只，米市街七仙庙 1 只）。庙宇为砖木结构的上下二层建筑。楼下分前后两殿，前殿为聚会场所，四周放置了 10 多张椅子，靠东边的墙上

放置了“白龙”“花龙”两个龙头。后殿设大、小神龛3个，共有坐像16尊。中间为大神龛，神像排成3列，最上列正中为一太夫人，左右各为二太夫人、三太夫人；中列正中为大姐，左右分列二姐、三姐、四姐、五姐、六姐、七姐；下列左右两边分立金花、银花小姐。左右两边为小神龛，分设土地公公、土地婆婆，花公、花母。楼上后部设天府大帝神龛，有天府大帝软身坐像及左右护法神各1尊（每逢天府大帝生日时，信士们都要将这3尊神像抬到楼下，接受朝拜）。前部有本坊信士寄存在这里的若干“寿木”①。在离长庚门不远的社下园溪边，有1座归七仙庙管辖的社公庙，庙里放有木雕的社公老爷、社公奶奶。据说该社公很灵验，所以平时来烧香、许愿的人特别多。还听说该庙建起后的第三年，社公像曾被偷过一次。原来，宁都有这样一种习俗，凡是较灵验的社公，大家便喜欢去偷来供奉，且周围的人对于偷菩萨者不得称其为贼。

（二）关于七仙娘娘、天府大帝的传说

传说，七仙娘娘是天上玉皇大帝的7位使者，她们各有专名，一宫称统醒夫人，二宫称胡髻夫人，三宫为生化夫人，四宫为感应夫人，五宫为德天夫人，六官为绿衣夫人，七宫为生日夫人。这七位仙娘受命专管人间“天花”之事，每天定期查察病人的病情和病人家庭成员的日常行为状况，并逐日上报玉皇，以判定病人的生死去向。

天府大帝相传是周文王的太子，因患天花，年仅18岁就去世了。文王极度悲痛，玉皇垂念太子素无过行，在其夭亡后，赐封为“天府大帝”。并在七仙庙内为其设座，以监督七仙娘娘行事，并与她们同享人间崇祀。

天花在旧社会是民间最为可怕的一种疾病，患者以幼儿及青少年居多，得病后轻者破相（麻面），重者夭殇。对于这种病，以往有等级之分，最重的一种（即真正的天花），称为“做大婆婆”；稍轻的（即所谓的痘疹），称为“做二婆婆”；最轻的一种（即常说的水痘），称为“做水婆婆”：统称为“做老太人”或“出果子”。由于传说掌管人间天花的是七位女神，所以，以往人们得了天花，多由家中的妇女，尤其是老年妇女去照料，男人极少过问（或者说，根本管不着）。故一旦染上此病，病者的母亲、祖母便免不了要去

---

① 宁都乡俗，老人生前常喜欢为自己预先做好棺木（名为寿木），并把棺木寄放在庙内，故宁都城内各大庙宇多见此物。

庙里求神拜佛、许愿，以求躲过此次劫难。求神拜佛的主要内容有：

（1）朝拜：在病人患病的过程中，其母要每天到七仙庙装灯、点香、烧纸钱。同时还要把一套由纸扎匠人专门制作的七仙娘娘“花鞋脚带”① 用木盘盛着，恭恭敬敬地端送到七仙娘娘和天府大帝的神龛前。

（2）许愿：可以由病人的家长在家里对天许愿，也可在病人床前对病人许愿或到庙里对神像许愿。许愿时要点烛、焚香、烧纸，主持人开口祈祷，恳求神明保佑病人早日康复，并保证“有许有缴（即还）”。

（3）还愿：许愿之后，若病人平安度过了天花期，家里便要为其还愿。还愿的时间越早越好，一般只要逢到禳神（如五月十八日天府大帝生日，六月六日七仙娘娘生日）都可以还愿。其方式，如逢神明生日，可以主动加演戏目。逢到五月龙舟竞渡，就可以去“上花”。所谓“上花”，即在龙舟竞渡前夕，用“扛盛”（一种专门用来装东西的、由两人抬的大型器具）抬 3 席菜（每席 8 碗，共 24 碗）送到庙里神龛前。点香烛，烧纸钱，跪拜酬神。礼毕后将菜赠予划龙舟的人和庙祝食用。菜是按 8 碗式的民间宴席规定，有鱼丸、肉丸、白斩鸡、滑鱼、滑肉、笋丝、煎鱼、大块猪肉。“上花”的每碗菜面上都要插一朵应时的鲜花，如石榴花、木槿花等。

（4）禁忌：孩童患病时，家中不许骂人、吵闹，要保持安静，以免得罪神灵。对病人不能直呼其名（无论乳名、学名都不能叫），而要把病人当作神的化身，尊称为“婆婆大人”。其间，如孩童暴躁发怒，均被视作神借病人之体做出的反应，服侍者要再三恳求谅解。如病人仍坚持己见，甚至白发苍苍的长辈也要跪倒在病人床前，垂泪恳求“婆婆大人”开恩。除此之外，病人家属谈话中还不准提到落花生、炒豆子、油麻（芝麻）、麻油、豆腐、霉豆腐（豆乳）之类的词语，因为它们所含的“落”“炒”“麻”“腐”等对于“做婆婆大人”的病人来说都是最不吉利的字眼。

四、县城的文昌祠（含文昌、武曲、长生三宫）

宁都城内早就有文昌宫和武曲宫等建筑，对此，清乾隆《宁都县志》、

---

① 所谓花鞋脚带，是用一张 32 开的白纸，一边成排贴 7 双小红鞋，另一边贴 7 条白色纸条，代表捆脚的布带，统称“花鞋脚带”。

道光《宁都直隶州志》均有记载。但本文所说的文昌宫、武曲宫、长生宫与上述两宫不同，它始建于清同治、光绪年间，三宫连成一体，同在一个宫墙之内，故人们统称为文昌祠。

文昌祠位于登丰门外，考棚东侧。它是由清同治三年（1864）恢复乡试之后的中式举人彭应龙倡议修建的。传说彭应龙一生淡泊名利，好仙佛，常扶乩降鸾，劝人修德行善，中式后便邀集城厢知名人士集资修建了该祠。后来，其子彭自南又继承他的事业，主持祠事多年，并增修了一些建筑。

文昌祠整体建筑坐北向南，呈长方形。东面围墙上开大门，门额上有“文运天开”4个大字。大门外南侧有一座高约1.5米的砖炉，额题“敬惜字纸”。

进了院墙，便是呈一字形排开的3座神宫。其中，文昌宫居中，其大门所对的院墙上，题有“桂殿兰宫”4字。这是一座两层楼的建筑，上层为阁，俗称“天花坛”，它是降乩仙的地方。二十世纪二十年代末的某年中秋，因道人烧纸钱敬神，不慎失火，阁被焚。虽不久修复，但气象已大不如前。下层是神殿，正中为文昌帝君（又称梓潼帝君），两边有不知名的护法神各一名。文昌宫的左边是武曲宫。宫内大殿正中有神像3座，中间坐着的是关圣帝君，两边为周仓（手执青龙偃月刀）、关平（手捧玺箱）侍立。长生宫在文昌宫的右边，宫内大殿上也有神像3尊，中间是主神，但不知神名，人们只道是“长生老爷”。两边为护法神。

文昌宫内的天花坛，经常会举行降乩仙活动。所谓降乩仙，书本上又称为“扶乩”“扶鸾”，是神明显灵的一种表达方式。天花坛里有负责人及专门从事记录工作的人，他们会把每次降乩仙时的情况记录在案，并整理成册，印刷后发给每位信士，用以儆恶劝善。降乩仙时，不用开口说话，而是靠两位鸾童扶着丁字形的木架在沙盘上画字，以表达神明的旨意。当神明降临之后，会先在沙盘上示名，接着吟诗联句，写文章，谈阴阳，有时还会揭发在坛人的隐私，使当事人无地自容。所以，在坛人及担任记录的人必须是问心无愧的善良之人，否则，往往会当场出丑。据城内北门的一位老秀才卢克犹说，有一次天花坛降乩仙时，沙盘上突然出了一副对联，揭发有人与嫂嫂通奸。虽然神仙没有点名，但在场者中有一人立即脸色变白，回去后不久便病死了。

1927年，我曾亲身经历一次降乩仙活动。当时，宁都民间盛行“装花会”（即在神明指点的情况下，男女老少聚在家里赌博，故又称“抄家赌”），在我外祖母家对面的温氏家庙内，也由一位曾氏长辈设了个临时乩坛。乩坛的前面放了个沙盘，沙盘上倒扣着一只篾簸箕，箕口上绑着一根竹筷。依照规定，降乩仙时，必须选择两个童男童女，分立在沙盘两边，用手指头将簸箕抬起（俗称扶鸾）。这次，主人在征得家长同意后，要我和我表妹担当扶鸾任务。当一切准备就绪后，主人开始焚香许愿。奇怪的是，主人一许完愿，簸箕果然就在我们的手上转个不停，尽管没有写出什么字来，但却画了不少的圈圈。后来，簸箕越转越快，我和表妹怎么也控制不住。无奈之下，我们只好请主人祈求神明，才得以停住。

五、无固定庙宇的庙会——斗会

在宁都县城厢各地，盛行一种无固定庙宇的庙会，这就是“斗会”。斗会所信奉的神明名叫斗姆，又称“先天斗姆大圣元君”。

宁都的斗会一般由首士牵头，邀集亲朋组成。每个斗会有会友数十户，经费来源于股份（每户或每人可以有 1 份，也可以有许多份，所需款项依照股份数量分摊）及会友乐助。但宁都每个斗会，经费上都很宽裕，可买田收租，建店收税，除常年朝斗、完粮赋等开支外，多有剩余。且历史上，它和其他规模较小、人数较少的信神组织，如玉皇会、三官会、财神会、罗汉会等一样，无须向官府立案，也不受官府的约束。

据出生在清代光绪年间的长辈们说，宁都斗会早年就有，但谁也说不出其确实的年份，经查清道光《宁都直隶州志·祠庙志》，宁都城厢有祠庙 80 余座，全县有庵、堂、寺、观 300 多座，其中竟没有任何关于斗会的记载。

斗会有名称吗？答案肯定是“有”。斗会既有田产、店产，还要向官方缴纳赋额。除此之外，作为一个集体，虽然规模小，但它和社会上总有往来联系，因此不可能没有名称，只是不为人注目而已。

斗姆是天上的星神，用什么来象征它呢？斗会既没有固定的庙宇，那么，奉祀的处所又会在哪里呢？原来，象征斗姆的是 1 尊木雕坐像，全身饰金，高 2 尺有余（据 80 余岁的卢炳燊老师说，他参加的斗会，其斗姆是一轴画像，这算是例外）。奉祀斗姆塑像必须选择宽敞、肃穆的地方，解决办法有三：其一，在斗会首士或会友的家里设龛，平时将神龛置于楼上，朝斗时将神明接到楼下，设座于正厅；朝斗完毕，再复归原位。其二，如果斗会首士或会友家的住所不具备奉祀条件，则另选择祠庙、寺观中具备朝斗条件的场所，将神像安置其中；待朝斗完毕，再接回原位。其三，如果斗会首士及会友家里既不适于设龛，又不适于朝斗，则选择具备条件的祠庙、寺观长期寄放，按期朝斗。

崇奉斗姆是民间普遍流行的习俗，大家认为，能在自己家设龛奉祀斗姆是一件大吉大利的好事，所以一般均不需要到祠庙、寺观里去。或问，为何斗会不单独兴建庙宇？原来，斗会只是一个人数少、规模小的信神组织，财力非常有限。如单独建庙，不仅财力不许可，并且极容易转化为公共财产，这是首士、会友们所不希望的。

（一）斗会组织

斗会组织的负责人称首士，他总管三方面的人：（1）斗会会员（称信士）；（2）道士行；（3）吹打行。概括地说，就是掌管人事、法事（道士行、吹打行两项属于法事）。首士对法事毕竟是外行，他与道士、吹打两行的关系是“香门”关系，只能检查、督促，凡事商量着办。而对于朝斗时的人事及财务，道士、吹打两行亦无权过问。首士由全体信士推举决定，可以连任。信士之间，互称会友，平时交往密切，有困难均能相互帮助。

为首的道士称掌坛人，是凭香门关系和法事技艺取得的。参加朝斗的道士，一般有六七个人，其中最重要的一员要能通晓道教知识，并能撰写奏章、榜文，故人们尊称其为“写字先生”。在道士行中，能全部掌握“一写、二打、三唱、四念”技术的人并不多，唯有写字先生掌握得较全面。

（二）朝斗

“朝斗”是斗会法事活动的总称。朝斗的场所叫“斗坛”。朝斗的时间一年有两次，第一次从六月初一凌晨（即五月最后一日的午夜）开始，至六月初六凌晨结束。这次朝斗，行家称“朝真礼斗”，民间则称“朝南斗”。第二次从九月初一凌晨开始，至九月初九凌晨结束，这次朝斗，行家称“朝元礼斗”，民间则称“朝北斗”。每次朝斗，斗坛的大门额上均要用红布缀上“朝×礼斗”4个金字的横幅。

朝斗之前，全部“斗器”要洗涤洁净，其中有斗床（神龛）、神帐、幔帐、围屏、香案、拜凳、椅桌、碗盏、供杯、供盘，以及请水用的专用小水桶和特别制作的两尊头上顶着圆盘（供盛水用）的“回子”雕刻坐像。“回子”的形象为高鼻深目，摆设在幔帐前的左右两侧，很令人注目，俗称“回子顶桶子”。所有的木质斗器均要用朱漆描金，有的还雕刻上各种精美的花纹图案。斗器是斗会重要财产的一部分，首士更换时，要逐件清点移交。

朝斗开始前，首士、信士、道士、吹打人、厨师和一切参与朝斗的办事人员都要理发、沐浴、换衣，以保持一身整洁，尤其是首士和为首的道士，朝斗时每日要寄宿在斗坛内，以示清心洁身。除此之外，朝斗前最为庄重的一件事是“请供水”。所谓供水，亦即专为敬神烹茶用的清洁水。该水必须事先由专人用描了金的带盖供水小桶，到南门外“延春井”去汲取，原因是该水不仅甘洌，而且井后面还紧靠着题名为“三坊总镇”（三坊指贤德坊、承宣坊、迎恩坊）的社庙，故大家认为此水甚有灵性。请水时，要入社庙燃香点烛，鸣炮敬神，然后到井边汲水，加盖后带回斗坛，放在“回子”头顶的圆盘上。

待一切准备就绪，道士们开始布置斗坛。坛的正中安置一座“斗姆宫”。坛外大门口张贴着一张红榜，榜首用大字书写一行“袭封留侯天师大真人门下……”，接下去便是对斗姆的赞词和祈祷内容，最后是首士和信士们的名字。门外空地上置一张四脚木架，木架分上下两层，下层压一块石，上层置一钵（缸），供日夜燃烧柏香之用。架旁竖一根长木杆，朝南斗时，杆上分两列挂六个灯笼，朝北斗时分三列挂九个灯笼。朝斗期间，每日早、中、晚各朝拜、上供一次，其余时间则由道士诵经。诵经内容，朝南斗时诵《南斗经》，朝北斗时则诵《北斗经》。一位老道士说，这两种经是最难念的经，所以无一定经验者难胜此任。上供由道士主持，吹打伴奏，信士们依礼手端木盘，躬身俯首，逐件递上供品。供品主要有清茶、斋①、供果（白莲、生枣、柑橘、荔枝、桂圆等）。

（三）拜章

在朝斗的几天中，要选择一个吉日进行“拜章”，这是朝斗法事中最隆重的一项仪式，也是道士行和吹打行最吃力的一项任务。南斗拜章在日间进行，北斗拜章则要在夜间进行。拜章时，为首的道士、斗会首士以及参加“朝拜”的显要信士们都要跪在拜凳上听候念奏，直到念完后才能平身、退场。拜章那天，所有信士（会友）和参加朝斗的工作人员都要在斗坛前吃一

---

① “斋”是用蒸熟的糯米、白糖、橘饼配制成的一种圆锥状食品，底面直径约3.5公分，高约2公分，其味香甜可口，老幼皆宜。

顿拜章饭。拜章席上，只许饮茶，不许饮酒。该席共上10碗素菜，此外还发给每个人4种素食点心，计有斋、素鹅颈、麻花、油饼等，其中，斋的数量每份有几十个，其余每份3个。这些素食点心由入席者带回家，分送给亲友共同享用，以示同沾神佑。

宁都社会上有许多个斗会，有多少户参加斗会，尚无具体统计。但一般来说，每个斗会都有三四十户参加。除此之外，还有许多人尽管没有入会，但却会自觉遵守“斗会”期间的规矩，如：

(1)“斋戒”。无须事前通告，也无须开会动员，城厢间，自朝斗开始之日起至朝斗结束之日止，户户均自觉食素，俗称“食斋”。市内的鱼盆、肉案也于此日起主动停业，直至开斋时才恢复营业。

(2)“点斗香”。斗香是朝斗时各家各户普遍点燃的一种专用香。该香色泽金黄，个体粗壮，每根长约60公分。每当朝斗时刻来临，各家各户均会主动在自家门口点燃该香，以示敬仰。

六、关于城厢其他祠庙的点滴回忆

(一) 天后宫

宁都有“天后宫”，位于县城外城的东北角。庙宇坐西向东，紧靠梅江。往日过往船、筏到此都要登岸进庙朝拜，以祈求航行平安。该庙不知建于何时。庙宇门额上有“天后宫”三字。殿上有神龛，正中为天后软身坐像，左右有童男童女各一名。

以往，宁都县的百姓，每年八月初一至十二日都有“朝仙”的习俗。而在二十世纪二十年代以前，妇女极少出门，故言“妇女不出门，有脚暗间存”。但到八月“朝仙”这段时间，则几乎家家的妇女都会乘机出门走一趟，天后宫便是她们必去的庙宇之一。

天后宫的庙祝，一贯均由女性担任。其原因，一是来此进香的人多为女性，二是朝天后时，当地盛行一项特殊的仪式，名为“给天后娘娘换鞋”，这项仪式只有女性才适合完成。

所谓“给天后娘娘换鞋”，实际是一项女性还愿活动。每当家中有小孩生病时，病孩的母亲常常会去天后宫烧香请愿。而当小孩病愈之后，其母就要在当年（或次年）“朝仙”时带着小孩去还愿，并给天后娘娘换上一双

"三寸金莲"绣花鞋①。换鞋时，庙祝坐在神像的一侧，还愿者先在神龛前烧香跪拜，而后手捧绣花鞋，排队等候。庙祝一一接过还愿者手中的花鞋，脱下神明脚上的旧鞋，换上新鞋……如此一穿一脱，一脱一穿，不停地循环往复（换下的鞋，归庙中所有）。

（二）三皇宫

宁都三皇宫在登丰门内步蟾街南城旅宁同乡会馆内，是由南城药业同人集资兴建的，始建年代不详。庙为砖木结构，有马头式山墙，人字坡屋顶及左、中、右三门。中门门额上有"三皇宫"三字，下面横批"盱南会馆"，左门横批"天地同流"，右门横批"阴阳合德"。进入中门，隔一通道就是戏台的后部，戏台前有一个带藻井的天棚。天棚左右有楼台，可供宴饮、观戏之用。通过天棚，登上阶墀，便是庙堂。庙堂神龛分上下两列安置神像，上列正中为伏羲，左边为燧人，右边为神农。三人均无衣履冠戴，而以树叶蔽体。下列则为衣冠整齐的轩辕黄帝。

宁都人称三皇宫诸神为药王菩萨，以四月二十五日为他们的生日，庙里要为之举行庙会（演 7 天祁剧）。但因该庙演庙会戏的时间与城隍庙里的禾苗戏相重合，故来此看戏的人常常不太多，演戏的时间亦常有提前或推后的情况发生。

（三）文庙

宁都文庙原址在县城南门外延春谷，后经多次迁移，至明万历十二年（1584），才迁到西门外薪背岭下，即今县人民检察院内。依据有关数据记载，明嘉靖九年（1530）世宗朱厚熜"厘正祀典"时，令改孔子塑像为木主牌。当时，全国除曲阜文庙之外，均照此执行。但清康熙三十六年（1697）彭兆达所作《重修（宁都）文庙记》中却有"首建大成殿，新像貌"之句，笔者从小所看到的，也是大殿正中有孔子塑像，东西两侧配以颜渊、曾参、孔伋、孟轲等四贤及言偃、卜商、端木赐、季路、宰予、冉雍、冉求、冉耕、闵损、颛孙师等十哲塑像。看来，明世宗"厘正祀典"时，宁都文庙曾被特许保留塑像。

① "三寸金莲"绣花鞋是指小脚女人穿的一种鞋，一般用红绸为面，上面绣各式各样的花朵。

（四）社公庙

宁都城厢有许多社公庙。农村的社公庙多建在进村的地方，且有的根本不成庙，只是利用废旧陶缸，开个缺口，然后将缸翻过来，覆在地上，里面放上一块砖头，即成。

民间常把“社公老爷”讹称为“射弓老爷”，以为得罪了社公，就会被社公射断手脚。故过去纸扎店常有用竹篾制作的弓箭出售，供酬神者买来敬社公。

田头乡的庙会与墟场经济*

邓文钦

田头乡位于宁都县南部，距县城18公里。它东毗长胜镇，南连黄石乡，西邻赖村镇，北接竹笮乡。明清时属仁义乡松下里。中华人民共和国成立前属云田乡，今为田头乡。乡内属半丘陵半平原地形，地势平坦，土地肥沃，气候宜人，物产丰富。全乡总面积66.06平方公里，耕地27 513亩，辖15个行政村，159个村民小组，总人口32 197人。

田头街位于该乡中心，为乡政府所在地。在座谈会上，几位老人异口同声地说，别看现在的田头街高楼林立，气势壮观，要知道这里原是草木蓊茸、荆棘丛生的丘陵地。北宋时，从武汉迁出的江夏郡黄氏后裔黄日辉，于宣和年间（1119—1125）途经石城县河麓村，转徙到山头王村（距田头街2公里）开基，他率领儿孙到田头建村垦田，因村庄坐落在田畈北头，故得名田头。数十年后，约在南宋淳熙年间（1174—1189），由黄、温、廖三姓群众倡建墟场，墟场街道呈棋盘形，主街长60米，两边为土木结构二层楼房。每逢二、五、九为墟日。二十世纪八十年代辟建两条南北走向的新街，并改墟日为二、五、八、十。

街上、村头、新坊、边斜合称田头四坊。经调查，四坊（包括所辖的自然村）的人据说都来自中原，其中人口较多的有黄、温、邓、廖、陈、刘、孙、李、郭、赖、邱、曾等姓。据1985年出版的《宁都县地名志》记载，各主要姓氏的先祖迁徙路线为：黄姓，山西→湖北→石城，北宋宣和年间黄日

---

* 原载刘劲峰主编：《宁都县的宗族、庙会与经济》，第359～383页。

辉从石城河麓迁田头的邻村山头王开基；温姓，山西太原→浙江永嘉（今温州）→宁都县城，唐天复年间，温填从宁都刘坑乡背村迁到与田头街隔河相望的王坊村；邓姓，河南邓州→南阳→新野→江西抚州→乐安→宁都→竹笮乡南坑村，元至元年间邓世莒从南坑徙田头的邻村渡头；廖姓，河南洛阳→浙江松阳→宁都县城→黄陂，南宋时，廖一郎从黄陂徙居田头的邻村径头；刘姓，江苏→赣州→宁都安福→田头新坊，清初，刘家佑徙居田头邻村南布；陈姓，河南→福建→江西庐山→德安→南丰→宁都钓峰→东山坝乡双源村→会同乡同口村→竹笮乡赤坎村，清乾隆年间，陈兰佩从赤坎徙居田头的邻村杨梅垄；孙姓，河南陈留→宁都，约宋末，孙穆从县城徙田头的邻村孙屋底；李姓，陕西→江西抚州→宁都琳池→福建，清乾隆年间，李和德从福建迁田头的罗子塘建村；郭姓，山西→河南→宁都黄石乡璜村→长胜镇水枞村，明崇祯年间，郭毅煌由水枞徙田头邻村沙田窝；赖姓，河南→浙江松阳→宁都萧田乡桴源→宁都县城，明崇祯年间，赖昌言从宁都县城徙田头邻村长塘；邱姓，山东→河南→江西虔州（今赣州）→宁都洛口乡灵村→石城县田背黄泥塘，清康熙年间，邱犹朝从黄泥塘迁田头的邻村坎背；曾姓，山东→南昌→永丰→宁都县城→固厚乡桥背，清乾隆年间，曾和玉从桥背徙田头的邻村萧屋场。据 1994 年统计，街上有 452 户，1 846 人；边斜有 503 户，2 005 人；村头有 398 户，1 950 人；新坊有 239 户，906 人。

抗日战争期间，江西私立心远中学从南昌辗转迁徙到田头。我在田头读了五年书，其中给我留下最深刻印象的是，这里每年的庙会很多，演戏很多，商业非常繁荣。1999 年 11 月，我到田头调查时，群众一致希望能把田头最具特色的庙会文化反映出来。

一、田头乡的庙会

田头乡的寺庙分佛寺、道观、神庙三类。

佛寺有如下多座。老曹庵，始建于明初。据温立伟等报告说，这座庙是田头现存最早的寺庙。它坐落在老街西边（今粮食加工厂东边），由曾昌炽捐资建造，庵内除主神外，还有一座菩萨，名“九子承母”，即塑像母体周围有 9 个活泼可爱的儿童头像，庵今已圮毁，菩萨也不知去处。福田庵，据道光《宁都直隶州志》记载：“福田庵，在仁义乡田头村，明万历二十九年

（1601）众建。”今已无此庵，亦不知庵址在何处。兴隆寺，在梅江河畔，今乡粮管所所在地。据寺中尚存的残碑记载，该寺始建于清顺治庚子年（1660），由莲花山僧知止筹建，山主温华西捐赠地基。清乾隆乙亥年（1755）知止的法嗣（徒裔）质朗重修。但据《宁都直隶州志·寺观志》记载：“兴隆庵，在仁义乡田头村，明万历二十几年众建。”两处记载，创建时间各异，不知所从。1994 年，该庙于原址重建，乃名“兴隆寺”。西华庵，建于王坊村西南梅江河畔。金牛寺，建在山头王村牛牯石下，始建于南宋，新中国成立后倒塌，二十世纪八十年代重建。黄石岗庵，建在新发塘去径头的路边，今已圮毁。以上寺庙均祀释迦牟尼佛、阿弥陀佛、药师佛等全堂佛祖。

全真派道观有：三官堂，祀天官、地官、水官，建在竹山下，今已毁；甑盖仙，建在桃园底附近，祀太上老君等道教教主，今亦毁。以上寺观俗称“斋菩萨庵”，无演戏活动。

民间崇奉的神庙有：城隍庙（详见本篇附录），在老街东边。据徐敏报告，该庙始建于明万历八年（1580）。庙中现存碑刻亦记载，清雍正八年（1730），众人曾捐资重建，重建时，施主刘仔卓卖掉 18 担青苗田，将卖价全部捐赠给该庙，工程才得以竣工。道光三年（1823）再次重建，1984 年重修。庙内现有菩萨 23 尊，即前殿有木雕城隍公堂像 1 尊，泥塑的无常 2 尊（一称白面无常，一称青面无常），六曹 6 尊，小鬼 4 尊，马夫 4 尊，马 4 尊；后殿（又称寝宫）有城隍与夫人的木雕生活像各 1 尊。大门上方还有一块木刻圣旨牌，上书“敕封城隍显佑伯，大明嘉靖二年（1523）八月十三日封”。汉帝庙，始建时间缺考，原建于老街（今供销粮食加工厂正中），1984 年移建于城隍庙西侧。所祀主神为汉帝。有木雕神像 21 尊，即汉公、汉母、12 位皇子（又称全堂太子、十二太保）、张良、萧何、韩信、樊哙、曾公（据传有崂山法①，为七皇子的师傅）、土地公公、土地婆婆等。东岳庙，始建时间缺考，原建于老街汉帝庙侧面，1984 年重建于城隍庙东侧，所祀主神为东岳大帝。庙内有木雕神像 4 尊，即东岳大帝、华光祖师、文武判官。老官庙，始建时间缺考，原建于原汉帝庙戏台西侧，2000 年移建于七仙庙左侧。庙内有 7 尊木雕神像，即老官爷爷、杨泗将军、南木将军、招财童子、进宝郎君、

---

① 崂山法，传说为崂山仙人所创的隐身、飞行等法术。

千里眼、顺风耳。七仙庙，始建时间缺考，原建于城隍庙戏台西侧，旧庙早年圮毁，2000 年于原址重建。庙内有 19 尊木雕神像，即一殿的三太夫人 3 尊，七仙娘娘 7 尊，金花小姐、银花小姐、千里眼、顺风耳、花公、花娘各 1 尊；二殿（二楼）有天府大帝、种痘童子、收痘郎君各 1 尊。三元庙，始建于明弘治年间（1488—1505），庙址在王坊村前梅江河畔，与田头街仅一河之隔。所祀主神为唐元智、葛元仁、周元勇等三位元帅，故称“三元庙”。但庙里还塑有汉帝、萧何、张良、韩信、樊哙、曾公、七皇子、关羽、关平、周仓及杨太伯公、和合二仙等神像。为什么一个庙有这么多复杂的神像？这里有个有趣的传说。相传明朝弘治初年，王坊村人、工部尚书董越出使朝鲜，归国后，回老家探亲。一天，他同两个随身护卫来到村前梅江河畔散步。时因连日大雨，河水暴涨，河面上忽然漂来一尊木雕菩萨，当菩萨将要靠岸时，护卫一把将它推出，意欲让水漂走。谁知一个旋涡又将那菩萨冲回岸边。另一护卫复将菩萨举起，抛到离岸两丈多远的急流中，可菩萨又照样被旋涡冲回。如是三次，菩萨终不能被水漂走。董越看在眼里，萌生建庙之心，便命护卫将菩萨捡起，洗去菩萨身上的污秽，安放在村后的一个谷雨庙中。次日，董越请来村中的三老四少，提出欲建一庙于河边拾到菩萨处，众人都很乐意，但谁也不识该菩萨是何化身，故而庙名难定。是时，董越回忆起 20 年前赴京应试时，途中曾夜宿某古庙。当夜忽遇一伙歹徒，危急中，幸得三位将军搭救，化险为夷。后董越高中探花，奉旨回家祭祖，路过原庙时，看见殿上有三尊神像，活像当年搭救自己的三位将军，询问庙祝，方知是唐、葛、周三位元帅。想到这里，他毅然决定取庙名为“三元庙”，在庙内增塑三位元帅神像，同拾来的菩萨安放在一起。同时还带头捐俸银三百两，为建庙费用，一时间，响应乐助的人很多。不数月，庙便告成。事隔数十年之后，一次，有人发现田头街上汉帝庙中，有一神像与三元庙中董越从河里捡到的那尊神像很相像，访问画师，才知那神像就是汉帝七皇子的师傅曾公的偶像。传说此人生前学到了崂山法，来无踪、去无影，法力非常高强。于是，人们便在三元庙中增塑了汉帝及其文臣武将的偶像，济济一堂。又隔了很久，村里组建了舞狮队，到外地献艺，于是又仿外地习武者的榜样，在三元庙里增塑了关羽、关平、周仓等偶像，早晚祀拜。至于杨太伯公与和合二仙的偶像为何进了三元庙，则不得而知了。

以上自城隍庙以下的 6 个庙为血食庙祀，俗称“荤菩萨庙”。这些庙，每年均有定期庙会，且逢会必演戏，俗称“演会戏”。田头演庙会戏已有几百年历史，相传清乾隆以前多演面壳戏（即傩戏）或木偶戏。乾隆初年（1740 年前后）始改演祁剧。据 1986 年出版的《宁都县志·文化编》记载：“祁剧，于清乾隆初年从赣州传入县城。”因该剧源于湖南祁阳，故称“祁阳戏”，简称“祁剧”，旧称“楚南戏”，又称“湖南戏”。

田头每年定时、定点演祁剧，共有五次：

第一次，俗称“唱新年戏”。正月十一日上台，先在城隍庙戏台演出 12 天，然后移到汉帝庙戏台演 12 天。这是城隍庙、东岳庙、七仙庙、老官庙、汉帝庙联合的庙会戏，规定第一天演吉利戏《龙凤阁》，又名《二进宫》。最后一天下台，也要演吉利戏《满堂福》，又名《打金枝》，或称《郭子仪贺寿》。平时每天演 2 场，即下午 1 场，演折子戏，俗称“演杂戏”；晚上 1 场，多演整本戏，但有时也会演杂戏。每逢墟日，上午加演 1 场折子戏，因时间短促，俗称“过板戏”。

这次庙会除演戏外，还要进行两项重大活动。

（1）“样古史”，也叫“样故事”，北方称“台角”。以前在宁都县城与长胜、黄石、黄陂、东山坝的大布、洛口等地都有这项活动，但以田头街的活动最经常，规模最大，最能吸引观众。制作方法是用一顶木制小轿（只造底座与框架），外面用彩绸、纸花、金银首饰等装点一番。内坐数名儿童，扮作各种故事人物，如《昭君出塞》中的王昭君，《白蛇传》状元拜塔中的许梦蛟，《绣楼赠塔》中的方卿与陈翠娥，《桃园结义》中的刘、关、张等。游行时，第一台是《天官赐福》，内坐一儿童扮演的天官，后边再接其他。正月十二日与十五日两个墟日，各举行一次盛大的游行，从街上游遍四坊（街上、村头、边斜、新坊）及四坊所辖的十几个村庄。“样古史”每年额定 24 台，有时如经费宽裕就会增加一台船“古史”，形成 25 台。另外，还有 5 台马“古史”。马，多用真马，如缺少马匹，则改用竹篾和布扎好的马头与马尾装在人的腰部，扮成骑马之势。有时，当事人嫌不够热闹，还会增加一队高跷。每台“古史”由 4 人抬，4 人保护，互相换班，并配一堂锣鼓、唢呐。游行队伍的前后各有三把三眼铳，三铳齐响，俗称“打九子炮”。游行经过的商店及村庄，鞭炮响个不停，真是热闹非凡。方圆百里都有人前来观赏，堪称人山人海。

1946 年正月，正是抗日战争胜利后的第一个新春，五庙联合做庙会，田头人更加兴高采烈地“样古史”。其中，那台船“古史”，扮的是《打渔杀家》中的老英雄萧恩与他的女儿萧桂英。十二日那天，萧桂英由头首黄作坤的女儿扮演。黄作坤为了把这台“古史”装饰得更有特色，竟把田头街上所有的金银首饰都借了来，用金戒指、金耳环编扎成一个绣球悬挂在船篷门口，用近百斤银手镯、银链条编扎成船篷两边的窗花，再配上金银纸花与彩绸花等，把一条彩船装点得非常华丽。此外，还特地从民团请了 4 个荷枪的民丁来做保镖。元宵节晚上，“古史”仍然上街游行（但不游村），这次，船内的戏剧人物改请戏班演员扮演，唱做俱全，绘声绘色，更加令人陶醉。十二、十五日两天的“古史”，外形虽相同，但其内容，除《天官赐福》外，均不尽相同，扮演者也要全部换新，俗称“不食旧饭”。

田头“样古史”，耗资颇大，每次活动均有数百人参加。有好事者曾把参加“样古史”的人数做了这样的统计，即 24 台“古史”，由儿童扮装，每台 1～3 人，以平均 2 人计算，小计 48 人；每台要 4 人抬，4 人换班兼保护，小计 192 人；每台配一堂西皮锣鼓，乐队有司鼓及打大钹、小钹、大锣（兼挑鼓）、小锣各 1 人，吹唢呐 2 人，小计 168 人；马“古史”5 台，扮装骑马的 5 人，牵马的 5 人，乐队 7 人，小计 17 人；船“古史”，扮装的 2 人，推船及保护者 4 人，乐队 7 人，小计 13 人。共计全套人马至少要 438 人。

（2）迎神，俗称“禳神”“出神”。时在正月十六日，清晨，群众把汉帝庙、老官庙、七仙庙、东岳庙所有的 53 尊神像全部洗刷一新，有穿戴的还要换上新的衣帽。上午，把每尊神像对号入座，放进特制的小木轿，或坐或站。人们围在轿边，虔诚以待。其间，任何人不敢说错一句话，更不可有亵渎神灵的行为。准备工作的最后一项是依照游行的次序，将菩萨排好队，排在最前面的是赫赫有名的汉室大将军（封为三齐王）韩信，接着为七太子、八太子、张良、樊哙、萧何、曾公、其他皇子、土地公、土地婆、皇后、汉帝（以上为汉帝庙的木雕神像）。接下去为老官庙、七仙庙、东岳庙神像，各庙都以主神压阵，总队伍以东岳大帝压阵。为什么以东岳大帝压阵？据说东岳大帝是道家供奉的泰山神，而泰山神统领群臣五千九百名，号称“百鬼之帅”，被唐玄宗封为“天齐王”。元世祖至元二十八年（1291）尊为“东岳天齐大生仁皇帝”，简称“东岳大帝”。待一切准备就绪，两人抬一轿，按序游行。最前边有肃静、回避牌，随后有执士槌、双梆锣开道，俨然像皇帝或皇后出巡时的鸾驾。加上神旗、凉伞（又称“万人伞”），四堂西皮锣鼓，六把三眼铳，实在热闹。所到之处，人们用喜爆迎送，俗说“迎神接福”。人们这样做，目的在于祈求神灵保佑人寿年丰、六畜兴旺，达到人神共安、同享清平之乐。

正月十二、十五日的“样古史”与十六日的游神，要游遍田头四坊及所辖的全部自然村，其游行的路线是：城隍庙戏台坪→盐行底→饭堂嘴→岽背→边斜→上绞寮→南布→马光胏→新发塘→塘坝底→反莲塘→新坊→桃园→塘子胏→乾陂→沙田窝→杨梅垄→杨田排→中心墩→上下中村→当布→三节湖→田头街→城隍庙。

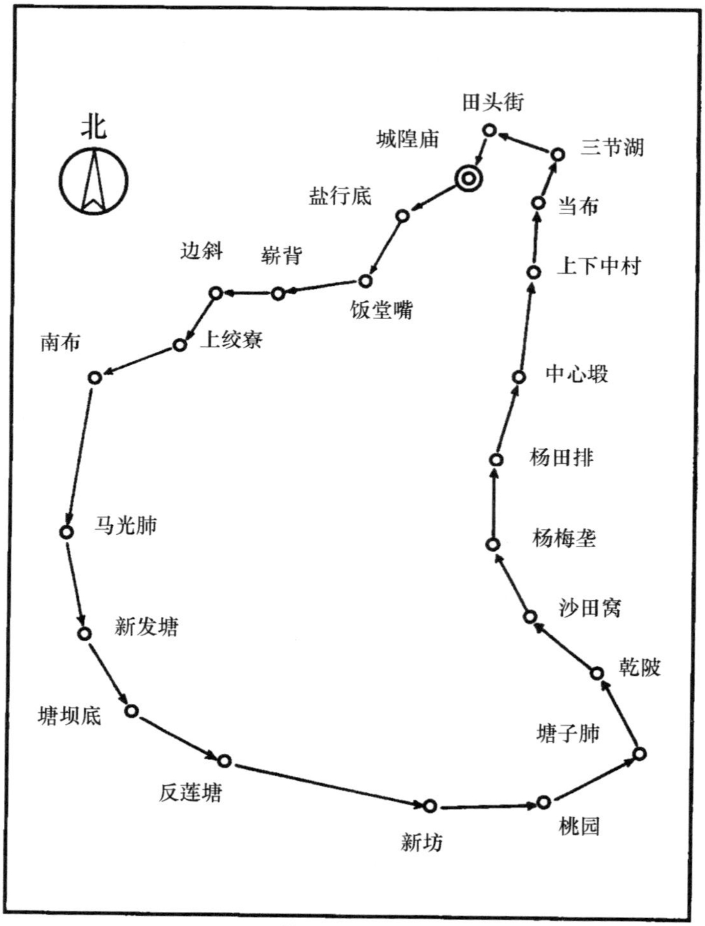

简易草图：刘建东　　清绘：邱常松

图 1－5　田头庙会禳神“样古史”游行路线图

这次迎神，城隍庙的神像不参加游行，因为另有安排（详见后述）。

与田头街隔河相望的王坊村，每年正月十五日夜晚也有游神、舞灯、烧挂花闹元宵的习俗。据刘邦州、刘建东二人调查，这天傍晚，待花灯里的灯光能照见路面时，三把三眼铳齐响，本村及邻村的参观者齐集梅江河畔的三元庙前，随即燃烧挂花。所谓挂花，是一种特制的焰火（今称礼花），制作者先要制好各种单项礼花，如冲天炮、火老鼠、叶落金钱、猴子撒尿、孔明灯、万花筒、金盘银盏、雪花盖地等。届时，将各种礼花分层串联，悬挂在树枝上，燃烧时，从底层烧至顶端，逐层现出花形，故称挂花。烧完挂花，接着舞灯、游神。游神队伍以神旗引路，接着为西皮锣鼓、龙灯、提炉、花瓶、和合二仙、杨太伯公、韩信、萧何、张良、樊哙、曾公、七太子、八太子、汉帝、唐元智、葛元仁、周元勇、关平、周仓、关圣帝君、丝弦乐队、各类花灯、西皮锣鼓。游行从三元庙前出发，向着西南方向，顺时针绕村走一圈，具体路线是：三元庙→油寮坪→坊牌→下村→竹山下→怀山下→祝园下→城墙边→十甲祠→宁州祠→吊井边→茂紧祠→大祠堂→三元庙。

其间，遇到空旷大坪，龙灯及其他花灯要就地表演。所到之处，人们均以香烛、喜爆迎送。整个村庄，通宵达旦，灯火辉煌。十六日凌晨，当东方破晓时，游神队伍准时游完村，回到三元庙，把神像放回原座。

值得一提的是，在这次田头庙会期间，七仙庙的香火会特别旺盛。原因是，每年的正月正是婴幼儿“接种痘苗”的高峰期，相传七仙庙里的菩萨是专管此事的，故朝庙进香的人特别多。不知者以为七仙是“董永会仙”中的七仙女，其实不然，七仙庙的菩萨是另有来由的，其中头戴风帽的是三太夫人，即大婆婆（天花）、二婆婆（痘疹）、水婆婆（水痘），后面七个双手执圭的是她们的女儿，俗称“七仙娘娘”。第二殿（二楼）中间那尊是专管“种痘”的天府大帝。传说某朝有一皇太子因患天花而死，皇帝大怒，即封死去的太子为天府人圣大帝，简称“天府大帝”，命他严密监视三太夫人与七仙娘娘，如果哪里出现痘疹死人，即拿她们母女问罪。后人根据这一传说，便请画师雕塑天府大帝之像安放在七仙庙的楼上，使之更好地起监视作用。趁此，人们一来看戏，二来进香，祈保儿童健康，故而香火特旺。

宁都城乡除石上村（街）外，普遍建有七仙庙，县城有 10 余座七仙庙。故这种疾病神，除石上村（街）外，已成为全县的共神。为什么石上村（街）不

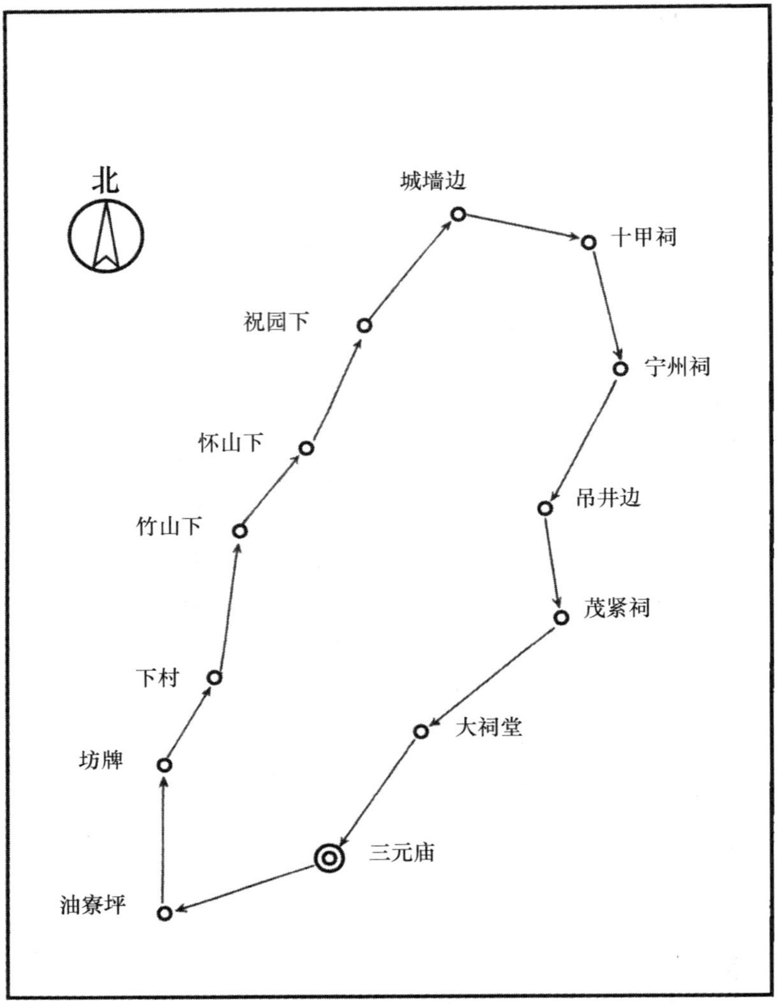

简易草图：刘建东　　清绘：邱常松

图 1－6　王坊村三元庙禳神游行路线图

建七仙庙？这又有一种无稽之谈，传说“石头上种痘不生根”，因此，石上村的儿童不用种“洋痘”①，也不必祀奉七仙娘娘。

第二次庙会演戏，俗称“演老官戏”。因这次演出费用 80％由各行业负

---

① 洋痘，即以科学方法给儿童接种疫苗，类似于后来的种牛痘。

担，故又称“演行业戏”。每年四月初一上台，先在老官庙门口搭台演10天，再移到城隍庙戏台演10天。议定各行负担一天的开支，称为出一本戏价。大约百年以来，各行每年应出戏价的数额均无变更，即酒行2本，布行2本，南杂行①2本，黄糍与猪条行②共1本，席、五金、烟丝行1本，裁缝行1本，小猪行1本，牛行1本，猪屠行1本，牛屠行1本，担行（犹今之搬运队）1本（另加接戏箱，依照规定，15里内接戏箱免费，也不付1本戏价；若15里外接戏箱，则戏班要补交担运费，价格双方自议），六种行③1本，四坊各1本（非商业户负责20%），棺木行1本（排名在最后）。

关于老官神，相传最先只被行船、榨油、烧窑等行业祀奉，后逐步发展到各行业一齐祀奉，说是“供奉老官血财旺”。故老官已成为宁都城乡人的共神。老官究为谁的化身？一说是赵玄坛，一说是萧衍，一说是陶朱公。查赵玄坛，即赵公元帅，他为道教信奉的财神，其塑像黑面浓须，头戴铁冠，手执铁鞭，身跨黑虎。而宁都境内老官的塑像是一位慈祥的白发老人，显然非赵玄坛。若论萧衍，其为南朝梁的缔造者，长于文学，精乐律，善书法，在位时大建寺庙。他做了48年的皇帝，但最后竟因饥饿而死。这样的人怎配称作财神？再论陶朱公，即春秋战国时的越国大夫范蠡，他扶越王勾践战败吴王夫差，消灭吴国，后游齐国，治产数千万。齐人慕名欲聘他为宰相，他不肯赴任，把全部家产散给贫民，暗地里至陶县（今山东定陶西北）隐居，自号陶朱公。从此躬耕兼商，而成巨富。故后世常称富商为陶朱公。由此看来，老官是范蠡的化身似乎更合理些。然而，宁都民间都传说他最早是行船、榨油、烧窑者奉祀的神明，且1990年辽宁人民出版社出版的《中国神仙大全》“萧公”条亦称其为“职司平定风浪、保障江海行船的水神。传闻他姓萧，名伯轩，清江市（今江西樟树）里人，平生朴直，不苟言笑。82岁时无病坐亡”，死后显应拯救落水危难者多。“明太祖讨伐伪汉鄱阳湖之战，敌方看到空中有数万甲兵……战旗上大写‘萧公’二字。”协助太祖得胜后，被封为水府灵通广济显应英佑侯，立庙祀奉。相传四月初一是萧公生辰，江

---

① 南杂行，即现在所称的副食品行。

② 黄糍，指一种用大禾米（类似籼稻）制作的米果，因外观呈黄色，故称黄糍。猪条，指一种半大的生猪，一般重五六十斤。

③ 六种行，指经营粳谷、糯谷、麦子、高粱、花生、大豆等各种买卖的行当。

西在这一天演剧祭赛马。该书记载与宁都民间“四月初一为老官生日”的传说及“四月有个老官暴”“四月八，大水打菩萨”（即四月为当地的洪水季节）的谚语十分吻合。且75岁的退休小学校长曾仕福也告诉笔者，民间的老官神位，正中一行写“敕封太阳洲上得道萧公化主顺天侯王神位”，左边写“杨泗将军、进宝郎君”，右边写“南木将军、招财童子”。由此看来，他原本又应是江西地区供奉的水神。

第三次庙会演戏，俗称“城隍庙与汉帝庙轮流样会”，但实际是“唱禾苗戏”。禾苗戏，顾名思义，是为了祈求五谷丰登而演戏，原在汉帝庙演出，但据说后来不知哪一年，因田头汉帝庙的当事人没及时批到戏，而城隍庙却批到了戏，自此以后，每年的禾苗戏便总是于五月二十日先在城隍庙开台，到六月初一才移到汉帝庙演10天结束。

在这次城隍庙样会期间，有一次暗地禳神的习俗，即在五月二十七日夜晚完戏后，大家要静悄悄地把木雕的城隍穿官服的公堂坐像以及穿便服的城隍夫妇生活像抬出游行，以驱逐邪气，庇佑四坊吉庆平安。游行路线同正月的游神一样。但所到之处，人们不但不迎接，反而逃之夭夭。究其原因，原来人们都认为城隍是阴曹地府管鬼的官，碰上不吉利。

第四次庙会演戏，为单纯的“城隍庙样会”，故称“唱城隍戏”。因这次演戏的经费全部来自群众还愿的钱，故又称“唱还愿戏”。地点在城隍庙戏台。过去额定演8本（即8天），以后逐步增加到30多本。原因一是以往许愿多局限于祈求病体康复，如今为求子、求寿、求财、求功名、求平安而许愿者多了，故还愿者也多，8天（1天1本）远远满足不了大家的要求。二是过去还愿兴交点“八仙钱”，如今还愿者落落大方，交1本戏价的甚为普遍。钱多了，自然可以多演戏。

传说八月十五日是城隍老爷诞辰（谚曰“七月十五无来往，八月十五朝城隍”），故从八月十二日开始，人们便争先恐后前来朝庙（据说先朝庙，可以先得福）。朝庙时，人人都要点燃香烛、鸣爆，然后杀鸭（杀鸭的原因与七月半相同，传说阴间的鬼神只吃鸭，不吃鸡），并擦一点鸭血到各尊塑像座下，俗称“祭神”。早饭后，戏班开锣演戏，第一出戏要演《跳加官》（又名《打天官》）。接着是连续不停地演《八仙显宝》（俗称《打八仙》）。这些戏都是朝庙者为了还愿而交钱要求加演的，故称为“还愿戏”。

朝庙杀鸭到十六日为止，最后一晚的戏按规定唱目连戏，俗称“唱一百零八套”（即唱108出折子戏，但每出戏多只是走一下过场）。唱到最后一出，完戏时有一项“追刘氏精”与“追小鬼”的习俗。追刘氏精是从“目连救母上西天”的传说而来。传说目连的母亲刘氏因嘴馋心恶而被打入十八层地狱。追逐她，寓有惩恶扬善之意。而“小鬼”，俗称是跟随青面无常来勾魂的恶鬼，亦必须追之令远走他方，方能使地方得到安宁。追逐前，先由数十名手执火把、身强力壮的青年守候在台下。剧目一结束，扮演刘氏与小鬼的演员便双双从台上跳下，按照事先约定的路线向村外飞跑。那些守候在台下的青年则与观众一道，在后面紧紧追赶。如果演员功夫好，能摆脱大家的追赶，胜利到达目的地，活动便告结束。但如果中途被擒，则会被大家拖着、拉着走完剩下的路程。沿途还要遭受大家用烟头烧、用桃枝鞭打等种种折磨，真是苦不堪言。

田头追刘氏精、追小鬼的路线有两条，选择哪条视演员跳下的方向而定。一是往蛇嘴方向，经过三口井，到村脑上为终点；一从马端头往上走，经过三口井，到拱桥边为终点。两个终点事先都有人守在那里，以证明演员是否到达了终点。为何要经过三口井？俗称“食了三口井的水，洗尽了恶鬼身上的罪”，所以不必再去追了。

这次庙会期间还有一项重大的活动，那就是中秋节夜晚的龙灯表演和放孔明灯（俗称“云灯”）。是晚，各坊的龙灯队先到城隍庙祭拜城隍菩萨，并在戏台坪里表演一番，群众则用爆竹予以奖赏（即哪一队表演得最精彩，群众放的鞭炮也最多）。在城隍庙表演完了，再到其他各庙及各坊各村表演，有时通宵达旦，尽情娱乐。当龙灯队离街后，一盏由几个技艺精巧的纸扎师傅精心制作的孔明灯被点上油灯，徐徐上升，直冲云霄。

第五次庙会演戏，在三元庙戏台演出，俗称“三元庙样会”。庙会戏于每年九月初五上台，规定演15天。经费由王坊村自筹（以前该村有15亩庙产田出租，专供庙里的香烛油灯及演戏样神等开支，不足部分由群众自愿赞助）。

除以上五次定点、定时、定剧种的庙会戏之外，田头墟还有多次不定期的演出，剧种有半班（即宁都采茶戏）、东河戏、木偶戏等。外乡群众都称赞说：“田头人眼福真不浅，一年四季有戏看！”此话不假。

田头街上的庙会是有组织、有领导、有分工、有合作的，一切概由群众自议自定（包括头首的选任与罢免）。庙会有两个总负责人，俗称“总头首”，一个负责全盘工作，另一个负责对外联系，如批戏等。四坊中，每个坊又各有一个头首，负责本坊工作。每次庙会、迎神、“样古史”都由四坊轮值。一坊力所不能及的事，如“样古史”、迎神等，就由各坊配合。两次演戏有固定经费来源，如老官戏由各行业负责，城隍戏由群众还愿钱解决。其他几次演戏的经费来源，过去有四条渠道：一是各坊、各庙均留有众产，如城隍庙过去有田地 8 亩、房屋 6 间出租；二是各庙有临时收入，如群众还愿的香烛钱、清油钱、戏价钱、签钱、功德钱（群众自愿丢入功德箱的钱）等；三是向各行业临时摊派；四是商家与乡绅赞助。

二、田头乡的墟场经济

田头庙会的兴盛与田头墟场历代以来的经济繁荣是分不开的。田头地处琴江下游与梅江下游的交汇地带，四周是连片的河谷盆地，地势平坦，土壤肥沃，且墟场又位于江西东南通往闽、粤两省的交通要道上，水陆交通便利。得天独厚的地理条件，使得田头墟从很早以来便成了宁都南部稻谷、蔗糖、鱼苗、鸡禽等农副产品的重要集散地，并拥有县内其他乡镇绝无仅有的六大专业市场，素有“挑不尽的黄陂，买不尽的田头”之称。

（一）田头墟的六大专业市场

1. 蔗糖市场

田头地处县内甘蔗产地的中心。在它的北面，有梅江河的下游流经竹笮乡的钓洲三坝，而至本乡的渡头、河东、王坊、田头、白沙，流入黄石乡的江口；东北面有固厚河的下游流经长胜镇的水涨塅、法沙，而至竹笮乡的新街，汇入梅江；南面有琴江的下游流经长胜，而至江口，与梅江汇合。这三江下游的两岸，土质全属潮沙泥，最适合甘蔗的生长。而田头位于三江下游所经地域竹笮、长胜、田头、黄石四乡的中心，所以自古以来就成了县内最大的蔗糖集散地（墟内设有专门的糖行）。清道光至咸丰年间，墟上还出了一个以经营蔗糖而发家、号称百万富翁的黄世清。相传他家有 5 个大糖库，第一库装赛雪（特级糖），第二库装雪花（一级糖），第三库装补尖（又称散白，二级糖），第四库装红糖（三级糖），第五库装漏水（等外品）。数十年中，他垄断了田头乃至宁都全县的蔗糖市场。市场上收购的蔗糖，商家均要用杉木制作的糖桶装好（每桶净重 100 斤，其批发价格，以 1947 年为例，每桶雪花约为 70 块银圆），然后扛上木船，运往赣州，再转运闽、粤等地。有的则从水路直通南昌，转往九江，或经长江运抵武汉、上海。据说有的还漂洋过海，东运到日本。到二十世纪三十年代后期，江西通往闽、粤两省的公路开通，于是，不少糖商又将蔗糖运到宁都县城，再用汽车运抵福建漳州、厦门或广东潮汕等地。此外，南丰、南城及本县石上等地，也常有成群结队的人力独轮车到田头来贩糖外销。据说从黄世清开始，每年的春冬两季少则五六天，多则十天，就有一条能容百多担稻谷的大帆船来田头运糖。为此，临近河边的边斜特地组织起一条有14～20人的担行，专门从事货物的装卸。

田头墟场的蔗糖交易市场一直维持到新中国成立前夕。此时，墟上还有杨尚青、曾某、黄作焜等三大糖行老板在从事经营活动。新中国成立后，因调整产业结构，周围农田的甘蔗种植面积大幅度减少，加上计划经济下的统购统销，传统经济下的田头蔗糖交易市场逐渐冷落下来。

2. 牛肉市场

田头是宁都县内最大的耕牛集散地，素有“百牛上市”之称。即位于墟场附近的“牛岗”（该墟专门的耕牛交易市场），当墟时，常出现百条以上耕牛交易的壮观场面。除此之外，田头又是宁都县历史上唯一一处能自行宰杀老弱残牛（当地称其为菜牛）的地方，其宰杀历史相传已有200多年之久。负责宰牛的是田头街背村头一户世代相传的黄姓人，直到“文化大革命”之前，全墟也只有黄才祥、黄才富、黄才祺三兄弟具有宰牛的权力。原因据说是他们的上七世祖曾娶到黄陂的一位女子为妻，在她的嫁妆里有一张向官府购买到的“牛岗契”。凭着这份“牛岗契”，他就有权买卖与宰杀耕牛。黄家祖先看到田头演戏样会多，市场繁荣，食品销路好，便从原先居住的水枞村迁到了田头街，干起了宰杀老弱残牛的行当。每年除二至四月的春耕季节，依照惯例，停止宰牛之外，五月一到，他们便到周围县、乡农村收购无用的耕牛，宰杀后，拿到市场上发卖。每墟至少可卖出1～3头。故田头人常说：“五月初一一到，一边开桌，一边开剥。”所谓“开桌”，指的是赌博，而“开剥”便是宰牛。“文化大革命”之后，传统的宰牛世袭制度被打破。目前的田头街，已有卖牛肉的专业户8家，从业人员15人，市场年交易量在1 500头左右。

3. 鱼苗市场

田头饲养鳙、鲢、鲤、鲩鱼苗已有200多年的历史，规模之大，居全县之首。据现年 87 岁的养鱼苗能手邱训林介绍，当地养鱼苗，早先要去九江贩水花（指鱼苗），后逐渐改到衡山、永新。贩回的水花，先要在自家鱼塘里饲养成夏花（约 1 寸长）、秋花（约 3 寸长）、冬花（约 5 寸长），然后销往县内及赣南各地，有时候销往相距 960 里的福建漳州。贩鱼的路线主要有三条：第一条是去九江，从田头兴隆庵上船，经过赣州、吉安、南昌、湖口，一直到达九江。买到水花后，从九江上船经过湖口到三江口上岸，然后花两天的时间肩挑到宁都萧田，再坐竹筏回到兴隆庵。第二条是去湖南衡山，也是从兴隆庵上船，经赣州到吉安，然后步行或坐车，翻过罗霄山脉，到达衡山。买到水花后，从衡山上船，经衡阳、株洲、湘潭、长沙、洞庭湖、武汉、九江、湖口到三江口上岸，到三江口以后的行走路线与从九江回来的一样。第三条是去永新，坐船可从田头经赣州直接到达，买好水花后当即原路返回。1958 年，田头办起了鱼苗场，将周围的养鱼苗能手都集中到了一起，同时在水产技术人员的指导下，很快掌握了鱼种孵化技术，从而结束了去外地贩运水花的历史。如今，该乡年产水花 10 亿尾，水产总量达 497 吨，产品远销省内外。

除此之外，在与田头村相邻的渡头村，民间还具有繁殖鲤鱼苗的传统技艺。相传，开创这项技艺的是该村的邓臣鄂，他于清道光二十八年（1848）便在井尾岭梅江河里试验诱鲤产卵，方法是选择深度适宜的河滩边，先钉好一排木桩。做好若干陷阱，并把从山上割来的芦棘（一种蕨类植物）一扎一扎地捆在木桩上。雌鲤游过，即在芦棘上产卵，尾随的雄鲤亦把精液射在卵上。排卵泄精后的种鲤很快就进入昏迷状态，从而落入捕鱼者设好的陷阱中，其卵则被收集起来，进行人工孵化。这项技艺试验成功后，邓臣鄂向官府买了一张专利契。于是，繁殖鲤鱼苗便成了邓家的世业。直到新中国成立后，这项技艺的垄断地位才被打破，从此，王坊、江背、车头一带操此行业的人逐年增多。

4. 鸡禽市场

千百年来，农户家家总会养上几只肉鸡，以备过年、过节、敬神、待客，有时也会拿到墟上出售，以换回油、盐、布匹。田头墟场由于位置适中，赴墟者多，故每到墟日，来者云集，常常出现“笼鸡数百，吞吐上千斤”的壮观景象。据群众反映，清末民国初时，曾有大量闽西一带的人来田头收购鸡、鸭，每次运出，少则七八担，多则十几担。二十世纪八十年代开始，王坊温勋奇率先一次养“三黄鸡”百多只，取得巨大经济效益。随后，王坊、田头村民纷纷效仿，两年后掀起专业养鸡热潮。到1999年，全乡出现养鸡专业户79家，其中，饲养量达到2万只的有20家。年产肉鸡达到135万只。

5. 粮食市场

旧时的田头，因水源不足，甘蔗、花生等经济作物所占比重较大，所产粮食以自食为主，少量外销。但与田头相邻的长胜、黄石、赖村等乡镇，粮食产量很丰富。所以，作为集散地，田头墟市上的粮食交易量依然很大。据当地老人介绍，以往的田头谷行，随时都有百担以上的稻谷上市。秋收后，逢到样庙会时，谷行常常放不下箩担，一次墟交易二三百担谷是常有之事。收粮者，多是县内的行商，他们把粮食集中后，通过水路运销到赣州。新中国成立以后，尤其是改革开放以后，由于水利设施及粮食种子的改善，田头的粮食产量年年上升，其中，仅水稻杂交制种一项，便可年产国标一级稻种35万斤。

6. 草席市场

从很早之前开始，田头墟就有宁都县内少有的专业草席行，每个墟的商品交易量都在数十条以上，有时达到近百条。但据说在一百多年前，田头街懂得用三边草编织草席的只有少数几个人，故大量商品均要从田埠乡的马头村和长胜镇的水涨墩运来。1963年，该乡从浙江引进优良的席草品种，并请外地师傅前来传授编织技术。1990年起，又先后引进多台编织机械，从而结束了商品依赖外地的局面。目前，该乡已拥有各种编织机500多台，从业人员650多人，年产草席可达500多万条。产品远销省内外，有的出口到日本。

（二）墟市商业

田头墟市商业分为行商、坐商、笼担三种生意。

所谓行商，是指流动性较强、商品购销量较大的商业经营。经营者多视季节不同而来来去去，如每逢菜油、麦子、稻谷、花生、豆子、蔗糖上市时，一批批的行商便纷至沓来，把上述货物成批收购去，用船一批批地运往赣州、南昌，或转运到福建、广东等地。回来时，再从赣州等地运回一船船的南杂货或小百货，批发给各地的坐商。田头墟市上的物资能不断地输进输出，“买不尽的田头”由此而来。

所谓坐商，即常年在田头墟开店的商业经营。据老人座谈会上大家回忆，新中国成立前，田头街上的店家共有一百多，其中，布店有12家，南杂货店9家，药店7家，酒店42家，饭店6家，饮食店5家，豆腐店5家，银器店5家，锡匠店2家，烟丝店2家，寿木店（棺材店）3家，盐店2家，油店2家，糖行2家，猪肉案20多家，牛肉案2家。

布店，有乐安人开的江太顺、四和隆，此外，还有乐安姚老板、江金生，宁都县城李学焕、段道集、温新远、卢焜生，王坊村江亦煌、温亦焜，田头村孙世荣、何起升等开的店（均无招牌）。这些店，除何起升所开布店外，其他店均有染缸。故店内不仅经营白棉布，还经营本店自染的各种色布，如纽青（又称“墨青”）、毛翠、苏蓝。有时，也经营少量的洋纱布，如白、蓝、青洋布，士林蓝布，白、蓝竹布，白、蓝、花、青府绸等。货的来源，除到樟树的三湖及乐安县城进货（主要是进白棉布）外，还会到本县县城的敖和昌、游保兴及临江会馆进货。他们的经营方式很灵活，除了当墟日在店营业外，其他时间都身背包袱，到邻近的竹笮、赖坊、长胜、黄石、赖村、青塘等墟场去摆摊设点，扩大销售。

南杂店，有永盛号（老板杨学蔚）、集成庄（老板温秀成）、万年兴（老板杨振兴），以及黄才茂、江世培（与曾广元合伙）、何东生、罂罐子（外号）、黄作兰、陈正奉（以上无店号）等开的9家。其中，永盛号兼营批发，货物多从赣州船运而来，即店主运一船稻谷或麦子、麸饼出去，回来便带一船南杂货。

药店，有宜盛寿（老板为宜黄人，黄厚生）、协盛全（老板为南城人，饶老大三兄弟）、森生堂（老板是民国第八行政区专员公署专员黄镇中），以及廖作梅（南城人）、吴为松（南城人，四代在此开店）、谭先生（南城人，佚名）等开的6家。其数量之多，为全县之冠。除从樟树、南城进货外，还从县城万安堂、乾和、德记进货。

酒店，共有42家，占店铺总数的40%强。较有名的老板有黄作涛、黄作全、曾国全、姜燕镇、杨学习、陈忠灶、陈正奉、黄才珠、温厚仁、邱老五、吴维松、傅高煌、黄月宝、徐德全、黄长女等。田头的酒店只销售用糯米制作的米酒，分双料（甲级）、水酒（乙级）两种。这里的酒店能代顾客加工下酒菜，只收少量的油、盐、柴费，可谓是一大特色。其货物销量，以50斤装的酒坛计算，平常每墟能销150～300坛，样庙会时，每墟能销300～500坛。

所谓笼担，即肩挑箩担，在墟上摆摊设点的商业经营。据说，旧时的田头街，这种生意人，每墟至少有120人，样庙会期间，人数更多。他们有的来自本地，有的来自县城或其他乡镇，也有少量来自外省、外县。其销售品种以南杂货为主，也有小百货、药材及各种土特产品。它弥补了坐商的不足，对活跃墟市市场起了很大作用。

另外，田头墟场上的小吃也非常丰富。据当地人回忆，旧时的田头墟，各种各样的小油锅有100个之多。所谓油锅，只是一种泛称，它实际包括了煎、炸、蒸、炒等多种烹饪食品，如烧黄糍、烧麻糍、水菇麻糍、芋包、薯包、鱼包、勺子糕、花生糕、米糊、鱼丸、肉撮、米冻糍、炒粉、煮粉干、煮粉条、烧麻花、烧苏饺等，名目繁多。

纵观田头商业，大宗生意，首推蔗糖，历代经营此项者，均成巨富；米酒与黄糍是两项小买卖，但销量之大，十分惊人（每墟能销米酒5万多斤，黄糍5 000多斤）。布匹生意，本大利大，而田头布店与染缸的数量，竟比竹笮、长胜、对坊、黄石、固村、固厚等6个墟场的总和还多，足见其市场繁荣之状况。

田头墟，相传始于南宋，旺于清代乾隆年间，之后久盛不衰。1999年十月二十二日当墟，笔者曾前往现场观察，看见墟上除166家店面家家繁忙外，还有猪肉案36家，牛肉案4家，各种摊点168个，真可谓生意兴隆。

三、田头乡的文乡诗国

经济的发展、商业的繁荣，促进了文化事业的发展。

宁都向有“文乡诗国”的誉称。近代，赣南兄弟县市的人们又把“戏剧之乡”的桂冠赠给了宁都。像田头这样的名副其实的戏窝子，称其为“戏剧之乡”是当之无愧的。这种戏剧繁荣的背后，是它坚实的经济基础与民间传统信仰的迫切需要。

文化的发展，促进了人才的出现。早在南宋嘉泰四年（1204）便有甲子科举人、山头王人黄谅在牛石山房（今金牛寺侧）讲学，并培育出了状元谢元龙（黄陂镇人，登南宋景定三年［1262］壬戌特科状元）与三名进士，他们分别是荣登开庆元年（1259）己未科进士的曾逢龙、何東之及荣登咸淳元年（1265）乙丑科进士的廖应和。在与田头仅一河之隔的王坊村，明代也出了两位政治家、文学家。其中，董越为明代成化五年（1469）己丑科探花，累官工部尚书，并奉命出使过朝鲜，著有《圭峰文集》《使东日录》《朝鲜赋》。其子董天赐，明代弘治九年（1496）丙辰科进士，累官大理寺卿，主修《赣州府志》，著有《璜溪文集》。此外，还出了三位闻名乡里的书法家，即街上的孙贤贞、温澄清，王坊的温学三，俗称“田头三支笔”。他们在各个庙宇及戏台上都留下了许多珍贵墨迹。

附录

田头城隍庙的传说

传说城隍与东岳都是管理阴曹地府的神，他们各有分工。城隍管抓魂、审讯，故而能分善恶，能掌握人的生死命运。东岳是百鬼的主帅，凡鬼魂经过城隍审讯后，均要押到东岳老爷台前，东岳老爷便根据鬼魂生前的所作所为，并参照城隍审讯的记录，当堂判决，作恶者会被打入地狱，永无超生。田头城隍庙的石柱上有一副清代镌刻的楹联，上联是“孝廉节义，后代必荣昌，天理从来不爽”；下联是“奸邪淫盗，今世无报应，冥诛谅也难逃”。此联褒贬分明，表达了人民希望有一个清廉正直、善恶分明的官吏的愿望。难怪田头人民如此信仰城隍神。

又传说田头城隍是府城隍，能管本府的县、乡城隍。据说，过去每逢正月初一，宁都县城及广昌、石城、瑞金、会昌、寻乌、雩都、兴国等县、乡的城隍都要来向田头城隍拜年。故而是时，渡头村前梅江渡口的摆渡人，要撑几次空船，即放空把船撑过去，再放空撑回来，说是接送各地的城隍。

以上两则传说都是从刘安栋嘴里传出来的。① 刘安栋是土地革命以后城隍庙的庙祝，绰号石牯佬。田头街上的老辈人都说他是城隍庙有史以来第一个享有特权的人。他常对人说：“城隍公公有什么事都会对我讲。”他说得神乎其神，所以，群众对他十分敬畏。1938 年春，他对街上、边斜、新坊、村头四坊的群众说，城隍公公对他讲了，要各家各户每天早饭熟了后先装一碗供养城隍公公，并把饭收回赡养庙祝。群众听说是城隍公公显灵说的话，便都一一照办，在大门口的墙壁上，用木板搭个小台，每天早饭一熟，便先装一碗米饭放在小台上。刘安栋则每天上午挑着谷箩上户收饭。两年后，他还超出四坊范围，收饭收到了王坊村，直到新中国成立后才停止。除此之外，

---

① 田头城隍庙的传说的两个版本都是由刘邦州搜集的。

他中饱私囊，把群众朝庙时献的香烛、清油、鞭炮等拿给商贩转卖，而对群众却说是城隍公公叫他这样做的。因此，群众给了他一个“活城隍”的称号。

为本文提供资料者名单：
段德荣，78 岁，中学，曾任公社社长
曾延接，62 岁，高中，曾为县公安局摄影师
曾习华，59 岁，中师，曾任县新华书店经理
赖文政，40 岁，大专，田头乡党委书记
张华仁，36 岁，大专，田头乡乡长
孙海山，30 岁，大专，田头乡政府秘书
陈柏生，50 岁，住南必村，高中，田头乡办公室干部
刘邦州，48 岁，高中，田头乡文化站站长
刘建东，28 岁，大专，田头乡文化站干部
江玉山，83 岁，高小，曾任田头乡乡长
温立伟，74 岁，初小，曾任生产队队长
徐敏，48 岁，高小，城隍庙会计
邱训林，87 岁，初小，曾为田头鱼种厂职工
聂本林，74 岁，初小，务农
温立荣，49 岁，高小，田头三联草席厂厂长
黄秋宁，41 岁，初中，田头三联草席厂副厂长
陈过房，32 岁，高中，赣宁草席厂厂长
黄安民，64 岁，小学，曾任村民小组组长
黄作林，46 岁，高中，个体皮革收购站负责人
郭学先，46 岁，中专，田头乡畜牧兽医站站长
温长生，45 岁，初中，个体废品加工厂厂长
陈水根，69 岁，樟树人，曾任县农业局副局长
温卜境，79 岁，初中，务农
江泽祥，74 岁，小学，工人
曾庆林，74 岁，小学，银匠
黎树茂，83 岁，初中，经商
曾仕福，73 岁，师范，曾任田头完小校长

长胜窑下传统的制陶业*

张长生　邓诗墅

宁都自古盛产陶器，县内古文化遗址中，就有磨制石器与印纹陶器同时出土。据载：宁都陶器“数长胜窑下最优……品种多样，名闻赣南，远销省内外……”① 近千年以来，尽管斗转星移，沧桑巨变，窑下制陶业一直成为长胜独占鳌头的传统产业，并代代相承，推陈出新，不断发展壮大。

本文根据调查收集的资料，结合文献记载整理而成，旨在抛砖引玉，供了解长胜窑下陶业历史文化之参考。

一、张罗明的传说与窑下陶业

长胜窑下制陶始于何时？当地有一个老幼皆知的传说：在很早以前，有一个鹤发童颜的仙翁来到窑下村，教一群小伙子用泥土制作各种器皿，然后堆放在一起，点燃三份火纸后，就把它们烧成可盛水的东西。这群小伙子很奇怪，便跟着仙翁学起艺来。仙翁把小伙子们教得差不多了，就嘱咐他们挖土穴（窑炉）装坯，用柴烧制。说完后，仙翁就不见了。这群小伙子按照仙翁所教的方法去做，果然成功了。后来，仙翁又来过一次。他化成一个老头，从作坊前经过，把刚制好的陶坯碰坏了。制陶师傅拉住他，老头故作无奈地说：“这个值多少钱，我赔你。”制陶师傅不同意，偏要老头重做。老头

---

* 原载刘劲峰主编：《宁都县的宗族、庙会与经济》，第449～474页。

① 《宁都县志》1986年版。

笑着说："做这个有什么难，更大的（缸）我也能做。"并将制缸技艺随口说了一遍，然后吩咐道："快拿泥来！"这个师傅半信半疑地走进泥房拿泥。当他兜着窑泥出来时，老头不见了，3 只刚做的缸底坯子倒扣在地上。他惊疑地用手一摸，是用鲜泥做的湿坯，心想：湿坯倒扣在地上不变形，那老头肯定是神仙。再回想刚才的一幕，便恍然大悟，才知道是仙翁前来传授制缸技艺。

传说是美丽的，但就客观条件来看，长胜窑下村确是发展陶业生产的理想之地。

长胜，历史上属宁都州平阳乡辖区，现为县南部重镇，墟镇距县城 50 里。窑下村位于长胜墟下游 1 里的琴江河畔，有 400 多亩耕地，百来户人家，五六百号人，是一个以邓、郭、谢、吴、陈、徐、张姓为主的多姓杂居地。

窑下村及其周围有丰富的陶土资源。陶土实际上是陶土矿（又称黏土矿），是制作陶器的主要原料。外观颜色有白色、青白色、黄红色、米黄色、蓝色、黑色、紫色等。窑下的陶土属优质陶土，单一种土就可生产陶器，且制出的陶器质量很好，而其他许多地方的陶土需 2～3 种或更多的陶土混合才能生产。该村的陶土资源极为丰富，400 多亩耕地中绝大部分都有陶土，并且只要除去耕作层的肥土，就是厚达 2～4 米的陶土。近年来，据窑下陶器厂对陶土资源进行的调查和勘探，除窑下村的陶土外，附近的县良种场周围至长胜村鼓山上的大片土地都有陶土，面积有千余亩。20 里外的新墟村古窑场旁边的大片山坡上，也全是一等的陶（瓷）土，估计能开发利用几百年。燃料资源十分充足，逆流而上 5～20 里，旱脑、新安、新墟等村有茂密的松林，按正常砍伐速度也可长年供几十条龙窑之需，顺水装运非常方便。

丰富、优质的陶土，充足、方便的燃料，以及便利的交通和繁荣的市场，为窑下村的陶业生产提供了得天独厚的条件。制陶技术传入该村后，便在这里生根、开花、结果。村里的一部分人（老板）既有窑场，又有耕地，在春季侧重农业生产，夏、秋、冬侧重陶业生产，过着亦工亦农的生活。另一些人则或给老板打工，或以技术与老板合作从事陶业生产。由于时间跨度大，又没有文字记载，现已无法知道其详细情况。从目前发现的窑下古窑场①堆积来看，专

① 窑下村的古窑场，是 1965 年陶器厂工人在翻修古屋挖地基时发现的。长胜的古窑址还有新墟古窑场、大坪村古龙窑。从这几处古窑的部分窑炉结构和陶器废品看，窑下村的建窑时间最早。

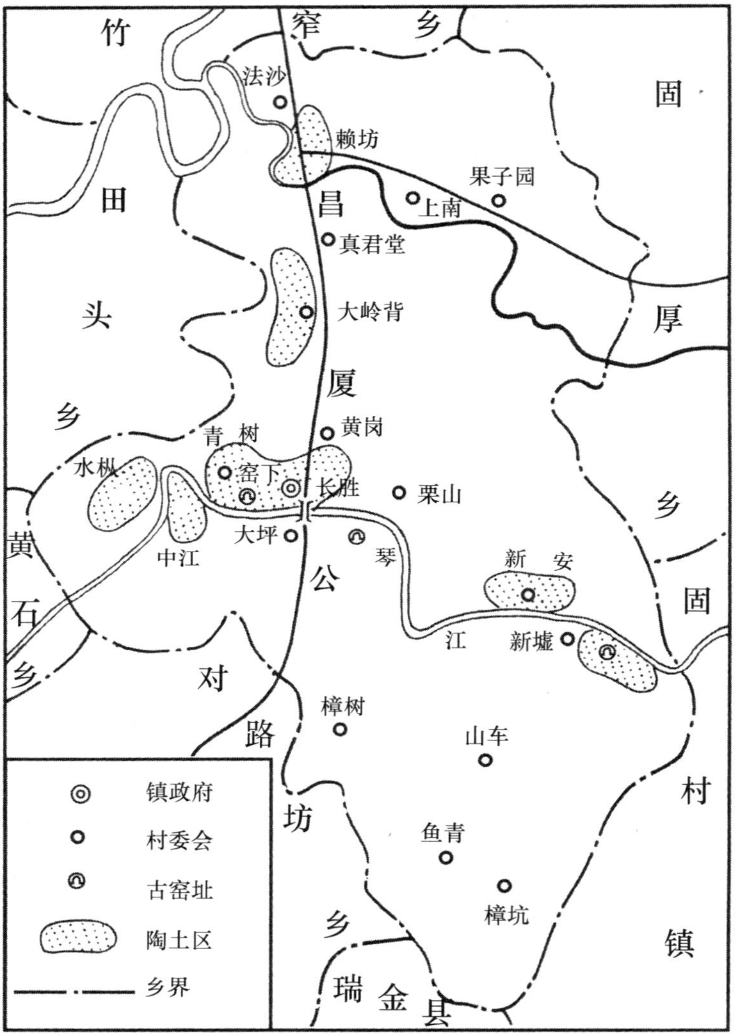

图 1－7　长胜陶（瓷）土资源分布图

家们推测其烧制年代约在唐末宋初，并有一定规模。

相传到了明朝初期，浙江绍兴人张罗明南迁时从家乡带来了先进的制陶技术，看中了这块风水宝地，就在此招徒授艺。从此，窑下的制陶业得以迅速发展，进入清朝康乾时期，已非常繁盛：扩建了码头，开设了墟市、饭店，商贾云集，前来购买陶器的商船日均达 5 只。民国初年，窑下村从事陶业生产的人员有三四百人，陶工师傅近百名，形成了十几个老板共同经营四条龙窑（即老窑场窑、蜡树窑、过路窑、富家窑）的经营方式。其中，老窑场窑以郭氏（郭承淮等兄弟）为“骨”（即窑场地皮所有者），郭氏兄弟、徐培荣、丁光芹、谢善佳等为“皮”（即地皮以上设施所有者）；蜡树窑以陈为生为“骨”，陈为生、陈为炳、邓振焕、邓振煌等为“皮”；过路窑以邓振焕为“骨”，邓振焕、邓振煜、徐瑞宝、黄才龙等为“皮”；富家窑以徐瑞宝为“骨”，徐瑞宝、黄才龙、谢积炜、丁光芹等为“皮”。这些窑老板多为当地大富，资财雄厚，一年可组织生产 200 多窑产品，达 40 多万件。

1958 年，长胜正式成立了“长胜陶器厂”，窑下村 600 余名陶工及家属全部转为非农户口。1980 年 8 月购买了面积 11 万平方米的富洲岗（窑下河对面）作为新的发展基地，扩建了厂房、车间、仓库及龙窑。现在，长胜陶器厂成为江西省制陶业中规模最大、职工最多、产值最高、产品最好的乡镇一级企业。它不仅能生产缸、坛、罐等传统陶器，而且能生产千斤缸、八百斤酒坛等耐酸碱的工业用陶及工艺精致的花瓶、花钵，还能生产热稳定性达到或超过国内先进水平的砂锅、砂钵、蒸汽锅等日常用品，产品已达 160 余种，质量、外观造型、色泽、文化品位等都达到或超过同行的先进水平。

二、陶器生产

长胜窑下的传统制陶，与别地大体相同，但也有自身的特点，具体过程分三大工序：练泥、制坯、烧炼。

（一）练泥

开采。窑下的陶土丰富，埋藏较浅。挖去农田上层 0.5～0.9 米的肥土，就是厚为 2～4 米的颗粒细腻、黏性（可塑性）极好的陶土，开采比较容易。开采有季节性，春夏雨多，容易积水，不宜开采；秋冬多晴少雨，是开采的黄金季节，家家户户忙于雇用大批劳力，将开采的陶土在田里堆成小山，以供未来一年的生产。

运泥。将开采出来的陶泥运回窑场，有 3～4 里路程。过去运泥用肩挑，工具有箩筐、扁担和撑杆。箩筐用竹篾制成，每担能装 200 斤左右。扁担比常用扁担更长（约 4 尺），富有弹性，一边还钉着用竹或结实的杂木制成的撞子（小马钉）。与扁担配套的撑杆也是特制的，长约 1.2 米，直径4～5公分，上端为凹形，弧度与扁担一致，下端套有铁块，挑泥工称其为“三君九头目”。挑陶泥时，将撑杆放在另一肩上，一头撬托扁担，将压力分于两肩，使全身负荷均匀。歇脚时，在撞子处用撑杆顶起扁担的一头，手扶撑杆休息。这样，换肩时不用弯腰，也不会因用力过大扭伤腰部。陶泥的担子很重，走不到半里又得休息，每人每天定额 5 担，多挑按量计酬。

练泥的常用工具有泥刀和木撬。泥刀是特制的劈泥工具，用铁打成，长 40 公分，宽约 20 公分，厚度两边约 1 毫米，中间约 10 毫米，尾部安装一个长约 40 公分的木柄。木撬用杉木制成，长 1 米，其中 50 公分的撬板正面下凹，反面上凸，宽约 20 公分，形同铲。

练泥分三个步骤：第一步浆泥，前一天下午，在作坊外堆放陶土的地方进行。首先根据经验，把各种颜色的陶土搭配好，用泥刀劈碎，加水混匀，再用脚踩紧成堆，中间添水，用一整夜的时间让其充分湿润与发酵。第二步劈堆，以 4 担（800 斤左右）为一浆，把浆好的泥挑进泥堂（专门练泥的场所），踩实踩紧，用木撬堆成一个高约 1.2 米、直径约 0.6 米的泥堆。接着用泥刀将泥堆劈成约 2 公分厚、厚薄均匀的泥片，除去杂质和沙子。若泥料水分不够，在第二次劈堆后的泥片中适量加水，使含水率保持在 20%左右。待加入的水被泥片均匀吸收后，踩实踩紧。第三步过堂，把劈了二次的泥，堆成一个直径 0.7 米、高 0.8 米的土堆，人站在土堆上，用力踩成一个直径约 1.2 米、高约 0.25 米的泥堆。后重复一次过堂，叫再过堂。通过二次过堂，使泥料和水分混合均匀，达到无硬泥团、柔软、黏性好等要求。练泥的整个工序需要 3 小时左右才能完成，每人每天定额为 2.5 浆。

练泥是超高强度的体力活。夏天，累得汗流浃背，筋疲力尽；冬天，脚板裂开深深的口子，还要忍受刺骨的疼痛，光着脚练。完成额定工作量的，每月可得固定报酬 2 担稻谷，超过部分按量计酬。这种练泥方法一直沿用至 1984 年。1985 年购进练泥机后，才结束了上千年的人工练泥历史。

（二）制坯

传统的制坯方法分为做大窑和车小窑两种。车小窑（拉坯）就是靠车盘旋转拉制各种形状的小件产品，操作比较简单。做大窑则是靠手工捏泥制坯，专制较大型的产品，技术要求也高。窑下的制坯是做大窑，这里只对做大窑做一介绍。

制坯的设备主要有：（1）作坊（制坯的场所），大小不一，用土砖做墙，红瓦盖顶。一般作坊长 8 米，宽 4 米，高 4 米，每个师傅需一至二间。(2) 泥凳板，其实是杂木制成的板面，长 2 米，宽 0.5 米，厚 10 公分，供搓泥用。(3) 板盘，为放坯工具，是用松木或杉木制成的 40 公分、50 公分、60 公分见方的各种木板。(4) 座固，为制坯的工作台，是用陶泥烧成的、直径约 30 公分、高 10～30 公分的圆筒，形状有点像鼓。(5) 扎板，制坯刨泥用的多种规格的薄板，用松板制成，长 8～15 公分，宽 6～12 公分，厚度中间为 1 公分，边沿 0.2 公分，前端为圆形。(6) 斗捶，是拍打陶坯用的工具，用杉木制成，捶径约 10 公分。(7) 石捶，拍打陶坯时的坯内工具，形同铆钉，顶部呈球形。有长捶和圆捶之分。(8) 摸布，棉布和帆布均可，以棉布为好。(9) 鬃捶，也是拍打陶坯的工具，用松木做成，形同棱柱，拍打面长 15 公分，宽 10 公分，手柄长约 15 公分，直径 3～4 公分。(10) 模具，以往用陶土烧制，后改用石膏，内部形状制成与坯体外形一致。制作时，把泥片放入模内，经加工后便成陶坯。(11) 篾撕齿，用竹片制成 4～6 个齿，专供画擂钵、刷体等内部齿纹用。(12) 桶箍，用竹篾制成的圆圈，陶坯接桶时箍在外面保护陶坯。(13) 尺引，起度量作用。

制坯的工艺流程是：和泥→制底→刨底→修底→翻底→接坯身→做沿→整形。(1) 和泥（搓泥）。把练好的泥放在泥凳板上，来回搓滚，和匀水分，拣去杂质、石子、硬泥团。(2) 制底。把板盘放在座固上，在板盘上撒一层细沙，以防坯底与板盘黏结，再取一块泥，捶成圆形泥片做坯底。(3) 刨底。首先在圆泥片（坯底）边缘接上底身。接底身全靠用手捏制，即左手指伸直并拢，拇指与食指呈剪刀状。右手拿着陶泥，放在左手的拇指与食指间。当左手拇指向下捏泥时，左手腕向上、右手腕向下同时迅速转动，完成这一动作后又迅速恢复原来的姿势。如此不断重复，把坯底与坯身基础的泥接好。然后，右手拿扎板往上刨，左手与扎板内外配合，把坯底及坯身基础刨到规定的尺寸和要求。(4) 修底。把晾至半干的坯底用斗捶和石捶内外配合，由下向上均匀地拍打，使坯体紧密均匀，并把手指迹和泥花迹拍打掉，使坯体更美观。(5) 翻底。将修好的坯体口朝下、底朝上翻过来，一方面使坯底朝下形成拱形，另一方面晾干底部，以利于承受坯身的重量。(6) 接坯身（接桶）。把晾至半干的底重新翻过来，在坯身基础上继续捏泥，以接上坯身，套上桶箍。待晾至半干时，去掉桶箍，将坯身拍打紧密、均匀。(7) 做沿。依照需要，在口沿位置加上所需的陶泥，用摸布蘸水，人绕着坯

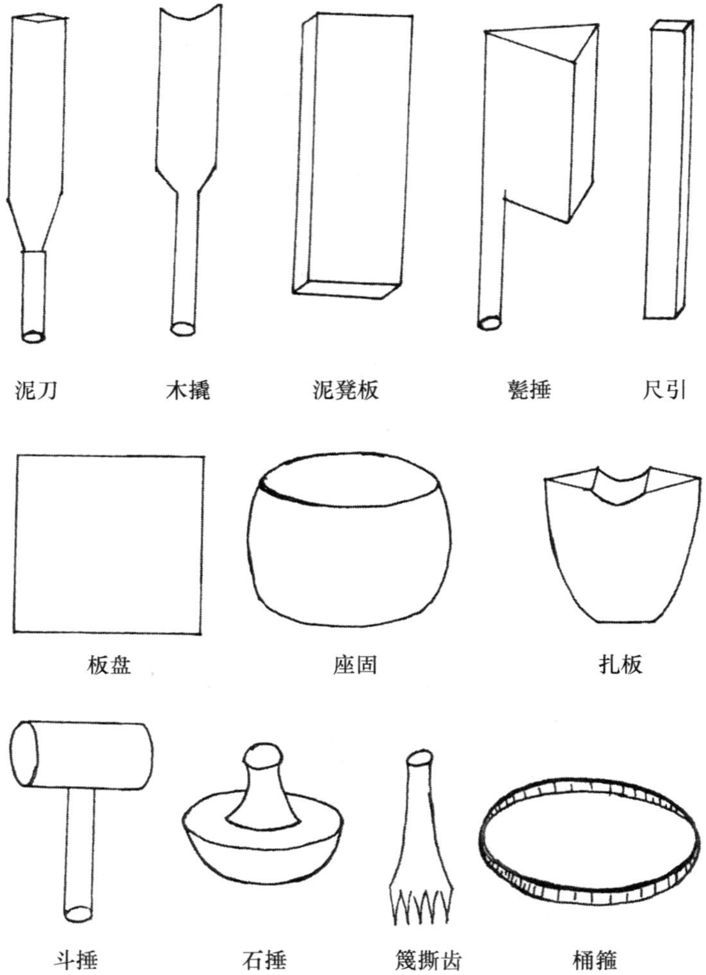

图 1-8　制陶工具图

身旋转，用手指压制成各种形状的口沿。为使坯体在搬运、堆压时不易变形和损坏，增加抗冲击强度，口沿往往比坯身厚 2～4 倍。（8）整形（打坯）。当口沿晾干到一定程度时，用斗捶和甏捶均匀地拍打坯身，使坯身更加均匀、紧密，形状及规格符合要求，这是制坯的最后一道工序，也是坯体形态好坏的一个重要环节。在整个制坯过程中，拍（修）坯时，人绕着坯体往前旋转，而其他工序，则绕着坯体往后旋转。旋转时，脚步要求均匀、自然。

晒坯。坯体晾干水汽后（以坯体不粘手为准），须搬到室外晒太阳，让坯体内的水分渐渐蒸发，达到含水量在2%以下。晒坯时，应注意坯体水分蒸发均匀，否则将引起坯体开裂。因此，在坯体转白色以前，每隔20～30分钟要转动一次坯体的位置。当阳光斜射时，应将坯体倾倒，让坯底正对太阳（夏天2～3天就能晒干，冬天则多需要一些时间）。检查坯体是否干燥，全凭手感，如手摸坯体，感觉微热，就说明已干，如果手感冷凉，说明坯体内水分较多，还未干燥。没有干燥的坯体不能进窑烧制。否则，坯体在窑内烧炼时容易开裂，甚至爆炸，造成较大的经济损失。

制坯是陶器生产的关键技术，师傅的收入也较高，受雇者每月收入约7块银圆。而有泥田的师傅，则自己组织生产。他们有的与窑老板合作，支出由窑老板负担，自己出泥、出技术，产品对半开，或四六分成（师傅四成，窑老板六成）。也有的与他人合窑烧制，产品归自己，支出各自负担，收入就会更高些。

（三）烧炼

窑炉。烧制陶器的窑炉是龙窑，长30米，总容量60～70立方米。龙窑依山（或泥土堆成的小坡）而建，坡度为12～15度，看似一条卧龙，故称龙窑。龙窑的结构分为炉头、炉颈、窑身、窑尾、沟仓、窑篷六个部分。炉头是半径为65公分的圆形灶，在炉窑的最下端，有烧火孔。接着是狭而长并逐渐放大的炉颈（长170公分，宽20～30公分，高40～70公分），直通窑身。窑身像一条隧道，自下而上逐渐增大，下端宽1米，上端2.3米。窑身的中部开1～2道窑门，为出入口，窑身每隔60～80公分设眼口，供加柴添火和师傅看火之用。窑尾呈阶梯状，设一堵火墙和一条20公分宽的沟仓，用于排放烟雾和水汽。整个炉窑用土砖砌成，隐埋在土中，只有眼口和窑门露在外面，这样可以保温和防止后坐力。窑炉上面搭有窑篷，以遮风避雨，保护窑身。窑下的龙窑历史悠久，外部形状与全国龙窑基本相同，但内部结构却有差异：其一，窑下的龙窑有一段细长的炉颈，隔开了炉头和窑身，而其他地方的炉头和窑身是直接相连的；其二，窑下的龙窑没有烟窗，窑尾只有一堵火墙和一条20公分宽的沟仓，而宜兴窑有短小的烟窗，广东窑烟窗高达20米。

装窑。晒干的陶坯先上釉（又叫釉坯）。操作时，一般先釉内部，再釉外部，也有的用浸釉、滚釉等方法。不论用哪种方法，都要求手脚灵活、快速，

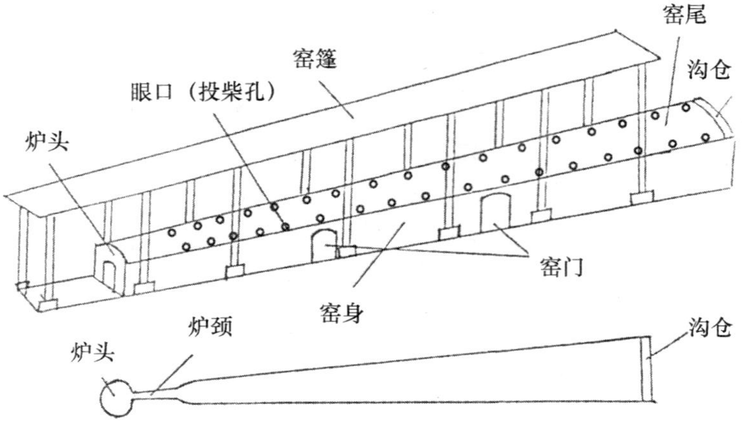

图 1－9　龙窑结构示意图

两人配合默契，以免坯体受损。坯体上好釉后，按装窑顺序搬进窑内，当地叫供窑，一般需要 10～12 人。窑内码放陶坯由两个师傅完成：一个叫扶墩师傅，是装窑的关键人物，由经验丰富的老师傅担任，他的主要任务是把陶坯按一定的规则和要求码放在窑内；另一个是他的助手，叫拈主，也要选经验丰富的师傅。这两个师傅工作辛苦，工资是其他师傅的 2 倍（又叫双份工资）。装窑实行套装，所谓套装，就是扶墩、拈主师傅根据产品规格大小，在大件内部套中件，中件内部套小件，一般要套 3～4 层。在具体的操作中，先装脚缸，再把同脚缸一样规格的合缸口对口倒扣其上，然后又将规格相同的面缸，口朝下、底朝上码放在合缸之上，使每个墩都有脚、合、面三层缸，缸内又套装大、中、小件产品。因各层坯体的承重不同，三种缸虽然规格一致，但厚薄不一，一般脚缸重约 100 斤，合缸 85 斤，面缸 70 斤。为防止装窑弄错，制坯时缸底或缸口都做有记号。为使陶器互不黏结，坯体之间用主泥（湿陶泥，后来改用溶解度比淘泥高的其他泥）隔开。

烧窑。装窑完毕，封掉眼口和窑门（窑尾暂留几对眼口增加烟雾和水汽的排放量），开始烧炉头。烧炉头分两个阶段：打冷火（预热）和烧紧火（旺火）。打冷火需烧草柴，以使起火缓慢加大（火势过猛容易引起陶坯开裂，甚至爆炸），每次打冷火，额定草柴 120 捆（约重 1 200 斤），用 6 小时烧完。接着改烧片柴，以进一步升温。大约烧 6 小时的旺火（用柴 3 000 斤左右），就能将温度升到陶坯所需的温度。这时，打开靠炉颈的第一对眼口，接炉头火力，然后从眼口进柴，同时封掉炉头炉门。烧眼口改用松杈（松树细枝），这是因为松杈油分大、火焰长、灰少，又能使窑内温度高而均匀。烧眼口，需准确把握火候，如温度过高，产品会软化变形，而如果未达到所需温度，则部分矿物质不能充分溶解，产品空隙大，盛水、装油容易渗漏。因此，当眼口烧到一定程度时，必须打开第二对眼口看火，原因是：火焰在窑内是向上蹿的，下面进柴的地方温度较低，到上面温度逐渐升高，故陶坯是否烧老，必须到第二对眼口才能看清楚。把握火候的师傅叫看火师傅，由扶墩师傅担任。看火的基础经验是：一看窑底，如从眼口能直接看清窑底的沙子，说明火候已到；若看不清窑底的沙子，则需继续加温。二看火焰，若火焰呈黄红色，说明欠温，陶器未烧结；呈白绿色属温度过高，陶器偏老；呈红白色正合适。三看釉色。用一根柴条伸入窑内点燃，借光看产品的釉色光泽，若像涂了油一样发亮，属于合适；若釉色发毛无光泽，说明陶器未烧结；釉色过亮，说明偏老。第二个眼口附近的陶器烧好后，封掉第一对眼口，改从第二对眼口进柴烧火，如此逐渐往上烧，直至窑尾。在烧窑期间，看火师傅是总指挥，一切人员必须听从他的安排，而他也一刻不能离开窑场，以随时处理应急事宜。

冷却。烧窑完后，实行全窑密封冷却。冷却 24 小时后，打开窑尾沟仓。接着，每隔 2 小时，从窑尾往下，每次打开 4～6 只眼口，全部眼口打开后，再冷却 12 小时，就可以出窑。

烧一窑产品，所需开支主要有：租金，5 块银圆。柴草（包括草柴、片柴、松杈），需要 1 船，在琴江上游的旱脑、新墟、新安等地买来，一天可以来回，需付船租半块银圆，船工工资 1 块银圆（5 个船工，每个每天 2 毫），柴款约 18 块银圆，共计买一船柴约需 20 块银圆。装窑，窑内 2 个师傅需付双份工资，釉坯和供窑 12 人，每人付一份工资，共需付工资 3.2 块银圆。出窑，8 人一天可完成，付工资 1.6 块银圆。做东道（办酒席），宴请窑老板、师傅及杂工，花 1 块多银圆。由此，烧一窑产品，开支约为 30 块银圆。中、小老板都是制坯师傅，他们自己制坯，合窑烧制（即每个老板半窑），开支各半，半窑产品能获利 100 块左右银圆。大老板的生产规模大，制坯等项均单独雇用师傅和杂工（2 个师傅配 1 个杂工）完成，也不与他人合窑，开支与利润都要大得多，每窑产品的利润为 100～200 块银圆。民国时期，窑下的四条龙窑实行了股份制，部分老板在窑场持有股份。窑场的收入来源于租金，一年按50窑计算，能收取租金250块银圆，除去一年的修理费，每年的纯收入可达200块银圆。如果一个老板既生产陶器，又有窑场，他在窑场实得的收入，就是窑场纯收入分得的红利除去自己烧窑应付的租金。

三、陶器销售

窑下的陶器质地优良，品种齐全，在社会上影响较大。据老辈人说，在明代它便占领了周边各县的市场。清初，扩大到其他州县，并远销福建长汀、广东梅县，以及河北等地，产品供不应求。

质地。由于陶土质量好，陶工的技艺高，窑下的陶器不但造型、色泽、文化品位优于兄弟厂家，而且以它独特的优点而出名。一是质地坚实而无渗透，如酒坛盛酒加热沸腾后，能保持量不少，味不变。油罐长年盛油无丝毫渗透。二是耐温、耐烧，使用时间长，如砂锅能经常在高温下烹调食物，使用寿命是兄弟厂家砂锅的2～3倍。三是壁薄、质轻。同样规格的陶器，重量要比兄弟厂家的轻20%。四是软缝容易修复。因陶土关系，这里的陶器断面成锯齿状，复位后不易搓动，无缝隙，如水缸裂开软缝，用竹篾箍好照样可以装水，不渗漏。这些性能使其深得用户的青睐，故订货者络绎不绝。

品种。传统的陶产品主要有缸、坛、瓮、砂锅、花盆、陶管、瓶、壶、钵、烘炉等十大类一百余种产品。缸类，是口大肚小的大件陶器，有百斤缸到千斤缸等不同规格，具有高强度、不渗漏、耐酸碱、抗腐蚀等特点，适用于装水、酿酒、制酱油等。坛类，是口小身大的中大件陶器，有容水量四五十斤到近千斤等不同规格，口小容易封存，适用于油、酒、酱油、泡菜、酸、碱、盐等物品的储存和装运。瓮类，是口小肚稍大的中件陶器，也有不同规格，其特点和作用与缸类基本相同。砂锅类，具有热稳定性好、不易炸裂等特点，烹调出的食物具有独特的香味，主要有容水量为3～10斤等各种规格的砂锅、砂钵、蒸汽锅等。大小不同的花盆透水性好、排水性强、造型美观。陶管有直径2寸至2尺等规格，强度高，耐腐蚀，适用于生产和生活各个方面的排水、供水。钵类、壶类，主要有各种规格的擂钵、刷钵、蒸酒钵、酒壶、茶壶等，是日常生活中加工擂茶、辣椒、生姜、米酒和盛酒茶的器具，无毒、无异味。陶器制成的其他日常用品还有火笼、瓶子、灯具、筷笼、枕头、搓线瓦等一些小件产品。此外，还可根据用户的需求，制作其他特殊种类和规格的产品。

等级。陶器只分两个等级：正品和次品。检验定级的方法是：先看外表，将变形、裂缝、未烧结（火候不足）、偏老的陶器定为次品。再听声音，用手或小石子敲打陶器，发出声音洪亮、均匀的为正品，声音沙哑、杂乱的为次品。声音好、外观美，仅有些小硬缝的次品，用胶灰（桐油和石灰调制）补好后，其效果和正品一样，可作为正品出售。

价格。正品的陶器有一个底价（参照价），这个底价一直以稻谷做比价。“1 只装 3 担水（250 斤左右）的水缸值 1 箩稻谷（50 斤）钱”，这是上古以来定下的比价，这个价格一直延续到民国时期。其他产品的价格则根据所需成本、工作量大小和艺术含量参照水缸（3 担量）来定，如 1 只 100 斤酒容量的坛值 1 箩稻谷钱，10 只中四耳火笼也值 1 箩稻谷钱。在销售中，各个老板又根据客户的销量大小，对批量户适当让利，照顾价为底价的九折半至九折，零售价则高出底价一成。次品按质当面论价，没有统一的标准。

销售。主要有三条渠道：一是本地零售，主要由窑老板和窑下村的经销商个体经营。村里长期有七八个陶器经销大老板，每个大老板都有一个一亩左右的大缸园（放陶器的场所），设在住房后面。进入缸园，各种陶器琳琅满目，应有尽有，故当地有句俗话——“窑下的罂罐，有货尽（管）摆”。每当墟日，缸园内人进人出，非常热闹。大家挑选好后，按陶器的标价到柜台前付钱。另外，一些资本较少的窑老板也搞零售，他们没有缸园，将陶器堆塞在房前屋后、楼上楼下，引小商贩、老表来，根据要求，找出可能合他们意的陶器供挑选。零买的多半是长胜及周围的老表，他们在墟日将农产品挑到市场销售，然后挑选自己需要的陶器，现钱现货。当地老表除油罐、酒坛等选正品外，大部分都选次品，认为既实用又便宜。特别是出窑时，拣次品的人更多。二是肩担贩卖。主要是本地和瑞金、广昌、长汀等地的一些小商贩。本地的小商贩有的是窑下村和附近村的一些农民，他们利用农闲搞点陶器贩卖，挣些零用钱；有的是学不会制陶或怕苦怕累不愿学制陶的陶家子弟，他们从兄弟、亲戚、朋友的窑场赊得陶器，穿梭在附近墟场，当天现钱上手，虽然发不了大财，但过得逍遥自在。瑞金的小商贩则常常带一些小杂货（如用泥烧制成鸡、鸭、鱼等小动物形状的玩具，一吹能发出响声，很能吸引小孩），到长胜走村串户，售完后带些陶器回家销售。福建长汀一带的小商贩将本地的土特产（如闽笋、茶叶）贩运过来，卖给街上的商人，然后将陶器带回去。福建的笋干、茶叶几乎占领了长胜的整个市场。广昌等地的小商贩往往专程前来购买陶器。肩挑小商贩不赊账，窑老板也乐意照顾，价格在底价左右。但他们零售所获取的利润很高，有的高出底价几倍。这种小商贩虽然人多，成群结队，但因肩挑有限，总量还是不大，仅是陶器销售的一个补充。三是批发。除窑下的销售商外，就是县城、石城、雩都、赣州等地顺着琴江而来的大商贩，他们吃住在窑老板家，关系密切，俨然像亲戚一般。有的还在长胜设有联络点，长年收集市场信息，组织货源。窑老板也特别关照这些大客户、老客户，在货源紧张时提前捎信，告诉他们什么时候出窑，主要有哪些产品，资金紧张时还会增加赊销量。县城的陶商有何斋婆等，他们除需量较大及货源紧缺时，会专程来船装运外，平时均将需要的陶器列出清单，寄给窑老板，以搭往返于宁都、长胜之间的商船，将货物运回。这样进货可多可少，既不造成积压，也可减少运费。石城的大商贩历来与窑老板关系很好，民国时期有黄梯顺等人，他们将棉纸（土纸）、豆豉带来，批发给长胜街上的老板，再把陶器运上船，沿河一路批发给各墟镇的小老板，赚了很多钱。雩都的大商贩较多，民国时期就有段昌隆、黄连等一批老客商，还有一些断断续续来的新客商，他们把石灰整船拉过来，批发给长胜的老板，再把陶器运回去，也沿江一路批发给各墟镇的小老板。长胜的农田基本上是酸性，施用石灰，禾苗生长特别茂盛，故石灰在长胜十分畅销，需求量也特别大。而长胜的陶器又深受雩都客户的青睐，所以，雩都和长胜的商贸往来非常频繁。窑下的泥工大部分就是这些大商贩介绍过来的。赣州的大商贩则把百货送过来，将陶器大批量地拉回赣州，再销往周边地区，甚至省外，如千斤缸、酒坛曾大批量销往河北老天城，但由于涉及商业机密，赣州商贩从不透露销售地域。窑老板与这些大商贩相互依存，相互关照。对这些熟悉的大客户，几乎都是赊销，但下次进货时，必须把上次的贷款还清。个别情况特殊者，也有连续赊销的。赊销以字条（欠条）为凭。每年年底，窑老板会登门收款一次，大多像走亲戚一样，交情好的还留住几天，很少有赖账不付款的。宁都上三乡没有固定的陶器经销商，在产品滞销时，一些窑老板会用货筏（十几条毛竹连成的简易竹筏）把陶器拉到上三乡各个墟场，在墟场销售，其他时间则挑着陶器走村串户，以陶器兑换大米。

四、陶业传承

玩泥是孩童的天性，很多做父母的常因小孩弄得满身是泥而大伤脑筋。可窑下村人却不一样，他们看见自己的小孩玩泥，内心充满喜悦和希望。从小孩不把泥团当饭吃时起，陶工师傅不但让小孩玩泥，而且会给予引导，教做一些小动物。有的还会将小动物坯子放进窑炉烧炼，成品归小孩，让他自我欣赏，以此培养小孩对制陶的爱好。小孩长到10来岁时，开始教他做些小坯件，并逐渐让他做大人的助手。20岁左右，陶家子弟一般都掌握了各种陶器的制作方法和技巧，成为一个技能全面的好师傅。这种家庭型的传承方式形成了代代相传的制陶世家。到民国时期，窑下的陶业世家有郭、邓、谢、吴、陈、徐、丁、潘等八九个姓氏。据老人介绍，除少数姓氏外，大部分姓氏已不知从哪位祖先开始从事制陶，而只知道近几代的情况，如郭氏，相传从郭有传（1802年生）开始从事陶业生产。郭有传原是长胜镇水枞村山梅人，丧父后同母亲来到长胜老街，跟舅舅谢良箕学制陶，练得一手好技艺，但无子嗣，其侄志通6岁过继给他。志通聪明，能吃苦，20来岁就成为一名好师傅。志通积累了一定的资本，在窑下村买了吴姓的一块地皮建房，从此有了立足之地。志通生有五子：承淮、承材、承洪、承满、承池，长大后都从事制陶业。在吴氏逐渐衰落的过程中，郭氏日渐发达，吴氏的大片房屋相继卖给郭氏，老窑场窑也由吴氏转卖给郭氏，郭氏成为窑下陶业的大家族，资产雄厚。后来郭氏与黄氏矛盾激化，引起械斗，郭氏房产和窑场全部毁坏。郭氏为防止以后发生类似情况，便邀请徐、丁、谢几个老板参与维修，并按各自承担维修费的多少，确定窑场股份（其中，郭氏占据70%以上的股份），以扩大窑场势力。这样，老窑场的地皮（此为“骨”）还是郭氏独家所有，而设施（此为“皮”）则由郭、徐、丁、谢共同所有，从而形成以郭氏为“骨”、郭氏和其他姓氏共同为“皮”的股份制窑场，郭氏也借此始终维持了对老窑场的支配地位。据了解，郭氏到第四代，有郭家模等12人从事陶业生产，第五代有郭子君等19人从事陶业生产，第六代43个男丁中，有30多人从事陶业生产，成为当地名副其实的制陶世家。自从郭氏老窑场实行股份制后，其他窑场也纷纷效仿，以吸引有钱的商人、地主参股。

再如邓氏，其制陶始祖邓家作原是长胜土围村人，双亲早故，由叔父母扶养成人。邓家作生有四个儿子（声材、声棺、声栋、声样），成人之后，声材做了长胜市场的六种行牙人，其他一些兄弟也开了杂货铺做生意，家境日渐富裕，积累了一定的资本，买了田地。与此同时，窑下村邓家湖的窑场正走向衰落，流动资金严重不足，窑炉得不到及时维修，陶业生产处于瘫痪状态。邓氏四兄弟经姐父谢起南介绍，趁机租下邓家湖的窑场，接着批泥田①，请师傅，开始从事陶业生产。不久，邓家湖因支持不住，自愿退出，将他的过路窑、厂房及设备都卖给了邓氏四兄弟。邓氏四兄弟在获得了过路窑的所有权之后，接着又买了部分泥田（据邓振蒸老人说，当地凡有窑泥出产的农田，价格都很贵，他家有一次买了一丘不到2担谷田的泥田，便花去银洋105块），从而成为窑下的大老板。邓家四兄弟中，声棺在窑场只会做些力气活，故兄弟分家时，他便将自己的股权卖给声材。清光绪三十一年（1905），声材的儿子振焕和声栋的儿子振煜考秀才未中，便与声样的儿子振某、振蒸一起，继承父业，都做了窑老板。4个人的股权比例为4∶2∶1∶1，振焕在其中占了绝对优势。以后，附近的蜡树窑倒塌，振焕四兄弟参与其中的维修，又取得了蜡树窑的部分“皮”权。同时在其他窑场也取得了部分“皮”权。而在取得其他窑场“皮”权的同时，振焕又将自己窑场的部分“皮”权让了出来，以分散风险。所以，到民国时期，长胜的四条龙窑都基本实行了股份制。邓氏因其资金雄厚，在大部分窑场都有股份，从而成为窑下村陶业生产中举足轻重的姓氏，凡产品价格的升降均须有邓氏参与方能生效。邓氏在陶业的势力一直延续到新中国成立前夕，据了解，邓氏到第三代（诗字辈）有8人从事陶业生产，第四代（文字辈）有16人从事陶业生产，第五代（毓字辈）有18人从事陶业生产。谢氏、陈氏、徐氏与郭氏的情况大体相似，只是他们来得较早，从事制陶的时间也较长。除此之外，早年从事陶业生产的还有廖、潘、吴等姓。据老辈人说，廖氏最后一位制陶的师傅叫廖青洞（做过老板），因只有年过90的人才见过他，故详情不明。潘氏多为师傅，当老板的较少。此外，黄氏、丁氏等也有部分陶业世家。各世家

---

① 耕土层下面有窑泥的农田，称作泥田。批泥田就是租用有窑泥的农田。批泥田两年，租金大约是买同等肥力农田的价格，而买泥田的价格则相当于买同等肥力农田价格的4倍。

传承简况如下：

郭氏：郭有传→郭志通→郭承淮→郭家模→郭子君→郭庭生（现为陶器厂工人）

邓氏：邓声材→邓振焕→邓诗堃→邓文鑫→邓仲生（现为陶器厂工人）

谢氏：……谢忠祥（老板）→谢良箕→谢起樱→谢积炜（老板）→谢善佳（老板）→谢必锦

吴氏：……吴亦荣→吴世初→吴荣珩→吴昌意→吴迪翠→吴祖荣→吴光杰→吴长生（现为陶器厂工人）

陈氏：……陈为生（老板）→陈珍沂→陈康华→陈凤明（现为陶器厂工人）

徐氏：……徐叙挑→徐培坪→徐祚福→徐瑞宝（老板）→徐加铎（老板）→徐思义（现为陶器厂工人）

传统的拜师学艺方式是：由熟人介绍，经师傅同意后，送上拜师礼（1只公鸡、2斤肉和一些果品），交拜师钱（一般为100斤稻谷钱），找一个适当的场合择吉日写师帖，师帖主要讲明学徒期（一般3年）和双方职责。写师帖时，至少要4人（师徒、代笔人、担保人）在场。最后举行拜师仪式：首先到窑下老官庙拜祖师（张罗明），回来后摆开酒席，宴请师傅全家和与师傅有交往的师叔、师伯、师兄以及窑场的亲朋好友，就算认师了。从此，师徒关系如同父子。学徒期间，农忙时帮师傅做些农活，平时负责浇菜、挑水、劈柴等一些家务活。逢年过节，给师傅送礼（一般为2斤猪肉、1只鸡）。师傅管徒弟吃住，不发工资，每年夏冬各送一套新衣裳，以示关怀。学徒比较辛苦，每天上工要早，在师傅到来之前先搓好泥。学技的第一步，是在师傅手把手的指导下学捏泥（这是制坯的基本功，这道功夫学不好，以后就无法学制陶）。学会捏泥后，再在师傅的指导下学做一些小件产品的粗坯，并逐步学修坯（俗称捡拾坯）。师傅制坯时，常常随口授艺，故学徒必须随时留意，反复琢磨。3年学徒期间，一般能学会钵头、火笼等一些中小件陶器的制作，而坛、缸等大件陶器只能学到一些粗略的知识。学徒期满后，给师傅做一年的帮工，师傅发给一半的工资。帮工期满叫出师。出师要做谢师酒，以感谢师傅的培养和亲朋好友的帮助。若要进一步深造，可留在师傅身边做坯，师傅发给全额工资。再经过三年左右的学习和刻苦磨炼，基本上就能掌握各种品种的制作方法和技巧了，便可成为师傅单独操作。学制陶一般从14～15岁开始，经过10年左右才能成为一个较全面的师傅。当然，也有少数人永远学不会制陶，只有打杂或回家种地。离开师傅后，如果在技术上碰到难题，还可随时请教师傅。一般来说，一日为师，终身为父，师徒关系一直保持到为师傅送老归终。

五、制陶业与民俗文化

长胜窑下的制陶业不仅历史悠久，规模宏大，产品质量上乘，而且还融合了丰富的民俗文化，产生了许多动听的民间传说。

(一) 张罗明与老官庙

“三份火纸烧陶”的仙翁和明朝传技的张罗明，本是两个不同传说故事中的人物，但时间一久，两人融为一体，成为窑下村人崇拜的偶像。为纪念这位陶业先师，各家都将“造缸启教张罗明先师、十八位王将之神位”立于厅堂神台的右边（左边为祖宗神位）。每天早上用斋饭供养，逢年过节备以丰盛的佳肴敬奉，以表示对先师的崇敬。

据说到了明朝中期，陶业兴旺，社会稳定，“老板”（窑下人都这样称呼，但已无人记得真实姓名）牵头兴建了一座老官庙，塑了罗明先师和老官菩萨的神像，供大家朝拜。老官庙建在琴江河畔，坐北朝南，占地约 100 平方米。中间的大间为正殿，殿正中是罗明菩萨，右边是老官菩萨①，两尊菩萨都非常高大。同排左边是土地公公，右边是社公社婆，土地公公和社公社婆比罗明和老官矮一半，前面是矮小的千里眼和顺风耳。左右各一间为守庙者住房，又是庙会唱戏的化妆室。三间房子的前面是厢房，厢房正面左边和右边都有出入门。门外是一个大戏台，戏台前面是沿河大草坪，它既是看戏的场地，更是过往船只装卸货物的场所。清初，陶业越来越繁盛，来往的人又多，有的窑老板看中老官庙这块黄金地段，就在老官庙背后建起店房，开设酒店和饭店，渐渐地，这里建起了街道。到民国十三年（1924），窑下街已有 13 间店房。其中，邓声松 1 间（茶馆店），邓振义 1 间（屠宰店），邓老学 2 间（豆腐店和酒店），邓振焕 1 间（南杂店），邓振某 2 间（陶器店），邓振煜、邓声彬、邓诗堃各 1 间（陶器店），邓振泰 1 间（阉割店），欧溪（现

---

① 老官一说为萧衍，另一说为陶朱公（范蠡）。

为中江村）邓姓有 2 间长房众店（出租）。此外有些住房，供小商贩及挖窑泥的短工和打杂工住宿。窑下街道虽然不大，但街道上人来人往，货物上上下下，一片繁荣景象，从此，老官庙成为长胜墟之外的又一块繁华地段，成为外地练泥工、杂工、商贩的集中地。在窑下街上居住的一些泥杂工，他们一方面给老板打短工，每月收入 2 担半稻谷，另一方面，外地陶商上下货物，都请他们搬运装卸，搬运费是陶器价格的 2%。

老官庙有一个看守人，是经老板们推荐的德高望重的长者，他的主要职责一是看守寺庙，保持寺庙的肃穆、整洁和 24 小时香火不断；二是招呼进庙朝拜的过往客商；三是各窑的打冷火所需 120 捆草柴由他负责。庙内的开支及守庙人的工资来源是：每烧 1 窑产品，窑老板要给老官庙上供上等火笼 4 只、擂钵 2 只、平钵 2 只、酒坛 1 只，这一规定自建庙之日起，从未间断。每个老板出窑时，都会自觉地挑选上等产品，作为对老官庙罗明祖师的敬奉送来，撤供后由守庙人发卖。在老板们看来，产品烧得好，全靠罗明先师的保护，而老官庙的香火能延续不断又有赖于陶业的发展来维持，两者相互依存，相互照应。人们对罗明先师和老官菩萨十分信奉。每次烧窑前，窑老板都要亲自到老官庙杀鸡，点烛燃香，作揖叩拜，祈求烧好窑。烧完窑后，又要用竹篮盛佳肴，再去庙里酬谢菩萨。家里也大办酒席，请师傅和杂工赴宴。守庙者在必请之列，因为他祀奉菩萨有功。另外，商贩也非常信奉老官，特别是一些船运的大商贩，在出船之前定要到老官庙点烛燃香，祈祷船运安全和卖得好价钱。出船前，还在船头点烛插香贴红纸，鸣放鞭炮，以示开船大吉。陶工师傅也常到老官庙敬奉，祈祷家业兴旺、财源广进。

老官庙每年九月初举行庙会，意在为罗明先师庆寿。庙会的筹办由窑下的大老板轮流主持，做如下工作：一是召集四条龙窑的大小老板开会，了解各地经销商点戏的情况，确定唱戏的本数。一般情况下，四条龙窑各点 1 本，赣州、雩都、瑞金、石城、县城的客商老板各点 1 本，窑下蒸酒、做豆腐的合点 1 本，戏班送 1 本，共为 11 本。特殊情况下，戏本的数量也有变化，如年成好或老板高兴时会多点戏本，年成差也可能少点一些。二是预算活动经费，按点戏的本数把钱分摊到各个老板。收上钱后，由大老板与湖南祁剧班子联络，确定有关唱戏事宜。在开台唱戏之前，先到老官庙点烛燃香，用三牲（猪肉、鱼、鸡）供奉。晚上开始唱戏，第一本为《打天官》，这本戏为戏班免费赠送，故不必算钱，但四条龙窑的大小老板看戏时要各自上台送红包一个，数额多少不限。第二天以后的戏本不固定，由窑老板和各地经销商随意点，多数为《满堂福》《鸿门宴》《黄鹤楼》《群英会》等。窑下老官庙唱戏时，长胜、高坊、青树、岗上、土围、马齐角、杜屋等村的人都纷纷涌来，真是人山人海，非常热闹。

（二）“三君九头目”

挑陶泥用的撑杆，泥工们称之为“三君九头目”。何谓“三君九头目”？据泥工们说，三君指吴真君、许真君、太上老君，九头目指萧老官、王都督……有句顺口溜说：“撑船头目萧老官，打担二目王都督……”大家认为，挑泥用上撑杆，既轻松又保险，这是神明护佑的结果。

又相传，“三君九头目”是王都督发明的。当时，秦始皇修筑万里长城，为防止民工中途休息，官府将畚箕做成尖底，且容量大，每担可装泥土100多斤。民工挑着这样沉重的担子翻山越岭，长途跋涉，累得死去活来。有的民工坚持不住，想歇歇肩，但一放担子，泥土便会倒出。被监工看见了，轻则挨鞭，重则受罚，真是苦不堪言。王都督在修筑万里长城时是小吏，亲眼目睹了民工的悲惨遭遇，于是设计出这种撑杆（见前面介绍），这以后，民工才得以用撑杆顶住担子休息。所以，大家把撑杆当作王都督的化身，予以敬仰。

（三）祛邪、禁忌

烧窑时，如果中途卡住，火总是引不上去，窑工们有的便会到附近坟墓去偷棺材盖烧，说是可以祛邪；有的则杀乌（黑）狗献祭。为了烧好窑，多出正品，制陶、烧窑时还有许多禁忌，如“女人不准摸师傅的陶具”，泥工在作坊休息时“不准随便问技术问题”，烧窑时“不准女人和外人，特别是穿红裤子的女人到窑场观看”，不准说“封（风）”“烂”“红”等字，即使封窑门和眼口，也只能说“镶门”“糊眼”。

（四）禁罂

在长胜窑下众多产品中，有一种产品叫禁罂，口小肚大，形同地雷，大约能装半斤水，它是专供做“存禁”用的。存禁是宁都民间的一种习俗（传说住在贵州的部分宁都移民至今还保留了这种习俗），其对象是妇女和病人。每当媳妇过门（结婚）后，婆家都会给她算八字，若命中犯血光之灾（即生孩子有生命危险），做婆婆的就要为她存禁。有些病危的人，特别是有病的小孩也要存禁。所谓存禁，意思是将灵魂藏到禁罂里。当地人认为存了禁，即使城隍庙的无常小鬼也抓不走他（她）的魂。存禁的具体操作方法是：先请道士画一道符，代表此人的灵魂，将符连同稻谷、玉米、小麦、高粱、豆子、花生一起放进禁罂里，用红布盖好口，再用串有三个铜钱的绳子扎紧罂口，放在神龛上。

（五）伯华活佛

在窑下村，过去有一座大寺庙，名叫福林寺，据《吴氏九修族谱》记载，在距今约200年前，该姓祖先中有个叫忠采、字伯华的，开创了这座寺庙，并以大乘门掌教的身份修佛。传说吴伯华初来窑下做工时，住在福林寺。他开始做挑泥工，休息时多在作坊看师傅制坯。他为人聪慧，未经拜师，便学会了制陶，不论大小产品，得心应手，很快便成为一名好师傅。在制陶的3年左右时间里，伯华处处关心他人，说话很灵验。有时候烈日骄阳，伯华说快要下雨了，叫大家收泥坯，刚一收完坯，便是一场倾盆大雨。后来，伯华制陶的时间日渐减少，多在福林寺修炼，灵性日渐显现，前来朝拜的人也越来越多。

据说有一天，东方出现了一道红光，邓若伦太婆（伯华的契母）看见后，便用竹帚向天上指了一下，转瞬间红光消失。人们说，那道红光本是伯华升天的吉兆，只可惜邓太婆用竹帚一指，道破了天机，才使伯华当天升天不成。不久，伯华便亲手做了个合缸，安放在福林寺上殿左侧，并择定吉日，坐进缸内修行。开始三天开缸一次，以后半月开一次，再后来一月开一次……不需要进食，只要若伦太婆给他剃头发和剪指甲。最后一次开缸时，若伦太婆边剪指甲边说："伯华呀，我年岁大了，行动不便，你应成佛了。"伯华点了点头。从那时起，再也没有揭开缸了。他在缸内修行多久，无人知晓。伯华肉体成佛，当地人称之为活佛。民间对伯华祖师无比崇敬和怀念，在民众的倡议下，由住持和尚武高祥经手，给他塑了佛像。佛像开光上座时，将骨缸也同时移放到了佛像脚下（正殿东侧）。

（六）廖老汉念蛇咒过街

长胜老街是一条200多米长、4米左右宽的狭窄小街。每当墟日，两边摆摊设点，中间可供行人过路的只有2米左右的街心。到正午时分，街上人山人海，挤得水泄不通。而这条街又是挑陶泥者的必经之路，人多拥挤时，泥工挑着沉重的担子常常很难通过。传说后来，泥工中来了一位姓廖的老汉，他身强力壮，挑泥总是打头阵。廖老汉有一绝技——念蛇咒。每当街上拥挤时，他便念起蛇咒，并随手抓住一条蛇，放在扁担头上。蛇亦听从他的使唤，伸着头，摇着尾，直吓得街上的人拼命闪开，于是，廖老汉就带着一群泥工一溜烟从街心穿过。

此后，大家渐渐地养成一个好习惯，只要泥工挑着陶泥过街，无论大人还是小孩，都会自觉地让出一条路。当然，还有部分人常常留意泥工的扁担，看看是否有蛇。

为本文提供资料者名单：
刘建英，41 岁，长胜镇原党委书记，现任会昌县副县长
曾平，41 岁，长胜镇原镇长，现任宁都县政府办公室主任
陈俭生，33 岁，长胜镇党委书记
张玉生，38 岁，长胜镇镇长
吴慧连，41 岁，长胜镇宣传委员
郭子君，54 岁，长胜陶器厂厂长，经济师，省乡镇企业家
郭斌，37 岁，窑下人，县广电局副局长
邓文钦，75 岁，窑下人，县剧团离休编导
徐祚添，86 岁，长胜陶器厂工人，看火师傅

吉安

吉安的宗族、经济与民俗*

劳格文

本论文集的研究重点，首先是吉安地区的经济与民俗，古称“庐陵”文化，其次才是客家。这也是“客家传统社会丛书”自第11卷以来所开展的一个新研究方向，即在福建中西部研究客家地区与其周边非客家地区的分野。吉安的个案与闽西北大异。福建南边的三个县份是明显的传统客家县份，北面的三个县份则基本上是非客家县份。在吉安，只有井冈山、遂川和万安有一定的客家人口。在他们当中，又以明末清初来者为多。他们主要是以移居的劳动人口身份，在西面的山林经济边界地区替本地地主工作。① 因此，毫不奇怪，阶级纠纷是他们历史中重要的部分。我们将先探讨庐陵之宗族、经济与民俗等问题，再回过头来处理文化的比较问题。

一、庐陵宗族

本论文集中提及宗族的第一个特征是大家都声称来得很早。现有三十一代的醪村李姓和三十代的渼陂梁姓均宣称于南宋初到达。二十七代的横坑钱姓则为元朝，三十一代的东固李姓为南宋，潞田衷姓为晚唐，沙塘温姓为北宋，白鹭陈姓亦上溯至元初。虽然他们的二十至三十多的代数与他们声称的

---

* 本篇原为刘劲峰、耿艳鹏主编的《吉安市的宗族、经济与文化》（上下，“客家传统社会丛书”，第21、22卷，2005）的“总论”。

① 关于这类型的移民历史，参见Sow-theng Leong, *Migration and Ethnicity in Chinese History: Hakkas, Pengmin, and Their Neighbors*, ed. Tun Weight (Stanford, 1997)。

到达时代不符，唯根据个别的建祠时间和修谱时间却足以反映他们的宗族历史确实相对较早：

表 2-1　庐陵宗族建祠及修谱时间表

姓氏	建祠年份	修谱年份
李		1407
梁	1519（重修）	1146，1274，1579
钱	1471	1538
刘		
袁		1395，1415，1498，1526
温		1397，1413，1429，1493
陈	1515	

从一些宗族所修的祠堂数目来看，这些宗族已有不少分支，并较为成熟。修谱的重要性可从一些习俗反映出来。在渼陂村，没有人愿意当主修，因为修谱所带来的“煞气”对他的生命有所威胁。修谱前，谱匠须在作为谱局的祠堂为祖先立一特别的神位，以便每天供奉。妇女不能进入谱局。在印刷族谱时，印刷者先奉请自己的神明——文昌，又祝愿、杀鸡，把鸡血洒在神位上，再撒茶叶和米以治煞，再印一张祖宗源流图，悬挂前洒上鸡血。族谱印好后发放前，要选辈分最小的男童（称为“倒族长”），以乐队相伴送新谱去游村。奴仆在赐梁姓后给予抬轿、吹喇叭等劳动工作①，他们只能待梁氏修完族谱后在梁氏宗祠的大鼓下修自己的谱。

在沙塘，大堂前的鼓只在四种情况下才会敲打：冬至日祭祖、重大喜庆、族长出殡、惩处犯族规者。修谱完毕后，各祠堂上祖宗的神位要拿到村外焚毁，还要请道士作法赶走阴魂（称散阴谱），因为“不散阴谱则阴魂不散……掌稿人有后顾之忧”。

许春华与许文峰的《湘赣边界的土籍与客籍》以为，井冈山本地宗族的特色是宗族的村落较大，客家人则较分散。祠堂的重要性——至少作为红白事的举行地点，促使一些细小的客家宗族联合建祠。据李星联《遂川大汾的

① 姚义兴在《安福武功山的林区风俗》中提及类似的情况。在劳动工作之外，他加上抬棺材，并明言他们是父业子承的仆人。

墟市经济与民俗文化》，在大汾于 1660 年有三姓人便如此做，他们之间至今仍不通婚。

本论文集所提及的祠堂最有趣的特色是在内留给神明的位置。在万安的潞田、遂川、安福，神明以画像来象征，并于辟邪仪式“喊船”时被拿出来。据郭赣生《遂川城厢的婚丧习俗与遗风杂俗》所述，在遂川县城，四个主要的宗族均有特别的船房供这种农历年的礼仪之用。在东固，在开始喊船前，地方神明会从庙宇中被带至祠堂。在渼陂，神明在祠堂前的一角中有一永远的神龛。在左边为“八月菩萨”（财神赵公），他被八个不同的姓氏和地方团体于八月中轮流祭祀。还有渼陂梁姓于正月喊船时所敬拜的“大神”。另外一个不同的版本是陈时霞《永新白鹭村的宗族社会与传统经济》所描述的白鹭村。村中最主要的庙宇叫清源祠，位于陈氏祠堂的右边，在全村的中心。其内供奉着清源老爷。老爷是对核心神明的称呼。传说清源是唐明皇。清源祠是白鹭村陈（2 190 人）、吴（132 人）两姓共同祭祀崇拜的地方。作者问：“吴姓如何生存?”答案是一开始便与大姓通婚，并占据了全村的心脏部位——清源祠之右。又吴姓在当地土语中与“鱼”同音，“陈吴”可解作在池塘内养鱼，正好白鹭是养鱼之地，故陈、吴二姓长期共存。

二、经济

从高立人与梁芳苓《吉安市的传统交通与商贸经济》中精细的描述可知，吉安以前确实是一个主要的经济中心，有 21 个码头、24 个省会馆、15 个县或地区的江西船帮。漕运是水路交通的重要组成部分。该篇为我们介绍了肩挑网络和每个县的地方产品。该篇附录中的吉安广东会馆《新建南华宫落成碑记》列举了捐款建庙的 659 家店铺。渼陂的 1799 年万寿宫园墙石刻可供比较，当中列举了 35 家店铺。至十九世纪晚期，渼陂有大小码头 18 个、街上商店 130 余家，其中一半由在中国东南部从事贩运的四大家族所拥有。

几位作者分别谈到赣州与万安之间的一段赣江急流。据耿艳鹏《万安县城的传统经济与民间风俗》所说，水路交通于 1061 年大为改善。由于当时虔州（赣州）知县疏浚赣江航道，使 24 个险滩减为 18 个。1072 年万安县的设立无疑与此工程有莫大的关系。1936年，万安县城有店铺167间。南面的良口有十八滩中最险要的第九滩——良口滩，街上有各种店铺230余间，其中有30余间属于当地最古老的宗族卢姓。明末清初涌进的客家人使造纸业、茶油业兴旺。地方生产的便宜良口草纸，由于焚烧后呈白色，能随风飘扬，被认为是神明愿意接受的标志，南昌商贩乐于前来收购并贩运到江浙。客家人利用老家小船的制造方法，成功开拓了黄塘河的水上运输。在其《万安良口墟的商贸经济与民俗文化》丰富的船家风俗描述中，谢芳桂说，要当一等的船工需要认识赣江两岸寺庙神明的名称，以便提醒老板烧香敬神。在装货前，老板要站在船头烧香，请萧公老爷保佑。每年正月初九和初十，往来小江和大江上的船帮要分别支付这两天潮洋庙庙会和在良口街上游神的费用。

百嘉在万安北面的位置就如良口在万安南面的位置。其中百嘉主要输出渔产和竹木。漕粮，当中有的产自泰和的南部，亦肩挑手推至百嘉再船运至南京。百嘉的发展引起赣江对岸的韶口之嫉妒，并促使他们于康熙末年间建立了一个和百嘉一样的墟场，连墟日也一样。两个墟场的竞争不只表现在周年的龙舟竞渡上，也表现在百嘉建立山郎庙上。这座庙宇的建立是因为隔河相望的韶口亦有山郎庙，而菩萨的口正朝着百嘉，恐怕会把百嘉吃穷云云。

郭赣生的《遂川县城乡的传统经济》是本卷中最好的文章之一。作者采用了大量文字与口述资料。其中一个八十五岁的报告人当了十年脚夫。他十八岁的时候曾走到梅州与兴宁，每次挑八十斤货，每天走四十公里路，到兴宁要走八至九天。待货出手后，他便买一些食盐、咸鱼等货品回去。来回二十天，顺利时可赚十二圆（光洋）。另一位现年八十四岁、从十六岁开始当挑夫的报告人提到，要从地方的黑帮买保护以免受抢掠，而且箩担的绳结要打活结，以便随时可把扁担抽出做武器。一位八十七岁的报告人表示，商人都崇拜康老爷，因为他非常公正，所以过秤都要到黄田庙去请康老爷监视。曾经有一位行骗者被康老爷惩罚，患了脚痛，直至他恳求康老爷并聘请道士打一场醮悔过方痊愈。

赣、粤、湘边境上有四个有名的墟场。当中最大的是唐江（在今天的南康），离遂川县城九十公里。商人要走两天半，去卖茶油、金桔、药材，又把食盐、土布等日用百货买回去。再往南可达广东的兴宁、梅县。到上犹县的营前[①]约六十公里，需时一天半。草林与大汾均在遂川到湖南的路上。据李星联《遂川大汾的墟市经济与民俗文化》谓，大汾最重要的产品是扇。产品共需一百余道工序。生产线由不同的家庭和乡村组成。造好的成品会被挑到县城再卖到广州或杭州。在 1949 年，离县城二十公里的草林有店铺 110 多间，其中 16 间拥有较大的资本。此外还有 30 间油行。遂川有大量的茶油，全县有 329 所油槽，平均每槽出产茶油 615 斤。县城中有三大商号，操控了茶油的买卖。他们由遂川以容量达 500 斤的大桶用船运往北面的吉安和其他地方，南面则运达广州，到广东和湖南要靠肩挑。

木材是遂川的另一主要输出产品。1930 年间，遂川有木材经销商店 39 家。南昌的商人和临江帮（清江人）控制了大部分的木材买卖。他们在泰和的马家洲设立商店。《龙泉县志》谓粤、闽穷民涌到龙泉佃山以栽杉苗，二十年后方有收成。杉木卖掉后，“山主得之于意外，尝以耗靡竭之；佃家得之于辛劳，更以节俭饶之。于是佃家日益饶，主家日益竭”。伐木在秋季进行，其时树木剥皮后易于干燥。伐木是危险的事业，进行前须办“开山酒”，并杀一条小狗以祭土地神。放木排则更危险。排主和船主每次出航和回航前均须到县城南的黄田庙去拜神。船主在新船启用前更要用乳狗仔斩煞。过年时，有钱的船主还要给康老爷唱戏和换金袍。

姚义兴在《安福武功山的林区风俗》中提到，到地形险恶的山场伐木特别危险，须请富有经验的人来“开山”。他先捉一只公鸡到需砍伐的第一株树旁，把鸡头拧下，用鸡血绕树洒一圈，砍三斧，随即拿起斧头下山回家，不准回头。另一种做法是把鸡血洒在纸钱上，再绑到大树上。伐木一般在四月和八月。如遂川一样，在不能漂放木排的小河上漂一条条的木头叫“赶羊”。从安福放木排到吉安前，要先杀鸡祭献，途中排工还停下来去祭名叫三老爷的危险蛟龙。每当新船下水，船主须祭献红羽公鸡，把它的血淋在船头上。在安福，操控采木的也基本上来自南昌帮和临江帮。

造纸、狩猎、采药和种植香菇在武功的经济中均扮演重要角色。猎人依靠湖南的猎犬，新捉回来的猎犬先要到土地和司命娘娘牌位前礼敬，俗称“司命

---

① “客家传统社会丛书”的第 7 卷《赣南庙会与民俗》中，有三篇关于营前宗族、民俗与信仰的文章，《上犹营前地区的民间信仰》《营前地区的婚丧俗》由张升俊及张声宏撰，《上犹营前镇的宗族社会与神明崇拜》由罗勇撰。

娘娘不开口，老虎不背狗”。这令人想起另一个更普遍的说法——“村里社公不点头，老虎不开口”。采药的人须选择单日清晨上山。若碰上妇女须立即转身回家休息。香菇的种植多在冬天，由福建和浙江等地的劳工来种。① 方法是伐倒某种阔叶的落叶木，锯成段木，在木上“砍花”（切口），放入菌种，用柴草掩盖。一般需三年才发菇，采菇期为四至五年。菇农每年清明后收菇，之后便返家。

生下牛崽要祭栏神姜太公，还要用一段象征绳索的猪小肠缠在一双筷子上。筷子代表成双成对，取牛崽紧跟牛婆走，不会断绳走失之意。卖牛不卖绳。杀牛时要用衣服把牛的眼睛蒙住，围观者要把手背到身后，意为被缚，无法相救。把新购的猪崽放进栏前，要先喷茶水或酒到猪身上，再说一些吉利的话。发生瘟疫时，栏前要贴“姜太公在此”的红纸，并向其祭献。在一些地区，还要一位赤膊青年手持武器在栏前耍舞驱瘟。杀猪要在厅堂，并把猪血洒在纸钱上，以祭土地和栏神。

陈时霞的《永新白鹭村的宗族社会与传统经济》《永新骆岗村的宗族、民俗与传统工艺》描述了永新县的乡村经济。其一是白鹭村，一如“客家传统社会丛书”第 18 卷中的曾村，它是经营鱼苗生意的。每年春天，约有一百位挑夫出发到湖南衡山的朱亭镇。在等待令鱼苗孵化的春雨到来之前，他们会住在湘江旁的茅棚里。选到好的鱼苗非常关键。这要从选择鱼子（卵）开始，不同颜色的卵会孵化出不同种类的鱼，成活率只有 20%～70%。到鱼苗孵化了而买家又做好选择，他们便踏上归途，回白鹭需五天时间。回去以后又须最后冲洗已预先用石灰消过毒的鱼塘，再把篮中的鱼苗倒进鱼塘里。在最初的半个月中，鱼苗最需要悉心的照料，直至鱼苗长至筷子头般大，然后用鹅毛把鱼按类分拨到不同的鱼盆去。此时，不同的鱼需不同的饲料。有些鱼可马上挑到福建或赣州去卖。第二轮是在秋季时卖，这些鱼年底便可拿来吃。第三轮是在次年春暖花开之时卖。剩下来的叫“老鱼”，可以拿到墟场去卖。在淡季，当地人会学武术以防盗和对付赖账的人。其二是骆岗，它是专门制造和售卖皮鼓的地方，最远可卖到长汀去（一般由

① 在闽西，直到今天，香菇的种植者都是来自浙江，同时有足够的移民文献显示，特别是在清中叶，闽西的客家和畲族迁徙至闽北和浙南！这令人想到内部迁徙在香菇种植业中扮演的角色。

祠堂、庙宇、衙门和学堂订购)。大鼓用水牛皮,中、小型的鼓用黄牛皮。工序中最困难的部分是把用芒硝鞣制好和晒好的牛皮绷紧在杉木桶上,然后用钉在边沿上钉好。鼓鞔好后要由鞔鼓者和买鼓的东家举行赞鼓仪式。在奉请木匠祖师爷鲁班和鞔鼓的祖师爷张良后,便要杀一雄鸡致祭和祝贺东家。

三、民俗

上面我们已提及最重要的地方民俗——喊船。作为江西的一种地方特色,喊船在吉安是在正月的上旬或下旬举行,船则在正月十六或二月初二放出去。仪式的驱邪目的很明显,唯不同的地方总有不同的上演方式,并有不同的社会和仪式内容。这样对其分析就非常有趣,如在解读一种变化多端的文法一样。

在渼陂,仪式在二月初一前三十九天举行,分成三团的梁姓宗族每团负责十三天。开始时先由道士请“大神”。大神以绘有几层“古佛”的彩绘神像代表,还绘有十三条半龙船在竞渡。喊辞是晚上以领喊及和者对唱的形式进行,这亦是喊船的具体意思。其喊辞内容是各种形式的求愿和告诫,最后是《送神诗》,同时把“毒气瘟风”尽摄收,送返扬州。(神明被称作诸王,本是洛阳之神,无疑要送回该处)。二月初二送神之前三天开始游神,赌场开张,并且演戏,一直到送神的前夕,祠堂内热闹非常,红蜡烛又粗又长,米果堆积如山,竹篙吊着长长的鞭炮。天井中吊起直径约一米的烟花“架花”,共有五至十一层,点燃时会展现纸扎的历史典故人物。

二月初一早上的游神绝对无与伦比,包括十一台彩擎,每台有三个男孩扮成戏剧人物,由族长及前辈老人提着灯笼领路。第二天早上,道士祷告嘱神后,送神的游行马上开始。由神旗手开路,跟随着神的绘图,接着是族长和房长、纸扎彩旗、两座牙轿载着梁氏的家神菩萨、锣鼓乐队、六十岁以上的老者前辈,压阵的是插花和三十九面铜锣。送神途中要高喊“龙者水,龙者船,龙者齐呼保平安!”游行止于村的出水口,于渼水和王江的交汇处焚烧纸扎的神像、旗、伞和船。刘宗彬和梁必炫的《渼陂的梁氏宗族与村落文化》以一段富有社会内容的关键小节结束他们妙语如珠的描述:渼陂梁氏大宗族倒要待小陂魏氏小宗族先送神,因为小陂大神是姐姐,梁氏大神是小弟。这个吸引人的故事解释了一切。

据郭赣生《遂川城厢的婚丧习俗与遗风杂俗》所采访的86岁道士说，喊船是由于朝廷中有人妒忌张天师在广信府所享的特权，为了应付皇帝及廷臣的试探，张天师用他的法术让原以为是一群鬼怪而实是藏身于地洞的十个人闭嘴。由于他们最后被张天师碗中的水淹死，他们真的变成冤鬼，每晚在皇宫吵闹。当皇帝问张天师如何是好之际，张天师建议把他们每年正月初一至十五送到江西去享受香火。在刘宗彬和梁必炫所提供的版本中，那十人是大臣，是皇帝本人后来要求张天师把冤魂带回江西，在仪式之后张天师主动把他们用船送到洛阳。

《东固畲族乡西城村的刘氏宗族与民间信仰》《万安潞田村的衷氏家族与村落文化》《万安沙塘村的宗族与民俗》《遂川城厢的婚丧习俗与遗风杂俗》《安福武功山的林区风俗》等文章都提供了关于喊船仪式的有趣的不同版本。于此笔者倒希望探讨一下喊船仪式与天师道的关系，从而发现道教在吉安文化中所扮演的角色。在醪村，村民每三年都为康王像——他们的福主抹身，然后上油漆，再送到附近的山上举行一些道教仪式。有些家庭还聘请道士在九月的九皇斋中诵经。在新屋建灶和丧礼度亡时，他们亦会聘请道士。在渼陂，道士与中元节、二月初二送神、求雨和每九年举行一次的叫“忏皇”的九皇会都有密切关系。后者包括一种驱邪仪式，由纸扎师傅扮地方神明，道士扮不说话的无常，并一起进入每家每户把妖魔鬼怪扫出门。陂头八团中渼陂有二团，崇奉赵公菩萨。八月十四，菩萨会被抬到附近的山上封诰。第二天，道士会翻跟斗证明新招的兵强马壮，符合菩萨加封了的官职。

在富田，从二月初一至十六的醮由五大姓轮流，节目包括唱大戏、赌博、各姓划龙舟比赛、道士“唱堂”（念纵）。每年的夏至前后，地方神明会被抬到附近的山上由道士做一夜功课。第二天，当菩萨回到自己的庙宇时，又由道士念经作结。钱其昭的《富田横坑村的村落文化》宣称，在其家乡（横坑村）附近山上有一座道观，能直兜龙气，观内曾有八十名道士。钱其昭还讲述了一个关于当地道士的故事，他错误地以法术用毒蛇把自己的两个孩子咬死，从此以后便不再当道士了。横坑村的人每九年还会聘请道士带领他们以九皇斋忏向北斗星君拜忏，还全村大扫除，连续九天沐浴斋戒，夫妻不同房，以求北斗星君赐子赐福。

刘宗沛的《东固畲族乡西城村的刘氏宗族与民间信仰》重述了1919年在他家乡中的万寿宫举行的四十九天万缘醮，以对付当时流行的瘟疫和不佳的年景。在醮仪中，僧道都被请来，最后几个仪式的名字非常特别，包括“坊神加职”“升营练兵”“收兵塞洞”。东固二月初二喊船的最后一天要请道士为大神开江行船。在良口，每三年要组织一次“菩萨保奏”，通常在九月中旬举行，祝贺康王在向玉皇提交三年报告后，被重新确认其地方保护神的任务。卢氏作为地方最有地位的宗族，表现在其享有的不同仪式特权当中。邀请其他九个宗族共同来组织三天的菩萨保奏庆典，也是由卢氏来负责，这需要聘请道士和大戏班子。

百嘉镇每年最大的节庆是七月韩信的庙会，他在楚汉战争时击败项羽将军，后来被吕后斩头，人头丢下赣江，被车溪村的渔民意外捞到。当地的神媒认定是韩信之后便建了庙宇，韩信遂成为当地的菩萨。庙会期间，道士念经，韩信会和其他纸扎的人马包括吕后被抬到曾支持韩信打官司，最后赢得建庙宇土地的几个村落。其中有一个村落虽然没有支持打官司，但曾有一位美貌少女爱慕韩信，要嫁给他，故也要去游村。七月二十七日，游村的善男信女对吕后骂不绝口，甚至摔石头、撕衣服、挖眼睛。第二天晚上，在举行最后一次祭祀之后，便把所有的纸人纸马都烧掉。

沙塘村的神像每隔五年都要被送到附近的一间叫恩沐仙的庙宇去重新开光。温发镀的《万安沙塘村的宗族与民俗》谓庙中曾常住僧与道，该庙是众神聚会的地方，每年六月初六至初九为仙会，菩萨通通会被抬到恩沐仙，队伍浩荡，晚上道士做一夜道场，并在每尊菩萨的背部放进铜钱、米、茶叶，吃荤的还加上海龙、海马，而吃斋的则加进金银。温氏族人要请道士于六月初六（与仙会同日）做三天的六皇斋，在九月初九做三天的九皇斋。无论是做神日、道场还是病家驱鬼赶邪，温氏都会请本村有名的道士温安熊(1914—1991)。

可以想得到的法事遂川的道士都会做。当地习俗，凡寿终在外，均忌尸入户，免遭殃煞致屋不好住。高寿的父母若如此，则儿子会请道士解禁，并请壮士抱尸入户，以示“活着走进门”。道士一到丧家即“禁水”，意即把附近被吸引来凑热闹的孤魂野鬼暂禁锢于一碗符水中。出殡时，为使棺木不会越抬越重，以致抬柩者（八仙）抬不动，道士会先祭绳和杠。祭法是打掉原来的禁水碗，或斩下雄鸡头，八仙立即起杠开路。道士于是会以念送煞经来参与净屋。当送葬人群回村和完成酒宴后，道士又会替亡者“开灵”以明确其新的祖先身份。最后是每七天举行一次祭礼，当中有些仪式需要六至十位道士来做。

道士在过年时的喊船和舞龙当中均扮演重要角色。在喊船中，道士于正月十六先请船画中的神明，在谢神后再把画除下带到河边去送船。舞龙的时候，道士先“开江”，即把祠内的天、地、人煞驱赶到水碗中，再把水倒到河里去，然后用法水为龙点睛。为久病不好或家运不济的人拜文书的时候，道士会端坐请天兵天将，把香案化成雷坛，自己化成黄石公神，走入天宫和下阴府，为阳人告阴状。当邪鬼被驱赶或禁锢在水中后，八部天将便可送归位，再念忏谢经。

在大汾镇，主要的庙宇叫仙。① 在集市西北角的淋洋仙，据说曾有超过百名道士居住。在东南角的乌溪仙，道士每三年有两次醮。几名道士吹着牛角在刀山上做杂技，另外两名，其中一名装扮成女士，在下面唱起猥亵的采茶歌。在村民与神媒做过问答之后，道士会徒手从滚烫的油锅中捞出豆腐，又端着油锅到各家各户去烧墙角的蜘蛛丝，以示驱邪。

在白鹭村流传着一个故事，有一位道士能用法术驱鱼上岸吃草，又在塘中点数确保无误。有一次他的女儿在洗衣服时失手以衣槌打死了一条鱼。道士以为被盗去，以法术杀了自己的女儿。每十年，白鹭要为保护神清源老爷做“报封”仪式。先由全村陈氏的总祠择定正月的一个吉日，把清源老爷抬到武功山的庙宇去。道士在那里会把神明的功德用唱文书的方式上奏。回来时，陈氏的八房和吴氏的两房会每房以两名男童穿上戏服，站在云台上去迎神。神明被接回祠堂后会以演戏相待。

永新县的道士都会做九皇坛仪式。基于对一位生于1917年的道士的访问，陈时霞在她关于驺岗的文章中对此仪式做了详尽的描述。朱道士有一雷坛，但他坚持与茅山道士不同。他们“装神弄鬼，画符念咒治病，为正经道士所不齿”。陈时霞引用《玉匣记》一文指出，北斗九星于九月初一至初九会下凡，此时“世人斋戒……有无量功德”。九皇坛的大坛仪式要全村参与，小坛则只为各房。这种安排已预设是一单姓村。大坛必须挂老君、元始天

---

① 参见罗勇、林晓平主编：《赣南庙会与民俗》，第34页。

尊、通天教主、三官、九星神、雷门八将和四值功曹的神像。仪式开始时，道士要到各家各户去浇水行清。第四或第五天则要发文书，署上全村男女老少的姓名。

在遂川，塑菩萨是很独特的行业，要家传。若同一庙要塑多尊菩萨就要用同一根木，并按菩萨的地位高低而从头到尾取料。譬如有一位塑主最近要为某众厅雕三尊菩萨。他先塑康老爷，因为他管天上地下的事；再塑杨老爷，因为他只管人畜平安；最后塑钟老爷，因为他只管做好事时菜饭不馊。塑好菩萨后要择吉日开光。道士首先要请神，并掷卜验定神明是否已附到雕像上。神到后方可点睛和告诉他：现在已成为某某祠的某某老爷了，要尽心尽力去做好分内事。据说"菩萨身是塑主给的，所以最听塑主的话"。在渼陂，一个关于康王的故事说到他要人血点睛。

至此可知康王在吉安是最重要的神明，远超过许真君。后者的万寿宫事实上在有关醪村、渼陂、东固、百嘉、遂川和大汾的文章中都曾提及，还有许多有趣的细节。比如在醪村，许真君被形容为一位镇水之神。在百嘉镇他能镇住水中的妖龙。这种神明的功能明显与他跟欲把江西变成大湖的恶龙斗争之故事有关。这无疑解释了为何船主在运载特别贵重的货物时须到鄱阳敬拜许真君。在渼陂村，大旱之年，所有的地方神都会被带到万寿宫去参加道士的道场。在往后连续的三天，他们会被带往不同山上的庙宇，最后一座是水南龙王庙。当地庆祝许真君的寿辰是在八月十五，由绅士名流等支付费用。每隔几年，七十六都的菩萨都会被抬到万寿宫，与许真君一起抬到山上加封，最后以万寿宫中的醮仪结束。

这些细节正好表示，许真君，一如他在江西的南部一样①，并非是像福主康王般作为乡镇村落的重要节庆的焦点，而是相对较迟由商人和士绅传入。如赣州的康王、吉安的康王有血有肉，很喜欢看戏，并和道士有特别的关系。在醪村的元宵节和渼陂的五月初五端午节，都有故事流传说康王自己去邀请戏班来演戏。在横坑，甚至本地有法术的道士在他外出时会请康王替他开门和锁门。在东固，康王有一次在二月初二送神的回程中碰上周年的土地春祭（社神生日），便误以为当地信民特别招待他，于是高兴地保佑他们

---

① 参见罗勇、林晓平主编：《赣南庙会与民俗》，第8～10页。值得注意的是，康王与赣州的喊船仪式有关。

全年风调雨顺。结果明年再途经此地时得不到同样款待，便生气地使那年民不聊生。“正因为康天君有如此威力，所以东固五坊各姓都有他的庙宇，也都有新春迎菩萨进祠堂的习俗。”万安县有一个特别有趣的个案：当地正月十五日，康王会紧随八个戴上二郎神面具的男童之后。明显地，康王掌管着傩的游灯仪式。

在良口，曾就请什么菩萨到为保佑墟市而新建的庙宇展开辩论。最后决定请吃荤的康王，因为当地已有了两位吃素的菩萨。接着是到哪里请的讨论。后来终于决定到附近的涧田村。因为当地的康王不仅灵验，而且还是当地康姓人从老家请来的家神（在渼陂亦用同样的词来形容康王）。事实上康王有五兄弟，老大留在原地，涧田村请去了老二和老三，于是良口决定从涧田请老三。① 良口的龙舟被放于康王庙中，划船者在端午竞渡的前后都要祭拜康王。

四、结语

本论文集的文章给人的印象是，道士在吉安的文化生活中占有重要位置。典型的道士有一雷坛。他参与把灶君的灰烬移到新房子，把按规定不能进入厅房的亡人带入厅房以便进行丧礼。若道士的招牌武器是以碗中的法水——张天师用来淹死十个廷臣的武器——来禁锢妖魔，则他最惹人注目的仪式是封神。本地神明一般叫“老爷”，须定期被抬到山上再开光，或向玉帝述职以便其功德获得确认，并得到晋升的报酬。晋升表现于其辖下兵马数目的增加。这好像是正一道中古老的行为——道士获更多的兵马，从而在道教的科层里得到提升——被转移到神明中间。

不论事实是否如此，天师道明显是本论文集中文章的参考点，而正一道则为它提供一种标准。一方面，有些法术意外的故事极像我们在客家中发现的情况，其中以闾山派为中心，而正一道几乎不被认识②；另一方面，本论

---

① 参见罗勇、林晓平主编：《赣南庙会与民俗》，第 8～10 页，那里亦提及三座康王庙，分别供奉三兄弟。

② 参见罗勇、林晓平主编：《赣南庙会与民俗》，第 37 页，那里提及“在闽西和粤东，天师道是有所存在的，但真正属于这一派的道士不多”。

文集中故事、观念和仪式的复杂性与“客家传统社会丛书”其他卷所记载的情形如此不同，令笔者最为惊讶！这不但与刘劲峰在第8卷《赣南宗族社会与道教文化研究》中所描述的受湖南影响的道教不同，也与笔者在第3卷《赣南地区的庙会与宗族》中所描述的闾山派有所分别。发展出来的是在南宋开始流行的雷法仪式和古老的江西本土文化，其中天师道自然地占有位置。

另一个留给读者印象的是“老爷”所扮演的角色。从他们被供奉于祠堂可知，他们是宗族的保护神。神明与祖先共处祠堂虽然在客家地区也有发现，但都是异例。最常见的是神明从附近的庙宇来到厅堂参与新年的节庆，在本论文集中也可发现。若这发生在客家地区，通常毫无例外是在道教的醮仪下进行。在吉安，最常见的处境似乎是本论文集中一个最重要的节庆——喊船。这在中国南北的其他地方虽然也可找到①，但据笔者所知，在客家地区并无此情况。②

本论文集所描述的两项江西特色均与驱邪有关，即香火龙和可怕的痘花娘娘。据郭赣生谓，若纸扎的或布造的龙碰上香火龙，都要让路，因为后者有驱邪的功能。闹旱灾和虫害的时候都要借助它。在武功山地区，正月十六要设娘娘坛以送走危险的痘花。在白鹭，当孩子患上天花，就会说成是“娘娘显灵”，并需要组织游神队伍以送她到溪边河畔。有趣的是，参与仪式的人都不能打骂狗，更不能吃狗肉，因为狗是被认为是娘娘的舅舅。

简而言之，本论文集事实上与庐陵文化的关系大于客家。在讲述客家的地方都是通过对比。在结束之际，我们可以举出明言二者不同的文章。郭赣生《遂川城厢的婚丧习俗与遗风杂俗》注意到遂川的土著与客家不一样，他们不会举行二次葬。许春华和许文峰在《湘赣边界的土籍与客籍》中说，从饮食、衣着和节庆比较两种文化的不同。在农历年间，土著会唱傩戏、舞香火龙、送船菩萨，其用意是禳祸消灾保太平。许氏注意到道士在喊船仪式中的角色。客家方面，他们组织武术和请采茶戏。立夏时分，土著吃狗肉，客家吃鱼、鸭。中秋，土著烧瓦塔，客家妇女则在园庭中请月姑卜问自己的婚事。

但最重要的分别当然是在经济上和社会上。客家人以棚民身份受雇用，

---

① 据David Holm教授给予笔者的讯息。

② 由喊船在赣州举行（参见121页注①），以及与康王扯上关系可旁证，它不属于客家。赣州是赣南的客家群中的赣文化岛。

有别于土著的山主身份。后来客家人参与狩猎、伐木、造纸、制造染料和茶油，从而脱离移民劳工的标签。对此，谢芳桂的文章《万安良口墟的商贸经济与民俗文化》最有启发。卢姓宗族作为最早到达的，最终只拥有土地所有权（土地的“骨”）而非土地使用权（土地的“皮”）。作为原初的土地拥有者，他们至少可以要求一些象征性的租费。他们拥有重要的宗教特权，如在十二月三十日的墟场庙宇关门权和正月初一的开门权。同日，他们把神明抬到自己的乡村里，支付所需的游神费用，各行各业则会负责往后日子的费用。最后而且最有象征性的是，他们负责组织三年一次的神明向玉皇的保奏。换句话说，通过道士，他们操控了象征性的宇宙世界。

2004 年 9 月 3 日于香港

（谭伟伦译）

渼陂的梁氏宗族与村落文化*

刘宗彬　梁必炫

渼陂村在今江西吉安市青原区文陂乡，距市区 28 公里。旧时为庐陵县纯化乡七十六都。村落大部分建筑坐北朝南，占地面积约 1 平方公里。

渼陂村景色秀美，富水流经文陂的一段叫王江，绕村前北去。河水两岸树林成荫，鹭鸥成群。泸溪水从西南邻乡的泰和县万合发源，涓涓穿过村中心注入王江。溪水流经渼陂的地段叫渼水。渼陂村四周有 28 口水塘环抱，以对应天上的二十八星宿，是梁氏先祖对家族生生不息的期望。渼陂西南 20 公里是紫瑶山，东面 6 公里是芗城山、三尖峰。据《庐陵县志》记载，相传浮丘公与弟子王、郭二真人曾于芗城山修炼升天，故文天祥题额“芗城名山”。而三尖峰酷似笔架，乡人称此峰主一方文风。梁氏宗祠永慕堂楹联对此有描述：“肇基于斯，喜紫瑶左峙，芗城侧横，本地名山钟灵秀；发祥有自，看渼水南来，王江北绕，中流砥柱汇渊源。”

宋高宗绍兴年间，渼陂梁氏基祖梁从绅在此肇基构堂，建村立寨，生息繁衍 800 余年，历传 34 代，生齿日繁，目前在村中居住的有 500 余户，近 2 800人。其中大部分从事农田耕作，另一部分耕商并重，还有一部分从事手工业加工等。

古往今来，梁氏先祖在以封建宗法制度治族方面做得比较成功，建祠堂，修宗谱，订族规，立家训，以此强化族权。以血缘关系为纽带，把一姓一宗的族人凝聚在一起，并以儒学伦理来规范族人言行，使这一家族得到了

---

* 原载刘劲峰、耿艳鹏主编：《吉安市的宗族、经济与文化》（上），第 129～178 页。

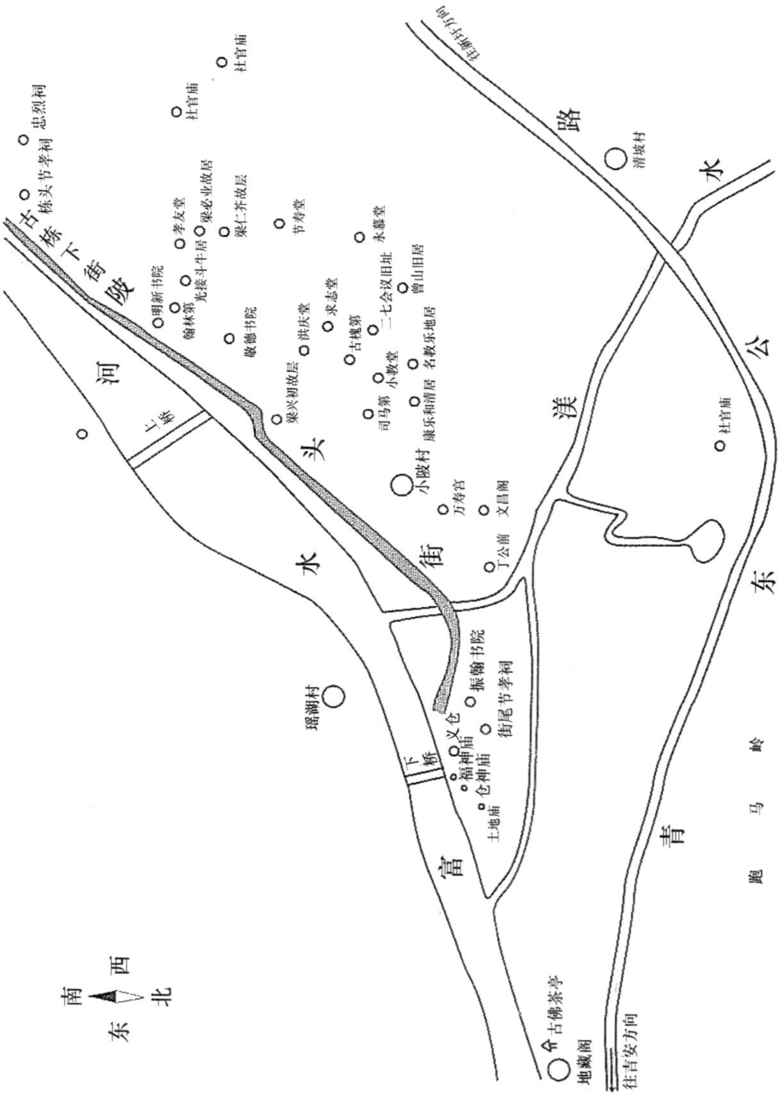
南
东
西
北
地藏阁
古佛茶亭
往吉安方向
富
水
河
上桥
下桥
瑶湖村
土地庙
仓神庙
福神庙
义仓
振翰书院
街尾节孝祠
丁公祠
文昌阁
万寿宫
小陂村
街
头
陂
古
栋
下
街
栋头节孝祠
忠烈祠
杜官庙
杜官庙
明新书院
孝友堂
翰林第
光接斗牛居
梁必业故居
梁仁齐故居
节寿堂
永慕堂
敬德书院
洪庆堂
求志堂
二七会议旧址
曾山旧居
古槐第
梁兴初故居
小教堂
名教乐地居
司马第
康乐和清居
渼
清坡村
往新干方向
东
青
公
路
水
杜官庙
跑
马
岭

图2-1　渼陂村示意图

比较平稳的发展。

渼陂梁氏是一个典型的耕读并重、儒商并重的家族，始终把“耕读为身家之本”作为族训，故历史上仕宦学子比较多，据统计，自开基至清末，族内有业儒者近 300 人，有功名、官职者 130 人，其中文举 2 人，武举 4 人，文庠生 32 人，武庠生 30 人，太学生 93 人。南宋末年，曾被文天祥誉为“文献名宗”“衣冠望族”。

村中古建筑保存完整，95%以上仍有人居住。进入渼陂村，就像进入了一座古村博物馆。祠宇崇峻，民居栉比。序塾相望，亭榭映趣。古街生气，巷道雅致。牌坊俨然，寺庙肃穆。二十世纪三十年代初，毛泽东、朱德、彭德怀、曾山等老一辈无产阶级革命家曾在渼陂从事革命活动，1930 年召开了著名的陂头二七会议。革命年代给渼陂留下了许多旧居旧址，其中十多处被列为省、县（区）级文物保护单位。红色标语遍布村中每个角落，红色歌谣至今仍被老人们传唱。可以说，渼陂村为中国革命做出了重要贡献，村中有 51 位烈士，诞生了 4 位共和国将军，被人们誉为“将军村”。

与渼陂相邻的，有清陂梁氏，为梁龙二郎柳溪派的后裔，于宋庚辰年（?）从甲村迁徙于彼，其宗祠为永春堂。除此之外，还有小陂魏氏，栋下况氏、刘氏、萧氏、梁氏，大贤村黄氏、刘氏，柿林罗氏、袁氏，枫林罗氏，瑶湖萧氏。其中魏氏、况氏、刘氏与梁氏民宅几乎连为一体。这些姓氏的开基历史都比较长，人口却不多，如栋下刘氏历经了几百年生息，至今仅存数户。

旧时，渼陂田产山林遍布全乡。新中国成立后，重新分配土地山林，渼陂成为人多田少地区。田里主要栽种水稻、大豆、番薯、芝麻等。

渼陂因周边村落稠密，又有富水河与赣江相沟通，交通便利，村民自古以来就有重商传统，商贸活动十分活跃，从而使渼陂成为吉安城南面一个重要的商业集散地。传统的经商理念，使渼陂一代又一代人成为富商巨贾；成功的商业经营，让渼陂村矗立起一幢又一幢壮美建筑，在一定程度上保证了渼陂平稳又有秩序的发展。

渼陂村的历史文化遗存丰富，它集宗祠文化、宗教文化、古建筑文化、儒学文化、商贸文化和红色文化于一体，熔“古、绿、红”于一炉，具有很高的旅游观光和地方文化研究的价值，是庐陵文化研究中不可多得的文化瑰宝。

一、渼陂梁氏家族

（一）梁氏的源流及世次分派

据清光绪三十年甲辰（1904）《芗城渼陂梁氏永慕堂宗谱》（以下简称《永慕堂宗谱》）及民国七年（1918）《芗城梁氏四房宗谱》记载，渼陂梁氏世系源流可追溯到梁胜用。梁胜用自江陵徙泰和，居泰和县城东花园梁家巷。配倪氏，生子六，以龙命名，曰龙一郎、龙二郎、龙三郎、龙四郎、龙五郎、龙六郎。龙一郎不传。龙二郎居泰和城东，为泰和梁氏始迁之祖。龙三郎入赘龙泉项氏，龙四郎入赘庐陵甲村竹筱寨胡氏，为庐陵渼陂、印冈梁氏始迁之祖。龙五郎入赘兴国董家洲。龙六郎徙湖南葱旦沟，传十代至梁逢春，回归吉旸（亦作吉阳，为吉安旧城），为庐陵芗城璋塘梁氏始迁之祖。

龙四郎徙居甲村竹筱寨，入赘胡氏后，生子一，曰福五郎。福五郎生子二，曰元一、元二。元二不传。元一生彦浩，彦浩生德克，德克生思杰，思杰生子二，长曰从绅，名文，字仕阶，号严溪；次曰从上，名忠，官至淮安提点，衍为梁氏芗城印冈派。

从绅由甲村竹筱寨徙居今渼陂寨上广田园，开基建宅，遂为渼陂梁氏基祖。据《永慕堂宗谱》载：从绅生于北宋徽宗宣和己亥年（1119）六月初三，“好善乐施，端悫之行，表厥宅里”。配甲村胡氏。卒于宋孝宗淳熙己酉年（1189）三月二十日。葬梁家山天虹灌水形。

梁从绅五世孙梁君庸（1221—1275），名常，号诚斋。《永慕堂宗谱》载：君庸生于南宋宁宗嘉定十四年辛巳（1221）。因治《书经》，补太学生，授江州（今九江市）教授，开渼陂儒学风气。首倡纂修渼陂梁氏宗谱。

梁君庸长孙梁明琳，名朗，号华峰。《永慕堂宗谱》载：明琳生于宋度宗咸淳九年癸酉（1273）十月初七，“卓荦人杰，超出物表，甚能读书而不负庭训”。生子三，长子清甫，分支后建安志堂，传十七世而乏。次子才甫，分支后建严敬堂。三子茂甫，分支后建清隐堂。这就是今天渼陂梁氏族人所说的梁家三大房。由于清甫一支乏传，故现在渼陂梁氏村民均为二、三房的后裔。其中，二房才甫一支人丁较旺，分支派别较多，总人口占全村人口的十之八九，主要居住在永慕堂的东面和北面。

梁才甫生子四，长子存德，为承德堂堂祖。次子存道，未建祠，传八世而乏。三子存芳，为怀德堂堂祖。四子存泰，未建祠，传十四世而乏。所以才甫房内又有“承德”“怀德”两个大房。

梁存德生子四，长子文通，八传而乏。次子文达，为特元堂房祖。文达三传至世信，为孝友堂房祖。三子文英，为崇德堂房祖，十五传而乏。四子文珍，为节寿堂房祖。文珍生子四，曰正宗、正矩、正宠、正蒙，均为节寿堂支组。正宗有祠，名为裕堂。正矩生子四，长子廷试，为六合堂堂祖。三子廷诲，为峻德堂堂祖。正宠生子三，曰廷诚、廷说、廷诤，长子廷诚为思诚堂堂祖。

梁存芳生子三，曰文质、文俊、文礼。长孙名子所，为求志堂房祖。子所三弟名子末，为洪庆堂房祖。

梁世信生子三，均为孝友堂支祖。长子正珪，为一安堂支祖。次子正瑜，为一德堂支祖。三子正琰，为东川堂支祖。正琰生子四，长子廷杰，为缉敬堂支祖。次子廷佇，为一乐堂支祖。

梁子所三传有廷峻、廷岕、廷岩、廷岘、廷峤五兄弟，其中廷岕、廷岩、廷岘为求志堂支祖。

梁廷岘三传至光曙，为启明祠堂祖。光曙三传至丕徵，为徵元堂堂祖。丕徵二传至道伸，为达尊堂堂祖。

梁道伸生子四，曰显哲、显召、显豪、显吟，兄弟四人由儒而商，因商致富，成为陂头街四大商贸巨头，各有商号，分别是“三义”“达亿”“伟顺”“志承”，乡人习惯称为“四大家族”。

达尊堂、文思堂、文明堂、培真堂、时和堂、仁善堂等，都是求志堂的支祠，其中大部分又是“四大家族”的家祠。

梁子末二传，有正珠、正玉、正玺、正璃、正璠五兄弟，为洪庆堂支祖。其中，文郁堂为正珠门下的一个支祠。

大三房中的老三梁茂甫，其后裔繁衍也有几十户，但是这一房的分支别派情况在《永慕堂宗谱》中无记载，其房堂清隐堂早年已毁，现仅存遗址。

（二）族谱的修纂与谱诫

渼陂梁氏谱牒现存两种，一种是泰和梁胜用后裔先后迁徙庐陵纯化各乡各地形成四大房以后的合修谱。其中，龙二郎传十六世，有信可者，于元代初年迁富水河边的娄冈开基（距渼陂 3 公里，今属文陂乡）。渼陂祭祖从绅胞弟忠之后，则有曰惠者，迁到富水河边的印冈开基（距渼陂 2 公里，今属值夏镇）。龙六郎传十九世，有性存者，于明初迁富水河边不远的璋塘开基（距渼陂3公里，今属新墟镇）。由渼陂、娄冈、印冈和璋塘四村梁氏合修的谱便取名《芗城梁氏四房宗谱》。另一种是渼陂村梁氏独立纂修的宗谱，称为《永慕堂宗谱》，族人称之为家谱。

芗城梁氏四房合修谱始修于清顺治十三年（1656），续修于乾隆四十七年（1782），三修于道光七年（1827）。咸丰十年（1860），四房谋划续修，后因前合修谱中，渼陂房基祖前五世的世次名讳，与该房明代家谱不合，渼陂房欲照明代家谱修正，而其他各房不同意，故续修未成，渼陂房转而独自修纂。光绪九年（1883），四房因不忍族谊乖离，再次谋划合修，这次合修非常顺利。至民国七年（1918），四房合谱共经历了五次。《永慕堂宗谱》，据记载肇修于南宋绍兴十六年（1146），胡铨为之序。续修于南宋咸淳十年（1274），安成汶源王鼎翁为之序。三修于明万历七年（1579），陈嘉谟为之序，从绅十四世孙梁正宗作《谱引》。四修于明天启三年（1623），吉水邹元标、曾同亨及邑人曾皋为之序。五修于清咸丰十年（1860）。此后，又有光绪八年（1882）和光绪三十年（1904）的续修。

修谱的时间无定数，时局安定时，常四五十年修纂一次，但如遭遇战乱或水旱灾害，则需百余年才修一次。平时各房都备有数册草谱，若当年房内添男丁，或有嫁娶，一般于第二年春节后的正月，便会择日在本房祠堂内上草谱。男丁上草谱时，先要在祠堂供香敬祖，然后才能上谱，并送上一个上丁红包，备下酒肴，与登草谱者欢饮一堂。

渼陂梁氏一向行礼仪、尚儒学、重教化，祠堂的楹联、民宅的家训、谱中的谱训，字字句句渗透着儒家伦理观念。

所谓谱诫，其实就是族规，亦即宗法，是治家强族的规则。违反诫训，就意味着背叛祖宗。触犯宗族法规，就要受到严厉的惩罚，甚至黜族。因此，谱诫具有强大的威慑力，是族人为人处世的基本准则。它对教化族人，规范族人的行为，端一族之风化，起到非常重要的作用。

南宋咸淳十年（1274），王鼎翁为渼陂梁氏家谱所作序文对宗族“风化”做了很好的论述，序曰：“昔孔子《易翼》于《同人·象》曰：‘君子以类族辨物。’言审异以致同也。于《家人·象》曰：‘风自火出。’言风化自家人出也。故眉山苏氏有得于此，作族谱详其所自出者，同归于一族。族人之同归者，教成于一国。念骨肉，惇孝弟，崇礼义，明嫡庶，正闺阃，尚廉耻，以兹六行而成教于族。族人化则乡人化，乡人化则时雍之风起，于变之俗成，其于同人、家人之义，彰彰明矣。此作谱之大要也。”“兹修谱以正其本支，冀以贻其后。余以贻后莫先端风化之原。身也者，风化之原也。身修则家齐国治，风化彰矣。夫修身之道，以六行为要，为梁之后能慎行以修身，则必书诸谱。曰某人念骨肉之恩，喜相庆，忧相吊，不逐其兄之孤而能恤之也如此。某人惇孝悌之行，不欺孤，不弱寡，不夺其先之赀田也如此。某人守礼义之节，不可讼以伤其本根也如此。某人明嫡庶之分，不以妾加妻也如此。某人谨闺阃之政，不杂声色也如此。某人嚭廉耻之防，不渎货无厌贪饕富贵也如此。是则为善人也，为善族也。道德自此而一，风俗自此而同。”“适贻谱之羞，当为谱之诫也。”可见渼陂梁氏在宋时已很注重谱诫的教育作用。

渼陂梁氏族谱中的训诫是历史的产物。它经过历代人不断补充修改，逐步完善。诫词曰：

> 重赋役。夫赋税为朝廷之重务，王业之根本也。本族户下各有田畴，资给府仰，族属子姓务宜速于完纳，以报国恩，不可荒延。逋负陷及赔□，自干宪典，悔莫能追。
>
> 谨祭祀。夫宗族大事在祭，人子追远报本，莫切于此。本宗子姓同居一处，岁时祭祀，各当致谨，衣冠务宜整肃，蒸尝务宜洁净，庶有以达仁孝诚敬之忱，而祖考来格矣。祠有祭田，耕者及时轮租以供粢盛，不可拖负。祭器有数，及时典守，不可损坏。祭之日不可懈怠急慢，以渎先灵，违者罚之。
>
> 理先茔。夫陵寝所以妥先灵也。先魄安则支裔盛，而世祚昌矣。本宗各房坟茔，旧有界限，年深月久不无昏迷之失，墓石封碑岂无剥裂之虞，各房子孙自宜清理，及时修筑，不可使有淹没颓塌，使祖魄无所依，他人有所据也。吾族子孙各宜念之。
>
> 正伦理。夫宗族之盛，莫要于伦理之正。伦理正则纪纲定，而风化彰矣。本族前辈，闲于内外，谨于名分，故不失为忠厚之族。今为子孙者，各宜饬躬励行，肃内外之防，辨尊卑之分，严臧获之体，修帷薄之行，不可违越统纪，坏乱纲常，有玷清议，慎之戒之。
>
> 择嫁娶。夫人伦莫重于婚姻，婚姻必先于择配。古人妫□之主试，关雎之化，皆原于此。本宗子孙，支裔繁茂，其有婚媾，各宜审择阀

阅，男女择体，务要得宜，不可苟图富贵，致使良贱不分，贻身家之丑也。违者罚之。

安生业。夫人生于世，不可一日而无谋。士农工商勤其事，而所享不穷也。本族生齿日繁，故生业不可不务。士勤于读，农勤于耕，工商者勤于所执。不患不裕，乃用而大乃家也。若夫纵欲败度以坠家声，好勇斗讼以丧家业，此非良善子弟，吾族人所当惩戒。

禁非为。人只为非，以至杀身亡家，皆缘于一念之差。差之毫厘，谬以千里，而至于不可悔。子孙众庶，各宜遵守王法，不可越理，犯分放辟邪侈，暗昧不轨，自干刑宪，以辱宗先，禁之禁之。

息争讼。睦宗和邻，行己立身之度。本族居处蕃盛，子姓相谑，财谷相与，不无言语之伤；田园相连，山泽相近，不无牛羊鹅鸭之犯。但有所争论者质于公堂，听从族长、房长、约正、约副评其曲直，为之开释以全和气，切不可骋其私智，恃其财力，务于求胜。不从族断而越诉衙门，紊乱有司，竟致破家荡产，实为无益。吾族子姓深以此自省，保身保家也。或别姓与本族有争端者，其中亦凭族人解释，亦不可求胜于讼，非惟有累于人，亦且先损于己。抑或别姓越理过分欺凌门户，辱及先祖者，亦只从公扶植纲纪，不得已而伸鸣之可也，其余闲气悉息之。

维义仓。（略）

绵义学。（略）

崇节俭。夫冠婚丧祭，礼之大体，其中不能不设酒席以燕宾欢族。但体贵得中，不宜过甚，称其家之有无可也。近时婚子殡丧，不度家之贫富，但知以酒食相征逐。富者欲省费恐有悭吝之议，勉强从事，动辄有数十金之耗。贫者无所措，恐有贻不及之诮，罄空支持，卒致称贷之累。是后有婚葬者，除本堂祭祀大会之外，欲尽礼设酒者，只及尊长与本房子姓，随时款洽，亦不可繁盛，以滋奢侈之弊。其贫不能举者，当安分守己，但愿子得受室、亲得归土为幸，切不宜无而为有，自取称贷之累。吾族子姓不可谓节俭无益于风教也，宜崇之。

赒空乏。古人邻里乡党有相赒之义，况于族人，与吾有一本之亲，置之而不恤乎？是以大树之下必有枯枝，一族之中岂无空乏，今吾族内有贫困孤独而遭丧变不能给衣衾棺椁，合于公堂，量酌财谷，与之安殡，免致颠连无告，是亦敦本仁亲之一节。抑或有子弟资质明敏，学问可进，但窘于家而不能教，亦合于公堂，酌出资补教之，俾其成才，以光先德可也。此二事止于贫困孤独，而处贫困孤独者，亦不可借此而为无厌之求，以取齐人之羞也，宜度之。

梁氏族人为了不使谱诫成为一纸空文，每遇全族性的祭祀，宣读训诫是祭祀活动中的重要内容之一。从全族子弟中选择资质通敏、声音洪亮者二人，立于祠堂中央，将训诫高声朗诵一遍，使族训内容代代相传，人人恪守。

凡触犯了族规，违背了谱诫条例者，都要受到家法的惩处。旧时，遇到这类事，族长常端坐于宗祠中堂的正中，身边站立着各房长辈，态度十分威严，犯事者则老实地跪在中堂台的阶石碑（俗称杠石）上，听候发落。这块石碑是专为族中违规之人向列祖列宗下跪认罪安置的。在春秋祭祀活动中，无论祠堂中人数再多，也不会有人愿意跪在这块石碑上。其惩处办法，依照犯者的情节而定，除跪阶石、受鞭笞之外，有的还用特制的圆滚石压双腿。情节特别恶劣的，黜族逐村。

组织纂修族谱是一代人光荣而艰巨的任务，几十年一遇，甚至百余年一遇。渼陂梁氏族人把这件涉及全族人的活动作为头等大事，非常谨慎地进行。

修谱之前，先成立谱局。成员由族长及各房、支的头人和族绅组成。谱局分工明确，内设议修、主修、校勘、编次、督修、经理等多个职位。在这些职位中，主修一职最难定夺。其人选仅德高望重还不够，还需要博学多才，组织、协调能力强，善于处理各种关系，化解历史遗留的各种问题。但具备了这些条件的人，又不见得会愿意接受此重任。民间有个说法，认为修谱惹煞气，首当其冲的便是主修。有的人甚至说得活灵活现，说某次修谱，谱一修完，主修就倒在谱局里，撒手而去。人们由此产生畏惧，常不愿接受主修这个职务。

主修一经确定，承修者有了头，便可以进局开始工作。进入谱局，必须先做好两件事：第一，谱局（永慕堂）重地，历来女人不得入内，故必须事先在大门口张贴告示——“女性止步”；第二，谱局除须张贴修谱对联外，还要安祖宗神位。神位上书写“历代高曾祖考妣列列老大孺人尊神位”，置于祭台上，并燃香，放鞭炮，族长、主修率谱局全体人员跪拜。此后每天早香晚灯，供奉斋饭，并在饭面上燃烧纸钱，往祠堂外抛撒斋饭。这既有供奉祖宗，同时也有打发孤魂野鬼的意思。

修谱讲究谱式，宋代以来民间主要流行两种谱式，一为欧式，一为苏式。它们是由欧阳修和苏洵分别创立的世系编排方式。欧式采用世系吊线排列（细分又有硬吊和软吊两种），而苏式则采用世系分行排列（一世一行）。渼陂梁氏尊崇欧阳氏，故族谱历来都是采用欧式硬吊五世编排法。

谱局撰稿人员的初期工作是整理各房派若干年来的草谱内容，做好誊稿工作。在誊稿过程中，必须要有各房各支的人员参与，审查核实草谱，确保无误。

上草谱是一件非常严肃的事，各房每年都要定期进行这项工作，或生或殁、或嫁或娶、或仕宦、或功名，房中都要如实记录，且不允许任何人私自涂改。草谱由族长保管，平日不轻易示人，以确保它的安全及原始状态，为以后纂修宗谱提供最真实的材料。故每一次修谱结束，也就是新一轮的草谱开始。

上谱的原则性很强，写法也有规定。在旧时代，同姓通婚者不能上谱；非渼陂血缘的梁氏也不能上谱；私生子不能上谱；外姓女子嫁入梁家后，若丈夫早逝，妻子能从一而终，严守贞节，则族谱须大力表彰；若寡妇坚持改嫁，则不仅不能入谱，且须明令其改嫁只许嫁到外村，不允许与本村、本姓的男性再结连理。上谱时，这一类问题都先由各房把关，谱局誊稿时再把关，凡违背祖训、有辱祖宗、伤风败俗者，一律拒之谱外，以示惩罚。

渼陂梁氏中还有一批历史上遗留下来的所谓“另类”。梁氏宗族中一些有钱有势的大户人家，经常到市场上去购买一些家庭贫困，但身体强壮、头脑灵活的人做男仆。高兴时，会赐他们姓梁，并分给他们一些茅草房，让他们在村子里成家立业，生儿育女。其子女长大后也理所当然地成为这些大户人家的永久性奴仆。这类非梁氏血统的梁姓人，就是村中的所谓“另类”。过去，这类人的社会地位很低，他们不但要完成主人分配的各项农活、家务活，而且村里有什么红白喜事，所有的脏活、累活、“下贱”活，如抬轿、吹喇叭、埋葬、帮厨等都理所当然地要承担。他们的身份要世代承袭，不得改变。在男女婚配方面，他们所生的女儿，在得到主人允许的情况下，可以嫁给普通人家为妻，而所生儿子则只能与同样身份的人结亲。这就是渼陂人常说的：“奴才不能做官人，但奴婢可以做夫人。”渼陂梁氏中的“另类”现象，在文陂方圆几十里内的各个大村落都存在过。古往今来，这些梁氏“另类”也会修谱，但一定要等梁氏族谱印刷完毕后，他们才能开始着手工作，且编撰、印刷的地点只能选在永慕堂的大鼓底下，以示其地位卑贱。新中国成立后，这类人的政治地位和婚姻状况已得到了极大的改善，从社会层面看，他们和普通人已经没有两样。但在梁氏家族内部，他们的地位依然很低，一是在族内没有任何发言权；二是族中祭祀活动，他们无权参与，甚至梁氏新修族谱，也不会有他们的份。

坐局人员对全族草谱进行精心细致的校阅、整理，誊出正稿后，便可以择定黄道吉日举行隆重的开刷仪式。其间，谱匠要在香案上先立一个祖师神位。（神位正中写上“九天开化司禄梓潼文昌帝君神位”，两边立对联：“妙刻书文昌杰世，精修族谱仿欧苏。”）神位前放一个米斗，米斗上置文房四宝和剪刀、尺。接着燃香点烛，启师请神。请完神，谱匠师傅手提公鸡作赞一首：“天开文运大吉昌，今日开刷正相当。手提金鸡似凤凰，手抓粮米散五方。一愿东君生贵子，二愿东君联科甲，三愿东君三元及第，四愿东君四季发达，五愿东君五子登科，六愿东君六国丰祥，七愿东君七姐八妹，八愿东君房华发达，九愿东君天久地长，十愿东君十全十足。”赞毕，提鸡三揖，杀鸡后，把血滴在神位上，并抛撒茶叶、米治煞。三跪九拜，以祈求开刷顺利，诸事平安。最后，由谱匠中地位最高的人亲自动手，刷出一张祖宗源流图，洒上鸡血，贴挂在祖宗牌前，予以祭祀。至此，开刷仪式结束。

印刷时，先印若干份清样，发给各房、各支去校对。待校对者首肯后，方正式启印。所印份数早在筹款时已被确定下来，故印时既不能多一份，也不能少一份。待印刷装帧完毕，贴上谱名，印上受领字号，便可等待散谱。

散谱也要选择黄道吉日，举行隆重的散谱仪式。其仪式程序：先在族长、主修的带领下集体拜谱。拜谱结束后，由全族中辈分最小的男童（俗称“倒族长”），手捧新谱，在乐队及众人的簇拥下绕村巡游一周，以向全族人宣告梁氏重修谱牒大功告成。

游谱结束，各房祠敲锣打鼓，成群结队地来到大宗祠接谱。族长和主修按世次大小、受领谱号顺序，依序散发。

新谱散完，接着祭祖，以告慰先祖在天之灵。祭祖仪式在永慕堂举行，中心设主祭案，主祭案正中设基祖神位。基祖两边，依照左昭右穆的顺序，分别设两个世祖案，案上安放世祖神位。各摆上香炉、烛台、酒杯，还插上几根芦苇。传说基祖从绅迁居渼陂前，此地原是一片荒滩，但因其地处河边，有渼水滋养，加上土地肥沃，故遍地长满了芦苇，人称芦苇洲。后经梁氏列祖列宗八百余年的垦殖，如今的芦苇洲再也见不到芦苇了。为怀念列祖列宗的功德，渼陂梁氏每次祭祖都要在祖宗灵位牌旁插上几根芦苇。

祭祖，俗称做祭。做祭的主、配角，除了主修之外，还有主祭一名（族长）、爵童二名（分立于祭台两侧）、礼生一名。祭祀之前，参祭者先要在祭堂一侧沐浴更衣。那里事先准备了若干盆清水、毛巾。淋浴后，族长、主修等人相对作揖打拱，上香跪拜。主修三跪九叩后，手举第三杯酒念祭文，献三牲。现场杀猪祭献。献三牲后，宣读昭穆（梁氏族大人多，谱中作古的人名也多，靠一两个人宣读时间太长，因而除主修外，其余各房均要选派数人，一同跪读）。宣读时间大约为一个时辰。在念祭文、读昭穆过程中，有小乐伴奏。宣读完毕，主祭、主修领头再拜。是时，鼓乐齐鸣，所有参祭者跪下共同祭拜。

祭祖仪式的最后一个活动是散钱，即焚烧冥钱。待冥钱焚化，祭祀仪式结束。

族规要求，散谱之日，凡梁门女婿要给自己丈人家的先祖敬送灵屋、纸箱、冥钱，以示尽孝。礼品先集中在各房祠敬奉，然后统一在总祠外焚化。东道主将回敬一个红包，表示答谢。散谱这一天，渼陂每户都有客，各房祠堂内大摆宴席，款待本房女婿。

（三）祭祖活动

渼陂梁氏从宗祠永慕堂到各个房祠，均设有祭会田产，其中永慕堂最丰。每年七、八月，即夏收过后，族中秋季祭祖活动便一个接一个，不停地进行。

渼陂的祭祖主要有两种形式，一种是专门的祭宗拜祖，一种是节庆或敬神时供奉列祖列宗。

以祭祖为主的活动又有墓祭和祠祭两种。墓祭是指春冬两季的上祖坟祭祀，乡人统称为挂纸，也叫清明挂纸、冬至培地。纸，指加工后的冥钱；地，指坟墓。挂纸要集中在清明前几日完成，绝不能拖到清明节之后。而培地则从冬至开始，可一直延续到年底。这就是当地人所称的："清明挂在前，冬至挂到年。"祠祭，则指在祠堂中设坛祭祀祖先，一般在秋季进行。本文主要介绍这两种祭祖的活动情况：

每当清明节临近，总祠永慕堂及各个房派支系一般都会错开时间安排墓祭（挂纸），并在清明节前三日墓祭完毕。清明之后墓祭，会被讥笑对祖宗不敬，对子孙后代也不利。

永慕堂挂纸，主要对象是基祖、世祖及各房派支祖，而各家各户挂纸，则主要祭祀曾祖及祖、父。参与基祖墓祭祀的人员控制得较严，一般只由族长、各房房长、各支派代表及永慕堂管首等人参加。这些人集中起来超过百人。出发前，族中先备好香烛、纸钱、三牲、供果和一面铜锣。到达祖坟后，先在墓碑前鸣锣三阵，以唤醒祖宗阴灵，接受子孙祭拜和供奉。然后点燃红烛、信香，并用三支未点燃的信香挂上三张纸钱分别插在坟头上。若祖墓边上有他人的坟墓相邻，也要插些香、纸，以示友爱。接着焚化一沓纸钱，纸钱用皂纸裁成 16 开大小，用半圆形铁凿凿出一行行的钱孔。当地习俗，所凿行数，三行为神钱，四行为阴钱。而每行的凿孔则必须为单数。最后鸣爆竹，跪拜，奠酒三杯，并用酒将已火化的纸钱圈上三圈，以防别的阴人哄抢供品、冒领纸钱。

祭完基祖墓，大家分成几路，分别去祭祀其他的世祖。全部祭扫完毕，大家集中到永慕堂宴饮一餐。

冬至祭祀，自冬至日开始，一直要延续到年底。祭祀的形式和内容与春祭基本相同，不同的是祭祀时要用锹铲给坟墓添上新土，即所谓的“培地”（坟墓经一年的风雨冲刷，坟土难免流失）。如有必要，还要组织维修根基。

祠祭一般在七、八月之间于宗祠内进行。是时，要设祭案，摆灵牌，举行祭祀。仪式程序与散谱基本相同。

二、渼陂村的古代建筑

渼陂现存的古旧建筑有近 400 座，其中民宅约 370 座，祠堂 10 余座，书院、学馆 6 座，门楼牌坊 5 座，此外还有庙宇等其他建筑多座。在这些古旧建筑中，时代最早的为明代，但数量很少，其余以清中叶到民国时期的建筑为多。

（一）祠堂建筑

梁氏宗祠永慕堂。据族谱记载，该祠始建于宋初，元季毁于兵燹。明正德十四年（1519）重建，崇祯四年（1631）重修。清乾隆十六年（1751）再修。同治年间开始扩建，现建筑为光绪十一年（1885）至民国四年（1915）重修。二层三进砖木结构，长 62 米，宽 20 米，面积 1 200 余平方米。祠堂有石柱 34 根，木柱 24 根。石柱上镌刻楹联 20 副。大门有石狮一对、石鼓一对，上悬“梁氏宗祠”石刻匾牌。三开间门廊，上有高耸的牌楼，如意斗拱承托起翘角飞檐，顶覆琉璃瓦。中堂檐步有四角亭抱厦，伸入天井间。上堂檐步亦有高耸的牌楼，立有“对越在天”匾额。“对越在天”取自《诗·周颂·清庙》首章：“於穆清庙，肃雍显相。济济多士，秉文之德。对越在天，骏奔走在庙。不显不承，无射于人斯。”对越，即对扬。对是报答，扬是宣扬。在天，指祖先在天之灵。中后栋有石刻围栏，左侧有厨室。中栋两侧墙壁上书写“忠信笃敬”四个一丈见方的大字。“永慕堂”巨匾悬在中堂正中，中堂壁板后面书写朱柏庐先生家训格言。堂内装饰华丽，工艺精湛。从前门廊至最后的寝堂祖龛，不论砖、石、木，皆重工装饰。抱鼓、蹲狮、门簪、柱础，通一色红石，有浮雕，有线雕。仰顶有天花藻井，井底彩绘，祠内有七幅彩绘，一幅在中堂的后部，取名《当朝一品》，画面为孔雀开屏。一幅在中堂的前部，取名《太师少保图》，画面为一对大小狮子相戏。此外还有中门藻井画《鲤鱼跳龙门》，西门藻井画《梧高集凤》，东门藻井画《松鹤遐龄》，二进宝壁藻井画《八骏图》及寝厅藻井画《官上加冠》。各类槅扇门窗上，也满布精致的透雕、浮雕及描金。

宗祠以“永慕”命名，对此，明嘉靖间广东高州府同知罗春曾有一段详细的说明。按，罗春为本县纯化乡凤洲（今新墟镇凤丘）人，致政后，于嘉靖十年（1531）春作客于渼陂，渼陂梁氏族老请为宗祠垂记，为之作《永慕堂记》。文中，罗春写道：“人子孰不慕其亲哉，孰不慕其祖考哉？然而思慕之情，恳切于纯一无伪之时，而不能不懈于因物有迁之后，虽有所慕，而不能永也。夫惟天下之大孝，为能终日慕之而不忘，身慕之而不忘者，永慕也。”“如是，则子孙之瞻斯堂也，无时而不慕，而祖考之灵萃斯堂也，无时而不享，殆将受福衮衮，佑启后人而成天下之大孝者，岂不于斯堂而有兴哉！舍此而外，慕则非名堂之意矣。”永慕堂内外共有楹联二十五副，其中以“永慕”二字作嵌联者共十八副。东侧门有匾额“出则悌”，联曰“出入公卿事，悌须敬让先”；西侧门有匾额“入则孝”，联曰“入室怀前烈，孝亲起后贤”。1930年，该堂辟为红四军总部，至今保存完好。

（二）书院、学舍

1．新书院

由梁氏四大家族中的文明堂创建，原设在堂祠内。堂祠毁后，移至铜窝庵右侧，与寺庙相依。现已毁。

2. 养源书院

院址在铜窝庵附近。清末状元刘绎于光绪元年（1875）任白鹭洲书院山长时曾作《渼陂养源书院记》，详叙其事。记云："庐陵淳化乡七十六都有渼陂，为梁氏所居。其地故有兰若，建阁其上，据一方之胜，所谓地藏阁。故侯于公记之者是也。梁氏于前明时增建庵于其右，后人又辟精舍为读书之所。于记所称文人学士相与肄业其间，而禅宫即学宫者，盖指此。""嘉庆间，阁毁于火，则梵刹与书舍均为荒址。同治初，远近学者慨然有兴复之志，于是梁君佐汤偕其侄诏昌、泳昌捐资重建。经始乙丑（1865）之冬，期年而落成，基循其旧，而制从其宜，爰正书院之名。由是鼓箧逊业者祁祁而集，直将易梵呗而为弦诵矣。孝廉鼎铭谒余于鹭院，属为记之。"现书院已毁，遗址尚存。

3. 敬德书院

原为文思堂家祠，由梁氏四大家族中的显召家族于清中叶所建。后增设书院。为二进砖木结构，占地约340平方米。分前院、小院及上、下堂，两堂之间有凹字形天井。1930年，曾为苏维埃政府总工会办公处，现保存完好。

4. 正气书馆

为节寿堂所办蒙馆，址于节寿堂后的增建部分。馆门面东，门两侧有对联："立正是根基首重蒙童□□，□□气磅礴预为豪杰造成。"1930年前后，曾在此设立列宁小学。

5. 明新书院

为梁氏四大家族中的显召家族所建。始建于清代中晚期，为五柱三间砖木结构，占地235平方米。大门匾额有"明新书院"四字。其主体建筑与民居差别不大，所不同的是，主体建筑之外，还有学舍等附属建筑。小院前照壁有嵌字联："明月宫中欣攀桂子，新春雨后好看杏花。"

6. 孝友堂私塾

建于孝友堂南侧，为三开间两层建筑。书塾大门朝南，门额石刻"家学渊源"四字，是渼陂今存书院中最完整的一座。孝友堂内读书人甚多，清末翰林院检讨梁家璋即出于此堂。

7. 振翰学舍

为显哲家族所建。始建于清咸丰二年（1852），砖、木、瓦结构，占地

380 平方米。大门匾额有“振翰学舍”四字。学舍结构与民宅相同，除明间后金柱和宝壁四柱落地外，余均以墙代柱。后墙于明间一侧辟后门，出后门可见西、北面有平面呈曲尺状的双层学舍。

8. 渼陂书舍

在地藏阁和铜窝庵之中。今建筑已毁，只剩下“渼陂书舍”石刻匾额一方。书舍由梁鸿魁、梁振魁兄弟俩于清光绪十七年（1891）出资建造。

（三）其他建筑

1. 万寿宫

位于陂头街中段西侧。建于清乾隆后期。占地 1 119 平方米，三进砖木结构。它是江西乡村万寿宫建筑中规模最大的一座。宫前有 242 平方米的园墙，墙体中镶有清嘉庆四年（1799）“建造园墙乐输鸿榜”碑刻一方。临街建“万寿宫”牌坊。墙的左右侧皆为拱门，上书“天不夜”“月常明”。宫殿中大门上悬挂“王江铁柱”匾牌一方。

万寿宫的布局很有特色，进入大门的第一进是翘角飞檐、雕龙画凤的大戏台（这种布局在其他万寿宫中少见），走过戏台，登上二级台阶，便是二进忠孝堂，“忠孝神仙”四个大字分别书在宫墙之上。二进与三进之间用天井、青石栏杆隔开，使三进成为相对独立的祭祀场所。1930 年，万寿宫成为赣西南苏维埃政府、江西苏维埃政府所在地。1987 年被拆毁，现仅存门坊及部分园墙墙体。

2. 义仓

位于街尾。建于清光绪四年（1878），为庐陵纯化乡七十六都慈善建筑。四进砖木结构，占地面积 744 平方米。凹式门，红石框。上、下堂均为三开间，明间较次间宽。里面以墙代柱，室内平铺青砖。建筑风格古朴，不事雕饰。所有梁枋均为月梁式，无雕饰。第四进为四大粮仓。第二进为崇义堂，墙上大书“忠孝廉义”四个 3 米见方的大字。1930 年，曾辟为列宁小学。

3. 地藏阁

位于渼陂村东北面，王江西岸。原为明万历年间所建的铜窝庵，此地为富水经渼陂村下游转弯回旋处，为村子出水口，故名铜窝。由于该处地形似锁，村民认为有了它就能锁住如流的财源，故为渼陂风水中的一大关键。后来在铜窝庵的基础上逐渐扩充为寺庙，并增建了地藏阁。因地藏的名气大，于是整个寺院便统称为地藏阁。梁风冈所作《渼陂村图记》称：“（地藏阁）

后为观音堂。庵凡三进，中为玄帝殿，后为弥勒佛龛。明末太仆卿曾畲农先生为之记。其后栋及围墙则由余先祖于光绪戊戌捐资重修。阁则由余先祖、四先祖及从祖发煌公捐资合建，又名养源书院。清殿书刘詹岩先生所撰题记。观音堂由余从曾祖佐汤公捐资独建。渼陂书舍出其后裔鸿魁偕弟振魁于光绪辛卯建。”

现存阁楼高 12 米，占地 90 平方米，为三开间的双层重檐歇山式砖木结构，底层以墙代柱，楼层作五柱三间，有挑出的平座。双层皆出檐，四角起翘，檐口有弧线，翘角有吻饰。内存直棂式槅扇，月梁式阑额的两端辅以透雕雀替。

4. 福神庙

在义仓左侧，靠近严陂潭，故又名严陂庙（已毁）。其右边有仓神庙、关帝庙。三庙与义仓、急公所组成一个完整的建筑群。三庙之间有两个配以牌坊式院门的小院，前院门额为“文运初开”，后院门额为“至光至大”。院后面为土地庙。

5. 忠烈祠

位于栋头街东。由栋头梁、刘、萧三姓合建，祠为二进三开间，比较低矮。祠内供奉康王菩萨。康王是传说中的将军，非常骁勇，乡民很敬奉他，说他很灵。

6. 小教堂

位于司马第西侧，为清末建筑，高 7.6 米，占地 48 平方米。教堂门面、窗及堂内为欧式结构，拱形门，拱形窗，门楣以上有多层图案装饰。整座建筑为中西结合的产物，它既有层檐和欧式的尖状屋顶，东面又有中国式的吊楼，供修女休闲用。村人叫它小洋屋。

三、渼陂村的传统经济

渼陂地处吉泰盆地，土地肥沃，水资源丰富，在经济发展上有得天独厚的地理优势。经过几百年的历史文化积淀，聪明、勤劳的渼陂人以善经营、多巨贾而闻名，在方圆百里内首屈一指。经济的长久繁荣，为渼陂梁氏家族的不断发展壮大提供了坚实的基础。

（一）繁华的陂头街

相传陂头墟最早在栋头，名叫栋头街。宋元之际，渼陂周边村落稠集，人口猛增，栋头墟市渐渐形成。但这一段古街，靠河边现仅剩残址，南面尚有几个店铺，其中以“鸿盛和商号粮食漕房”保留较为完整。

今天我们所能见到的陂头街紧靠着栋头街，它呈弯弯曲曲的带状，全长900多米。这条街道是分几个时期陆续建造起来的。其中较早建造的是从大码头到梁必业将军土改时所分房屋之间的一段街道，长约200米，街上共有店铺20～30家。在这些店铺中，除一家为泰和梅冈王氏所建外，其他均为梁氏所建。至明代中后期，由于陂头地理位置优越（它地处庐、吉、泰三地的交汇点上，又是兴国、东固一带通往吉安府的交通要口，凡过往商客都会在陂头驻足），墟市经济迅速发展，于是，从第一段街道延伸到老邮电所的新街自然形成。该段街道长约300米，街上有粮油、药材、棉纱、布匹、印染、竹木、金银、铁器、南北杂货、面点茶楼等店铺近百家。清中叶以后，陂头街实际已成为方圆百里内集市贸易的中心，赴墟人口大幅增加，于是，由新街延伸到严陂潭的第三段街道应运而生，时称“街尾”。

古街百余店铺的名称和主人，现难以一一考查。清嘉庆四年（1799）春，万寿宫建园墙时，街上曾有几十家店老板慷慨捐助，这些名字都一一篆刻在万寿宫建园墙石碑上（见本篇附录）。从碑中留下的一百个“乐输鸿名”中，我们可以看到当年的主要店铺商号共有35家。而一百年以后的民国初年，渼陂街上的店铺，有名称可考的已达到108家，其店号及经营项目依次为：

表2-2 渼陂街道店铺

街道南侧				街道北侧			
序号	店号	经营项目	店主	序号	店号	经营项目	店主
1	同和福饭店	餐饮、住宿	梁昌桂	2	长安饭店	餐饮、住宿	梁必仪
3	平香木器店	木器加工、销售	平香	4	必哲居杂货店	南北杂货、副食品	
5	仁祥米店	粮食加工、销售		6	昌茂居杂货店	南北杂货、副食品	
7	仁隆杂货店	南北杂货、副食品		8	钢火铁器店	铁制品	
9	大道槽坊	粮食营销、加工		10	肖玉和槽坊	粮食营销、加工	萧玉和
11	仁念居杂货店	粮食营销、加工		12	纸扎店	纸工艺品	
13	美孚杂货店	油盐、南北杂货		14	大和槽坊	粮食经营、加工	
15	茶馆	茶座、小吃		16	鸦片烟馆	鸦片	
17	家福杂货店	南北杂货、副食品	梁家福	18	染坊	土布印染	

续前表

街道南侧				街道北侧			
序号	店号	经营项目	店主	序号	店号	经营项目	店主
19	福生药店	中药材		20	梁源盛布店	棉布、洋纱	梁源盛
21	△△杂货店	杂货、大米		22	△△杂货店	油盐、杂货、布匹	
23	土布合作社	棉布、洋纱		24	裕祥生杂货店	南北杂货、副食品	
25	消费合作社	生产、生活用品		26	染坊	土布印染	
27	△△杂货店	油盐、南北杂货		28	兴昌爆竹店	爆竹生产与营销	
29	怡生春药店	中药材		30	六俚金银店	金银装饰品加工	刘六俚
31	△△药店	中药材		32	永福和布店	洋纱、布匹	
33	达生槽坊	布匹、粮食营销		34	春记磨坊	米面加工	
35	邮政所			36	万仁药店	中药材	
37	铁匠铺			38	源和洋货店	洋纱、洋布、煤油	郭源和
39	志织粮油店	粮食、食油		40	广福茂洋货店	洋纱、洋布、煤油	
41	怡生春药店①	中药材		42	德盛园药店	中药材	黄德盛
43	伟顺槽坊	粮食加工、酿酒		44	宗和祥爆竹店	爆竹生产、营销	
45	吉顺和槽坊	粮食、杂货营销		46	福海杂货店	棉纱、南北杂货	
47	纸扎店	纸工艺品	肖耀顺	48	春财药店	中药材	
49	振兴金银店	金银器加工、兑换		50	梁同济药店	中药材	
51	源泰生药店	中药材		52	曾和记肉案	猪、牛肉	
53	保康药店	中药材		54	惠记槽坊	粮食加工兼酒楼	
55	济美杂货	烟酒、南北杂货		56	金昌茶馆	茶座、面点、小炒	
57	开源药店	中药材		58	正记杂货	南北杂货、副食品	
59	苏洋广货店	苏杭丝绸、洋布		60	茶馆	茶座、面点	
61	缝衣店	衣服裁剪		62	茶馆	茶座、面点	
63	春生药店	中药材		64	伞店	纸伞制作、销售	
65	合兴槽坊	粮食加工、生猪屠宰		66	茶馆	茶座、面点	
67	民生药店	中药材		68	小百货店	日用小百货	
69	△△茶楼	茶座、面点、小炒		70	洪生布店	布匹、南北杂货	袁洪生
71	汉斌理发店		胡汉斌	72	肉案	生猪屠宰、销售	
73	小百货店	日用小百货		74	进亿槽坊	粮食加工、销售	
75	三德全茶馆	茶座、面点、小炒		76	聚泰杂货店	南北杂货、副食品	
77	烟店	香烟、黄烟丝		78	同亿槽坊	粮食加工、酿酒	
79	和祥杂货店	南北杂货、副食品	梁和祥	80	万春药店	中药材	
81	烟酒百货店	烟酒、小百货	袁钦忠	82	金昌茶馆	茶座、面点、小炒	
83	陶瓷店	陶瓷用品		84	粉坊	米面制品兼肉案	
85	△△药店	西药		86	海泉金银店	金银器加工、兑换	

① 编者注：表中第 29 号与第 41 号皆有“怡生春药店”，原文如此。

续前表

街道南侧				街道北侧			
序号	店号	经营项目	店主	序号	店号	经营项目	店主
87	聚泰杂货店①	南北杂货、副食品		88	锡店	锡器加工、销售	刘青三
89	锦泰布店	布匹、纱、南北杂货		90	洪顺客栈	住宿兼销粮油日杂	
91	理发店			92	永吉槽坊	粮食加工、销售	
93	竹器店	竹制品兼副食品		94	棺材店	棺木制作、销售	
95	谦和杂货店	南北杂货、副食品		96	米店	米面销售	
97	生昌六号	粮食购销		98	梁仁△号		
99	当铺			100	一枝春面馆	面点	
101	染坊	土布印染		102	纸扎店	纸工艺品	
103	仁荣缝衣店	衣服裁剪		104	△△爆竹店	爆竹制作、销售	
105	合记爆竹店	爆竹制作、销售		106	吉泰和米店	粮食加工、销售	
107	竹器店	竹制品制作、销售		108	木器店	木器制作、销售	

街市的拓展，使四方商贾纷至沓来，给古村注入了新的生活理念，渼陂族人逐渐从农田中摆脱出来，由耕读生活转向耕商、商儒生活，设店开铺，长途贩运，手工业制造，农副产品加工，成为渼陂人经商的主要内容。

清代中期以后，渼陂的商业贸易进入鼎盛时期，一大批富商巨贾涌现，他们不仅拓宽了陂头街市，而且还把目光放在了府城、省城及国内其他大都市，其中，近者有吉安、赣州、南昌，远者则有武汉、苏州、广州。在以上这些地方都设有渼陂梁氏人开的商号。今天陂头古街的规模，是渼陂商贸繁荣的历史见证。街市大致为东西向，依河岸微曲形状而建，街宽约 5 米，街中心铺上青石板，两侧全用鹅卵石铺满，不见泥土。两面店铺有下水明沟，北侧店铺后门临河，便于货船停靠。河边有大小码头 18 处，从码头上岸后，货物可直接进入巷道。码头不仅是商品来往的交接地，也是村民进出的交通要道。今天，这些码头仍然横卧在渼水河边，成为昔日帆去舟来、货运繁忙的历史见证。

（二）四大家族

清咸丰时期，梁道伸的四个儿子像四条蛟龙，遨游在广阔的商海之中，对渼陂工商经济的发展起到了推波助澜的作用。他们被后人称为梁氏家族中的四大名商。这四人分别为：梁显哲（1801—1877），名舜昌，字濬文，号

① 编者注：表中第 76 号与第 87 号皆有“聚泰杂货店”，原文如此。

虞廷，太学生，邑文庠生，副贡，癸酉科钦赐举人；梁显召（1810—1868），名诏昌，字钦文，号金门，太学生，敕封儒林郎，直隶州州同；梁显豪（1816—1863），名英昌，字伟文，号俊卿，太学生，贡生；梁显吟（1818—1891），名咏昌，字赋文，号赓臣，太学生。

显哲四兄弟由儒而商，成为陂头商贸巨头，渼陂人习惯称之为四大家族。所谓四大家族，是因为四兄弟各有自己的商号；各子孙皆能承父祖业，并有发展；各有经营特色；各在村中出资捐款做公益事。显哲的商号是“三义”，显召的商号是“达亿”，显豪的商号是“伟顺”，显吟的商号是“志承”。四族不仅在渼陂、吉安、南昌有店铺，而且还在江、浙、粤、沪、湘等省开有分号，是清代后期商界江右帮中有影响的一支力量。

在陂头街130～140家店铺中，四大家族占据了一大半。除药材是由樟树老板经营外，其他的商贸流通都控制在四大家族的手中。四大家族充分利用富水、赣水的便利，组织船队，本地货出，外地货进，长途贩运，行走于湘、鄂、浙、沪之间。每次航运，几十只船满载粮食、土产运往省外，再带回洋纱布匹、南北杂货。特别是每到九、十月份，四大家族几乎将渼陂方圆几十里之内农民生产的粮食收购一空，甚至对渼陂村各个会社收下的租谷、义仓的储粮，也会采用或借或买的方法，千方百计地弄到手，以运销外地。销售所得资金，则全部用于收买洋纱、棉花、布匹、杂货，于年前运返吉安。据说，以前官府在余家河设厘金卡，专门征收过往船只的税金（相当于当今的关税）。他们年复一年地雇船长途贩运，对关卡的运行情况了如指掌，知道腊月二十四之后，余家河厘金卡便会关闭。四大家族就抓住这个时机，赶在厘金卡歇业期间日夜航行，如此算下来，四五十只船每年都能省下一笔不少的税钱。船到陂头后，就停靠在从栋头街四家店到街尾下木桥的码头边。届时，富水南岸黑压压的一大片，全都是为四大商号运货的船只（旧时，渼陂有专门依靠行船维持生计的，他们以船为家，《渼陂类联》中的“舟居”便反映了这一历史）。渼陂的船都是运货的商船，所以船一靠岸，码头上就忙碌起来，卸货力夫川流如梭（卸一包洋纱可得10个铜板，卸一袋杂货可得8个铜板），一直要忙到大年三十。初一停卸一天，年初二又开始卸货，要一直忙到元宵过后才能卸完。

第二年，一般市面上货源空缺，而四大商号货物却储备丰实，应有尽有。所以，吉安、赣州等地的客商纷纷云集陂头进货，货价亦随之抬高。但尽管价高，由于此时外地已经缺货，客商也得购买。四大商号就靠着资金雄厚，长年贩运，送出去的是粮食、土产，换进来的不仅有洋纱、洋布，还有苏杭广货、南北海鲜。他们货源广，品类全，经营方式灵活，服务周到，从而吸引了四面八方的客商，使陂头街成为商品集散基地，并由此大大激活了渼陂乃至七十六都农村商业经济的发展。如此，几百年来一直奉“耕读为身家之本”的梁氏族众，这时都纷纷弃耕从商，使偌大的村族只留下了“三头半牛”耕作。即使无力开店经商的，也在河边码头上搞起了装卸（认为其收入要比种田强）。四大家族的店主也十分关照自己的族亲。据说，四大商号的货船，途中无论有多大的生意也不做，一定要拉到陂头才成交，目的就是要让本族装卸工能多挣点力资。

不久，陂头街上又开辟出了夜市。一到夜晚，各店铺门前灯笼高悬，街后路灯通明。尤其逢到节日，万寿宫内外人如潮涌，戏台上一年到头有戏唱（正月唱开墟戏，接着唱元宵戏，三月唱赵公戏，五月唱龙船戏，七月唱中元戏，八月唱万寿戏、朝贺戏，九月唱九皇戏，十月唱玉郎戏，十二月唱牌行戏。常年来陂头演戏的有五个班子，近者有吉安班、三角班，远者有湖南莫脑班。戏班一来，少则唱五六天，多则唱十天半个月）。是时宫内大戏台上唱大戏，中堂设赌场，宫外摆小吃摊点。街市商店，顾客满门，茶楼满座，鸦片馆烟雾缭绕。陂头街因此也有了“小南京”的美誉。

随着经济的膨胀，四大家族在万寿宫西侧建起了一组庭园式的建筑群，渼陂村的最高建筑文昌阁便坐落其中。此外，四大家族还开有钱庄，可供各色人等借贷。当铺因屋大房多，同时又成为四大商号的货物储备库。

清光绪四年（1878），以家濂为首的四大家族又倡建了七十六都义仓。义仓虽无精美雕饰，但高大轩昂，用料硕大，古朴大方。仓内储粮主要用于赈灾济贫。义仓中还长年雇用了一批泥木匠，备有砖木石料，专管修路架桥之事。无论哪里路、桥出现问题，招之即来，以保证道路畅通无阻。义仓又是百姓祠，客居在陂头的难民，可以在义仓内办红白喜事，甚至停尸。同时，义仓也是慈善堂，若村内发现有抛尸路旁，无人收尸者，义仓就买棺木，殓尸掩埋。光绪十七年（1891），四大家族又倡建了都急公祠（又称都急公所），以行使地方管理职责。都急公所里还设了文会和义学会。文会中聚集了七十六都的大批绅士学子，他们每年开例会多次，既在一起切磋学问，同时也商议地方的一些文教大事。而义学会则主要为奖励乡村孩童读书习儒而设，凡考试成绩优良者，义学会每年均发给稻谷 1 石、铜钱 400 文。

在四大家族的倡议下，义仓北侧还先后修建起了福神庙、仓神庙和关帝庙，使之成为渼陂村内除万寿宫之外的又一大朝拜圣地。

四大家族还捐重金在吉安城十字街建了渼陂梁家祠，在村内村外构筑了河堤、塘岸、码头，为渼陂村的建设打下了良好的基础。

(三) 武装团练

商贸给陂头村带来了滚滚财富，但财富增多的同时也给陂头街的治安保卫、防匪防盗工作增加了更多的压力。清咸丰以前陂头的治安情况，目前不太清楚。咸丰以后的百年间，梁氏子弟组织了一支地方武装团练，隶属于县宪。它既是七十六都的地方武装，同时又是陂头街商贸的治安保障。咸丰七年（1857），当红巾军、“粤匪”进攻渼陂村时，团练为保护渼陂村起了很大的作用。《永慕堂宗谱》载：“梁丕澣，嘉庆癸亥年正月十三日生。清咸丰丁巳年十月二十七日遇红巾贼，惧污被难殁。奉旨旌表节烈。”又“梁家濂……咸丰丁巳年，粤匪蹂躏，公团练勇保护地方”。从《永慕堂宗谱》中可以知道，团练的梁家子弟中有多人被县宪赏封六至九品顶戴，受到政府的嘉奖。如梁家贵，名位高，字爵一，业儒。咸丰戊午年（1858）团练出赀，县宪奖给九品顶戴。梁显份，名宜章，字文藻。咸丰戊午年团练出赀，赏给九品顶戴。梁家赠，名琼英，字佩玉，县宪奖给八品顶戴。梁家鸿，名大鸿，字来宾，号雁门。咸丰四年（1854）团练出赀，奉巡抚部院奖给九品军功。梁家愷（1818—1886），团练出赀，县宪奖给六品顶戴。

义仓为团练驻地。村子后龙山下的跑马岭是当年团练跑马射箭的训练场，名称一直沿用至今。团练驻扎地不远的关帝庙墙外，有一座临江而建的二层三开间的城门，是渼陂由北进入街市的主要通道，也是南通兴国、北下吉安的古驿道所在地。城门口常年有团练守卫。晚上有更夫巡夜（专门雇请小陂魏氏人打更）。子时过后，每隔一个时辰打更一次，提醒大家“小心火烛，谨防盗贼”。

(四) 渼陂会社

经济的发展，也促进了渼陂会社的形成。这种会社名目多，分布广，其中既有全族性的，也有大房与支房的。会社的规模大小，差异很大，大的有数百人甚至千余人参加，而小的仅由几户人组成。渼陂有大小会社几十个，分散在各行各业之中。

永慕堂为一村之首，故会社特多，有春祭会、秋祭会、冬祭会、中元会、助学会、六皇会、九皇会、古佛林茶会、桥会、塔会、社官会等。

各房、堂的会社则多少不一（与各房、堂经济条件有直接的关系）。倒如，孝友堂有光裕灯会、黄伞会、郭爷会、日章会、德建会。节寿堂有义学会、新灯会、老灯会。求志堂人多财丰，经济实力雄厚，所以会社也最多。不管哪一堂，会社的形式大同小异，仅取名不同而已，其职责与义务一般都是为了维护宗族利益，祭祖祭神，行善积德，扶贫济困，互保互利，以共求发展。

会社的发起，一般根据本族本房本支的情况与需要，由一个或几个有威望、有经济能力和有一定号召力的人发起，一旦得到众人响应，会社即可成事。其间，会社发起人先要拟定多少钱一份（即一股），参与者按所需份数，出资购买，这些钱就成了这个会社的启用金。绝大多数会社都会用这笔钱去买田地、山林、水塘，然后转租出去，收取租金，用于会社的活动。有的会社田产多，收入也丰。据新中国成立前夕参与过收租的某农会主席说，渼陂方圆十几里的农田有百分之八十甚至九十是渼陂村梁姓的。所以一到七月，梁姓人就开始收租，一直要收到年底。每年能收到租谷 3 000 多箩。1950 年实行减租减息，经农会之手，收到的减租就达 1 500 多箩。

无论什么会社，都有自己的宗旨。一部分是为了尊宗敬祖，如中元会、六皇会等。其中，中元会是为了筹资给先辈亡灵焚化纸钱、请道士做法事及请戏班唱中元戏。而六皇会，就其实质而言，也是为了祭祖，只是祭祀对象与一般有所不同。相传元代时，蒙古人对汉人实行“互保”管制，百姓怨声载道。有一次，一个元兵在茅坑里拉屎，渼陂村民认为有机可乘，便暗中用铲子将其铲死。消息传到官府，长官下令血洗渼陂。时有 24 位村民代表，头顶香盘，出面向官府请求恕罪。元兵将其全部杀死，还放火烧了永慕堂。后人为纪念这 24 位护村先烈，特成立六皇会社（因惨案发生在六月，故名“六皇”），于每年六月忌日时抄录这 24 位亡灵的名字，设灵祭祀。

有些会社则与敬拜神明有关，如孝友堂的黄伞会，主要供渼陂每年腊月二十四日请大神，会员轮流做神头时的费用。社官会主要用于筹备拜社官。八团七约会主要供每年八月菩萨在八团轮流坐案及举行朝拜活动时的费用。

在行善积德方面则有义学会、古佛林茶会和桥会等。其中，永慕堂义学会，为鼓励族中孩童读书而设，凡入学读书的小孩，年底可得稻谷 5 石、铜钱 1 吊。节寿堂义学会，年终给本堂读书孩童发稻谷 1 箩，考进更高学堂者，加倍奖励。此外，渼陂东南西北各方都建有茶亭，东面进山有“开山茶亭”，南有上富田往东固的“来安去乐茶亭”，西有西光岑下的“皆乐亭”及去泰和县万合夏家的“同善亭”，北有地藏阁旁的“古佛茶亭”。每年夏天，茶亭都要备好茶桶、茶碗，并雇请一些老弱孤寡去送茶送水。从五月初五至八月十五日，送茶整整 100 天。工费每月 1 箩谷。经费都在茶会中开支。而富水流向渼陂的王江，上下有 3 座木桥，为王江南北的重要通道。每逢墟日，桥上人来人往，川流不息。一旦遇上连日暴雨，山洪暴发，江水上涨，木桥常会被水冲走。桥会则承担了 3 座木桥的管理与维修，从而保证了桥的畅通。

不知什么原因，在诸会中，有一个会未能邀请求志堂的人参加。于是，其支房启明堂就发起成立了一个争气会。但这个会的实质内容是什么，现在已经无人能说得清楚了。义仓会是专门负责管理义仓的。会员由七十六都各村的头面人物组成。据说筹建时，他们每人手中有一本缘簿，四处募集经费。竣工后，义仓会仍然保存，并延伸出义学会和余庆会。义学会专门奖励子弟求学，余庆会主要用于抚恤无依无靠的孤寡及买棺装殓荒郊上无人过问的亡者。据说有一年，有个兴国挑夫途经陂头时，突然暴病猝死在地藏阁下坡的路上，无人问津，余庆会得知后，便买了棺材，准备掩埋。但到第二天，死尸不见了，路旁多了一个新土堆。有人说这是天葬。后死者的家人寻访到此，感激不尽。每年都来烧纸钱。这事后来越传越奇，余庆会的声誉也因此越来越高。

四、渼陂村的神明信仰

神明信仰是传统社会村民日常生活中的一项重要内容。渼陂梁氏的敬神活动内容丰富，其中，敬菩萨、拜社官、请大神送大神、八月朝拜等，名目繁多，各具特色。

（一）敬菩萨

旧时，渼陂梁氏族人常把菩萨奉为至尊，人们的一切美好心愿都寄托于神的恩赐，故村中不仅神庙多、菩萨多，而且户户都要请家神，掌香火。

在宗祠永慕堂前面东、西耳房的神龛里放有菩萨坐案，东为八月菩萨，西为康爷（或称康王）、郭爷（或称郭子仪）、四爷、兵马及大神。孝友堂的神龛除祖牌外，有郭爷（相传为郭子仪，因手持屠刀，又叫杀猪菩萨）、四爷及兵马。节寿堂神龛则有关帝。忠烈祠神龛有康王。万寿宫神龛除许真君（万寿菩萨）外，两侧还有两尊较小的菩萨（左为其师吴猛；右为其徒，不知其名）。义仓左侧围墙内有 3 座神庙依次排列，前为福神庙，因靠近严陂潭，又叫严陂庙。传说严陂潭很深，用一斤丝线也量不到底。而严陂潭下游百米左右的江中有个鲤鱼洲，传说古人原打算在洲上建座龙王庙，结果未成，于是便建起了这座福神庙。福神庙中有 3 尊高大的菩萨，福神居中（群众称其严陂菩萨），左右两侧是赵公元帅和康王爷。福神庙旁边是关帝庙，庙内供关羽坐像。关帝庙后面是仓神庙，有仓王菩萨坐案。土地庙与仓神庙之间有一墙之隔。

福神庙近处是王江庙。而沿江岸下行 1 里则为地藏阁。据《永慕堂宗谱》记载，明万历四十年（1612），有僧人朗然在此创建铜窝庵，初时较为简陋，不几年便垣颓壁败。明天启四年（1624），被修葺一新，前设玄帝殿，后为观音阁，又依江而建地藏阁，面积大增，成为纯化乡一带的大道场，阁中有地藏菩萨坐案。村民偏爱地藏菩萨，于是便把这块梵刹之地统称为地藏阁。当地流传一句话："祭祖在永慕堂，求福在地藏阁。"

芗城山。在渼陂东面，距村 6 公里。相传有浮丘公与其弟子王、郭二真人于此修炼升天，文天祥为之题额"芗城名山"。自古以来，渼陂的菩萨每隔几年要抬到这里来加封晋级，享受神恩。

（二）拜社官

渼陂村的社官庙共有六七处之多。当地传说，社官即村官，事不论巨细，他都要管，故所谓"社官不开口，老虎不敢进村"。当地人还说，社官虽然官职不大，办不成什么大事，但如果你招惹了他，那他也不会轻易放过你，能让你灾难缠身，不死也要脱几层皮。为此，村民怕麻烦，只好对他供香敬拜。如不小心冒犯，还得跪在庙前请罪。社官庙，其实只是用几块砖头、瓦片搭建成的鸡笼般大的小屋，这也算是中国最小的庙宇了。一般来说，每个村只有 1～2 个社官庙，但渼陂的社官庙却比外地多得多，其原因至今无人说得清楚。对这些社官神，渼陂人多称之为社官老者，老者就是老头子的意思，说明社官大都为男性。但唯有往新墟古道方向去的地方却有一位社官是女性。靠近这里有一座叫"来安去乐"的茶亭，相传天热没有人时，社官神常常会跳进茶水桶中去洗澡。结果被过路的人发现了，原来她是一位女性，浴后匆匆钻进了社官庙。

（三）请大神、送大神

渼陂的敬神活动中最隆重、影响最大的是正月的请大神、送大神，也叫喊神，或叫喊船。大神不同于一般的菩萨，庙宇中的菩萨大多是木雕、泥塑或石刻，而当地的大神却是用纸糊裱后彩绘出来的一幅神像。画面长、宽一丈左右，上面绘有几层古佛，还绘有 13 条半龙船在水中竞渡，画面表现得气势磅礴。

据说请大神、送大神是江西特有的祭神活动，此活动与张天师有关。相传有一年，某朝皇帝想考验张天师的法力，便叫一批朝臣先躲进地洞里。天师在与皇帝说话时，大臣们则在地洞中嘈嘈嚷嚷。皇帝说，这是妖魔在那里作怪，要张天师施法降妖。张天师得旨后，立即施展法术，将一碗画了符的水泼了出去。谁知这一泼，地洞里立刻洪水滔滔，一下子就把躲在地洞中的大臣们全淹死了。为此，皇帝要求张天师将这些冤魂带回江西，安置为神，并让江西人世世代代敬奉。这些冤魂本来都是在洛阳当大官的，自然是洛阳之鬼。于是，张天师从水路把他们带到江西，敬奉后，再把他们送回洛阳，这就是请大神、送大神的原意。

渼陂的请大神是全族性的祭神活动，从请神到送神，历时 39 夜，夜夜不能间断。为此，在安排轮值供养问题上，当地从古到今都习惯以“团”为轮值单位，即将渼陂梁氏的所有房堂划分为 3 个团（一团为安志堂、节寿堂，二团为孝友堂，三团为求志堂、洪庆堂和清隐堂），每个团平均轮值 13 夜。各团又以房支、世次为序将 13 夜分派到户。由此，每户能轮值到当神户的间隔时间非常长，以求志堂分支启明堂为例，该房支因支大户多，每户要几代人才能轮上一次当值。故轮到者会觉得非常幸运，以至请客设宴，让全房支的人都来分享神恩。请大神的事务非常繁杂，故每次请神，都要确定一名神头全面负责。神头的产生比较简单，由 3 团人按次序周而复始，轮流担任。

当地供大神的时间规定为 39 夜，而送大神的时间又固定在二月初二（此习俗数百年不变），故请大神的时间则按二月初一晚倒算 39 夜来确定（一般均在头年腊月的小年前后）。请大神，由道士按照法事程序来办理。是时，先由道士陪同神图保管人员从宗祠右耳房将神图请出，悬挂在耳房门前的右山墙上，下面安置祭台、香案。道士请神后，上供、祭拜、祈保。傍晚掌灯时分，轮值当神户所在房的男丁老幼，均手捧和神文，来到神前，上供祭拜后便端坐于和神桌旁，按一唱一和的形式诵读“和神文”。诵毕，当日轮值到当神的户主将早已准备好的果酒敬献给诵读者，以示慰劳。神粥则一桶桶地放在桌旁，任前来参加活动的人一饱口福。第二天，下一个当值者及其所在的房再重复这套仪式。如此，夜复一夜，每夜不停。

渼陂现存的和神文，名为《渼陂梁氏团和神文》，系民国三十年（1941）春月的重修版本。全文共13 000余字，内容分为三个部分：一为引子；二为各类祈福禳灾的颂辞（这是全文的主体）；三是《送神诗》，包括尾声、路程引。现将其中部分文字节录如下，以飨读者。《和船引》：“水手整齐站着，儿郎肃静听歌。今宵□设太平歌，皆要同心众和。务必精精切切，休要嘈嘈嚷嚷。悠扬音韵尾声拖，众口如同一个。”“前后艄公都在，两边水手俱齐。铜锣花鼓及红旗，件件将来点视。着力向前莫后，划篙作急莫迟。锦帆夺得斗赢时，香灯斋粥奉尔。后面牢牢把柁，前头好好撑篙。一声锣鼓喜划桡，不许前前后后。闹帚纷纷乱打，红旗闪闪飞摇。争先划出洛阳桥，遇着船儿便斗。”

接下来是一首长诗，歌颂天下太平，生民安康。再接下来是《十愿歌》，内容很多，简要地说：一愿皇王万万岁，一视同仁六合听；二愿官清和吏顺，保民如子广施恩；三愿家家行孝顺，父慈子孝纲常正；四愿瘟蝗咸敛摄，乡团郁郁布祥风；五愿书生勤苦学，神灵荫佑性聪明；六愿为农勤力作，雨顺风调百谷收；七愿为工精本业，尽凭手艺作天成；八愿为商买卖兴，一钱起本利千钱；九愿村中多养畜，牛羊茁壮遍山冈；十愿王官施惠泽，留恩降福在梁园。《十保歌》：一保君王扶社稷，溢洋惠泽遍邦畿；二保贤良相庆会，朝野两任各徘徊；三保风雨多调顺，盈余仓、庆年丰；四保边疆常清静，时皇五福自天申；五保人生敦孝友，天伦怡乐须优游；六保为人存忠信，守持犹若执圭珍；七保四民守礼义，洗心涤虑解狐疑；八保乡团尚廉耻，常将道义养丹田；九保儒童勤学校，灯窗肄业急焚膏；十保人生尽爱敬，至诚运用合天真。《十劝歌》：一劝为君行仁政，诰封荣赠股肱臣；二劝居官施仁爱，和蔼声名播九垓；三劝士民守法律，悠然自得称安居；四劝乡团防灾难，同井休戚要相关；五劝宗族宜和睦，举动无违百忍图；六劝谋营休谲动，立身应事与人同；七劝众人安命运，尽心南亩乐耕耘；八劝存心莫嗔妒，幽阴自有神灵扶；九劝乘机行方便，福星朗朗映蓬门；十劝结交保终始，故国平居常念恩。

接下来的内容是描述在十二个月各个月中行船所见所历，写物产，绘景色。此外，还有如下几种：

《奉诗》40 多首，全是喊船内容，如："年年此日庆上元，迎神赛愿意拳拳。江头饯送三盅酒，东风一棹万里船。""腊尽星回次，寒余月建寅。我团今宵迎王神，锣鼓响歌调明。银烛灿烂酒盈盈，祈尊神鉴凡忱。不厌贫薄振香声，还赐一门吉庆。"

《读书咏》，咏勤读苦学，日后喜登龙虎榜，以诗书耀门庭。

《咏屈公诗》，把屈原当作神明来歌颂。

《常咏诗》40 余首，皆为求神降福、祈祥保安的内容。其中所写神灵，皆为洛阳之神，"诸王本是洛阳仙，时遇春来降蓬门"。诗中也记载这种喊船形式"祖代轮流飨圣神，葵倾一点表虔心"，"元宵节令喜非常，大神轮到某某堂"（某某者，由轮值各房各堂随口补上）。

《孀妇咏》3 首，为寡妇祈求余生无灾长寿。

《女部咏》6 首，咏神女仙姬早到人间布恩降吉。

《求婚咏》1 首。

《求子咏》5 首。

《下雨咏》2 首。

《年下咏》3 首。

《送神诗》34 首。兹录几首："今宵二月朔一，合团飨设完神。诸王来日促行程，父老致恭致敬。伏望诸神欢悦，逐一吩咐随行。收齐乐具莫留停，一境无灾无病。""自古江南景色幽，独羡陂头，还羡陂头。年年设赛好龙舟，唱得绸缪，和得绸缪。民安物阜广田畴，男子优悠，女子优悠。毒气瘟风尽摄收，欢返扬州，乐返扬州。""合团设赛同完，迎神归殿如麻。人跪拜献流霞，万罪千愆望放赦。些小金银宝锭，旗旌赛马插花。可怜贫薄小民家，欢欢喜喜去也。""梁团饯送严陂潭，三岛陂下水湾湾。江口才临张家渡，永和直望神冈山。营前即刻是螺浦，螺浦翩翩不肯住。二水中分白鹭洲，悠悠吉水滩头去。白沙驿递峡江头，一滩水送真君楼。金川地接泰阳洲，庙有敕封荫佑侯。宝金山耸樟树镇，其间那方神仙境。丰城市过洪都，樵石吴镇南康近。大姑山见小姑山，彭泽过去是洋湾。安庆大通京地港，深寻李白过梁山。南京直下尼真坝，临清一径当头下。匆匆不觉见仙宫，诸王依旧成潇洒，成潇洒，远冀恩光照众者。"（最后一首又名"路程引"，作为送大神的尾声。）

送神前3天，祭神活动进入高潮。是时，要将永慕堂所有的菩萨请出神龛，更换新袍，与大神一起接受族人的祭拜与供奉。戏班开锣唱戏，赌场开张（另在洪庆堂举行），到处座无虚席。是时，家家户户宾客满座，大街小巷人头潮涌，方圆几十里的乡民都来渼陂做客。二月初一上午，各房祠装扮彩擎（各房都备有擎台戏装道具，用起来十分方便）：永慕堂1台，孝友堂、节寿堂、洪庆堂各2台，求志堂3台（其中一台像风车，村民俗称“乌叉擎”），清隐堂1台。全村共11台。是时，11台彩擎先集中在永慕堂，拜祖后，统一出发。族长、房长及前辈老人手提灯笼，与肩挑花篮的姑娘走在前面，彩船、高跷、蚌壳精、由人装扮的各种人物故事及由4～8人抬的彩擎紧随其后，鼓号齐鸣，音乐四起。送神的队伍循古道由街头穿街而行，游至街尾义仓，再返回永慕堂。临近中午，活动才能结束。

彩擎是渼陂梁氏的绝活，擎的底座形如米斗，上约80公分，下约100公分，上小下大，可容纳3人。底座中心由一根柱子支撑，3个男孩扮成戏剧人物，分别绑在3个支点上，再套上戏服。支柱隐藏在戏服内，不露半点痕迹。底座上有固定的抬杠，抬起底座，3人高悬半空，如腾云驾雾，飘飘似仙。

在扮演故事中，节寿堂的“驼子背妻”是一个传统优秀节目，1人扮两个角色，演技过人，形象逼真，语言诙谐，招人喜欢。

当天晚上的敬神须通宵达旦地进行。之前，守祠堂的人会早早在大神祭台前摆好几把太师椅和几个火盆，供族长、房长坐下陪神。祭拜的红烛又粗又长，插了一排又一排，供奉的大神米果堆积如山，一层叠一层，垒成红色屏障。夜幕落下，偌大的永慕堂挤得水泄不通，所有目光都投向天井。天井四周摆满了长长的竹篙，竹篙上吊着垂地的鞭炮。天井中心吊起直径约一米的架花，外表看似纸扎的大脚盆，机关和巧妙都藏在里面。点燃引线后，落下一层纸扎人物，不是历史典故，就是戏文故事，变化无穷，栩栩如生。四周小烟花五光十色，火花四射，令祠堂流光溢彩，香气袭人。架花少则5层，多则9层或11层。燃放架花时，用瓶子花、筒子花做烘托，景象万千。这些贵重的架花，主要由神头准备，当然也有部分达官贵人或富商巨贾会慷慨捐赠。

二月初二送神。送神前，先拜大神，道士祷告（俗称嘱神）：祈保君王根基永固，国泰民安；保佑读书人金榜题名，荣升仕途；保佑农夫风调雨顺，五谷丰登；保佑商贾财运亨通，生意兴隆；保佑孩童无病无灾，长命富贵……祷告后，擂鼓3阵，响铳3遍，鞭炮大作，鼓乐齐鸣，旗手挥舞手中小半圆旗，口喊“啪水”，猛跨七步半到祠堂前池塘口（不能多半步，也不许少半步）。旗手是年年固定不变的，传说民国年间有个旗手名叫梁家耀，他年轻时曾患足疾，故平日走路不太稳，但一当上旗手，他就能行走如飞。大家相信这是大神助了旗手的力。旗手发令后，送神队伍便浩浩荡荡地出发：前面是长幡引路，二人用长竹竿抬着大神随其后，接着是身穿长衣马褂、手托香盘（香盘内放一个香烟缭绕的小香炉）送行的族长、房长，后面是几十面图案各异（有三角形、六边形、菱形、回字形、寿字形）的纸扎彩旗，几十把万民伞和两座用牙轿抬着的永慕堂家神菩萨，锣鼓队与一批60岁以上的老者（他们有的手拿龙船，有的手执三支信香）紧随其后，压阵的是插花和39面铜锣（每夜一面锣），锣鼓敲打起来，震天动地。沿途，大家高声叫喊：“龙者水，龙者船，龙者齐呼保平安!”

送大神到渼水入王江的出水口（河旁有大树，人称送神兜下）。大家将所有纸扎的神像、旗、伞、船、花都堆在一起焚化。送神便告结束。

过去，凡参加送神者，送神后都可领到2个龙饼、1斤白饭、若干大神米果和1吊铜钱（儿童所领铜钱略少些）。

渼陂村与唐湖魏氏相邻，两个村的送神在同一天。渼陂梁氏的送神一定要等小陂魏氏送完之后才能出门，而不能抢在魏氏的前面。其原因，据说唐湖的大神是姐姐，而梁氏的大神是小弟，故弟弟必须让姐姐先走，否则，就会不吉利。又说，渼陂的梁氏原本是没有大神的，而与渼陂仅一巷之隔的魏氏则以往年年请大神。有一年，老天下了几天大雨，池塘的水涨满了。一天，魏氏族人抬了很多米果去拜大神，一不小心，米果全掉进了水塘里。祭神没有供品，便是犯了大忌，于是大家纷纷跳下水去打捞，围观的渼陂人也好奇地下去帮忙。谁知捞来捞去，魏氏捞上来的全是石头，而梁氏捞起的个个都是米果。站在岸上的魏氏老者看了，似乎心里很明白，忙说：“好了，好了，不要捞了，大神菩萨已经走到渼陂去了。”渼陂族人觉得这是吉祥之兆，于是便请人裱画了一幅大神像。开光前夕，大神托了个梦给族长：“开光时须用人血点睛。”族长梦中回答：“只听说菩萨开光要用银珠，没听说过用人血，你叫我到哪里去找人血呢?”大神又说：“你不用着急，到时自然有人送血来。”第二天，族长来到大神前，发现斋饭没有了，碗边却留下了几滴鲜血。一问，原来是一个叫花子一大早偷吃了祭台上的斋饭，慌乱中把手指割破了。为此，族长便按照大神梦中嘱托，用碗边的鲜血为大神点睛开光。这一点，大神的眼睛便闪动了起来，于是人们都说他很灵。

这尊大神的传闻很多，故村民们对他均敬而生畏，只好长年把他挂在右耳山墙上，动也不敢动一下。之后，大家又请陂头街的扎纸师傅萧先生另外裱画了一幅新的神图。从此，渼陂有了新旧两幅大神画像。请大神时，只请新大神，而不动旧大神。土地革命时，两幅大神图均被烧毁。到民国二十四年（1935），恢复请大神活动时，又请邻村百岁坊的著名画家吴大伦重新绘了一幅，并一直珍藏到“文化大革命”中破“四旧”时才被销毁。

也正因为当地传说渼陂的大神是从唐湖走来的，所以凡渼陂请大神，唐湖的魏氏必来祭拜。清陂和渼陂是同宗同族的邻村，清陂也请大神，但却说是从渼陂传过去的。相传有一年，渼陂送大神出门后不久，天下起了大雨。为了不让大神和旗伞凤船被雨淋坏，送神人都涌进了清陂永春堂躲雨。这天晚上，清陂村很多人在睡梦中听到祠堂里有阵阵鼓乐和喊神的声音。村民们感到很奇怪，这里从来没有请大神，哪儿来的喊神声音呢？大家左思右想，终于想起白天渼陂送神时曾在祠堂里躲过雨。看来是渼陂的大神显了灵，于是第二年清陂也开始请起了大神。只是清陂请大神很特别，一是要等渼陂送完大神之后才请神，二是请神的当天，各家各户一祭拜完就立刻送神。形式简单，时间短，故乡民们称清陂大神为躲雨神。

（四）八月朝拜

八月十五日是中秋节，也是陂头的朝拜日。所谓朝拜，就是扛着八月菩萨游团。八月菩萨是陂头八团共有的神，每年轮流在各团坐案（一年一轮）。渼陂占了二团，故有二轮。

八月菩萨就是赵公，乡民尊他为财神爷。轮到渼陂坐案的那年，这里要举行热闹的朝拜活动。即在八月十四日，村民扛八月菩萨上芗城山，晚上做法事，给八月菩萨封诰，加官晋级。第二天一早下山回村，村民隆重迎接。饭后开始游团。朝拜与游团的阵营很庞大，前面由 3 支土铳开路，每到一个关口，要放铳 3 响。众多的彩旗和凉伞（万民伞）走在最前面，规模与送大神一样。半副銮驾在其后，接着是牙轿抬着的八月菩萨。族长捧着“神筒”，尊长前辈、男女老幼、吹打者在后压阵。在长长的朝拜队伍中，有骑马的公子，也有坐轿的小姐，他们浓妆淡抹，衣冠华丽。游团每到一地，都要放下菩萨，让村民们祭祀。最后来到地藏阁，在地藏菩萨祭台前滚“神筒”（其实，这是将八月菩萨由上一团交给下一团的交接仪式）。是时，祭台前有两面铜锣，一面底下站的是出案的族长，另一面底下站的是接案的族长。而神筒是交接的标志，它是用锡焊接的六面体，每个面上都刻有一句吉利话，如“国泰民安”“风调雨顺”“吉祥如意”“人丁兴旺”等。出案族长把神筒滚出，显出某句吉祥话后，接案的族长便接下神筒，朝拜者一齐将八月菩萨送到接案的村子。接案村以锣鼓、鸣炮、香烛迎接。

接案的村族，晚上还得做法事。一是为八月菩萨安神位，祷告神灵赐福全族；二是要为八月菩萨招兵买马，扩充实力（因八月菩萨加封后官职更大了）。是时，道士会亮亮功夫，如手抱九个碗在地上翻跟斗，让人抓不住他，以显示菩萨兵强马壮，也显示他功夫好，法术高。关于“八月朝拜”，八团村族中有两种说法：

一是所谓八团七约。渼陂周边自然村很多，且村村相连。传说这块地原来长满了芦苇，人们称芦苇洲。宋至明初，有几姓先后到此开基辟宅，人称：“先有西光岭，后有清（陂）小（陂）渼（陂）。”这“三陂”相对集中。其中，芦苇洲是三陂开基之始，所以称为陂头。不知在什么时候，在谁的倡导下，附近村子的族长达成了共识，西光岭与三陂共建庙宇，共立福主，轮流坐案，共同举行朝拜祭祀活动。凡参与的村族划分为八团。因此，自古以来，乡民习惯把这块地盘称作八团，沿用至今。

八团组合在一起兴庙立神，轮流坐案，就有许多事需要商讨，以统一行动，于是，便成立了“八约会”。后来，文陂对“八约”的账目管理有看法，退出了“八约会”，但却保留了团的编制。因此就形成了“八团七约”。

二是神庙遭遇火灾。八约会成立之初，曾为八月菩萨建了一座神庙，庙址在柿林社官庙旁边。不论轮值到哪团朝拜，都必须从庙中请出。神筒交接完毕，也要先送回原庙。有一年，神庙因火灾被毁，八月菩萨没有了栖身之处，于是便改为八团轮流坐案。八月庙正与渼陂宗祠永慕堂相对，渼陂人认为它堵住了渼陂的风水，对梁氏的发展不利。巧合的是，庙遭遇火灾之时，正是渼陂轮值朝拜之日。于是便有人说，神庙是渼陂有意烧毁的。但渼陂人却始终不承认，于是，便成了一个历史之谜。

神庙被毁后，一直没有重建。原因据说是渼陂人对这座庙的位置有看法，因此从来不提重建之事。还听说，自八月庙失火之后，八月菩萨对渼陂人有些责怪，故每到渼陂坐案时总是不太乐意，进永慕堂时也总是背着身进门。渼陂人也感觉到，凡八月菩萨来渼陂坐案，渼陂这一年总会多多少少有些不顺，所以渼陂人对八月菩萨的朝拜表现得不够积极。

也有一位抬过菩萨朝拜的文陂老人解释说，菩萨进祠堂不仅在永慕堂是背身进，而且在其他祠堂也是背着身进去的。原因是，若正面进去，放下祭拜时，跪拜者是向着菩萨屁股的；背面进去，放下来祭拜时，跪拜者正好与菩萨正面相对。

（五）拜神求雨

古时遇到旱灾之年，百姓束手无策，只好求助于菩萨。一般是小旱小求，大旱大求。所谓小求，就是把孩童们邀合在一起，把一条母狗绑在椅子上，于永慕堂拜过菩萨之后，便抬着母狗，每人手拿 3 支信香，赤着脚在街上巡游。巡游时，每走几步要跪一跪，嘴里不停地祷念："扛狗婆，求大雨，丘丘干煞哩，禾头干白哩，可怜老天过得意。""扛狗婆，求大雨，保佑龙天早下雨，求雨不求风，求得天下满咚咚，一点一杓，二点一锅，上丘流到下丘落。"巡游经过万寿宫、福神庙时，还得进庙去朝拜。

小孩求雨时，大人事先会让孩子们到各家各户去讨点钱和米。钱供买香烛、爆竹敬菩萨用，米则用来煮稀饭做夜宵。天旱求雨是大家求之不得的好事，故大家都会乐意施舍，有钱给钱，无钱给米。

大旱之年，纯化乡七十六都的老前辈和绅士们还会邀合众人，在万寿宫里请道士做道场。一做就是几天几夜。是时，各地的菩萨都要安坐在万寿宫接受祭祀。求雨的人们穿长衫，打赤脚或穿草鞋，手里拿 3 支香跟随道士朝庙 3 天：第一天朝值夏天梁山，第二天朝芗城山，第三天朝水南龙王庙。每天行程几十里。到山庙之前，要几步一跪拜，虔诚有加。还给每人发一张求雨经，让大家边走边念。每到一座山庙，道士要做法事。下山回来，还要再做法事，天天如此，不敢怠慢。

雨多成涝，大家就会烧斗笠以求止雨。是时，要边烧边念："烧斗笠，补天窗，白天出日头，夜晚出月光。"

（六）许真君做寿

八月十五日，是万寿宫真君菩萨的寿诞日。这一天，纯化乡七十六都所辖各村的绅士名流、地方管首和陂头街店老板都会来为许真君祝寿。是日一大早，店门刚开，老板便会领着伙计，手捧寿烛、寿香和喜炮，到万寿宫虔诚跪拜。早饭后，各路的祝寿者纷纷涌向万寿宫，道士亦开始做一天一夜的道场。

万寿宫每隔几年要举行一次盛大的庆典活动，俗称“做大道场”。是时，要抬着万寿菩萨去芗城山朝拜，并加封。七十六都的其他菩萨也都要一起抬到万寿宫来，与万寿菩萨一起接受朝拜、加封。故这次大朝拜，人多神多，旗多伞多，场面非常热闹。

朝贺万寿宫菩萨时，要在万寿宫设醮祭祀，如《渼陂类联》所记载：“癸未年，本村及本市设醮。”

(七) 打铜锣收魂

如村里有人久病不愈或病情恶化，当地人就会请先生算命占卜，请巫婆走阴。当这些都不奏效时，家人便会请道士做法事，打嘭嘭（即道士敲锣的声音），以发起兵马去收魂。

打嘭嘭收魂的大概过程是，先请道士、起马人和帮手。道士作法后就发马。是时，先用一小木椅，固定在两根杠棍上，小木椅里放上永慕堂家神（一般为康王菩萨）。扎牢后，用小锣在起马人面前敲打，用不了多久，起马人就会发作，且越来越狂烈，而后把祭台上的饭碗放进嘴里咬碎，把点燃的蜡烛一口吞下，并手举驱鬼耙头、火把，走出祠堂，朝着病人失魂的地方飞奔而去（道士与被掌马人抬着的菩萨紧跟其后）。不管路程多远，一直到达病人失魂的地方，起马人才会停下。之后，起马人瘫睡在地上，慢慢才苏醒。随行人则点燃香烛，由道士就地施法，从地上捡起一抔土、沙或小石块，就像抓住了病人失落的魂似的，高喊“某某某回家咯……”，并把土（或沙、石块）兜裹在怀里返回病人床前，放在病人的胸口上，以示菩萨把病人丢失的魂捡回来了，以后就会平安无事了。最后，道士按法事程序，在屋内清扫一切，以示把阴鬼邪恶全部驱赶出门。

有的小孩受惊吓，或病得糊涂，家里又请不起道士和起马人，便会请村中年长的老太婆，按小孩病前玩耍的线路，一路喊“某某某回家咯……”，家中人便应声道：“某某某回来哩。”

(八) 忏皇节

渼陂有个九皇会，它与其他会社一样，拥有比较大的会产，能收到许多租谷。从九月初一起，会里要过九皇节，节期为 9 天。节前，家家要大扫除，把家什擦洗干净，并吃斋至初九。其间，除祭祀神灵外，还要装天灯祭天公。常年的九皇节，只是一般的祭祀。而每九年则要一大祭，并按惯例“忏皇”一次（即表示旧的九皇会快要终结，将重组新的九皇会，故称“忏皇”）。

忏皇大祭，要请很多的道士，做几天几夜的道场，还要请纸扎师傅做很多纸菩萨，如四大金刚、八部雷神、黑白无常等。其间，有个煞风扫荡捉魍魉的节目，最有特色。

扫荡即驱鬼，捉魍魉即捉鬼。纸扎师傅扮“地方”（据说是地方菩萨，犹如地方官员），穿长衣马褂，戴礼帽，拄拐棍，在前带路。道士扮“无常”，穿长衫，戴高帽，身上贴了很多符和钱。在“地方”的带领下，他们先后进入每家每户，以示将屋里隐藏的妖魔鬼怪全部扫地出门。主人则上香祭神，以酒菜相迎，并压上一个红包。无常进村时从不说话，据说是怕鬼怪听到声音后会躲起来。

渼陂忏皇节，分忏六皇、忏九皇。旧时，忏皇节一到，各个祠堂都要张贴对联。其中，忏六皇的对联有“操天上之权柄至公无私直统民物施化膏，司人间之寿算益谦损满全凭善恶降灾祥”，“忏礼虔诚深虎拜，法坛肃静仰龙飞”。永慕堂在请皇时，还要张贴请皇联：“永沾皇泽浦，沐爷帝恩隆”，“荷风入户清香满，帝驾临坛圣泽长”。忏九皇的对联，内容略有不同，有的写“玉皇建极主宰一元同怀来享来王之念，庶民惟星敷锡五福各协好风好雨之情”，而节寿堂的对联则为“乘令节而酬帝德，祝眉寿以仰皇仁”。清宣统二年（1910）求志堂忏九皇时，曾拟了14副对联，其一云：“捧一瓣心香万祷千祈总求超生庶类原表曲情通上界，做十日法事三斋七戒众志恳切惟诚□□滞魄出幽途。”

（九）康王看戏

栋头开基较早，这里聚居了梁、刘、萧3姓。其中，萧氏有100多户人家。元、明时，栋头人气很旺。就在这个村与墟市连接的地方，栋头梁、刘、萧氏与松溪梁氏（第四团）合建了一座忠烈祠。祠堂虽不大，装修也简朴，但香火颇盛。不但四团的村民常来这里朝神拜佛，而且过年过节，渼陂的村民也来这里祭拜。

传说忠烈祠的康王菩萨特别喜欢看戏，因此每年五月初五，四团要专为他请戏班唱戏。戏台就搭在栋头街四美竹木店的前面。此处地平绰阔，东面临江，西面树荫如盖。戏班开锣登台前，人们就把康王菩萨早早地抬到台前，成为看戏的第一个观众。

传说五月初五前，假如戏班还没到栋头，康王就会着急，并会托梦给戏班的莫老板。莫老板得梦之后，不敢怠慢，会立即起程，如期赶到栋下演出。有一年，不知什么原因，忠烈祠不准备请戏班。康王知道后，很不高兴，便化身来到戏班莫老板跟前，请他们去栋头演戏。戏老板见来人陌生，不敢轻信，硬要来请的人先交定金。康王说："定金我没带，到栋头你就找我，绝不少你一分文。"戏老板还是觉得不太可靠，便灵机一动，随手拿来针线，在请戏人背后的衣袍上，暗地做下一个标记。戏班如期赶到栋头后，忠烈祠的管首觉得很奇怪，因为他们今年没请戏班来。戏老板解释说：昨天，你们有人登门找我，我还在他背后的衣服上扎了根针线做记号，你们查查看，把这个人找出来。于是大家就去找。这时，有几个人正抬着康王爷上牙轿，准备去出游。戏老板突然发现，康王爷衣袍的背后有根他留作记号的针线，于是高声喊道："针线找到了，你们看！请我的人就是他！"村民们说："这事没有假，既然是康王爷登门请的，还有什么话说，你们就唱吧，钱少不了你的。"从此以后，栋头街五月唱戏，再也没有间断过。

五月初五，陂头端午有划龙船的习惯，所以栋头街五月唱的戏也叫龙船戏。人们说，看龙船戏，是托康王的福。

附录

万寿宫建造园墙乐输鸿榜

……

左义兴助钱二百文足	聂义□助钱二百文足
林荣宗助钱二百文足	罗□□助钱二百文足
梁□□助钱二百文足	永生店助钱二百文足
永春店助钱二百文足	廖同兴助钱二百文足
□□□助钱乙百文足	王世□助钱乙百文足
曾□□助钱乙百文足	□□□助钱乙百文足
□□□助钱乙百文足	□□□助钱乙百文足
甘盛虎助钱乙百文足	刘道□助钱乙百文足
裕兴号助钱乙百文足	合兴号助钱乙百文足
袁中吉助钱乙百文足	□□□助钱乙百文足
万□□助钱乙百文足	熊□顺助钱乙百文足

梁由仲助钱乙百文足	永和春助钱乙百文足
□□□助钱乙百文足	□□□助钱乙百文足
□□□助钱乙百文足	□□□助钱乙百文足
□□□助钱乙百文足	□□□□□□□□□
胡□□□□□□□□	□□□□□□□□□
□□启□□□□□□	□□□□□□□□□
□□□□□□□□□	梁□瑞助钱□百文足
□龙□助钱□百文足	梁□□助钱□百文足

皇清嘉庆四年岁次　吉旦

被访谈人员名单：

梁兴甫，男，74岁，退休干部，渼陂人

梁仁萱，男，73岁，退休职工，渼陂人

梁必骥，男，75岁，从事手工业，渼陂人

梁仁慈，男，82岁，土改时村农会主席，渼陂人

梁兴锡，男，70岁，农民，渼陂人

梁仁芝，男，70岁，从事手工业，渼陂人

梁仁塔，男，86岁，中药经营，渼陂人

梁必椿，男，65岁，匠人，渼陂人

梁仁会，男，82岁，从事手工业，渼陂人

梁仁锜，男，68岁，退休职工，渼陂人

梁昌云，男，83岁，自由职业，渼陂人

罗昌驷，男，74岁，从事手工业，柿林村人

袁圣俊，男，70岁，谱匠，文陂村人

李新娥，女，80岁，商贩

黄　仙，男，75岁，道士，大贤村人

萧贞福，男，70岁，纸扎师傅，陂头街人

万安良口墟的商贸经济与民俗文化*

谢芳桂

良口是万安县最大的一处农贸市场。其墟镇规模之大，店铺之多，商品交易门类之广，墟市经济之繁荣，几乎可以与一般小县城媲美，故历史上曾有“小南京”之称。1984 年，由于国家经济建设的需要，在赣江万安段拦河筑坝，建成灌溉、发电两用的“万安水库”，良口墟被库水淹没，居民四散迁移，繁华的良口墟永远成了过去。为保存历史资料，现依据本人经历，并经访问曾在该墟生活的刘守柱、谢芳球、洪其凤、刘正麟、熊兆鹏、陈一清、卢发甫、张连声、胡新发、卢元祥等十多位老人，将良口墟以往的商贸经济以及民俗文化情况介绍如下。

一、良口基本情况介绍

良口墟位于万安县良口村内。良口村地处赣江东岸，介于吉安市与赣州市之间，北距吉安市万安县城 50 公里，南距赣州市 60 公里。1984 年被水淹没之前隶属于万安涧田乡管辖。它东接本县顺峰乡，北接本乡优田、涧田村，南与赣县大湖乡毗邻，西与本乡良富、上溪隔赣江相望。全村占地约 3 平方公里，下辖蓝富、街上、三佛寺、黄泥岗、街背、卢家、塅上、水溪坑、良口、邓家、良子背等 11 个自然村。1984 年统计，有耕地 1 022 亩（其中旱地 140 亩)，油茶林 2 062 亩；农业人口 292 户，1 595 人。

---

* 原载刘劲峰、耿艳鹏主编：《吉安市的宗族、经济与文化》（上)，第 254～299 页。

该村位于赣江东岸的良江河出口处，其北、东、南三面环山，发脉于该村东北面，位于赣（县）、泰（和）、万（安）三县交界处的天湖山，延绵起伏，至良口北面的大湾子和南面的水溪坑逐渐沉入赣江，从而在良口村的北、东、南三面形成两个丫字形的山谷，发源于兴国高兴的黄塘河与发源于赣县白鹭乡的陂头河便顺着两条山坑款款而出，并在良口北面的优田村汇合成良江河，穿过村境，于良子背注入赣江。沿良江河逆水而上，可直达涧田、顺峰，并通过涧田、顺峰与赣县白鹭、田村及兴国高兴、均村进行水陆沟通。其西面紧靠赣江。而赣江上游，从赣江大湖江起至万安县城止，中间需经历18个险滩，这就是著名的“赣江十八滩”。而距良口南面仅数步远的地方就是“十八滩”中最险，人称“十只（船只）九只烂，一只不烂吓出一身汗”的第九滩——良口滩。所以从赣州出发，船只过了良口滩后，天色已晚，船队必须在这里休息1～2晚，待养精蓄锐后才敢继续起程，通过昆仑滩、晓滩、武术滩、小蓼滩、大蓼滩、棉津滩、漂神滩、惶恐滩而到达万安县城。良江与赣江相汇的良子背一带江面开阔，水势平稳且河床结构稳固，河床常年保持在2～4米之间，因此成为天然的良港，每天在这里停泊的船只达数十艘之多。加上良口四周物产丰富，从赣县的白鹭、田村，到兴国的均村，一直到本县顺峰、本乡的涧田，方圆30里之内出产的物品及需要从外地购进的产品都要在这里集散，从而使得良口一度成为万安县东南部与赣县西北、兴国西部边界地区政治、经济、文化的中心。早在清代同治年间，万安县就在这里设置了龙泉第三十四都；1928年至1930年，又在这里成立了良口区苏维埃政府，辖周围龙头、陂头、高桥、石富、高坪、里仁等8个乡；1946年改设为良口乡，下辖13个保，94个甲，1 187户；1955年改设良口区，下辖良口、良富、高桥等3个乡。之后，良口区时撤时复，但它作为周边经济、文化中心的地位却一直没有改变。直到1968年，随着万（安）涧（田）公路的开通，良口作为水路运输港口的作用逐渐被削弱，随后，“万安水库”上马，良口与涧田合并，乡治设于涧田。于是，良口作为区域性政治、经济、文化中心的地位亦被涧田取而代之。

相传唐代以前，良口、涧田、里仁一带还是一片杂草丛生的荒野之地。唐代末年，有陈姓率先迁入涧田开基，随后，康姓迁入里仁开基。五代南唐时，有卢世杰以秘书郎身份来虔州（即今赣州）任职，解职后与妻子、儿女一同欲乘船返回涿州（今河北涿县），路过良口滩时，见这里山清水秀，遂留

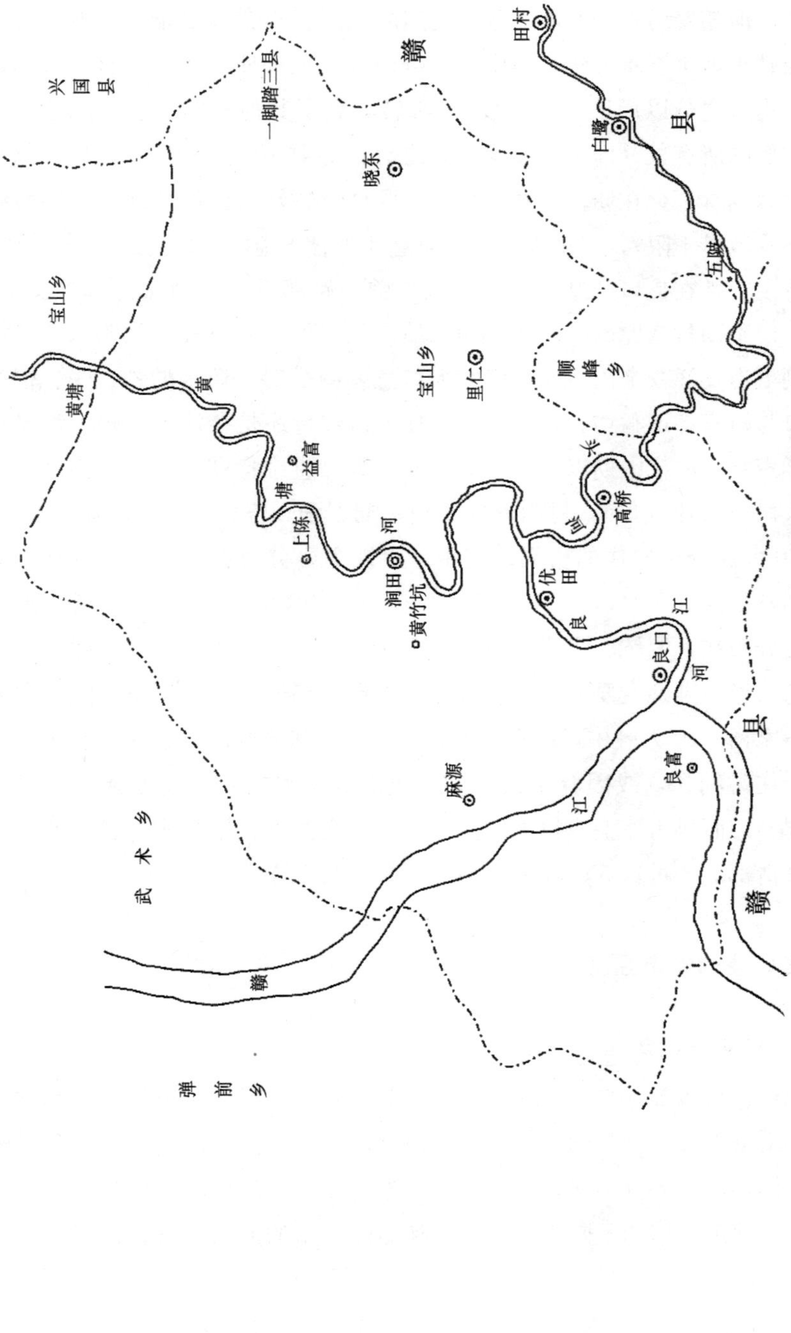

图2-2 良口墟所在位置图

居下来，并以插标为记，占据了良口四周10里以内的大部分山林土地（东到马子井，北至恩坑，南至麻源大坑口，西到赣江）。自宋代至明清，又有熊、洪、刘、张、曾、邓等各姓先后迁入，他们开始时均租用卢姓的山林土地谋生。但随着历史的发展，各姓之间的关系变得错综复杂，卢姓所占有的那片山林土地也逐步分化，其中大部分山林土地的使用权（即自清代起，土地发生皮骨之分以后形成的“皮”）都转移到了其他姓的手里，卢姓只保留了对它们的所有权（即土地发生皮骨之分以后剩下的“骨”）。此后，每年年终，卢姓祠堂都会在墟上设立收租点，要良口各姓人象征性地向卢姓缴纳一点租谷（数量不限），以示承认他们对这片山林土地的长期占有。

传说卢姓在良口开基后，族内人口曾一路飙升，最鼎盛时有男女2 000多人，但不知什么原因，明代中期以后，人口便急剧下降，到明末清初，族中只剩下男女300余人。就在卢姓人口急剧减少时，后来的刘、张、曾等姓的人口与财富却迅猛增长，最终无论在人口数量还是在社会影响上都接近或超过了卢姓。清代中期以后，良口的人口数一直维持在4 000～5 000人（含城镇人口与农业人口），村内形成了卢、刘、张、曾、洪、熊、陈、李、邓、万等10大姓分片居住的格局。其中，卢姓主要分布在卢家、三佛寺、木偶岭，刘姓主要分布在鲜水塘、黄泥岗、店背（含上、下刘家）、滩下塅，张姓主要分布在下罗坑、张家，曾姓主要分布在朱泥坑、水溪坑，熊姓主要分布在高椅形，洪姓主要分布在洪家坪、堆形，邓姓分布在邓家，陈姓主要分布在陈家祠。10大姓中，以卢、刘、张、曾、陈5姓的社会影响较大，他们或因居住时间长，或因族中人口多，或因族中财富足，或因族中出了能人（即绅士），而成为墟上或村内的说话人。久而久之，便形成村子与墟市上的大小事情都要经过这5姓代表人物共同商议的传统。

二、良口墟的墟市经济

（一）良口的街道与商店

相传宋代以前，良口的墟市还未开辟，周围各村的进出物资都要到赣江西岸的良富（又名太师洞，后改名良埠）进行交易。每次交易时都要横跨浩瀚的赣江，来往十分不便。宋代以后，随着良口、涧田、里仁各地人口的增长及赣江河道水情的不断变化，停泊到赣江东岸的船只与日俱增，卢姓人便在沿河的田螺石边开辟出一些小的店面，并以此为中心进行一些商贸交易活动。不久，由于良江口淤泥的不断沉积，在良江与赣江汇合的地方便形成了一大块冲积平地，平地的旁边是一溜深不见底的天然港口。于是，来自涧田、顺峰，赣县白鹭、田村，兴国均村的村民与商家都不断地聚集到这块地方进行交易，从而形成一个很大的市场。之后，在卢、刘两姓的倡导下，最迟到明代晚期，从田螺石到黄泥岗，沿着河岸，便断断续续建起了一条延绵数里的一字形长街，街道边有各种店铺230余家（其中，仅卢姓便在其众祠旁边连片建起店铺30余家，刘姓宗族也在靠近聚居区黄泥岗的地方建起店铺20余家，这些店铺大多出租给外地人进行商业经营），进行粮油、布匹、百杂、食品等物资经营活动，并形成了粮油、草纸杂品、糕点食品、饮食住宿、屠宰鱼行、竹木器、中草药材、布匹染坊、百货杂品等九大行业。开始是逢三、六、九当墟，到明末清初时期，由于闽、粤、浙等省大批难民涌入该地，使良口墟镇和腹地（涧田、黄塘、顺峰）的人口急剧增长，四面八方来良口赶集的人络绎不绝。墟上拥挤不堪，叫卖声、赴墟人拥挤时的各种叫骂声交杂在一起。更有甚者，一次因赴墟的人过多，拥挤之中竟发生了踩死行人的惨剧。于是，不久便改为天天当墟。但即便这样，每天墟上的人也保持在1 000人以上，特别是逢到端午节、中秋节及春节等传统节日来临之际，更是人流如潮，从早晨到傍晚，路远的人走了，路近的人接着又来，街上始终人流不断，故有“小南京”之称。与此同时，良口墟上出现了广为人知的四大特色：“三佛寺”的蔬菜（该地生产的蔬菜品种多、又鲜又嫩且捆扎得非常美观），良富人的鞋（他们做的各种绣花鞋，色彩艳丽，做工考究，独具地方风味），锚村的妹（穿得漂亮，梳妆打扮得好，走起路来独具风姿），罗坑人的柴（他们砍的柴有两种，一种为片柴，规格整齐，每片长度一尺三寸，重三斤半；一种为草柴，捆绑得十分结实耐看，扁扁的，活像一块大门板）。在这些赴墟的人中，有做篾织笼的，有劈木做家具的，有砍竹踩浆做纸的，有种粮酿酒的，有做各种糕点的，有下河捕鱼、上山打猎的，有制靛染布的，有采药治病的，有做经纪人倒买倒卖的，还有建房、做砖烧瓦、造船、裁布缝衣及吹拉弹唱、舞文弄墨的。总之，各式各样的人齐集到了一起。当然，墟市中也不免夹杂了一些污泥浊水，人称良口有三多：卖淫嫖娼的多，好吃懒做、骗钱耍赖的多，流氓光棍、偷摸强要的多。

自开墟以后，良口墟最鼎盛时曾发展到270余家店铺。但到民国四年

(1915)，良江河突然暴发一场历史上罕见的特大山洪，将整个良口墟夷为平地。此后一直到抗战胜利，良口墟才断断续续地恢复。恢复后的良口街在良江入口处的沿河两岸分别兴建。河的北岸，从潮洋庙前到火烧坪，全长数百米，建为主街，街的两边共建起整齐划一、有两层楼高并有骑楼的店铺 127 家，其中除 10 家店铺为住家及公用外，其余 117 家均为各类商店。河的南岸为良子背街，长度仅有数十米，街上也建有与主街相似的店铺 13 家，其中多数为住家，商店仅有 4 家。主街与良子背街，则用钢筋、水泥加石块建造起来的景丰桥相联结。是时，市场上的商家共分为 26 行，其中百货京果（蜜饯）店有 14 家，豆腐、酒店有 11 家，烟店（包括鸦片）11 家，茶馆小吃店 9 家，药店（包括中药与西药）9 家，纸行（包括货栈）7 家，粮行（包括米店）7 家，槽坊旅店 8 家，油行（指较有名气的）3 家，猪行、渔行（包括屠宰）8 家，香烛店 6 家，糕饼店 5 家，布店（包括染坊）7 家，金银店 3 家等。

（二）良口墟的贸易商品

良口墟日益丰富的物资交流，是明朝末期以后逐步发展起来的。当时，良口腹地内的山场很多，各种名贵木材比比皆是。苗竹也覆盖了良口腹地内数十公里的山地。自明末清初大批闽、粤客家人来到该地后，由于人口的大量繁殖，为解决生计，他们开始大规模开荒造地，以扩大粮食种植面积。与此同时，他们又在山坑中开辟油茶山场，以增加油料产量。此外，还砍伐当年生的苗竹，加工草纸。到清朝初期，良江河沿岸的榨油坊、造纸棚已经星罗棋布，其中，以其支流陂头河两岸的榨油坊最多，黄塘河两岸造纸棚最多，造纸棚不久又伸到黄竹坑、高坑、东坪、石龙坑等地。苗竹需要用石灰水沤成竹麻细浆，才能做成纸。于是又带动了黄塘曾盖岭石灰烧造业的发展。加之万安河西的弹前、沙坪、棉津，赣县的攸镇、沙地、古田、东坑等地的坑田大部分是冷浆田，因此迫切需要石灰提高水温，以促进禾苗生长发育。所有这些都是良口墟经济繁荣的基础。故良口墟出现了万担草纸、万担粮、万担石灰、万只鸭子和千担萝卜丝、千担茶油、千头生猪、千担青靛等上市交易的局面。现将这些产品的交易情况详述如下：

1. 草纸

居住在良江河流域各山区的农民，大部分是明末清初由福建、广东迁来的客家人。他们把当地的造纸技术带到这里，利用春耕之后的农闲时期挖湖塘，挑石灰，然后进山砍下当年生的嫩竹，破成片，用石灰腌成竹麻，八月

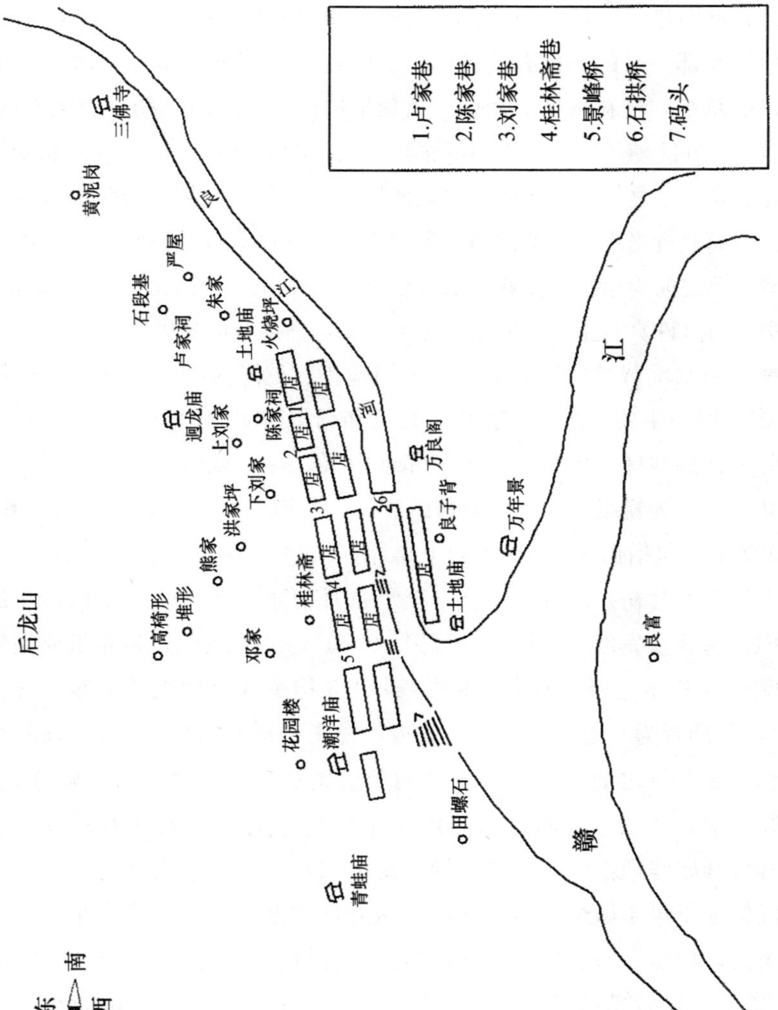

图2-3　良口墟街道分步示意图

后开始进棚剥取竹麻肉，用它做上等生活用纸，剩下的竹麻皮，再踏成浆，做成次等纸（有的利用太阳晒干，故又叫晒料纸）。草纸有固定的规格（每张长一尺七寸、宽一尺四寸），没有达到规定尺寸的，称为花庄纸，市场价值不高。这些草纸，开始时是由南昌商贩前来良口收购，再贩运到江浙一带销售。原因是那一带的乡民有信仰佛、道的传统，草纸大多用作敬祀神明之用。良口的草纸，选料精良，焚烧后纸灰呈白色，能随风飘扬。当地人认为，纸灰呈白色，并能随风飘扬，表明纸张纯洁，神明愿意接受，所以产品受长江沿岸乡民的欢迎。之后，当地商人也逐渐加入经销行列，使得纸张经营成为良口墟最大的商业行当之一。根据消费者的需要，良口草纸的销售大约有四个高峰期：清明节之前为第一个高峰，七月十五日（中元节）前是第二个高峰，八月十五中秋节（许真君生日）前是第三个高峰，冬至节前是第四个高峰。

根据涧田水坑黄姓房谱的记载，清朝雍正、乾隆时期，该姓就有纸槽工18户之多，槽坊主要分散在黄竹坑、高坑和涧田四周的山坑内，发展到鼎盛时期，曾延伸到沙坪、棉津、武术等邻近山区。每个纸槽，一般需要6个人操作，其中1人为捞纸工、2人为焙纸工、1人为踩浆工、1人为剥竹麻工、1人为砍柴工（包括做饭）。每年的下半年，农民一割完迟禾（晚稻）、摘完木梓（大约在九月初）就开始进槽，至十二月初冰雪封冻时才出槽，在这三个月之内，每天要完成1.5担纸（每担144刀，每刀36张，每张纸要完整无损）。其中，1担是老板（槽主）的本钱，0.5担是6个槽工的工钱（伙食由老板出），超额者为三七分成（老板三成，槽工七成）。这三个月做好的纸刚好赶在当年冬至节之前和第二年的清明节前销售。二月底，山里解冻之后，槽工陆续回槽，从三月至四月做的纸又刚好赶在七月十五（中元节）前销售。五月份开始修理槽棚，整理湖塘，挑运石灰，然后上山砍竹、破片、腌竹麻，以保证下半年做纸材料的充足。如果自己没有竹山，就要在插秧之前去外地采山，按照春笋的生长情况，与山主签订合同，向纸行订约，并借贷（缴槽）资金。然后邀请槽工（做纸师傅或搭伙同伴）签约，按合约进行挖塘建棚、采运石灰、砍竹、破片、腌竹麻等项工作。

良口墟经营草纸的商家，在良江河暴发山洪之前，比较有名的有8家。他们是：永丰号（老板卢发林，祖上起做草纸代理，栈房设卢家村），和顺号（老板卢发根，祖上开始做草纸、油料代理，栈房设在卢家祠堂），裕兴隆号（老板刘贻烈，从祖上起做草纸、油料代理及副食品经销，栈行设在上刘家），刘兴记（老板刘守梅，祖上起做草纸、青靛代理，栈房设在花园楼），邓万丰（以经纪业务为主，代客收购萝卜丝、草纸、青靛等，栈行设在花园楼），祥发号（又名瑞丰和，收购草纸，赴清江、樟树等地换取土布、棉花回乡销售，也有三代经营历史，栈房设在洪家祠堂），合丰号（老板杨合丰，从祖上起便收购草纸，运往清江、樟树、湖口、彭泽等地互换棉布、棉纱，回乡销售，栈房设在下刘家祠堂内），杨万丰（从当地收购草纸，运往新淦、三湖、清江、永泰等地换取土布，后来，其子杨瑞联又接手将纸运往南京、上海等地互换棉纱、洋布，运回良口、赣州等地分别销售，栈行设在本店后栋）。这些商家之所以能够数十年如一日，长久保持固定的客源及兴旺不衰的销售势头，主要是他们的货物质量有保证，价格也比较公道，且对待客户诚实、热情，不管是现钱交易还是暂时赊销，也不管是能够顺利成交，还是暂时成不了交，都能谨记“生意不做仁义在，亲疏朋友常往来”“交个朋友千杯茶，得罪朋友一句话”的格言，笑面相迎，茶饭相送。

以后随着纸业的不断发展，一些新的纸商或兼职纸商相继涌现，他们有：吉祥栈（又名李兴泉代理行），裕丰号（老板张裕丰，主业牙行），益丰号（老板龙益红），兴隆号（老板陈梦松），鹤龄货栈（老板梁鹤岑），丰祥货栈（老板黄凤翔），合和号（老板黄河民），兴达号（老板钟廷辉，油行兼纸行），祥和号（老板赖祥章），合顺号（老板彭胜寿，泰和人，货栈设在涧田荷树下何彭昌家）。这些纸行都是“三自”——自己收购、自运、自销，不与外地客商打交道。

纸张的产销渠道有五：一是纸行向槽户订购。他们之间常有相互依存的关系，如有的槽户有竹山或租赁的竹山，能雇工生产。但一般无足够的流动资金，于是便要向关系较好的纸行借款，纸行依照估算的产量，以百分之二十至三十的比例向槽主放贷（俗称缴槽）。而纸槽生产出来的草纸，则必须优先卖给缴槽的商家，并按市场上的价格优惠百分之十（抵作利息）。二是槽户独立生产、独立销售（包括运销南昌），由牙行充当中介，牙行为纸槽户存放纸张并提供食宿方便。待双方价格谈妥成交后，牙行从中收取一定数量的手续费（一般为总价的百分之八）。三是槽户有山或租赁到山之后，邀集有关人员投资（又称缴本），然后再与槽工签订合同，进行生产。纸张产出后，卖给商家，收入先剔除成本（包括借贷），再按比例分红，一般为山场1股，山主1股（如为租赁的山，则算入成本），做纸工2股，焙纸工1.5

股，剥麻工、踩麻工、砍柴工（包做饭）各1股。四是以货换货，外来商直接向槽户（或有经营商品能力的槽主）签订互换货物（如布匹、食盐、南杂货、海鲜干货等）合同，如期按合同交货。五是纸商在墟上设点收购。为防止有的小商贩在收购时故意抬价杀价，以次充好，墟上规定，草纸收购后，须挂靠到当地某家较有名气的纸行，先按纸张质量确定等级，再规定基本价格，并缴付一定的手续费，才容许收购者雇船运往其他市场销售。凡被缴槽的槽户，也必须信守合约，按时向缴槽商家交货（合约中一般都有过春节前、清明节前、中元节前、中秋节前、冬至节前等各阶段交货的数量，以保证商家不至于错失经销良机）。

2. 粮食

良口腹地素有三分田、七分山之称，历史上有春种稻谷、秋种杂物（指萝卜、小蓝）的习惯，粮食以自产自销为主。清朝初年，良口墟市上投入交易的粮食只有2 000～3 000担。后来为什么会出现万担粮的交易局面？这主要与周边的赣县田村、白鹭和本县的陂头、弹前有关。这些地区都富产粮油，素有内地粮仓之称，且距离良口较近（从田村、白鹭步行15～16里便到五陂，然后从五陂顺流而下，很快就到良口墟，经过经销商之手，货物可即刻用大船运销赣州等地）。正是这种有利的水上运输条件，使得良口墟成为周边各地农村所产粮油及所需外地日用产品的集散地。从清朝乾隆年间至咸丰末，陂头河上常年有三块板船40余艘，来往运送各种物资；赣江上也每日有能装2～3万斤粮食的木帆船10多艘，在赣州至良口的航道中穿梭运行。自清代同治年间开始，由于政局不够稳定，人心动荡，良口的粮食销售开始萎缩。特别是民国乙卯年（1915）连续七天七夜的大暴雨，使得良江河流域山洪暴发，周边村庄土地毁坏严重，农民生产出的粮食只够自救，外销几乎降到零。从此，良口的粮食交易也一蹶不振。

良口墟具有万担粮食交易的时期，其经销方式大致有三：一是商家收购，如永丰号（卢发林老字号）、惠丰行、达丰行、仁发行、和顺号（卢家老字号）、邓万丰（经纪人）这些商行的负责人，每年正月都会亲自上趟赣州，去向同行（粮行）拜年，并乘机洽谈生意，订好第二年的交易合同，回来后就去田村、白鹭、弹前等主要产粮区，找经纪人（牙人）挂钩设点（田村、白鹭的收购点主要设在五陂）囤粮。也有个别粮商直接找粮农挂钩，并约定时间，在良口墟上设点收购，然后直接放船驳运走。这样既节省了囤粮费用，又加快了资金周转。二是零批兼营，如钟万兴、李同兴、郭源丰、刘福长、陈光山等，他们在墟上开设了米店，同时又兼营百货。外地客商来后，能卖多少算多少，能做几次算几次；市面上来了粮食，能收多少算多少，既没有固定的销路，也没有固定的货源，价格也随行就市，顺其自然。三是在墟头街尾放置米箩，叫买叫卖，当地称其为米箩商。这种经营，本小利薄，其存粮不超过千斤，价格也一般比大店便宜百分之十左右。他们所依靠的就是口勤、腿勤，除了在墟上销售之外，早晚还到赣江边上，向过往船只推销，有时还主动担米上船。良口经销的大多为晚禾米，且加工精细，全粒多，断腰米少，米质新鲜，煮出来的饭松软可口，故在良口买过一两次米的船老板，大都会在这里买足走全航程所需的米，销售数量不小。由此，良口墟的米贩生意做得十分火爆，从事这项生意的竟有数十人之多。

3. *石灰*

良口墟镇销售的石灰，产自黄塘的曾盖岭。从曾盖岭到良口墟肩挑、水运并行，尽管路途艰难，但却是当地不可或缺的主要商品。良口墟周边的大部分土地都是山坑冷浆田，特别是赣县的攸镇、沙地、古田、东坑、良富，本县弹前、沙坪、棉津等地，情况尤其突出。如果田里没有石灰做肥料，几乎会颗粒无收。另，沙坪、棉津等地腌竹麻造纸，也少不了要用大量的石灰。所以，每年春耕一开始，就有人来良口墟住下，等候收购，并自带船只，将货立即运回。插秧结束之后，农村富余劳动力，有的上山整修槽池，做好腌竹麻的准备，有的就去黄塘挑石灰，以赚取油、盐、零用钱。黄塘的石灰售价有两种，零担每百斤为3毫银圆，整批（2 000斤以上）每百斤为2毫5厘。从黄塘到良口共30里路，肩挑100斤到良口，卖价为4毫5厘，从中有1毫5厘的收益。故家中的强劳动力，常常半夜起床，天亮赶到黄塘，然后将石灰挑至半路，由家中妇女或老人分担、接运到良口，自己再返回挑第二趟，以增加收入。此外，黄塘河上还有小石角船40余艘，每6艘船结为一伙。三天一个来回，不停地向下游运送石灰、粮食、茶油，往上游运送食盐、布匹、百杂货。每条船一个航次可运石灰6 000斤，每百斤运费2毫银圆。为起岸方便，石灰装船多采用竹篾箩（每箩可装150斤），每船2人操纵，过滩（险滩）时，伙内各船互相帮忙。黄塘河上有两个最险要的滩，一名“龙上滩”，一名“老虎滩”。这里水流湍急，怪石嶙峋，水浪如瀑，过滩时稍不留神，就有船毁人亡的危险。石灰运到良口之后，便立即转运到攸镇、沙地、古田、东坑、良富及弹前、沙坪、棉津各地。而运往田村、白鹭、陂头的石灰，则在上优田便开始转入陂头河，再逆水而上，运至五陂，进仓后转由陆路肩挑到目的地销售。自 1915 年暴发山洪之后，黄塘河里囤积了大量巨石，故涧田以上河段无法继续航行，肩挑成了石灰运输的主要手段，一直沿用到 1958 年万涧公路开通为止。

4. 鸭子

在良口墟的商品交易中，鸭子也是主要商品之一。良口腹地内的乡民，历史上就有繁殖、饲养鸭子的习惯。当地生产的鸭子，一是供应人们敬奉神鬼时的需要。当地人认为，鸭子是七月十五日（中元节）敬神和敬奉阴人最不可缺少的祭品，尤其是给祖宗焚烧的纸钱一定要沾上鸭血，否则，烧的纸钱就会被野鬼抢走，祖宗得不到。二是供应弹前、沙地等板鸭厂的需要。由于需要多，养鸭就成为家家户户的风气，有的养鸭能手，一次就养千余只。养鸭，一年出两伙，即春江鸭与秋江鸭。良口墟的商人和牙人，到了二月，就会到各地去了解乡民的养鸭情况。有的乡民想养鸭而没有本钱，他们就会先借出本钱。到了五月底六月初，他们就去赣州市，与当地销售商挂钩，并在七月初把鸭子收拢，用船夜以继日地（怕中途死鸭）赶运至赣州，最迟要赶在七月半（中元节）前把货交齐。秋江鸭则主要运往弹前、沙地等板鸭厂，以制成南安板鸭，销往广东、福建及海外各地。

5. 萝卜丝

良口的萝卜丝主要产在良口腹地内的三田（涧田、硕田、优田）。这三个地方，在夏天收完稻谷之后，就开始整土，然后把家里的猪、牛、鸡、鸭粪全部担到地里做基肥。七月中旬开始下种，八月中旬加施一次肥料后，便将不起作用的苗拔去，把两边的土堆起成垄，使萝卜长得又白、又嫩、又长、又粗，皮又薄，吃起来鲜嫩可口，刨丝晒干（每 7～10 担鲜萝卜丝可晒出 1 担干丝）后，色泽金黄。鲜萝卜到十月中旬便可以收获，这时商家（如协丰号、裕丰号、原昌号）与牙人（如邓万丰）便会亲自（或派人）上门了解情况，登记数量（也有的农户会主动上门登记），发放定金，从而做到心中有数。摸清了基本数量，他们就联系外地客商前来交易。上述三家商行所招揽的都是带货来的客商，其外地来货主要有：鱼干、虾米、目鱼、鱿鱼、海参、海带、蜇皮、鱼翅、鱼肚、燕窝、食盐、白粉丝（叫银丝）等。他们在经营中有个规矩，即外地客商进了谁家的门，别家不能插手，其要货多少，暗中进行调剂，所得到的货，也是内部自己分配。良口的萝卜丝，一般不会主动运到别处去卖，都是由牙人（邓万丰）或大商行把摸到的底写信告诉历年有来往的外省客商，由他们寄钱或带钱来良口提货。原因一是萝卜丝的销售季节性很强，保鲜时间短，一到次年的四、五月间就开始变味；二是自己运去外地，怕会遭遇杀价、亏本。而外地客商在得信之后，十一月中旬之前就会赶到良口来收货，并在农历年之前，把货运回目的地，以赶在居民急需干菜的封冻季节把货卖出去。由此，萝卜丝装船后，从良口到南昌，最多只能用十天时间，因货主会事先雇好船在南昌码头等候，超过时间，船只会运送其他货物，一走了之。故货主对船老板和船上的伙计都很客气，时常买鱼、买鸡回船招待全体在船人员，以保证货物按时到达指定地点，并保证萝卜丝在运输途中不会沾到水、酒等异物（否则，萝卜丝容易发酵、霉烂）。良口的萝卜丝，自清乾隆开始一直延续到民国末期，大部分时间，每年都有2 200 担左右销往赣州、南昌和江苏、浙江、湖北等地。只在清末民初的短时间内，数量有所减少，但也有 600 担以上的数量。良口的萝卜丝为什么能一直保持这么旺盛的势头？一是价格好，1 担萝卜丝可卖到 7～8 圆（银圆），能抵上 200 斤稻谷，且萝卜苗可以肥田，拔了萝卜之后还可种一趟肥田籽，第二年春季的肥料便不用愁了，故农民愿意种；二是萝卜丝具有开味消食、化痰祛风、清凉解毒的特点，不但能做菜，还能入药，所以消费者喜欢买。卖买二者都乐意，自然能够经久不衰。

6. 茶油

茶油是食用油中的上品。清代，良口墟开设了 7 家油行：仪和行、隆发行、永顺行、永发行、达丰号、永丰号、源丰行。7 家中，有 4 家是兴国均村和赣县田村、白鹭的油商在良口墟开设的，其油也主要来自这几个地方，并通过良江河的两条支流运到良口墟，再转运到赣州或广东等地销售。回程时再购回粤盐及南洋京果到原地销售。达丰号、永丰号、源丰行收购的油则大多就地等待外地客商前来交易，其交易方式有三种：一是带钱来购油；二是带船带货（食盐、京果、布匹、其他杂货）来交换，这叫“货换货，不见过（意思是互不后悔）”；三是自己运油，南下赣州、广东，北上吉安、樟树，以换回京果、百货、食盐等，或在本店销售，或批发给涧田、陂头、康公潭、五陂等地的小商小贩零售。当地岭多田少，为了增加产量，每年采完木梓，山主都要花钱雇大批劳力垦岭（当地又叫修岭），所以需要钱用，于是，在第二年的油出来之前，就要先向油行老板借钱（又称缴岭），并保证第二年出油时，把油先卖给借了钱的油行。同时，还要保证垦岭时需要买的东西也在借钱的油行买（油行没有的货物，由油行老板先买回来再转卖给山主）。收购时的价格也随行就市，若油多，则价钱略压一点，油少，则略提一点，总之，双方面议，使之互不吃亏。

7. 生猪

良口乡民饲养的猪，头小、嘴短、脚矮、身圆、皮薄、肥肉少、精肉多，且抗病能力强。传说，这种猪是从福建引进来的（猪名叫米粿狸），故乡民们喜欢养。家家户户，少的养1～2头，多的2～3头不等，以解决家中日常的零星开销。猪饲料大都从自己的菜园中采摘，每天早上做饭时剩下的米汤，便用以拌料。这样饲养的猪长膘快，6～7个月就能长到180～200斤（当地称"日长一斤"），达到出栏标准。良口墟上每天需3～5头猪的供应。主要原因是赣州下来的船要在良口住宿，船上要做神福（即敬菩萨）。加上赣州人口福好，他们认为良口的猪肉便宜又好吃，所以一定要在这里买肉、买鸡做神福。由此，墟上有时杀5头猪还不够卖。同时，墟上的猪商、屠商每到清明节、端午节、中秋节、冬至节、春节时还要大量收购生猪，用船日夜不停地运往赣州销售（每船能装40头猪，有的猪商、屠商一次就雇请3～4只船装运，其数量可想而知）。大兴号、朱隆球家就是专门贩猪上赣州的行家，老表形容他们"装猪百头上赣州，赚个肚子像个球"。其经销办法是，赣州老板要货须先付钱后交猪，而乡民则要先抬猪后拿钱，所以他们从事的实际是无本买卖。

8. 青靛

青靛是一种小灌木（原名小蓝）收获后用碱（石灰）加工成的像蓝色豆腐一样的染料。据说，小蓝籽是在清朝嘉庆末年由福建迁居良口落户的客家人带过来的（究竟是哪姓人带来，现已无法查考）。小蓝1年可种2次，栽种方法也很简单，不需要精心管理。每种1亩小蓝可出青靛1 000斤左右，而1担青靛可抵上1担谷的价钱，故当地乡民家家户户都喜欢栽种。青靛的制作方法也很简单，只要在有水流动的小溪边挖个圆形的湖塘（约2米深，直径2米），早上将即将开花的小蓝割下，放进湖塘里堆沤。待其发酵起泡，并有绿水流出时，将蓝渣捞出、榨干（榨出的绿水倒回池中，渣则斩碎后做肥料）。然后把沉淀后的石灰水倒入装有绿水的湖塘中，用木耙搅拌，当搅到有大量气泡出现时，便让它自然沉淀。然后放掉清水，做成一块块的“豆腐块”（这便是青靛），用水桶担回家，待牙人前来收购。当青靛开始在良口墟出现时，墟上还没有染坊。故产品均由卢姓、邓姓的商家与牙人收购后，运往兴国、南康、大庾等地销售。清嘉庆末年，新淦大洋州胡祥模的父亲带白布来良口收购草纸，发现良口生产的青靛可以染布，于是就来良口开染坊，这就是当地有名的瑞丰和号。接着，卢姓开设了原昌号，也以染布为业（后改营百货）。之后，杨大兴号（杨大顺）、合丰号（杨合丰）、杨万丰、吉祥栈（李兴泉）等布店纷纷效仿，兼开起了染坊，使染坊在墟上达到6家之多。

从此，良口腹地生产的青靛以内销为主，外销为辅。其产量也随着需要的变化而逐年减少。到民国时期，种植小蓝的乡民大都转为以种萝卜晒丝为主，青靛的产量减到每年只有200～300担，主要销往兴国、南康、大庾等地。到洋颜料进入后，就基本停止了生产。

三、良口墟的商界名人

商人是商业经营活动中的主体，商人的智慧、胆识、经验及从商道德是商业经营活动成败的关键。良口墟之所以能够从一个不起眼的村落发展成一个具有“小南京”之称的繁华墟市，并历经千年不衰，与它有一批具有良好经营理念及从商道德的商人有着密切关系，刘贻烈、杨万丰就是其中的代表。

刘贻烈是裕兴隆号的店主。该店从其父亲手上开始经营，店内经营面广，门类齐全，从布匹、百货、纸张、文具到油、盐、酱、醋、茶、名贵京果、糕点、海味干货一应俱全。该店之所以在当地声誉较高，影响较大，一是经营中能始终坚持君子取之有道、为人以诚为本的经营理念，所有货物的进出都能保质保量，童叟无欺。二是店主为人忠厚，商业经营中始终坚持以顾客为本，以善心待人。对于家境贫寒或一时有困难的顾客，他能主动关心，或是免费赠物，或是赊销商品，而且销过之后，任顾客何时有钱何时还，从不主动讨欠。顾客上门，不管买货成与不成，近者敬以烟、茶，远者待以酒、饭。正因为他待人好，又货真价实，顾客都愿意上门买他的货，常年的月经营纯收入都在百多块银洋以上，在墟市商家中名列前茅。三是店主悟性高，又善于学习，所以行行精通，事事都能自己动手。为了减少经营成本，并能保证商品质量，在他所经销的商品中，从布匹的染色、各类糕点京果的制作到酱油的酿造、猪皮的加工等都由他自己精心设计，一手完成。在他的带领下，家里的老人、妇女也加入加工的行列，节日前后，店里经销的所有蜡烛、纸钱，也都是由其家人自己加工成的。正是凭着辛勤的劳动，他经销的商品，尽管分量比人家重，价格比人家低，且有的还是赠予或常年赊销，但他依然能够保持足够的赢利，并能时常拿出一些钱来支持墟上的公益事业。他在商家与顾客中具有较高的威望，大家有事都愿意找他商量。

杨万丰不仅是良口墟，同时也整个万安县中经商最成功的商人之一。其父杨矮崽，家境贫寒，从小父母早逝。其堂叔（杨大顺）看其可怜，且为人诚实，便把他介绍到原昌号（卢姓人开的）去当学徒。三年学徒期满后，他先是借了点钱，挑个货郎担沿村叫卖，以后又做草纸生意，最后才筹了点钱，在五陂墟上开了个小布店，但经营中始终步履维艰。

杨万丰读了几年私塾，15 岁起就在店里帮着做生意。他进店后没几天，就向父亲提出应把店迁到良口墟去，并详细分析了迁店的利弊条件。父亲觉得他说得有理，便借了些本钱，并租用了两个店面，一个卖布，并开染坊；另一个开当铺，兼做草纸生意。这一迁，店里真的很快红火起来。而他却并不以此满足。他认为良口墟的发达，靠的是产品外销，所以真正要做好生意，还必须拓展空间，打通南北商道。于是，26 岁时，他便抽出部分资金，南下赣州，先后在涌金门、东门、阳明路、西门等商业繁华地段租用了 10 家店铺。其中，在涌金门开了“瑞记粮行”、“瑞记油行”、“瑞记土产行”（以经营芝麻、苎麻、瓜、豆、花生为主），在阳明路开了“瑞联号”（专营布匹）、“瑞和号”（专营南方海产品）、“瑞发号”（专营百货、京果）、“瑞兴号”（专营副食品、糕点）。在东门开了“瑞丰号”（经营食盐、百货、杂品）、“瑞祥号”（竹木代理商行）。在西门开了“瑞合号”（经营百货、杂品兼开客栈，用以招待过往客商并洽谈生意）。在赣州积累了一定的资本与经验，并有了相当丰厚的客商基础之后，他又把目光转向更远的地方，先后在广州开设了“瑞隆土产商行”（专营赣、粤两省出产的粮、油、芝麻、瓜子、豆类，并负责采购海产品及来自东南亚的特产），在南昌开设了“瑞庆布匹商行”、“瑞洪木竹代理商行”（以经营竹木为主，兼营草纸、萝卜丝等），在南京开了“瑞吉祥号代理商行”（专营木材、钨砂、草纸）、“瑞万祥号”（专营布匹、棉花收购）、“瑞生祥号”（专营百货、草纸、萝卜丝、冬笋、笋丝、食盐、京果等），在上海开设了“瑞沪祥号”（专门采购洋布、洋纱，运往内地）。凭着经商智慧与胆识，他在短短数十年间，能从1家小布店发展到拥有17家分店，其经营门类由单一布匹发展到涵盖布匹、百货、副食糕点、农林特产、南北海鲜、饮食服务乃至矿产品等所有项目，经销网络遍布赣州、广州、南昌、南京、上海等各大、中城市。生意越做越大，财源愈来愈广。

但他发达之后并没有忘记偏于一隅的良口百姓及商界同行，一是经常利用自己建立起来的商业网络为良口商界同行日常的商业经销活动提供帮助，二是对当地的孤寡老人及贫寒之家，他经常主动接济，施舍财物。当地要搞什么公益、慈善活动，需要商人捐款时，他也总是首先带头，且捐得最多。尤其是民国乙卯年（1915），一场突如其来的山洪把良口墟夷成了一片平地，连接良江河两岸的拱桥也被冲得无踪无影，给两岸乡民的日常生活带来了很大不便。在商讨重建墟市时，大家认为，目前当务之急是要修复大桥，但刚刚经历了这场劫难，无论是乡民还是商家，都几乎变得一贫如洗，筹钱成了最大的难题。这时，杨万丰主动站了出来，提出该桥由他承担大部分资金（不足部分由墟上有能力的商人共同筹集），且为了子孙后代，要把这座桥修造成最坚固的桥。什么桥最坚固？自然是钢筋水泥桥。但当时中国既不能生产钢筋，也不会做水泥，这些物资都得从国外进口，所以价格非常昂贵。但为了乡民的利益，他坚持要这样做，于是便从各个分店抽调资金，从各地采购来石料、钢筋、水泥，并请来技术人员做指导，开始修复大桥。经过一二年的努力，一座石料与钢筋水泥混合结构的大桥终于完工。从此，他在人们心目中的地位更高，无人不说他办了一件大善事。

除了上述二位之外，还有樟树人曾三妹子，他在良口墟上开了一家“福寿堂药店”，经营中能一心为乡民着想，急人所急，所以药店生意很兴隆，他本人在乡民中的威望也很高。

四、良口墟的船舶运输业

（一）大江帮与小江帮

船舶运输是良口墟经济繁荣的基础。依照当地的经济、地理条件，良口墟的船舶运输分为大江帮和小江帮两种。大江帮是专门从事赣江水上运输的，小江帮是从事内河，亦即良江河及其支流黄塘河与陂头河上运输的。

良口墟的小江运输经历了一段非常艰难的开创过程。前面已经提到，良江河是良口墟上一条非常重要的河流。其重要性不仅在于它的流域面积大，水量丰富（在万安县中排名第三），而更重要的是，通过它可将良口墟与良口腹地的涧田、益富、高桥、五丰以及兴国均村、赣县白鹭和田村都联结到一起，使良口墟一举成为周边数十里之内的经济中心。但良江河及其上游的两条支流，河床十分复杂。尤其是黄塘河，沿途怪石嶙峋，河床下暗礁甚多，且坡度大，水流湍急，所以古来无人敢在此地行船。从良口墟运往涧田及兴国均村和从那一带运往良口墟的货物都要依赖肩挑。从良口墟至均村，起早摸黑，要三天才能走一个来回，因山路陡，一般人只能挑老秤[①] 80 斤左右，年壮力强者也只能挑老秤 100～120 斤。而从良口墟到田村、白鹭，也是起早摸黑，要两天一个来回。力资随行就市，双方面议。其间，一般性货物，细水长流，长运不断。而大宗物资或季节性较强的物资（如石灰），一年当中以三个阶段集中担运：第一个阶段是从新年过后到插秧之前，主要挑运补充春节期间腹地各店已销完的商品，如百货、副食品、布匹、食盐及各种种子、肥料（如石灰等），又把各地收购来的茶油、粮食等土特产品挑至良口墟集中；第二阶段为插秧后至割秧前，主要挑食盐进黄塘，挑石灰到五陂、田村、白鹭，并从黄塘挑石灰出来转运到赣县的古田、东坑、攸镇，万安县弹前等地；第三阶段从收割完晚禾，摘完木梓，一直到春节之前。这时，各地的商店都需要进大量的布匹、食盐、百货、杂食品、京果和日常生活用品，涧田周围出产的青靛也急需运往兴国等地染制色布，各地收购的茶油、粮食、草纸、柴炭、野生中草药材等需运出良口，转运外地。所以，在这三个阶段中，沿着黄塘河、陂头河行进的两条小路上，每天行人如梭，往来不断。但由于这两条小路过于崎岖陡峭，肩挑运输对人的体力消耗过大，再健壮的人也只能连续走 3～4 个来回，很难走完第 5 个回程，而墟市经济的发展又需要物资长年不断地往返流动。于是，陂头河内五陂村有个从广东南雄迁入该地的李姓人，运用家乡曾经用竹筏运输货物的经验，到山上砍下了 12 根大苗竹，用火烤烧、弯曲、去皮、晾干之后扎成竹排，排上放一个四方木箱，装满河沙，在陂头河上试行。经过反复试验，摸索经验之后，便率先在五陂至上优田的河段上使用竹筏。但由于河水的涨落季节性很强，所以，

① 旧时的度量衡标准，每 85 斤约等于现在的 100 斤。

开始只能在冬季航行。在陂头河试行竹筏运输的同时，黄塘河流域的乡民也开始了他们的试验。住在这个流域的人，也大多是明末清初从福建上杭、永定及广东大埔一带来的移民，他们素有捕鱼及从事小船运输的经验。在观察中，他们发现，黄塘河从良口至涧田段全是稳定的鹅卵石河床，从涧田至黄塘水口阁，尽管有些大礁石，但可以躲避。且该河长年水面稳定，船只可从良口一直通到黄塘水口阁。水口阁以上河床复杂，无法通航。经过查勘，他们认定，进出兴国均村的物资可以用小船运送到黄塘水口阁，再进行陆地转运。计划确定之后，他们就效仿老家船只造型，建造出适应黄塘河复杂河床需要的小船“拖古子”“石角子”，开始了黄塘河上的水上运输。陂头河流域的乡民得知消息后，也纷纷仿效，制造出适应陂头河沙底河床需要的小船“三块板”，开始了陂头河上从良口至五陂河段的小船运输。由此，良江内河运输逐步发展起来。到清代乾隆年间，良江内河运输便已初具规模，时有船只 90 余艘，其中，陂头河流域，有五陂村李姓建造的船只 20 艘。有高桥村赖姓、严姓、邹姓、林姓、邓姓建造的船只 30 余艘（其中，仅赖姓就有 24 艘），他们每 6 艘 1 伙，1 人 1 艘，每艘船上备 1 把铁耙，遇着浅河滩，便停船耙沙，互帮互助。黄塘河流域则有船只 30 余艘，都是由涧田林姓、何姓、张姓、萧姓、赵姓建造的。他们也是分伙行船，每 4 艘 1 伙，每船 2 人，船上备有 2 根硬木棍，2 根粗竹杠，2 根粗麻绳。遇到大石阻碍或经过狭窄地段时，便或撬、或顶、或下船扛。船过龙上滩、老虎滩时，还要准备一捆杂柴，吊在船艄上，以降低船速。其间，同伙人互相搭帮，头上 2 人（1 人用竹篙点石，1 人持浆拨正航向），艄上 2 人（1 人丢杂柴，并用竹篙点石，1 人掌舵，拨正船头航向），顺着航路，缓慢驶下。陂头、黄塘两条支流的航程都是 3 天 1 个来回，路上十分辛苦。

船只载货量，黄塘河限量上水（进江）只容许载 4 000～5 000 斤，下水（出江）可载 5 000～6 000 斤。3 天的航程，在蚊帐潭（荷树下木桥旁）开船，到良口吃早饭，卸货后，装货至冷饭潭吃中饭，饭后赶到蚊帐潭住宿，第二天一早起来，逆水而上，拉船一天，到黄塘水口阁卸货住宿，第三天一早装货，吃早饭后开船返回蚊帐潭住宿，如此循环往复。船工的工作很辛苦，他们起早摸黑，拉船时整天一身湿（河水加汗水）。热天晒脱皮，脚上割出血，身上三种色（头上黑，腰间白，脚臂晒得紫红）。冷天冻得打哆嗦，脚下麻木不敢摸。同时，长年在外行船，难得与家人见面，平时也极少有娱乐活动，心情很苦闷。于是，行船中，他们常常用打号子的办法来自我调侃，如“大家齐心协力哟，耶嗬嗨”，“挣到钱来嫖老妹，哟嗬嗨”。看到河边有年轻妇女洗衣服，也会故意唱山歌去挑逗人家：“哎哟嘞，老妹在洗漂白衫（衣），洗得光亮照在郎心间，哥哥有件拿你洗，看看老妹敢不敢，心肝妹。”有些胆子较大的女子则会马上答唱：“只要哥哥不嫌弃，你敢拿来妹敢洗，我洗衫衣是小事，你怕不怕老婆扒你一层狗皮。”听了回歌，大家哈哈大笑，无形中冲散了许多心中的烦恼。民国乙卯年（1915），良江河山洪暴发，沿河田地、房屋、桥梁全部被毁。大量千斤以上的大石冲入河中，致使涧田至黄塘水口阁的河道全部淤塞，无法继续通航，余下只有陂头河及涧田至良口的 15 里水程仍可航行。

大江（即赣江）运输事业的发展，是随着支流运输的发展而逐渐兴旺起来的。开始时，良口墟仅拥有驶往赣州、吉安、南昌及驶出长江的船 40 余艘。从清朝嘉庆年间开始，随着小江运输的发展，需要外运及运入的物资越来越多，原有的运输船只远远满足不了需要。于是，清道光年间，又有戴姓、曾姓、刘姓、宋姓、谢姓人建造出大船，加入大江运输的行列（其中，有的是由小江转为大江的）。赣江上的船只越来越多，其中，仅涧田黄竹坑的谢姓就拥有能装 10 万斤以上的大船 13 艘半（半艘为与他姓合伙建造），族中谢崇伦生有 5 子 5 孙，家中有 3 艘能装 10 万斤以上的大船，长年航行于南昌至武汉、南京、芜湖、无锡等各大口岸，运送食盐及海产品等回江西。

据粗略统计，从清朝嘉庆末期到光绪中期，良口墟周围，有走赣州、吉安、南昌以及出航长江，载重在 4 万～10 万斤以上的船只 40 余艘；有专从良口至赣州及赣州以上支流，将青靛、生猪、家禽、粮食、油料运到赣州及会昌筠门岭、大庾、崇义、上犹等地，装载量在 2 万～3 万斤以上的船只 20 余艘；有专走吉安、南昌，运送草纸、萝卜丝、柴炭、食油等农副产品的船只 30 艘。共计有 90 余艘。这些船只，依据船体的大小及抵御风险的能力来决定自己的航路，其中能装 5 万斤以上的船只就可到吴城（星子县境内）、湖口等地驳食盐上吉安、泰和、万安，能装 10 万斤以上的船就可出长江口运盐到吴城。这些船大都为戴姓、叶姓、林姓、严姓、李姓、张姓、谢姓、何姓人所拥有。

良口墟自有水上运输起，就有装卸货物的脚力。他们大多数是墟市周围的人，由“脚行”统一管理。船到码头之后，如果有货要装卸，货主会告诉脚行，由脚行通知人去搬。凡上货、下货，除了脚行通知的脚力之外，其他人再有力气也不能去搬，这叫“打酒卖糖，各干一行”。若是货主不懂事，派自己的人去搬了，客气一点的，当时不作声，但以后船到码头，每次的货都要货主船上的人自己去搬（同时也不许墟上的其他人搬），而不客气时，脚行头子会马上找上门来大骂一顿，并要逼迫老板亲自去道歉，才算了结。良口墟的来往船舶比较多，所以，脚力长年保持 30 多个人。

（二）船工等级与船上习俗

在小江上行走，由于河水较浅，河路较狭，水深地段不多，行船犹如扛轿，一人一头，人数少，技术要求不高，只要身体健壮，并有熟练船工带上一两次，实践中指点指点，几个来回就可以独当一面了，所以其工钱均按股子分红。若是合伙做的船，就对半分。若是个人的船，请人做帮手，便按 4 股开，船主得 2 股，船员得 2 股，伙食各自带。

走赣江（包括走长江）的船工就不同了，赣江水道复杂，礁石、旋涡时隐时现，江水深不可测，此外，有时还会遭遇各种风浪。若没有掌握一定的技能，稍不留神，就会酿成大祸。故上大船，先要做三年的伙头（学徒），看经不经得起考验，能不能学到撑船的技术（叫功夫）。伙头的基本功夫，早上要早起床，舀舱水，烧热水给伙计们洗脸，烧开水，淘米做饭，洗菜，切菜。有老板娘的，蒸好饭后等老板娘起床炒菜。自己就去扯锚、撑开船。老板带舵时，自己就拿纤板上岸换打头桩的人，予以拉纤。若是到了港口，停船时就在船上守船，让其他人上岸。若其他人不上岸，就同老板娘上街买菜，是时，要紧跟在老板娘的背后，老板娘付钱，伙头拿菜。其工钱待遇，前半年，只吃不拿，叫挣饭吃（上船时发条短裤，医病的钱由老板拿），半年以后，如果老板、伙计都认为他做事勤快、老实，能虚心向老师傅学习，就会留下他，成为正式伙头。自后，每月发 1 箩米钱。伙头一般要经过三年。但若学技术快，两年后就可以算工钱。

船上的习俗，最起码的要求是：上船要洗脚，进舱要脱鞋，鞋要放顺的，不能放倒的，更不能翻转放。若翻转放鞋子，老板看到了，就会马上发脾气，说你是白虎星，不但不会招待你，还会赶你走。若是货主上船进舱，伙头要马上去看鞋是否放错，并及时纠正。走时还要交代货主，下一次不能这样放。吃饭时，伙头要主动坐在饭甑边，帮别人盛饭，吃饱饭给别人顺茶（即倒茶）。早上起床，不准随便说话，特别是不准说错话，叫人不能随便叫名字，要叫某某师傅。走船时，师傅看你撑篙的姿势；拉纤时，看你的腰身直不直。荷竹篙，扎拖把，安纤板，样样要学。此外走风学看风向，行船学看水路。若能学到这些，就可以算是一般的伙计（二等船工）了，工钱可升为每月 1 担米。若老板看你在船上做事，样样功夫都基本拿得起，工钱可加到 1.5 担米。若船上每项技术都能懂会做，每月便可以拿 2 担米的工钱，这就相当于二等家长了。但真正的二等家长要能懂得船上各个部位及各种用具的名称、性能和作用。例如九稳板：装香板、枯头板、避水板、封艄板、拦水板、瞻板、漂风板、过桥板、舵盘板。九脱板：天井板、桅极板、挎子板、扎脚板、跳板、腰板、踏脚板、纤板、甑板（切菜板）。一木：隘痴木。三荤：鸡公头、鱼头、猪尾。三斋：笼并子、果子头、竹篙箍。七绳：减绳、边风绳、纤牛绳、伴桅绳、橹脚绳、纲脚绳、三义绳。其他设施：架脚、搭脑、栏关子、天桥、锜瞻、天棚、雨篷、月问子、头舱门、伙舱门、官舱门、艄舱门、木橹、挑串、橹顿、橹串子、橹脚板、车心木、绞边、车盘、绞条、钢丝、铁锚、铁链、铁风扣、桅点木、桅隔木、风篷木、提头木、麻力、度力、度女子、边纲绳、附水斗、水卷、出箕子、三星轮、七星轮、老鼠轮。舵杆：舵串子、舵把木、铁锹纤、纤缆、竹篙、挽子、汤耙、靠把、扎席子、将军顿、洋桥、油搭子、流星球、凤尾。还要会看航道及水的流向、深度，懂装卸货物的规矩，这才算真正达到了二等家长的等级标准。一等家长除了有上述技能外，还要知道河水的流速、修船工艺、每天的天气变化，如早上起床后，看东方晨光晨云，就能知道今天将会起什么风、下什么雨（古人云，乌云拦东，不是大雨就是大风）。下午日将落山时，看西边的光环及云层是红的还是黑的。红的表示明天晴朗宜人，若是乌云，说明明天要变天，或下雨或起风。光环是射向东方的，说明明天有东风及雨，总之，光环射向哪个方向，哪个方向就要下雨。所有这些，开船前都要对全船人员讲明，以提醒大家注意。还要知道赣江沿河东西两岸的寺庙及菩萨的名称，路过时提醒老板敬菩萨，保佑平安。还要了解一年的二十四个节气，每个月的初一、十五日要提醒老板敬菩萨。总之，一等家长给老板当了三分之二的家，故工钱一般都在每月 3 担米以上。

船上其他的规矩也很多，概括起来，要去掉一个“翻”字，牢记一个“顺”字；去掉一个“九”字，牢记一个“快”字。比如等人，不能说“等久了”，要说“对不起，让你等急了”。帮忙撑船，不能说“帮你拉（或撑）

一股子船”，若是讲了这话，老板马上就会说：“呸，你到别处去拉（或撑）。”因为在船工的思想中，“一股子”是表示船被石头打烂或折断了。所以，如果被请去接船、拉纤或撑篙，只管做事，不要说话，老板看了就会很高兴，对帮忙者表示感谢。

装饭的勺子，船上不能叫“饭勺”，要叫“顺勺”（因“饭”是“翻”的谐音）。舀汤的调羹，船上不能叫“调羹”，也不能叫“划子”，要叫“汤瓷”（因“调”是纠缠不休、需要调解的意思）。蒸饭的饭甑，船上不能说“饭甑”，要说“顺甑”。“韭菜”，船上要说“快菜”（因“韭”与“久”、“菜”与“财”谐音）。“芹菜”，船上要说“富菜”（因“芹”与“穷”、“菜”与“财”谐音）。每月逢七、九不开船，原因是，“七”是祭亡人的时间（有所谓“做七”），而“九”与“久”谐音（船工办什么事都讲究快，不能久留），所以，这两个数对船工来说，很不吉利。正因为这样，开船的日期一般都选在一、四、六、八，一叫“一帆风顺”或“一路顺风”，四（十四除外）叫“四方得利”，六叫“六六大顺”，八叫“发”或“八方来财”。此外，每月还有三天是月忌日，即初五、十四、二十三。这三天也不开船。民间有流传：“初五、十四、二十三，年年月月在人间，从古至今有记载，日日相传不等闲，无事……社稷，和尚出门当袈裟，李颜入宅丧三男，初五犯着家长死，十四逢运身自当，行船落水遭官司，皆因遇着二十三。”所以船上满载货物之后，开船都要避开这些日子。如若货物紧急，一定要开船，也必须在头天下午时，先象征性把船开动一下，并在船上敬一下菩萨，再靠到另外一个地方，这就叫已经开了船。船上煮饭的灶，在饭菜煮完之后，灶内熄火，不敢埋未烧尽的柴头子。如果埋了柴头子，就意味着船会翻，会沉，会被河沙埋没，即所谓“水打沙淹”。老板如果发现了，会当场大发雷霆，骂伙头是“鲁拐”（即不懂规矩的人）。船上任何人（包括货主），无论白天、夜晚，不能站在船头上或者向着船头解小便，以免得罪天地神明，造成翻船等事故。否则，出了什么事，老板会找他算账。

接到生意，在装货之前，老板要亲自在船头上点烛燃香，拜菩萨，并暗暗祝福：请萧公老爷及天地各方神明保佑这次生意平平安安，顺利到达目的地。拜完菩萨，货才可以进舱，船上伙计（船工）在接到进舱货物时，要马上说：好！这批货平安无事，顺利到达目的地。老板听了，就会非常高兴。船上每做一笔生意，都要做一次神福（叫托神明的福），由船老板出钱，伙计操办。做神福要九菜一汤，冬酒一缸，让大家饱吃一餐（懂规矩的货主常会主动拿出钱给老板代办）。餐桌上，大家互相做神福。老板对伙计说，事事平安，集体健康。伙计对老板说：生意兴隆，满载去，满载归，银子花花像水流。老板听了会非常高兴。

船上若听到喜鹊叫，要马上说："呸，你到别处去。"若看到乌鸦在船顶上飞过，还要大叫一声"丫"。凡遇到这种事，家长和老板会马上打招呼，要大家特别小心。老板还要马上拿出香烛，在船头上向四方打躬作揖，请求四方老爷保佑，平平安安走船。发现有人落水，除了是本船上的人外，不会去救其他的人，佯装没听见，没看见。船工认为，你若救起了他，水鬼就会捉你去顶替，行船就会有危险。但如有人已经淹死了，船工则会去打捞，俗称"船上的人救死不救生"。

航行中，若遭遇暴风骤雨、洪水威胁、暗礁险滩、拦河抢劫等意外事故，船上货物遭受损失时，船主不负赔偿责任，一切由货主自理，人称"看牛赖崽赔不得牛"，"萧公菩萨走船都会有失舵的时候"（相传萧公撑船，得道成仙，驾船回江西时，在丰城县北失舵，挂掉了半片岭）。

社会上的人对船主有 3 种称呼：船老板、船古老、船拐子。3 种称呼各有不同含意。叫"船老板"，说明船主在水上一贯忠诚老实，守规矩，装的货原封不动，能按时送到目的地，货主信得过，这是尊称。叫"船古老"，说明船主在河边各口岸跑得多，见多识广，为人圆滑，善于讨好卖乖，简称"滑头"。叫"船拐子"，就说船主很调皮，不守规矩，坑蒙拐骗，嫖赌逍遥，坏事样样都干。更有甚者，还会与船上的伙计勾结，偷卖船上装的货物，或在货物中掺杂、掺水，以欺骗货主。

五、良口墟的民俗文化

（一）寺庙

随着人口的不断增多，良口墟的规模也日益扩大。迁入的乡民中，许多人有信佛敬神的习惯，由此，良口墟周围先后建起很多寺庙，主要的有三佛寺、佛灵寺、回龙庙、潮洋庙、青蛙庙、关公庙等。至于土地庙、社公庙，则遍布良口周围，不计其数。

1. 三佛寺

三佛寺是由卢姓人牵头，从万安县境内的棉津双坑唐代天龙山寺庙请来的，开始只有三张佛祖的画像，后来才集资在鲜水塘建起了良口的第一座寺庙，用以供奉三大佛祖，故名“三佛寺”。庙的规模不大，分前后两栋，前面为天王殿，后面为大雄宝殿。庙中供奉的神明以三大佛祖为主，配以观音、地藏王、十八罗汉、四大天王、弥勒佛等。据说北宋末年，隆祐太后逃难时，在该庙隐居过 3 天。还听说庙门前有一口小水塘，青蛙非常多，春夏之交时，整夜叫个不停。是时，隆祐太后就对身边的人说：“这些青蛙叫个不停，吵得我睡不好觉，心里很烦。”和尚知道后，便亲自去塘边抓了一只青蛙，并找到一张红纸，用手做了一个纸项圈挂在青蛙的脖子上，说：“你们吵得娘娘不好睡觉，我给你戴个枷，看你叫不叫。”不一会儿，整塘的青蛙便真的都不叫了。且从此以后，这口塘里的青蛙颈上都有一个红圈，也始终不会叫，直到该塘被毁为止。

2. 佛灵寺

佛灵寺始建于明末清初，地点在良口去陂头的路旁。寺内也供奉三大佛祖、观音、地藏王。与三佛寺一样，这里是良口乡民的朝圣之地，香火很旺。庙建在路边，所以也是过往行人歇脚、喝茶的好去处。该庙三建三毁，不久前才刚刚恢复。

3. 回龙庙

由卢姓人建造。相传卢姓来到良口开基，最早选中的地点是在田螺石岸边，并在这里建了祠堂和住屋。后来由于赣江水不断冲刷，河堤崩塌，便迁到万塅基一个叫“七星望月”的地方。可迁来之后，不到数十年，卢姓便逐渐衰落。为此，他们便请风水先生来察看，发现从后龙山到祠堂右侧，有一条被水冲刷成的深沟，把龙脉切断了。于是他们在祠堂右侧的沟口，填起一块大坪，使祠堂的背后形成一个水塘（取名镇塘），以存积龙脉的旺气。并在坪上建了一座庙，这就是现今所说的“回龙庙”。据说建庙后，对于请什么菩萨来镇守，族中众说纷纭，有的说要请龙王，有的说要请赵公元帅。后来，有个长者说：古有“朱家天子杨家将，换朝不换将”的传说，杨家满门是福将，还是请杨太伯公和赖公元帅好。另外，他们都是吃荤的，有威武，所以便定下以杨、赖为主神，另配一尊伽蓝菩萨。开初，回龙庙仅是卢家一姓人的坊神庙。以后，刘姓也由鲜水塘分到上街背建房、建祠，于是，回龙庙菩萨便成了卢、刘两姓的坊神庙了。

4. 潮洋庙

民间传说，先有回龙庙，后有潮洋庙。所以，潮洋庙是在回龙庙之后，明代中晚期才建起来的。建庙的目的是为了保佑墟市的太平，所以庙也建在墟上。建好庙后，在讨论请什么菩萨时，大家也有许多争议。最后，大家认为，当地“三佛寺”“佛灵寺”等寺中已有吃素的菩萨，所以还是请吃荤的菩萨好。当地人也知道，吃荤的菩萨主要有赖公元帅、杨太伯公、赵公元帅、康王菩萨。因此议来议去，最后觉得还是请康王菩萨较全面。但去哪里请呢？议论中，有涧田人建议去涧田溪洋庙请，说那里的康王菩萨最灵。而且听说，当地的康王是涧田康姓人特意从老家请来的家神。还听说康王菩萨有五兄弟，老大留在原地，老二、老三被请到涧田安位了。既然当地有两个康王，所以他们就决定把其中的老三请到良口来安位，庙名也仿照涧田，取名为“潮洋庙”。本来，潮洋庙的康王菩萨是专门请来保佑墟市太平、百业昌盛的。但不久，涧田一伙姓黄的船工驾着一艘能装 2 000 担的大木船从长江口驳运食盐回南昌，途经星子县境内的老爷庙航道时，突然狂风大作，恶浪滔天，眼看船只即将被恶浪打翻，危难中，黄老板立即点起香，跪在船头上，呼唤良口康王菩萨的名字，请求救助。霎时间，狂风平息下来，水浪也变得平稳，船上人员得以安全回到南昌。由于有了这个经历，潮洋庙的菩萨也成了良口船工的保护神。每年正月十五元宵节的潮洋庙会，船上的人都会应邀参加，并承担初九、初十两天庙会的所有开支（初九由小江船出，初十由大江船出。这两天，船老板会联合在潮洋庙办十台酒席，宴请乡邻绅士、商家老板）。二十世纪二十年代后，由于大、小江船只逐年减少，分开举行有困难，自后的庙会就不再分大、小江而一起合办了。

5. 青蛙庙

据说清雍正年间，广东嘉应州（今梅州市）有两位学士进京赶考，在赣州上船时，岸上突然跳出一只青蛙，与学士同船北上。到了良口墟时，学士上岸，青蛙也跟着上岸，他们走到哪里，青蛙就跟到哪里，形影不离。其中有一位学士看了很奇怪，便对学友说：“你看这只青蛙，自赣州我俩上船之后，他就一直跟着我们，时刻不离身。”另一个学士听了，也觉得奇怪，就对青蛙说：“你一直跟着我们干什么？如果你是神，就要保佑我俩这次赶考双双得中。有了功名，我们就在这里给你建个庙，让你安享香火。”青蛙听了后，把他俩带到田螺石的田塅边，之后就没有再跟了。俩学士进京后，果然同时中了进士，一个做了知府，一个做了道台。返乡路经良口墟时，两位学士特意去寻找那只青蛙，只见它仍蹲在原地，口里还“咯、咯、咯”地叫个不停，似乎提醒他们要记得自己的承诺。于是，他俩便筹资在良口墟田螺石边建了这座庙。据说庙里原来有块碑，详细叙述了建庙经过，可惜后来被毁掉了。

6. 万年景

万年景在良子背的赣江边上，始建于明万历庚辰年（1580），有前后两栋，前栋安放水上菩萨的神像，后栋供停放赣江十八滩上游不幸淹死后被打捞起来的尸体，以等待亲朋前来认尸领回。建这两栋大厅的资金据说来自四面八方。庙里常年有两名看守，其生活费来自良口墟商人的捐助及来认领尸体家属的捐赠。

7. 万良阁

该阁是与良江石拱桥同时建造起来的，建在良江西岸一块陡峭的悬崖上，占地300余平方米。它是赣江十八滩中最具特色的一座楼阁，外观气势宏伟，阁内雕刻精良。这是专供名人雅士来此歇脚、饮茶会友的场所，也是良口学士每三年一次赶考，大家前往送别的地方。阁门口有一副对联，写着“万里越长桥车盖风云鸿印遍留天下士，良材充板杨楼台烟雨龙山飞出地灵观”。

（二）潮洋庙正月闹新春与菩萨保奏

1. 正月闹新春

潮洋庙是由卢姓人发起建造的，当时大家曾推举卢姓人管理庙内事务，所以，每年的十二月三十日晚，就由卢姓首事前往关闭庙门，次年正月初一一大早，也要由卢姓首事打开庙门，并带领卢姓家族的族民先进庙拜菩萨，然后再按在良口开基的时间顺序，各姓依次进庙拜菩萨。元宵画（上面有许多神明，要从初一挂到十五，故称“元宵画”）也要由卢姓长者来挂。正月初一闹新春（这种活动一直要闹到正月十五，所以，当地又叫闹元宵）也要由卢姓先办。若初一这天是晴天（雨天就在庙内活动），就由卢姓人抬着菩萨出行，到街上游览，这叫先保卢姓人太平无事。其过程是，吃过早饭后，卢姓人开始集中到庙里，依照如下顺序：放爆竹、送拜年帖的走前头，锣鼓喇叭第二，康王菩萨在中，随后是太平龙灯、狮象灯、鲤鱼跳龙门灯、八仙过海（年前就选好一些童男童女，扮演吕洞宾、铁拐李、曹国舅、张果老、汉钟离、韩湘子、蓝采和、何仙姑）、高跷队（人员分别扮演穆桂英、梁山伯、祝英台及《天仙配》《孙悟空三打白骨精》中的各种角色）、采花船、艄公艄婆，浩浩荡荡地往街上巡游，然后再沿路游进卢家村，从街背洪家坪游回庙。由此，从早上一直要搞到晚上十点钟，待全村基本都游完，队伍才解散。为什么这天这么热闹？原因是，卢姓是第一个在良口开基的，占下了地盘，常年收大家的土地租谷就有千余担，而游神的开支都可在租谷内出，所以经费很充足。初二到初八，由街上各行业筹办，这几天白天由戏班或木偶班子唱戏，晚上迎接各乡各村来的龙灯。初九、初十轮到船工办理，这两天也是白天唱戏，晚上就由预先订好的龙灯队、采花船（船民自办）、艄公艄婆一起上街游行。游行完，就在停船的沙洲上（雨天则在戏台上）燃放架花，架花有五层、九层、十层、十二层之分，每一层都扎有戏剧人物，如大闹天宫、八仙过海、武松打虎、渔翁拾蚌、天仙配、梁祝相约、穆桂英挂帅等，一层一幕戏，引线一点，焰花四射，戏幕也随之展开，非常好看。在头年的九月，负责次年元宵节的首事就要去预订架花，每层的价钱都在 4 圆（银圆）以上。轮到这年的首事，不管船在任何地方，头年十二月前一定要赶回来，向其他船筹募经费。一般每只船都出资 3～5 圆。办完闹新春的事务，十一日中午，便要在庙内办酒席，标准一般为 8 盘 8 碗，多时吃 24 道菜，请街上的绅士、商人与在港船老板一起用餐。十一至十五日，由良口各姓氏和街上较小的行业共办，他们都是晚上敬奉，白天无活动。十六为送神日，是时，各姓的头人、街上的老板都要参加送神。中午在庙内用餐，经费由商店老板分摊。

这里需要说明的是，闹新春玩的龙灯，有不同的龙，其含义也不相同。其中最主要的是用稻草扎成 12 节（包括龙头、龙尾在内）的秆龙。这种龙灯据说是纪念神农造五谷的神灯，又叫太平盛世灯。龙灯的牙齿为 12 个，嘴为 1 尺 2 寸长，代表 1 年的 12 个月；龙身每节长 2 尺，代表 2 个不同节气，如第 1 节代表立春、雨水，第 5 节代表芒种、夏至。龙头扎得笑嘻嘻，代表头年五谷丰收、百事顺意，新年更加平安顺遂、兴旺发达。整个龙身从头到尾都要插满点燃着的信香，整条龙烟雾腾腾，如同神龙在腾云驾雾。这种龙灯白天不出村玩，要到晚上才会出去。带队的人要先去联系接灯事宜，交代接灯规矩（包括红包数量，若要摆字，就要加钱）。各村和街道各户听到是太平盛世灯，家家户户都会出来接。是时，接灯者要先去厅堂里点烛烧香，然后放鞭炮，迎接龙灯进厅堂。门口要用牌灯摆字，乡下摆“全家平安”或“人财两盛”，寺庙中摆“神通广大”或“佑民平安”，商店摆“一本万利”或“生意兴隆”。接灯的鞭炮放得越多，舞灯的也舞得更起劲。另一种是纸扎的明光龙灯和红布连着的背带龙灯，这都是一般的娱乐玩灯，可接可不接，红包钱也无限制，可多可少。正月闹新春（元宵），一直延续到二十世纪五十年代初才终止。

2. 菩萨保奏

潮洋庙康王菩萨每过三年，就要搞一次保奏活动。时间一般定在九月中旬。其来历，据说菩萨在一个地方护民，任期为三年，三年过后就要上天向玉皇大帝奏报。如果做得好，玉皇大帝就会下旨，让他领任下三年护卫的任务，并返回原地。是时，乡民就要向菩萨庆贺。这就是三年一保奏的起源。

菩萨保奏仍然由卢姓长者主持。之前，他邀请其他九姓的首事（或长者）一起开会，并请先生择好三个日子，十姓首事（或长者）一同到庙内跌珓，如三个日子中有一个是顺珓（一仰一背），就表示康王菩萨同意这个日子办；若三个日子都没有跌到顺珓，就要另选三个日子，再去跌珓选定。选定日子后，首事（或长者）就要集中起来商定保奏规模及有关准备事宜，一是要选出未结婚的四男四女。让他们在保奏时，穿戏袍，戴戏帽，扮演各种神仙（八仙过海、二郎神、哪吒、托塔天王等）随菩萨游行。二是安排好抬菩萨的人选。三是雇请敲锣打鼓和吹喇叭的人选。四是邀请戏班子。五是做出开支计划，筹集经费（其经费多实行三三制，即卢姓众产出百分之三十，其他姓氏共出百分之三十，街上店老板出百分之三十。在港的船只也要出一些，但数量不限，一般为总额的百分之十左右，凡走赣江的船基本上会负担5～10块银圆）。六是十姓首事（或长者）明确分工，各负其责。七是选好会打三管铳的铳手。八是每姓（包括街道行业）各推选出一个人检查督促本村、本姓、本行业的人打扫环境卫生，保证菩萨下座的地方和出行沿途都干干净净。菩萨出行时，十姓首事（或长者）、街道店主一定要在祠、厅、店的门口跪拜迎送，以示诚心。

保奏共做三天。其活动安排是：第一天，用特制的郎轿，将庙内所有的大小菩萨请下座，放上郎轿上街游行，从庙门起，先游街上，再到火烧坪、黄泥岗。菩萨过街时，每到一家店门口，老板就要放鞭炮迎接。游完黄泥岗，菩萨便回到庙内。第二天同样用郎轿扛着菩萨，从街上进卢家村，再上鲜水塘，转进黄泥岗后从街背，经过回龙庙回庙。第三天由于路程远，康王菩萨不下座，用其旁边的兵旗代替坐郎轿，先到下罗坑，再上三佛寺，过蓝富村，转由朱泥坑、良子背、水西坑回到庙内。三天当中，一要请道士做道场念经，二要请大戏班子每天唱戏。所以菩萨保奏时，四面八方的人都会来良口看戏（在远处开店做生意的良口人也会赶回来拜菩萨），街上人山人海，热闹非凡；店内的生意很兴隆，老板特别高兴。据说有一位远在广东开店的街背陈姓商人回来拜菩萨时说，他在南雄开了一家布店，一天晚上，街上不幸发生火灾，眼看火就要烧到他的店门口，危急中，他朝着良口方向呼唤康王菩萨来救命。不一刻，火势就逐渐减弱下来，隔壁的店烧了一半，而他店里的财产却完好无损。从此，他年年都要回来参拜康王菩萨。无法回来的商家，也都会寄钱叫家人前来敬奉。

（三）五月划龙船

良口街地处赣江边，每年的五月初一至初五，这里都要举行划龙船活动。相传这项活动是明代中晚期，从虔州（今赣州）流传而来的。是时，良富（当时，良富归赣县管辖）郭姓的上、下两坊，各造一条龙船，每年都会去赣州参加龙船比赛。参赛前的训练阶段，他们经常会到良口来炫耀自己，耻笑良口人不会划龙船。

良口的卢姓与良富的郭姓同是南唐时从外地迁到这里开基的，两姓人隔河相望，自然条件与人口、财富的发展状况不相上下，族中所出的名人、学士也都不少。但后来，良口发展成了一个大墟场，而良富的墟场却日渐冷落，这使良富郭姓人心中很不平衡，故而相互间常常暗中较量。历史上，官府多次想把良富划归良口片管辖，但良富郭姓人始终不愿意。正是由于这个原因，良口卢姓人便发起造龙船，同良富郭姓人比赛。据说，比赛中，如果良口人划赢了，良口街上就会生意兴隆，人财两旺；如果划输了，就会纠纷百出，生意萧条。而良富人如果划赢了，就会人口平安，五谷丰收；如果输了，村里人就会多病多灾，六畜不顺。所以，比赛时，大家都很卖力，东西两岸也围满了人，大喊大叫地助威。良富人叫：“滴滴嘟，良口龙船一定输；叮叮当，良富龙船一定赢。”良口人喊：“咚咚嘭，咚咚嘭，良口龙船划得赢。”街上老板则会请三管连铳手，在比赛时打铳助威。从初一到初五这几天还会置办许多点心，送到河边去慰劳船手，如果划赢了，初五那天还要办酒席庆贺。但比赛时，良富几乎每次都划不赢良口。为此，郭姓人不服气，就去动员良富滩头村的卢姓人也造龙船来参加比赛，他们企图用掀起水浪的办法来阻挡良口龙船前进。良口龙船的掌艄师傅看到这情况，马上把桨一打，龙头向下一压，很快就劈开了水浪。由此，使得郭姓船只无计可施。

划龙船的真正目的，据说是祈求龙王保佑风调雨顺，所以从四月底开始，就要选择吉日把放在潮洋庙的龙船抬出庙门，洗擦干净，满船涂上干净的桐油。到了五月初一下午龙船下水前，首事要在康王菩萨座前点烛烧香，燃放鞭炮，杀鸡，并在龙头上滴点鸡血，请求康王菩萨保佑划船时平安无事。决赛后，要把船抬进潮洋庙放好，并参拜菩萨。划赢了，接着聚餐，九菜一汤，老酒一缸；没划赢，每人十个包子、二十只粽子，各自回家。

良口与良富的龙船比赛风俗一直延续到二十世纪的五十年代初，后来，潮洋庙被用来做粮仓，龙船因无处存放而日渐霉烂，划船活动才停止。

附录

表 2-3　良口墟主街东侧（内侧）由北而南 69 家店铺简况

编号	坐落位置	店主姓名	商号	经营项目	店主籍贯
1	潮洋庙下首内侧	廖先达		公用房	
2			盐务局	办公	
3		刘守梅	刘兴记	货栈行（纸行）	良口墟
4		熊兆右		住家	良口墟
5		熊兆祥		住家	良口墟
6		刘石金		住家	良口墟
潮洋庙					
7	潮洋庙	杨合丰	合丰号	草纸、粮油栈行	涧田小岽
8		朱惠丰	惠丰号	米店	顺峰石富
9		张一环		住家	下罗坑
10		朱隆球	无店号	生猪	顺峰石富
11		刘守梅	无店号	百杂、副食店	良口墟
12		蓝玉春	无店号	槽坊、住宿	顺峰上西坑

续前表

编号	坐落位置	店主姓名	商号	经营项目	店主籍贯
景峰桥					
13	景峰桥头	刘宜堂	无店号		顺峰石村
14	景峰桥至桂林斋	李姓	李兴记	瓷器	丰城
15	景峰桥上首内侧	毛本林		旅店	街背
16	景峰桥至桂林斋内侧	林齐兴	奉兴号	豆腐兼旅店、贩猪	涧田林家
17		钟万兴	万兴米店	米兼生猪	南坑
18		杨合丰	合丰祥布店	布匹、染坊	清江永泰
19		郭恒丰	恒丰号	烟花爆竹	良富
20		王寿安	寿安药店	中药材	樟树
21		张协丰	协丰号	百杂货	下罗坑
22		林腾九	无商号	百货、京果	涧田林家
23		李同春	同春和	磨坊、糕饼	兰富
24		卢兴公	同福兴	烟丝	卢家村
25	景峰桥头	卢泰发	无店号	烟丝	卢家村
26		杨瑞联	万丰布行	布匹、染坊	清江永泰
27		杨瑞联	万丰当铺	典当	清江永泰
28		刘兴道	无店号	金银器	街背
29		杨泰兴	泰兴布行	布匹、染行	清江永泰
30		张应丰	裕丰号	百货、杂品	下罗坑
31		王怀英	无商号	西药	会昌
32		胡祥模	瑞丰号	染行、布匹	清江永泰
33		刘老大	无商号	茶馆	下刘家
桂林斋巷					
34		王万顺	万顺号	典当	顺峰高坪
35		刘万盛	万盛锅头店	锅头、铁器	赣县大湖江
36		郭陈仔	无商号	茶馆、饮食	良富
37		陈进信	无商号	草席	街背陈家
38		陈列芬	无商号	草席	街背陈家
39	桂林斋上首内侧	陈益精	益精烟行	香烟、鸦片	街背陈家
40		郭远丰	永丰油行	油行兼米店	良富
41		李庆安	无商号	百货、杂品	下罗坑
42		聂开元	无商号	鱼、肉	樟树
43		卢发林	永丰号	磨坊、糕饼	卢家村
44		袁隆德	隆德烟店	烟丝	赣县沙地

续前表

编号	坐落位置	店主姓名	商号	经营项目	店主籍贯
石拱桥头内侧巷子刘家巷					
45	石拱桥头内侧	池上照		理发	
46		陈列丰	永丰油行	食油（代理）	陈家
47		郭忠伟	无商号	布匹	赣县恩坑
48		曾根根	仁寿堂	中药兼郎中	樟树
49		李天宝	天宝楼	金银器	
50		聂淦生	兴隆药店	中药材	樟树
51		卢发根	原昌号	百、杂、京果	卢家
52		钟红顺			南坑子
53		杨福昌	福昌洋锡店	五金加工	涧田里仁
进陈家祠巷子陈家巷					
54	进陈家巷上首	谢永爱	无商号	豆腐、酒	横坑
55		郑盛明	无商号	铁器	黄塘郑家
56		邱老官	无商号	木器	顺峰金鸡
57		钟连风	无商号	豆腐	南坑子
58		戴仕发	无商号	糕饼	涧田益富
59		张恒丰		住家	良口墟
60		黄河民	无商号	香烛、纸行	涧田瑞坑
进卢家村大路卢家巷					
61	卢家村巷口	钟任生		住家	涧田钟家
62		赖恒和	恒和号	爆竹	高桥赖家
63		何瑞林	无商号	木器	涧田何家
64		黄忠成	无商号	香烛	下优田
65		胡新发	无商号	爆竹	
66		邓泰顺	无商号	爆竹	上优田
67		张蔚堂	无商号	祖传茶馆店	张家
68		王氏	无商号	加工草席店	
69		严顺步	无商号	豆腐	

表 2-4 良口墟主街西侧（外侧，紧靠河边）由北而南 58 家店铺简况

编号	坐落位置	店主姓名	商号	经营项目	店主籍贯
1	潮洋庙	罗贤慈	无商号	百、杂、副食品	赣县江口
2		匡裕浩	合和祥	槽坊、酒店	武术菊溪
3		王致祥	致祥号	百、杂货	
4		傅仁发	无商号	油、盐、米、纸	
5		邓万丰	万丰经纪行	烟、纸、萝卜丝	上优田
6		毛致安		住家	涧田上陈
7		张老吉	无商号	豆腐、酒兼住家	
景峰桥码头以上					
8	景峰桥河边	宋初兴	兴发号	茶馆	涧田里仁
9		熊兆鹏	恒丰缝衣店	裁缝	街背熊家
10		陈庭祥	无商号	小猪	良口陈家
11		王民生	无商号	香烟、鸦片	
12		王裕民	裕民药店	西药	
13		毛永发	毛老大旅店	副食、旅店	赣州市
14		简万材	万利药店	中药	樟树
15		郭士星	无商号	肉	良富
16		刘海应	无商号	饭店、住宿	
17		刘隆瑛	无商号	茶馆	下刘家
18		吴琳章	无商号	理发	涧田里仁
19		刘万顺	万顺银器店	银器	街背
20		曾庆正	无商号	烟花、爆竹	南坑子
21		陈列藩	无商号	茶馆	街背陈家
22		龙益丰	益丰布店	布匹	赣县沙地
23		匡姓	聚兴和	烟丝	武术匡屋
桂林斋码头（河边）					
24	桂林斋码头	刘光	无商号	百货、纸行	涧田三
25		谢西斗	无商号	肉	上罗坑
26		刘兴进	无商号	茶馆	上刘家
27		蔚世祯	无商号	百货、副食	赣县大湖江
28		魏炎星	无商号	理发	黄塘
29		张西瓜	无商号	理发	赣县古田
30		刘声洋	祥记烟丝	顺峰陂头	
31		雷同丰	同丰号	烟丝	涧田里仁
32		陈列环	无商号	豆腐、酒	良口墟
33		陈列英	无商号	豆腐、酒	良口墟

续前表

编号	坐落位置	店主姓名	商号	经营项目	店主籍贯
34	桂林斋河边	林振高	华峰号	百货、杂品	涧田林家
35		曾五妹	裕记药店	中药	樟树
36		陈梦松	无商号	纸行、百货、油盐	涧田益富
37		刘王鸭子	无商号	茶馆	街背人
38		黄义发	无商号	鱼行	
39		郭源丰	源丰号	油盐米店	良富
石拱桥桥头					
40	桥头河边	郭隆青	无商号	豆腐、酒	良富
41		刘贻烈	裕兴隆号	百货、杂品	上刘家
42		袁裕美	裕美冬酒店	冬酒	吉水富田
43		刘守柱	无商号	百货、京果	良口墟
44		苏惠民	惠民药店	西药	湖南
45		王姓	长兴斋	糕饼	
46		吴裕兴	裕兴号	糕饼	涧田里仁
47		廖维信	无商号	磨坊	良口墟
48		谢远山	无商号	锡器	涧田
49		陈光山	无商号	旅店	良口墟
50		曾三妹子	福寿堂	中药	樟树
下河码头					
51	下河码头河边	赖仁盛	永胜百货店	百、杂、香烛	
52		刘福良	无商号	纸栈兼米店	刘家
53		谢再连	无商号	铁器	赣县江口
54		卢发根	和顺号	槽坊、米店	卢家村
55		陈万和	万和药店	中药	街背
56		吴恒利	恒利号	锅头、铁器	涧田里仁
57		吴恒利			涧田里仁
58		张礼菁	无商号	木器	良口墟

表 2-5　良口墟良子背街由北而南 13 家店铺简况

1	良子背街	廖述山	造船厂	造船	赣县古田
2		林振高		住家	涧田林家
3		曾兴华		住家	樟树
4		范美贵		住家	赣县大湖江
5		朱姓		住家	

6	良子背街	刘仁章		加工草席	
7		廖述山		住家	赣县古田
8		杨大连		住家	
9		陈姓	无商号	土产品收购	
10		卢姓	无商号	船缆加工	良富
11		郭平兴		住家	赣州市角层
12		黄忠山		住家	涧田
13		易姓		住家	

被访谈人员名单：

刘守柱，男，86岁，良口供销社退休干部（2002年10月去世）

谢芳球，男，86岁，涧田人，一生驾船，万安县航运公司退休职工（2003年元月去世）

洪其凤，男，85岁，良口街背人，一生务农

刘正麟，男，84岁，良口街背人，一生驾船，万安县航运公司退休职工

熊兆鹏，男，83岁，良口街上人，裁缝

陈一清，男，77岁，良口街上人，小学退休教师

卢发甫，男，77岁，良口卢家村人，一生务农

张连声，男，77岁，涧田石田村人，县粮食局退休干部

胡新发，男，69岁，良口街上人，县二轻局退休干部

卢元祥，男，66岁，良口卢家村人，万安县航运公司退休职工（部分资料的收集者）

铜鼓

铜鼓县的地方文化*

劳格文

正如刘劲峰在介绍铜鼓县历史地理的文章《走进铜鼓》中所说，2004年8月，抱着调查赣西北客家人和原住民杂居地区的基本想法，我们和香港中文大学的谭伟伦一起出发了。幸运的是，我们停留的第一个地方是宜春，在那里我们见到了市志办主任袁赣湘。虽然也可以去其他地方，比如铜鼓以北的修水或以南的万载，他还是建议我们去铜鼓县，因为该县是赣西北地区客家人最密集的地方。他的建议使这本论文集得以问世。本论文集对民俗的报道相当丰富，在“客家传统社会丛书”中居于前列。

抵达铜鼓之后，有两个人很快将我们的计划付诸实施，贡献良多：其一是主管文化事务的副县长吴圆成，由于他的热情和有效的后勤支持，这次考察成了我们效率最高的田野工作之一；其二是赖文峰，他是当地史志办的工作人员，长久以来对本地客家历史怀有兴趣。他不仅是我们与其他作者的主要联络人和他们的指导者，自己还同时根据珍贵的档案资料和田野调查撰写了三篇文章。

拟定本论文集的目录并非易事。最终，我们和刘劲峰一起决定基本按地理方位编排，但开头和结尾部分按主题设定。开头部分比较独特，它为本论文集的主题——本地人（或称土籍）和客家人（或称客籍，或称怀远人）之间的对比、比较做好了铺垫。结尾部分的两篇文章《铜鼓县的卢氏宗族》《修

---

* 本篇原为刘劲峰、赖文峰主编的《铜鼓县的传统经济与民俗文化》（上下，“客家传统丛书”，第29、30卷，2006）的“序论”。

水县大桥区吴氏宗族的祭祖仪式》又回到了土客关系这一主题，因为前一篇讲的是聚居在铜鼓境内的客家卢氏宗族，而后一篇讲的是吴圆成所属的本地宗族，其中心在北部的修水县。中间的文章谈的大多是混居的客家人和本地人。

一、地方文化的多样性

刘劲峰说明了铜鼓县地理和历史的基本情况，本论文集的目录就是根据这些情况确定的。铜鼓的两条主要河流将该县分为东西两个部分，西部多山、多林，东部主要是低地。从前船能沿着东河将货物运往修水和更远的地方，到1890年，一次大水导致定江河停航，只有竹筏可以航行。铜鼓毗邻湖南，直到1913年才真正单立为县。在此以前，铜鼓隶属义宁州，历史上义宁州的中心在今天的修水县城。1574年爆发了声势浩大的纸工起义，于是在三年后设置了铜鼓守备营，它是今天铜鼓县城的前身。这次起义和随后清初的连年兵燹造成人口锐减，因而在康熙年间，政府有政策鼓励客家人从福建和广东迁入此地。结果，现在铜鼓县的人口中，有65%是客家人，30%是本地人，即在此地生息了25～35代的族群，还有5%是二十世纪五六十年代迁入的移民。当然，大多数客家人是贫穷劳工，他们去为本地的地主干活，主要从事以造纸、木材、茶油业为中心的山区经济行业。社会地位的差距——语言和习俗更加大了这一差距——注定了习惯上土客之间鲜有通婚，冲突则不少。

清初客家人的大量迁入是现代铜鼓史的主要内容，这也是赖文峰第一篇文章《怀远都与奎光书院》的主题。1678年，清政府开始鼓励客家人迁徙到此地。大多数人初来时是“棚民”，但到1723年，在来此定居的几千人中，一些人已经立足生根，想要转迁户籍，参加科举考试。两年后，为客家人设立了一个专门的“族群”区。248户在此居住二十年以上且已有田产、坟墓的人家被编入第80甲户籍，分布在义宁州八乡中的第六乡。绝大多数移民附籍于地主。奇妙的是，编于1725年的最早的第80甲户籍簿保存了下来。上面记录了户主姓氏、户口数、来宁时间、原籍地、置买田产、婚嫁、庐墓等方面的情况。据赖文峰分析，在总共2 663人中，2 624人来自闽、粤、赣南客家地区的29个县，60%的人在后来的铜鼓县境内安家。

因为该区名为“怀远都”，客家人在当地不被称为“客家人”，而是“怀远人”，其语言也被称为“怀远话”。由于一直受到歧视，怀远人奋起反抗，有一次层层上告，一直告到京城。最终，分别在1853、1859和1860年为怀远都人单独设立了三个纳赋局。更加重要的是，1775年有七姓怀远都人兴办了他们自己的学堂。不过，由于前五十年中中武科的子弟多于中文科的子弟，在1837年，88岁高龄的卢瑞英邀集客家族群创办文昌宫，还置田收租作为奖赏，将学堂改为名副其实的书院。1838、1844、1862、1895、1902年发起过几次大规模的捐资活动，逐步增加了这所客家书院的捐助基金。赖文峰在撰写地方客家史的这个方面时，使用了一些特别的历史文献，其中也包括该书院的院志。

蓝松炎的《铜鼓西河片的本地风俗》和朱可三的《铜鼓东河片的客家风俗》明显互相对应，可用于比较铜鼓最重要的两个族群的婚嫁、丧葬及其他方面的习俗。在婚嫁礼仪中，西河本地人婚嫁，男女双方要互换生辰八字，而东河客家人只将女方八字交予男方。无论哪一种情况，写有八字的红纸都放置于祖宗祭坛上。如果一星期之内没有发生意外，婚礼计划可继续进行。只有在客家婚礼仪式中，出嫁女离家前亲人要哭嫁。哭嫁声音越大，家就会越发达。客家轿夫抬起花轿出门时，女方家的男青年要冲过去把花轿拖回来。这叫作“回龙”，意思是不让花轿带走女方家的龙气。花轿快到男方家时，轿夫要将火笼内的火倒掉，意思是不带走女方家的红火的光景。而西河本地人婚礼的一个最显著的特点是，在女方随家人前来举行订婚的第二天，男方再到女方家把女方接出来。新娘的父母不参加婚礼，但是，须等到第二年正月新婚夫妇到新娘家过门之后，一场婚事才算告成。

西河本地人将要死亡时，会被移到厅堂。这样做更易于照看他，以确保他不会在不利于后代儿孙的时辰断气。如眼看这种情况就要发生，必须不停地呼唤他，甚至灌水给他喝，好让不利的时辰过去。人一断气，整座房子里马上点燃灯烛，谓之“开冥路”。还要立即烧纸钱，其中一部分是通禀社令用的。同时，孝子中的一人去报社令，求清洁之水，为亡者沐浴。沐浴后的水埋起来。接着焚烧亡者用过的床垫及其他部分物品。朱可三描写的客家人也烧纸钱，因为这时烧的钱，死者能如数收到。烧过的纸灰包起来，放入棺内。子女一人披上死者的外衣去报社令，请社令切勿留难幽魂。报社令是一个地方特色，不见于别地客家人，显然在这件事上这些客家人采用了当地的做法。

虽然过去我们总被告知，在葬仪中，本地人喜欢请道士做超度，客家人则喜欢请“香花僧”（事实上，朱可三证实东河片的客家人就是这样的），但据蓝松炎所述，西河片本地人似乎二者皆可。他特别描述了当地的普庵醮。做普庵醮的僧人以往多从当地两个著名的寺庙请来。棋坪镇云山寺的僧人从该寺创建之日起均可蓄发、娶妻，据说正是他们首开居家僧人的先河。附近高桥乡云峰山的僧人据说曾携 48 担法器、绘画行囊前来设醮。法器、行囊是孝家雇用挑夫来接送的。这些器具专与死人打交道，民间对其有所忌讳，所以不必担心遗失。普庵和尚设的“皇坛”分四层，最顶层供奉如来佛祖，第三层供奉观音菩萨，第二层供奉普庵古佛，最下层供奉弥勒佛，灵柩放在皇坛底下。画幅也悬挂起来，包括在厨房供奉的监斋妙庄王，传说他是观音菩萨之父。醮事开始之前，必须将本社社令接来。49 项法事中的第一项是开通亡者咽喉，使其能够饮食。破地狱的时候，先用石灰在地上画天堂地狱图。带班和尚手执法铙和召亡幡，带领众孝子从一重地狱到十八重地狱游图，依次将十八重地狱之油灯全部点明。然后至主坛前请地藏王，并请掌坛师扮作目连，引领众孝子进入“生天堂”，边游图边用锡杖将十八层地狱逐层破开。

过完奈何桥，众僧侣带领大队孝子到当地社令庙迎请幽魂继续受度。要诵念、焚化城隍帖文，请东岳大帝督促社令接济亡魂。第三天走午朝。进给十殿阎王的表文由纸扎的白鹤童子送交，为避免被邪神抢去，僧侣会摆杀邪阵式，让邪神知道不能抢。当主要法事已毕，且冥屋、阴资均焚烧完毕（一般在河滩沙洲里焚烧），会举行仪式来补谢土地、龙神。然后，和尚手持雄鸡带路，与在场人一起围绕孝家屋场，名曰“团煞”或“赶煞”，让醮事引起的煞气顺水漂走。最后一项法事是大型的放蒙山焰火赈济仪。只有当历时三天的法事终了，才盖棺下葬。之后，须请道士或和尚为亡者做“三七”或“五七”祭祀。

东河片的客家人只请瑜伽僧人来做丧事。丧事中的封棺分为《文公家礼》封棺与佛教封棺，前者是劝导性的，后者是带有强制性的。《文公家礼》封棺要诵念《大学》，要在棺木上贴上八卦等符号。当地人请文公封棺者为多，因为这样死去的亲人到阴司后不再受委屈，而且哪怕再热的天，棺内也不会有臭气外溢。“五七”和“七七”举行的祭祀是最重要的祭祀活动。像本地人一样，亡者入葬七八年后，孝家要择地重葬。新的墓地完工后，风水先生边撒“龙米”边呼龙，确保将龙脉呼唤过来。西河片的本地人有句话，说明好的风水先生有多么重要："不怕千人在世上奔，不如一人在土里困。"

在西河片较殷实的人家里，为祈保母亲健康，每年八月十五日，亲生子会到位于高桥乡的万寿宫进香。正月十五日，妇女请来箾箕神问命。蓝松炎也描述了一种除邪治病的习俗。一些强壮的年轻男子被扶乩者挑选出来做"阳兵"，跑到扶乩者指出的地方挖出蚁、虫、青蛙。他们用火纸将这些东西包好，作为病患者的"生魂"带回，放到病患者的床头。也有道士或觋公驱邪治病的风俗，其中觋公治病属闾山派，在做最严格的法事时要"上尖刀山"。连来自华山派的处士也驱邪。处士手中的天方尺据说是由姜子牙的神鞭演变而来，属于尚方宝剑，任何鬼神均须听其号令。不过，对西河片的本地人而言，社神才是最重要的神。一年一度的坐社是乡村生活的中心大事。轮流坐庄祭祀社神的同时，还要商议修桥修路、调解纠纷。家族也有类似的集会，会上商讨、议定一切家族事务，尤其是惩治族人的事。蓝松炎文章的附录讲述了紫云山第一任掌坛禅师的故事。传说他前往修水受戒，正要剃度时，一只苍蝇落到他头上，他随手拍了一下，掌管剃度的法师以为他想要留住自己的头发，就封其为蓄发僧。这样的蓄发僧跟师三年，须学会诵念、演唱、书写。他们敬重阴师，凡做醮出门必请师，散醮回家必谢师。

东河片的客家人在六月初六敬土神。他们将土纸嵌入一头削尖的竹筒，将鸡血或猪血洒在上面，然后插在田里，以祭祀土地神。据说这样能杀灭毁坏庄稼的虫豸。过年时，农夫不仅将洒有猪血的"花纸"放在猪舍里，还要用石灰水写上"姜太公到此"几个字。姜子牙封他的妻子为瘟神，所以她见到这几个字，便会被吓走。正月二十是教牛犊耕作的好日子。前一天，农夫将牛鞭子和牛绳放在土地神前，焚香乞请土地神保佑此事顺利。客家人住得很分散，他们趁冬至日以宗族为单位聚在一起。祭祖之后，宣读家法家规，出示族谱，讲述家族迁徙的历史。中午集体聚餐。吃饭的时候，凡当年出生的男婴依照辈分列队，由本族最高长辈逐一接过婴儿，向祖宗鞠躬致敬，并在婴儿的额头上抚摸三下，再把一块红布披在婴儿身上，口念祝词，然后按婴儿辈分为之取"派名"。事毕，婴儿的父亲接过男孩。

李敦成的《铜鼓县的民间忌讳》认为，他所讲述的忌讳和风俗是客家人与本地人所共有的。不少风俗也被前述朱可三关于东河片客家人的文章提及，这就证实了他的看法。比如，四月初八为牛庆祝生日；不喜欢头长白毛的黑毛猪；将男孩出生后碰到的第一个人当作新生儿的干爹或干妈，并煮汤给他（她）吃；捕猎者去查看陷阱时，如果路遇披头散发的女人或见到与女性有关的不洁之物，或路遇他人发生口角等，会取消当日的捕猎计划；房屋快建完时，让孕妇或妇女背小孩绕墙走会带来好运；砌猪栏时，要从猪排泄的地方砌起，到睡的地方结束，因为这样做猪会更注意卫生，更听话；逢年过节忌吃狗肉，有“打狗散堂”之说；等等。

二、铜鼓县治所在地永宁镇

在回顾了铜鼓历史上的大事，包括暴发于1890年导致定江河不能行船的特大洪水之后，赖文峰将注意力转向了永宁。他的《永宁镇的街市与传统经济》首先列表显示，迁来经商、做手艺而非贫穷劳工的客家人并不少见，这无疑有助于解释为什么客家人能够如此迅速地建起奎光书院，而且解释了为什么民国时期永宁建有23个客籍祠堂，却只有3个土籍祠堂。这些祠堂的周围，大都有各宗族开设的店铺。赖文峰较为详细地描述了木材、土纸、茶叶和茶油业。比如，我们了解到，大多数商人只将少量木材运到修水，只有很少几家大的木材商将货一直运到南京、上海。戴鉴清便是其中之一，他一人的销售量便占了永宁镇木材销量的三分之二。档案数据表明，抗日战争时期，成千上万人逃难到这个非敌占区来，永宁镇空前繁荣。二十世纪四十年代，镇上有手工业店铺28家，饮食服务业店铺53家。53家店铺的60名店主中，62%是客家人，25%是铜鼓土籍人，13%是外县籍人士。尤其令人惊讶的是，竟有11家屠宰行和13家酿酒坊。它们基本都兼营豆腐。原因很简单：酒糟、豆腐渣都是喂猪的上等饲料。赖文峰列出的最后一张表提供了1946年78家店铺的资产统计数据。特别有意思的是，7家中药铺全是樟树人开的。文章最后谈到运输业，物资流动全凭筏工和挑夫。

朱可山的《永宁镇的寺庙与醮会》描述的铜鼓县治所在地还是一个只有4 800人的小镇。永宁镇上影响较大的寺庙包括大仙庙、福宁寺、喻家坊(祠)、圆明庵和武曲宫。大仙庙祀奉一位十八世纪的神仙，十九世纪末由附近湖南省的两个客家人引入铜鼓。福宁寺是万历年间的一位禅僧创建的，他的意图是扩大曹洞宗的影响。定光古佛是福宁寺的主坛佛祖，传说是福建人，曾治愈宋仁宗的病。每年正月初六，福宁寺都请和尚为他庆醮。圆明庵毁于太平天国兵火之中，以前庵里的僧人定期打醮。武曲宫祀奉关帝和岳飞，是一家培养武术人才的客籍武馆。每年的春节过后，当地百姓会抬着神明在辖区内巡游一次，以祈求辖区平安；周围的某个地方，若突然发生旱灾、虫灾，或人、畜瘟疫，受灾地方的百姓也会来抬菩萨到当地去游行，以驱除邪魔瘟疫。永宁镇周边地区过去每年举行一两次名为“上刀山”的奏职法事。法事是为“香花僧”举行的，他们刚通过行仪技能的考核，从龙虎山购箓回来。弟子从刀山上下来以后，其所属宗族的乡绅请弟子换上礼服，坐上披红挂彩的轿子，绕村巡游一周，然后大摆午宴庆贺。

永宁有社保（社神）庙 32 处，一些社神庙只是几片瓦搭成，另一些社神庙更大，管辖范围也更宽。其中喻家坊属三府之一，三府分别管辖永宁镇主街的上、中、下三段。各个府（坊）都有一条六尺长的木龙，每年五月初五都抬出去参加龙舟赛。因为河水太浅，真正的船不能航行，身着彩色外衣、头扎红色头巾的青年人便下河“试水”，比赛杂技。据说这样游了龙，会风调雨顺，六畜兴旺。玉皇和过往神祇会知道永宁镇百姓爱护龙，满意的龙也会带来国泰民安。每年三月份，喻家坊还做“香火”，就是让两个叫花子（因为他们“命贱”）抬着一条四尺长、二尺宽的纸船遍游各家各户，另外有 4～6 个带着家伙“追煞”的壮丁和道士数人紧跟其后。道士每走出一家房屋，就将一个象征邪鬼的纸团抛入船中，在家门口贴上灵符。整个活动在一片狂叫中举行，气氛紧张。晚上度孤之后，道士将船送出城外焚烧。

朱可三还描写了巫觋兄弟和“跳觋”。巫觋兄弟，一个“出菩萨”，一个“扶坛”。演练半个月之后，他们先接来两座神像，其一是茅山师爷的金身，然后到病人家去。菩萨附体上坛，一般均在午夜时分。“出菩萨”还包括一个户外赎魂的项目。是时，“出菩萨”者突然向后倒下。他这时是一位勇猛的神将，吩咐要阳兵（青壮年）多少，“扶坛”就会给他裹上红头巾，系上红腰带。附体“出菩萨”者点燃纸钱，进病房驱邪，又出外招魂。然后再一次冲进病房，再冲出来，由阳兵跟着到十字路口、河边、树旁或社坛边，摆下祭品。最后，“出菩萨”者把祭米拿给在场的亲人。亲人朝回走，一路喊“××归呀！”一直回到病人房中，将米放到其枕下。跳觋是“香花僧”做的法事。他们又被人称作“觋公”，信奉的是三位奶娘和赖公元帅。传说最早的觋公参加佛门考试失败，于是佛祖派他们下乡驱邪治病。他们抱怨说剩下的法器都不怎么好，佛祖笑说：“拿去吧，好混碗饭吃。我会命王母派三位奶娘和赖公元帅跟随你们，称为‘王母教’。你们虽非佛门正宗，也是我佛门子弟。”

胡敦桃的《永宁镇的妇女传统习俗》对永宁镇客家妇女的调查涵盖了生命礼仪习俗、生产生活习俗、社交习俗和信仰习俗，非常出色，值得注意。富贵人家妆奁丰厚，甚至有时还有牛和棺材，保证女儿一生无缺；穷人家只有一只衣箱。客家妇女喜好银饰，再穷的人家也会给女儿女婿一对银戒指。这大概是因为“银器”和“人气”同音，女方因此带了“人气”过去。婚礼之时如果新娘在“骑马”，也就是来了月经，进新郎家前，她的花轿要从一个木马上抬过去，否则她入门拜堂会给新郎家带来不幸。花轿到了新郎家，新郎对着轿门踢三脚，表示使他未来的妻子服帖；新娘随即也会在轿内踢三下轿门，表示她不想示弱。

妇女怀孕四五个月时，为祈求胎儿平安、出生顺利，会到供有天师的人家里，把天师的牌位接到家里来供奉，必须要供到孩子满月以后。家娘通常会将胎盘用纸或布包好，放在牛栏或茅房里烧掉。烧的时候要留心不让狗进去吃掉胎盘，因为那样孩子会比较难带。给婴儿做满月酒的时候，外婆家要带来厚礼，包括很多银器。外公或舅舅摸婴儿的头，送给婴儿一个红包，酒席上用左手抱婴儿，右手拿筷子在每碗菜里点一点，边点边说吉利话。主人要还送给外公或舅舅一个红包。未生儿子的妇女死后，她的牌位和碑石上不能写“某母”。产妇死亡会变成鬼，所以必须赶快埋掉，其坟墓的顶上钉进三颗特别长的铁钉，以免她出去寻找替身。另外，也不能捡地重埋，以防她出来害人。如果胎儿也死了，必须扎个稻草婴儿，穿上衣服，放在母亲的胸前，让她带走。

已婚妇女有自己的私房钱，有出嫁时母亲给的，有走亲戚时亲戚给的，也有额外劳动的收入，如养的猪产下第一窝猪仔，做鞋绣花，或是采药。这些钱锁在箱子里，有私房钱的妇女会用来买地或放债。同时，妻子得自己买衣服，有好饭菜也不留给她，她只能吃些剩饭菜。家娘掌握家里的米、盐、油、菜。母亲死，儿子必须到母舅家报丧，母舅不到不能封棺。母舅点主，送灵旌。如果儿子平时不孝，母亲娘家人会趁办丧事之机教训他；如果母亲因儿子不孝而自杀，她娘家人会到场卖掉丧家的财产，把丧事办得非常隆重，搞得他家破人亡。永宁镇的已婚妇女至少成立了三个妇女“盟兄弟”组织，在各种事上互相帮忙，互相支持。想要求子的妇女到观音庙或仙姑庙去许愿，带一只小孩穿的鞋回家（因为“鞋子”与“孩子”同音）。生了孩子后，母亲要新做一双婴儿穿的布鞋，连同原来的那只鞋一起带到庙里去。八月初三给灶君娘娘过生日。传说灶君娘娘耳聋，如果听见有人在旁边大声说话，便会以为在骂她；筷子放在灶上顿，会认为是在打她，就会生气。在永宁，吃斋的妇女有时把自己关在房间里，通过修苦行成仙。尸体被做成干尸，开光点眼，穿上衣服，打扮好，放在祖屋的厅堂里，供家人或族人经常供奉。在永宁，有三位妇女修了这样的“金身”。

三、铜鼓西部

王清平《上崇的王氏宗族与民俗文化》描写的王氏宗族是铜鼓当地最大的宗族之一，三房共计约 10 500 人，其中 8 000 人生活在铜鼓的西部。其总祠一直设在发源地修水县城，这里也是修谱的地方。总祠始建于明永乐年间，扩建于 1646 年。1153 年首修族谱，从 1600 年第二次修谱起才开始定期重修。1993 年第十一次修谱。铜鼓西部的三个支房从来没有共建过祖祠，二十世纪修建的七大祠堂中，有一座是第三支的支祠，于 1948 年建在一块其实是从唐姓人那里掠夺过来的土地上。在西部铜鼓王姓人的日常生活和社会中，真正重要的祠堂是 30 余处“祖厅”，它们建在一个小支的人居住最为集中的地方。祖厅安排每天上香、宰年猪和七月十五日烧纸钱，也可在此举行婚葬仪式。由本小支族民推举出来做领头人的房族长是最重要的人物，因为他的职责是处理好小支内部的纠纷。“屋场”是更小一级的支房，其中最大的一支是棋坪镇炉湾村的王姓人，有三四百人。

王清平有段话谈到对生活影响重大的墓地。他引用了当地的一句谚语，大意是一座好墓值得一千个人为之奔走。他还加上另一句谚语：“郎中不明误死一人，地仙不明误死一家。”炉湾有座坟自然天成；另一座坟直接累及两人死亡，急迁之后才避免再死一人。

三军社令是铜鼓西部地区信仰最广的一种神明。相传他是阎王的子孙，每年要到阴司走一趟，领取当年必须由他分配下去的灾难。如果任务完成得好，当地子民能够得到特别好的收成。有一位社令领到了虫灾。他想这样会让子民颗粒无收，便聪明地将这份灾难寄放到了松树上，结果松枝全被啃光。百姓感激不尽，尊他为福主，大家都敬奉他。不过，三军社令长得面黑，神态威严，他神龛下的桶里装满令旗令箭。每年他的塑像要被请去“收兵乐坛”。每年六月是水稻最易发病的季节，大家都来祭祀他，把猪血涂在叠好的纸钱上，放到田里。每逢天旱，人们便把他抬到当地有名的三家泉神庙之一去求雨。每位社令都有自己的行轿，每年轮流在自己辖区内的各家各户落脚，谁家需要他就去接他。当地的三位泉神之一曾把碗碟借给大家用，直到有人用餐具盛狗肉，犯了禁忌。这位泉神尤以此事出名。当地还有许多小石窟，里面供着照看、医治小孩的娘娘。孩子一出生，家里就把他的“八字”和一副小弓箭装进布袋放到石窟里，请娘娘照顾小孩，用弓箭来射破“关煞”。

蓝松炎的《棋坪镇的传统经济与民间信仰》，内容丰富。根据他的描述，在地域广阔、地势多山的棋坪镇，筏运和肩挑曾是唯一的运输方式，直至1968年一条连接铜鼓县城和湖南平江的公路通车，才告结束。目前大塅有13 000人口，其中2/3是本地人，其余是客家人。王氏历史最长，人口最多，繁衍了37代，人口约3 000。清康熙末年起迁来的林氏分为五支，其中一支会“双头棍”武功，只传本支，不传外人。棋坪镇的经济主要依赖茶油、木材、茶叶和狩猎。蓝松炎描述了如何营造油茶林、摘茶梓和榨油。每年夏天须给茶树林铲草除杂，这次为期6～10天的高强度劳动由一位会唱歌的打鼓师来指挥。每逢开榨与封榨，要进供一只鸡给一个叫张奇的汉朝人，他是木油榨的发明者和保护神。有一位年逾九旬的排工，他的祖辈十多代都靠放排营生，他本人也是从16岁就开始放排。据他回忆，有三种放排的方式：排工闲得无聊时，是神仙式的；如遇到转弯抹角的河段，排工要花大力气撑篙，吃饭像只老虎，这是老虎式的；如果排工生命处于危险之中，就是狗式的。蓝松炎还在文章后附录了一首“滩歌”。狩猎是危险的，狩猎人不仅专门要买湖南普迹经过特殊驯养的狗，还虔诚礼拜山神土地。同时，绝大多数狩猎者都拜师学习仪式，还要设雷坛，在雷坛上供奉赵公元帅的神像。每隔三五年，要请雕刻师为雷坛收一次兵、将。出门打铳前，他们会在雷坛前祈祷，行猎时，如果碰到一些“冷坛”社庙，他们也要默请赵公元帅，并念咒来阻挡邪神。不管再恶劣的神，只要赵公元帅出面，便会规规矩矩。

在蓝松炎描写的寺庙中，地处一条大河河口的乌江殿是最有意思的。村民信奉社神项羽，过年都要请他到家里来，杀猪供奉他。因为轮不过来，两家客家宗族便建起一座分庙。原先的那座庙还供有一位灵官，这个灵官没有身子，只有一颗戴了帽子的头颅，不过这颗头既有一张笑脸，又有一张怒脸。如果想要追赃，或者村民之间出现纠纷，想发誓自己说的是真话，就要向那张怒脸祈告、求助。这座庙辖有上社、中社、尾社共 9 个姓氏，它的最后一次社令清醮在 1944 年举行。九人组成的首事会打誓愿，确定清醮的细节，包括请哪些道士来做。因为是更信奉道士的本地人主宰着当地文化，打清醮总是请道士来做。这些道士都设有雷坛，因为根据当地的一个传说，两个同赴茅山学道的道友斗法，获胜的正是擅长封泉神的雷姓道士。清醮聘请的应是受了箓的道士（《棋坪镇的传统经济与民间信仰》附录二描写了五种所受之箓），因为据说该庙每一届打清醮，都有一名道行低的道士被船送去酆都。好的道士写、打、念、唱俱佳。

三社要各选两名用神前跌珓确定下来的专敬者，披红挂彩，打醮全过程中跟随在道士后面。打醮开始前两天，村民便提前斋戒。第一天，发奏之后，几名道士分赴社内各家各户，请家家户户的灶王爷上报天庭，知道社内正在建清醮。不管路途多遥远，道士必须每家每户都走遍。当天下午，颁赦雪愆。傍晚时分，向上沿着一公里长的山路插上一些点燃的小红油烛，以便为赴坛受度的孤魂野鬼照路。第二天，诵完《玉皇经》，开始走午朝，越走越快，以钻梅花阵结束。傍晚时，扛着五尺长、扎有 24 名划桨手的纸扎花船游船，途经尾、中、上三社，沿途搜来孤魂野鬼，以遣送到酆都鬼城。当天晚上赈济孤魂。第三天，也就是最后一天，解坛升神，告诉社令醮事结束，他们须重新执掌公事。社神受纳《玉皇经》和《皇忏》，象征他们已复职。最后，在大沙洲里押送花船，饯送孤幽。晚上安龙收兵，醮事结束。散醮的第二天，九位首事将头天晚上道士交付的米和符分发给各户，同时抬着神像巡游山坳，以示庆贺。

蓝松炎文章的下一个部分讲的是一个地区特色——用华山教为雕像开光。华山教相传由陈抟创立，明朝中期由湖北通城县传入棋坪镇。该教法师不必奏职，而是完全仰仗阴间师傅的神力支持。开光由请雷坛真师降临坛场开始，接着是安腹脏，斋神的腹脏由 20 多味中药组成，荤神须另加上 5 味。点光要用三支新毛笔，传说分别代表老君、孔子和陈抟。然后跌珓，以后求神时，神是否恩准将由是否符合这次颁下的珓旨决定。菩萨登位之后，众人赶忙敬香献茶，连雕菩萨的命工也要跪拜在地，平时他从不拜神，因为他是菩萨之父。下午请师、藏水。命工的魂魄藏入一只铜质水碗，所有扮阳兵的年轻男子要呵一口气，以示把他们的魂魄也藏进这碗水中，以便收兵时扮阳兵的人的魂魄不会被“野鬼”掳去。然后戏火碗（代表五猖五郎），之后将庙内兵将朝五个方向分发出去，以便招收更多的新兵。唱完将法桌变为老君点将台的变坛咒，大开招兵门，但并不全开，尤其是北门绝对不开，以免强邪乘虚而入，命工自己招架不住。

当晚，吹螺角招高山兵，招到的兵马安置于坛下的兵坛之中。祭将时，拧断鸡头，放于场中央的兵碗中。两名强壮的阳兵练轿之后，有人突然晕倒，不省人事，代表菩萨开口说话，内容涉及兵将情况。他苏醒过来时就成了菩萨新带的弟子，可以代菩萨为民治病。第二天，先在烧红了的36块砖上走过，又在附近的大河名潭收过水兵，命工就会收冷坛兵。这可能会导致争斗，因为不管坛有多冷，信众也不愿兵马被收走。第三天也就是最后一天，给猖兵送粮，大部分粮米都剩下来分给信众。最后收兵，将给他们的供品放入兵坛，连同雄鸡头和浸过鸡血的纸钱一起埋入神案下的泥土之中。嘱兵只准为善，不准为恶。这项法事适用于所有的社令神，而观音、泉神、药王神自身有兵，用不着这个法事。在当地，龙灯队由某一社神辖境内的信众组成。春节舞布龙前，提灯笼的人必须打珓征得菩萨恩准，然后龙灯队在神庙前起舞、出行。菩萨像或“神主位”要抬着随龙灯队而行。龙灯离开屋场时不能摆尾，因为摆动龙尾意味着动了该屋场的龙脉。舞龙结束后，要回到神庙之中勾灯，将神主位烧掉。比较而言，舞狮讲究武功，不需要神的配合，但必须掌握十八般武艺。

蓝松炎文章的附录二摘录了一篇名为《灵宝秘旨》的特别文献。该文至少部分被认为是由第三十任天师张虚靖撰写的。它记述了张道陵如何发现诸箓，其先祖张良在终南山修炼时，又是如何被池神告知三洞宝箓的收藏地点。张良成仙前，将《华盖都功盟威秘箓》传予后人。该文继续说到，一部《中盟秘箓》被传给普庵，但僧人们有箓无经。该文以一个复杂的传说结束，讲的是黄箓的来源，它是由玉帝颁降以度酆都罪人的。

排埠位于铜鼓县城西南方18公里处。据林文修《排埠镇的宗族、墟市与民间信仰》所述，帅姓是该地最早的族群，他们聚居在三个村里。不过，帅姓人口目前只有631人，全镇总人口中只有10.8%是本地人，82.03%都是客家人。当地一句顺口溜说帅家以强欺弱，他们信傩神，但只敬头颅。有一个传说称，傩神本是朝廷中的一位将军，遭陷害而被斩为三段，一处飞足，一处飞腹，而排埠飞来的是头。每年六、七月间，要举行一次为期数天的灯会，其间傩神要走遍属于帅氏人家住的地方，不论穷富，也不论是否姓帅，家家户户都得去。傩神进屋时，家人杀鸡宰鸭。不信神的人可以不叩首、祷告，但也不会用言语去得罪傩神。起初只有帅家人会游傩神，但后来整个地区都兴旺发达，别的村落便也开始接傩神了。

邱氏有657人，是人数最多的客籍宗族。他们来自广东嘉应，属于第一批迁来的客家人，所以占了很多地盘。他们有全县规模最大的大屋（始建于清乾隆年间），还修了一座神骡墓。传说让这头骡子将去世的主人灵柩拉到墓地去时，它一动不动。问它是否想戴孝，它才点了点头。后来它守在墓地边，直到死去。另一客家家族是陈氏。陈氏家族出了个陈文凤，此人1862年出任奎光书院首事，1865年中了文科进士，是赣西北客家人中的第一位进士。他的长子买下了排埠1/5的土地，三子在铜鼓街上做生意。蓝氏也是个富有的家族。蓝生芳（1850年生）在毗邻万载的山上建有72个表芯纸槽。他60岁引退，在湖南为自己修建了一座庙，在那里吃斋念佛，还拜女巫陈大仙为师。陈大仙死后，他为她在自己的庙旁兴建了一座庙。六年后，他去世了，死后尸体没有腐烂，作为仙体被后代保存下来。

清初叶姓始祖迁来时，盖了个草棚卖茶、饼。因为帅家人从不付钱，他们上门讨账，得到一处山场，竟是块风水宝地。很快他们建起一栋“老屋”，人财两旺。在虎形再建新屋时，他们发现了一罐银子，于是建房，并修建了祖堂。所有叶姓人的祖灵都被安置到新、老香火堂内。叶、帅两姓人的矛盾不断加剧，引发了一场错综复杂的风水大战。叶姓人最终获胜，他们架起一座石拱桥俯视帅家的祖堂，石桥建在叶家象鼻状的河边山梁上，而帅家祠坐落的地方，山形如同一只白鹅。不过，叶家人决定不进行“喊人守桥”的仪式，即由石匠师傅在半夜里叫人的名字，被叫的人如果答应了就会死去，他的魂灵就会守在桥上。叶家人没这么做，而是在桥中间埋下由金银财宝构成的“桥胆”。最后是江氏宗族。他们起先给帅家人打工，得到了野地里一处地盘。根据风水先生的建议，建房前他们先捉一只雄鸡给老虎吃，这样老虎就离开了那个地方。后来，江家一位女祖先的墓地风水好，江家发达了。从1797年到1994年间，他们修了六次族谱。各房各支一接到谱，就飞快夺门而出，因为“先走者先发”。过去他们还会请道士打醮。

排埠商业街上的四大店铺都属帅姓人所有。最初帅姓人和叶姓人在帅家的傩神庙旁共建了一座关帝庙，但叶姓人为防止帅姓人变卦，偷偷将修庙的合约放进菩萨背后的洞里，而且凭此打赢了后来真正发生的一场官司。于是帅姓人如数退还了叶姓人出的钱，叶姓人则在上排埠建了自己的关帝庙。排埠一年中生意最兴隆的季节莫过于十月傩神庙举行庙会的时候。作为庙的创建者，帅姓人向各姓各家募捐，唱戏要唱一二十天，甚至更久。远自长沙、南昌、宜丰的商人贩来布、盐和其他生活用品，又从排埠采购优质纸和药材。在下排埠，有一座清嘉庆年间土客人共同捐资建的万寿宫。每年九月间，秋收之后，万寿宫要组织打醮、演戏。下游的天后宫是林氏家族修建的，天后娘娘是他家的保护神。天后娘娘特别保护儿童。人民公社时期，要下地出工的妇女把小孩放在天后宫里，托天后娘娘代为照看。

帅家人的三个村子里，有一个村子的水口处，曾有个鲤鱼精常来玩耍，累了就睡在那里，从而把水口堵住。为了让它不再捣乱，清康熙年间，帅家人在此修了座庙。庙里供的三尊菩萨原是三个生意人，他们从北方贩毡帽到南方卖，又把南方贩来的黄泥、凉粉拿到北方卖，因此大赚一笔，竟活活笑死了。帅姓人认为供奉他们会带来财运。1862 年，有个人名叫林挺生，因为林大仙治好了他的脚病，在莲花山上修建了一座林大仙庙。据说林大仙出生在清乾隆年间一户贫穷人家，以医为生，无论穷人付不付得起诊费，都给他们看病。他死后，尸体完好无损，于是人们将其留在家中，直到修起林大仙庙，林挺生将他的“金身”接回排埠。林家现在仍然主持着莲花山上的林大仙庙，每年七月二十四日请和尚做醮。从前排埠还有一座很大的佛教禅院，院内和尚多达 500 人，供奉一尊巨大的观音神像。

四、铜鼓东部

洪光吉的《坪田村的传统经济与村落文化》认为，位于县城以南仅 7 公里处的坪田村由于地处通往南昌、万载和宜丰的主干道上，成了铜鼓客家人最早的聚居地之一。1691 年从嘉应迁来的吴姓现已繁衍到第 15 代，还出过一位有名的茅山道士。1722 年从蕉岭迁来的罗姓繁衍到第 12 代。据说罗姓来的时候挑着担子，担子的一头挑着行李，另一头挑着观音像。罗姓祖堂旁边还建有一室祀奉观音。洪姓繁衍到第 14 代，他们将好运归因于一位女祖先极好的墓地。坪田地方经济依赖纸、茶油和药材。砍竹子前先要用一只雄鸡祭拜山神。堆放在竹槽里的竹子要用石灰腌制，而石灰须从 45 公里外的万载挑回来，来回一趟要2～3天，挑夫每挑100斤能获得二斗米。洗竹子是特别难干的活。工人先用茶油擦洗手脚，用棕衣围住身子，然后将竹子上的石灰粒洗去，搬到湖塘沿上。放掉塘里的石灰水，再将竹子放回湖塘，盖上芒草，压上石头，直到40天后竹子腐烂。和别的地方一样，造纸时要祀奉蔡伦。“火纸”（用于祭祀，因而要点火烧掉）被运到铜鼓县城卖给纸商，再由他们用船运到南昌、武汉，甚至安徽。有部分成品则直接运到南昌，换回煤油、食盐、布匹、药材。坪田所产的药材超过300种，其中的210种药材被一些老农编成了一首口诀。

在坪田，每3～5户人家就有自己的社公，每20户人家则设立自己的福主。当地有俚语云：“社公不开口，老虎不吃狗。”社公、福主庙一般都设在村外水口处。如有人死，要报社公，再由社公护送阴魂向福主、城隍报到，以求一路顺利。当地规模最大的一座寺庙是仙姑坛，位于海拔1 400米的山顶，跨越三个县。据陈文凤撰文记载，该庙是祀奉三位仙姑的，清康熙年间有猎人发现了仙姑石像。清末和民国初年，三个县的当政官都要骑马来参加七月初七的仙姑庙会。民国时期，该庙主管人是铜鼓商会会长邱守山。其他许多乡村也有很多人上山朝拜。闾山法师被称作“武教觋公”，尊奉太上老君，过去在这个地区人数众多。如遇窑神、流师七娘，或其他令人身染重病、口出狂言的凶神邪魔，就会请一位出身于道教世家的有名法师来“镇坛”，驱恶赎魂。大病则须做“大送”：先用一头牲畜祭祀“野鬼”，然后派10位代表阳兵的青壮年去追魔擒鬼，从山里带回患者魂魄。如果捉到蝴蝶，则告吉祥；如捉到青蛙，则为不祥之兆。搜鬼、捉鬼回来，法师对地方社公进行警告或者惩罚，使之“回归正道”。患者的生辰八字和灵符一起藏进一个小瓷坛，严密封裹，以使邪魔再也抢不走患者的魂魄。

温泉镇距铜鼓县城仅2.5公里，该县两条主要河流在附近交汇。邹涌运的《温泉镇的土客宗族、经济与民俗文化》介绍说，最早来此的帅姓在1115年左右占据了出水口。吴姓在1280年左右、戴姓在1350年左右占据了其他沿河平地，客家人只有择山而居了。据1982年的一份资料统计，该镇人口中，客籍占70%，本地籍占30%。帅姓在1994年第21次修谱，称元末一个族人离开排埠，生下四子，其中一子在1404年迁回排埠。其余三子则在温泉分别建村。1708年，他们的后人在后来的县城所在地合修祠堂。1915年，才与排埠帅氏联合建立公共祠堂。邹氏宗族是主要的客家宗族之一，族中有位一流的武术教头，每到七月半就来训练新年的狮灯队。狮灯队往往代表一个宗族。狮灯出门前和返回时，族长都会向祖先报告。邹姓还有本宗族的神灵——法名传三郎的邹仕立。据传他曾学道茅山，因施符解除牛瘟而开始出名。有个吃小孩、损禾苗的猪婆精，邹仕立每次与之斗法都能得胜，但猪婆精总是又回来，为祸更烈。最后，为了最终消灭猪婆精，邹仕立只好以身殉道，埋葬在猪婆精修炼的山上。因为没有儿女，传三郎的墓碑上只有徒弟的名字。到现在，邹姓仍会前往扫墓。

没人敬奉的“冷坛”社公如被惹恼，很是危险。无人敬奉的窑神、井神、泉神和恶鬼同样都是会害人的邪神。对付这类神的法师既非和尚，也非道士，而是一个叫曾法兴的人。算命的人要算出事情的缘由，会在五月初五捡起生吞了另外一只蛤蟆的蛤蟆，弄死后晒干，在为期七天的醮事当中，把它放在庙里最大的神像下面，以便获得这次法事的全部功果。这样，算命的人就能从蛤蟆的神灵那儿得到想要的答案。打醮时，本地人请灵宝道士，客家人请瑜伽法师或和尚。瑜伽法师与和尚都有师承，都由道教法师授职。据说他们的祖师是印度犯了戒的和尚，被逐出山门，来到中土，给人免费做法事而抢了道士的生意。道士向皇帝告状，皇帝下令这些和尚必须经过道士授职，否则道士有权阻止他们打醮，甚至能没收他们的法器。内科和外科医生敬的药王是不同的。内科医生敬的是骑虎背、盘龙于肩的药王神像，而外科医生敬的是一脚踏虎背、一手挽腾龙的药王神像。太平醮在出现天灾人祸时举行。打醮的前一个月，缘首到佛教大庙圆觉寺请定光古佛确定起醮的日期。如果凶死的人太多，打清醮时，就在经常出现事端的地点立一块阿弥陀佛石。小型的法事在神诞日举行，定光古佛是正月初六，观音佛母是二月初九，云霄大帝是九月二十八日。

东浒村位于铜鼓县的东部，距县城 16 公里，地处定江河水系，人口 1 162人，其中本地人占 69%，客家人占 9%，其余 22%是 1949 年以后迁入的移民。袁氏作为早期移民，占据着流域中最好的土地。1356 年（10 世）到 1994 年（28 世）间，袁氏先后 14 次修订族谱，其中七修（1569 年 16 世修）和八修（ 1719 年 20 世修）间隔了很长时间。袁氏不仅家族总代数少得可疑，而且从刘劲峰《东浒村的袁氏宗族与村落文化》提供的人口统计数据来看，10 世时仍然只有 6 名男丁，在此之前的情况所知甚少，而从 17 世到 19 世（明朝末年），殇折人数巨大。25 世到 28 世情形相仿，反映了十九世纪中叶出现的太平天国起义和二十世纪二三十年代的国内战争。袁氏虽然自称1911年前不曾与客家人结亲，但考察其族谱可见，通婚的现象从21世就出现了，从24世起则一直发生。刘劲峰正确地总结说，在婚姻取向上，社会、经济地位显然比语言和风俗习惯更为重要。

由于当地的龙脉处在河谷西北面，主要的袁氏宗祠都建造在这里。1762年，他们在东南方河流出水口处建了一座桥，以便“锁住财气”，然后又在桥对面建造一座五层宝塔，以增高文峰之势，可后来他们听从错误的建议把塔迁走了。一个在袁姓人家里当长工的彭姓人在耕作时重新发现了失落的神像，太平天国起义之后，就由袁、彭两姓人轮流祀奉傩神，在二月十五日游傩。清初迁来的客家彭姓三年中只轮坐一次，袁姓则三年轮坐二次。不过彭姓保存舞傩的科本，他们的“红头道士”也成了游傩的专职道士。傩神无庙，袁氏家族根据一个复杂的体系让傩神轮流在各房祖厅坐案。许真君是东浒全村人的福主，他的庙建在东浒河的主要水口，控制住全村的水流。庙前还建有戏台，每年正月在此唱十天到半个月的戏。其余的福主庙、社公庙供奉三清和三军。三清相传是老子的三个化身，赤裸着上身。三军据传以烧炭为生，曾帮许真君打败来自湖南的孽龙。根据另一个传说，三军是三个孤儿，观音来做他们的母亲。不久她满身长起脓疮，叫他们帮她用水洗疮，并把洗澡水喝下去。老三喝得最多，其次是老二。观音让三兄弟去对面山上的一棵桃树上吃桃，在那儿等着她。老三爬得最快，吃到一个红桃；老二第二个上去，吃到青桃；老大最后一个到，吃到黑桃。观音来后，把他们变成了福主，他们的脸和各自吃到的桃子是同一种颜色。二十世纪三十年代，灵宝道士在三军庙打过一次醮，还为袁氏主持葬仪。很多袁氏祖厅都安置有自己的保护神，杨泗就是其中一支的保护神。这个神像是从外地偷来的，特别会显灵。轮到傩神在这一支的祖厅坐案时，他还会随同傩神一起外出巡逻。

赖文峰的《大塅镇的传统经济与民间信仰》对大塅镇做了描述。它位于定江河的下游，铜鼓县的东北部，距县城32公里。全镇居民15 241人，其中81%是客家人。大塅镇的传统经济主要依靠造纸业——1927年时有纸槽452个，其中“火纸”423槽，黄表纸14槽。为了制作当地特产笋干，清明之后、夏季到来之前的那个月里，十人一组的劳动队住进工棚，开始挖笋、做干的高强度工作。然后一人留守笋棚，以防偷盗，同时给熟笋脱水。六月，则组成小一些的团队晒干熟笋，并分类打捆。木材生产和筏运是当地经济的又一支柱。赖文峰也在文中引用了一支“滩歌”，据说为清初一位穷秀才所作，他被迫搭乘木排，而不是坐船去赶考。定江沿岸的排埠、铜鼓县城、三都、大塅、古桥等地都建有天后宫。茶叶、烟草、生姜、花线和鱼（赖文峰描述了六种捕鱼方法!）也是重要的地方产品。大塅墟市上还有万寿宫和文昌宫。供奉许真君的万寿宫坐落在定江河与带溪河交汇之处，正对着天柱峰。关系到大塅全体居民的醮事就在这里举办。每年三月初一到二十日和八月初一到二十日的两次主要墟市上，天后宫前天天唱戏。赖文峰列举的110家店铺中，由客籍人经营的有63家，土籍人经营的有26家，外地人经营的有21家。古桥墟位于大塅北面，以前是独立的，每到八月也会开一次墟，墟期10天，也建有万寿宫、文昌宫。

古桥村附近的杨泗殿是灵媒前去祭祀的地方。在天柱峰半山腰，一个猎人在寻找他走失的猎狗时，偶然发现了一个岩洞，洞中有石雕观音一尊。猎人向观音祈祷，果然灵验。灵石庵因而建成。1929年，一个土籍宗族和一个客籍宗族出资修葺，该寺院由他们轮流管理。每年三次为观音举行的醮事吸引了来自湖南以及江西的香客。他们前来求子，请和尚进表，或请他们先将手圈、项圈放在观音神像前，然后再给一个难养的孩子戴上，这样观音就会保佑孩子。1947年，客籍信众请来和尚，土籍信众请来道士，在万寿宫举行了一场太平清醮。在三都大莲山上的寺庙里，用跌珓方式请定光古佛最后确认建醮吉期。所有参与的地区开始斋戒，并彻底打扫房屋。罗严森是唯一健在的法师。他13岁开始跟从父亲学演“宁州佛戏”，20岁参加太平清醮时刚刚奏职。他如今年近八旬，仍能为赖文峰写出醮事全部47个课目。打醮第一天，由和尚前去邀请所有其他地方寺庙、社坛神明，然后请地藏放出一切孤魂到醮场来。第二天，到带溪河与定江河汇流处的寒林所竖立起幡旗，用石灰在寒林所四周画上白线。第三天，和尚、道士均到万寿宫坐台。他们分别在河边竖立起纸扎的鬼王——道士为周将军、和尚为山蕉鬼王，并从二鬼王前拉出一匹红布，分别接到各自的法台上。大塅墟四面高山上点燃巨烛，并放48盏河灯。从两河交汇处起至下游，沿河岸两公里点燃油烛。然后和尚走蒙山，从一幅巨大的石灰画的卐字图死门进，在图中迂回穿行，再从生门走出，意思是使孤魂野鬼不在人间作恶而去寻求转世超生。第四天，也就是最后一天，孤魂野鬼被带到十殿阎王前接受审查，请十殿阎王赦免他们的罪孽。在佛道法师送走各方神明前，还雇请一个乞丐来从事倒幡工作。

柳溪位于东部的带溪乡境内，与大塅镇毗邻。根据王文俊的《大柳溪的传统经济与村落文化》，因为柳溪位于过去通往修水和南昌的必经之路上，它成了挑夫临时住宿的地方。该地人口 2 517 人，90%为客籍人，其中多数人的祖先在清初是土籍人的佃户。其中邹姓以武艺和他们的三棚狮灯而闻名。民国初年，柳溪有 27 家店铺。货物由一百公里外的南昌挑回来，当地的手工艺人制作竹、铁制品，还生产染成蓝色的“夏布”。古竹庙是柳溪村内最大的一座庙宇，地处出水口，供奉的是华光大帝。庙里附设释家雷坛。和尚自己种田，但也每年两次去化缘。第一次化缘是三月初三至四月初八，住持左手端着哪吒太子雕像，右手持根禅杖。每到一户人家，他把雕像放在正厅的桌上，同时摇响法铃，口念“阿弥陀佛”。施主给他米的时候，和尚念道：“菩萨保佑，添丁进粮。”第二次化缘是在十二月二十三日以前的数天，和尚们给每家每户发“灶疏”，祈求灶君保佑。他们也打醮，以超度亡魂，常请在家的居士一起来帮忙。正月十五和八月初一的庙会日，要派人到大莲山请定光古佛的金身来“镇坛”。也有一个道教雷坛，是清雍正年间由赣州的一个天师道道士带来的。王文俊发现柳溪有不少于 37 个社公庙，往往既供奉社公像，也供奉社母像。有人死亡要报社，再由社神呈报福主，以使亡魂顺利抵达“彼岸”。1944 年，柳溪举行一场太平清醮，设有释、道、儒三坛，其中儒坛是“文坛”，建于 1931 年，替人扶乩卜事，超度亡灵。

根据郭月初的《带溪乡的传统经济与庙会》介绍，带溪乡位于铜鼓县东部，距县城 45 公里，人口 6 871 人，客籍、土籍人各占一半。胡姓是带溪乡中最大的姓，至今已繁衍 28 代。带溪有 26 座水碓，其中油榨碓 9 座。造榨匠手持顶缠红布的拐杖，口念咒语，然后喊一声“走”，三四十人便能成功地将造榨用的樟树大木料拖出树林。郭月初详细描述了榨油过程、一种快失传的粉干制作法以及纸、油箩、斗笠、陶瓷和草鞋的制作方法。当地最著名的寺庙是供奉华光大帝及其夫人铁扇公主的古大帝殿。铁扇公主还是胡家姑娘的时候，来殿观看一个土师雕菩萨。她活泼地和土师交谈，表示愿变为女神，同意土师为她画像，然后回到家中，洗澡换衣，躺在床上，随即便死了。当晚，村里有人梦见她行走在天宫里，消息传开，大家便照着画像为她塑了金身。据说宋朝一个姓胡的将军在被元兵追赶时，被华光大帝解救，于是重修了庙宇。

古大帝殿的管理组织由十三户“社户”组成，其中胡姓十户，外加与胡姓联姻的张、吴、杨各一户。他们轮值管理庙宇和每年的庙会，包括九月十二日到二十六日带溪当墟时的演戏。九月初一，在一个被称作“起太岁镇煞动土”的仪式上，这十三户的代表在墟上会合，将牲血洒遍墟场，以示祭祀土地。接着，为当年的庙会成立管事机构。九月十二日，古大帝殿里的菩萨被抬到相应的祠堂去看戏，二十四至二十五日举行大规模的“迎神”游行。36个青壮年用青布包头，轮流抬着华光大帝的神轿，装扮成著名人物的童男童女也参与巡游。游神队伍要造访十三户“社户”的每一户。回殿后，由道士“收兵”。

白马庙位于一个村子的出水口，供奉唐、葛、周三姓结拜兄弟。传说他们原是带溪人，在伐商时阵亡，被封为将军。中间的一位为白面，居左为紫面，居右为黑面。因为三兄弟曾多次得到一匹白马的搭救，并曾许愿为之建庙，该庙由此得名。附近的三军殿供奉的也是这三位神明，传说他们因协助许真君和观音大士降伏孽龙而立功受封。带溪的另一个河流交汇处坐落着万寿宫。最后是侯王庙，供奉的是五兄弟，当观音大士为追赶孽龙路过此地时，四个兄弟都在认真做活，只有一个懒惯了的能告诉观音那个像蛇一样的东西在哪儿。五兄弟一齐协助观音捉龙，孽龙向着他们的脸喷出一口黑色的毒物，把他们变成了黑脸，观音便答应为他们立个庙。

五、宗族文化

如前所述，最后两篇文章是对客籍卢氏和土籍吴氏的对比研究，作者分别是卢进忠和吴学贵、吴圆成。十八世纪前半期，自称其祖先为同一个永定人的卢氏后裔先后分17次迁入铜鼓。最有影响的显然当属卢立猗小支。卢立猗先随其父到鄱阳湖地区从事贸易。父亲死后，立猗来到铜鼓，在石门买下田产，1714年又回到原籍，把母亲和其他家眷接来。关于其次子卢秀麟有不少传说。卢秀麟是一个大木材商，南京刚遭焚毁时，他将大量杉木运抵南京，由此成为巨富。他还有一头能用蹄子记账的神骡。他掌控了后来铜鼓县城的经济，在当地号称“卢半街”。1775年，他联络其他人发起成立了第一个客籍义学奎光社文会，即奎光书院的前身。民国时期，他的第七代子孙仍在从事木材生意，第八代则是大布商。卢成彦小支也是一个重要的支族。成彦是名“国学生”，1720年左右，他的九个儿子中有几个来到铜鼓。他们先去投靠卢立猗的弟弟，可是受到怀疑，于是独立创业，贩卖黄烟，不久便不断从正在没落的帅姓人手中买下房屋。他们拆掉买来的旧屋，用猪羊祭祀后，敲锣打鼓，将帅姓祖宗神位送到先前准备好的洞穴安放。1728年，一家老少迁居到铜鼓坳上。半个世纪以后，成彦的两个曾孙考中武举人，次年又中了一个进士。成彦一支总共出了4名进士（其中三人是亲兄弟）和11名举人，全部都是武科。卢进忠总结道：“邑人对卢氏的评说是石门大富、坳上大贵。”

除各村的15所“祖屋”以外，卢氏宗族还有支祠四所和宗祠一所。祖屋只是15位迁铜开基祖原来的房屋，所以年代上排在最早。1842年，立猗支和其他六支一起建成一所支祠。1897年，铜鼓卢氏邀同阖邑在不久就成为县治所在地的地方建成宗祠。1912年和1928年，宗祠两度遭遇火灾，两度重建，2004年又一次被烧毁。1849年首修族谱，而后在1897、1924、1995年又重新修撰。最后一个版本的族谱包括8省区卢氏后裔，连北美在内。1923年制订的一套家规包括一些有趣的条目，比如禁止兄亡娶兄嫂、弟亡娶弟妇的“恶俗”，或将女儿卖给他人做妾。如果族中有人陷入“匪教邪说”，当严切惩戒，烧毁邪书。另一套家训包括劝行慈善，因为这样将能“感格天地鬼神……天地鬼神必福之”。

吴学贵、吴圆成的家乡距县城修水65公里，位于该县西北角，靠近湖南。据说其开基始祖于1160年左右迁来，今有后裔7 282人。三大支系中最大的一支有后裔5 150人，由四房组成，可再分为七祭，轮流组织每年正月初二的祭祖活动。献祭之后，来年承祭的支族派大队人马来“接祖”。前由乐队、彩旗队带领，后面是可移动的祖宗牌位（另有一个固定的牌位安座在祠堂里），坐在八人抬的神轿里，然后是四人抬的宗谱谱箱，宗谱后边是房下尊长，也坐着轿子，最后是普通族人。这样接祖之后，该房每天轮流祭祖，直到来年二月初一交接，连续祀奉一整年。祭祖前三天，执事者开始到祠住宿，并预先演练。祭品包括喂养了一年的公猪、公羊各两只，加上荤、海、素十样特馔。还为前一年的亡者举行接牌位的仪式，由三个歌童诵诗。祖宗用过祭品之后，诵祖训，然后所有在场子弟喝福寿酒。仪式最后焚纸钱、祝文，鸣鞭放炮，奏乐，然后将可移动的牌位安放在八抬大轿里，以传给下届承祭房。

六、结语

本论文集作者对铜鼓文化的描述如此丰富，令人不知该在结语中特别提及哪些内容。读者对那些让人感到熟悉但又有变化的主题（例如茶油、纸、筏工和挑夫在地方经济中所起的作用，孽龙的故事和姑娘变成神仙夫人的故事）会产生共鸣，同时又被那些新颖而意想不到的东西（例如抬着祖宗牌位像游神那样巡游，去龙虎山受箓的“香花僧”，处士主持独特的开光仪式，只有头颅的神，怀远都，客家人创办的文、武学堂）所吸引。

客家人扮演的角色无疑为铜鼓的历史和社会生活平添一份与众不同的风情。首先，铜鼓保存着一些不寻常的文献，使我们得以看到不同以往的清初客家移民迁入史。当然，他们中的许多人是“棚民”，在今天可称为“经济移民”。他们从事在自己家乡做过的工作，一样是艰苦的山区劳动，比如伐木、筏运和造纸。不过，也有一些人虽然不一定富裕，却是到这儿经商的。卢氏家族就是典型。尤其值得关注的是卢成彦一支，有了卢氏宗族这一支的信息，我们才能够充分了解收在“客家传统社会研究”第 6 卷里胡大新有关永定烟草的文章《永定烟草业的历史考察》。卢姓买下本地帅姓人的房屋拆掉，举行隆重仪式，重新安放帅姓的祖宗牌位。通过这种方式，卢氏让我们深刻了解到，在传统的铜鼓社会，什么意味着一个族群迁入并接管另一个族群。

但我们谈的是族属呢，还是地位呢？如果谈的是前者，那么族群到底是怎么回事？外地人来铜鼓，听到的是在这里客家人和本地人过去关系紧张，直到近来他们之间才有通婚。几篇文章也提到恃强凌弱的本地人。歧视显然存在过，因为如果没有歧视，客家人就不需要一个怀远都和自己的教育机构了。不过，刘劲峰在《走进铜鼓》中提出，客家人经济、社会地位的提升可以促成他们与本地人的早期通婚现象。我们怀疑，在不太富有的人和穷人中间，通婚可能更为普遍。蓝松炎关于铜鼓西河片本地族群的文章和朱可三关于铜鼓东河片客家族群的文章互相对应，清楚地显示出族群差异首先存在于婚葬礼仪中；在庆祝新年或中秋节等年节时，包括在烹饪方面，毫无疑问也有类似的差异。但是，李敦成在《铜鼓县的民间忌讳》中则说，他所讲述的忌讳与风俗是客家人和本地人所共有的。

在神仙信仰方面，本地人信仰定光佛，客家人则继承了本地社神崇拜中的主要方面，如向社神报告死亡（甚至在客家人占人口总数90%的柳溪也是如此），似乎土客之间有相当多的交叉。东浒客家彭氏宗族在十九世纪中叶本地袁姓人的傩神祭祀中扮演重要角色，而在排埠，原来为帅姓独享的傩神也向非本地人开放。铜鼓主要河流沿岸的集镇有两大无所不在的神，其中许真君是本地人的神，天后则很可能源出客家，但看来无论哪一族群的人都崇拜他们。在法师的选择上，据说本地人偏好道教徒，客家人偏好佛教徒，不管是出家和尚还是"香花僧"。关于这一点，最显著的例子是赖文峰在《大塅镇的传统经济与民间信仰》中描写的1947年在大塅举行的一次醮事，当时客家人请来和尚，本地人则请来道士。不过，"香花僧"属本地的一个传统。

这方面真正突出的现象是铜鼓极为丰富的法师文化——普庵僧、瑜伽法师、华山派处士、闾山派道士、灵宝道士。佛教和道教雷坛都有报道，后者包括由猎人们在棋坪所创立的雷坛，还有一类据说是既非佛也非道的驱鬼法师（在温泉）。朱可三描写的"香花僧"被称为"觋公"，信奉的是闾山三奶娘和赖公元帅。他们虽然参加佛门考试失败，佛祖还是把他们认作佛门子弟，还委任他们下乡驱邪。这类僧人特别让人感兴趣。三军社令也很有趣。据王清平《上崇的王氏宗族与民俗文化》介绍，在铜鼓西部，他们是众神中得到最广泛崇拜的神。在带溪，传说他们原是唐、葛、周三位道教将军；在东浒，据传他们以烧炭为生，帮许真君打败过来自湖南的孽龙。他们吃桃成仙的话题则让人想起韶关地区的故事。我们不禁猜测，在带溪发现的才是三军社令的真实身份，也疑心对当地道教如此重要的这三位将军可能更深地显示了铜鼓文化的根底。本论文集的作者描写了一个独一无二的传统，这是一个很好的开端。像铜鼓那样地方文化特别是宗教文化十分丰富的地方，在全中国不多，非常值得做专门研究。

2006年6月27日于瑞士

排埠镇的宗族、墟市与民间信仰*

林文修

一、概况

排埠镇是一个边远丘陵小镇，总面积只有 131.5 平方公里，1993 年撤乡建镇。它位于铜鼓县西南边陲，距县城 18 公里，东南面邻万载县高村镇，西南面邻湖南省浏阳市张坊镇，西北靠大沩山林场，东北接本县永宁镇。坐标为东经 114°05′，北纬 28°26′。地势由西南向东北倾斜。整个地势在全县范围内是比较高的。最高处为海拔 1 396.3 米，最低处海拔 240 米。镇政府设在排埠村，海拔也有 334 米，是全县最高的镇政府所在地。1995 年扩镇并村后，辖梅洞、华联、排埠、永庆、高陂、永丰、曾溪、青溪、黄溪、南溪、三溪等 11 个村，120 个村民小组（场）。

本县的定江河发源于该镇的华联村铁树坳，流经华联、排埠、永庆、高陂、曾溪、青溪、黄溪等 7 个村，除定江主流外，境内还有梅洞、垌坊、永庆兰源、高陂、永丰、青溪和南溪、三溪等小支流汇入定江河。水力资源较为丰富，沿河已建电站 17 座，总装机容量 5 815 千瓦。

该镇以山多田少为特征，森林资源尤为丰富。全镇水田面积为 682.5 公顷，旱地面积为 103.4 公顷，合计耕地面积为 785.9 公顷；山林面积为 9 704.4 公顷，其中竹林 4 466.7 公顷，活立木蓄积量 1 250 000 立方米，活立竹 500 万

---

* 原载刘劲峰、赖文峰主编：《铜鼓县的传统经济与民俗文化》（下），第 402～434 页，

根。除森林资源外，在华联的烟竹组还有矿化范围较大、品位较高的金矿。

排埠是赣、湘两省连界之地。大小群山环抱，关山重叠，地处要塞，路多险隘，而又系交通要点。自古以来，排埠就有一条通往县城的水路。沿着定江河的上游，用木头和毛竹扎成的排筏，可自排埠直至铜鼓。1 000 多年前，排埠并无人烟，帅姓首至排埠，由于木竹排筏可通往县城，所以便取村名为排川。过了 500 多年后，排埠帅家人认为"川"字不妥，遂将"川"字改为"埠"字，故名排埠。陆路更是四通八达，东可通本县的三都、大塅和修水县，南可通万载县的高村、西坑、三兴、仙源等乡镇以至万载县城，西可通湖南省的浏阳、平江及湖南省省会长沙市。不过，以前没有公路，走路一直靠步行，运货一直靠肩挑。如今，铜（鼓）浏（阳）公路贯穿于境内 23 公里，途经青溪、曾溪、高陂、永庆、排埠、华联 6 个村。

排埠镇貌似穷乡僻壤，但经济发展却一直都比较好。以前，除耕作之外，这里有较发达的造纸业，表芯纸槽和白纸纸槽遍布排埠山区。改革开放以来，排埠人利用山多竹林多的优势，先是生产笋罐头，继而生产竹材板，如竹地板、模板、竹纤维板等，销往全国各地，以至出口到日本。

该镇人口不多，全镇只有 2 045 户，10 192 口人。但姓氏却较多，共有 115 个姓氏。入境较早的本地人是帅姓，客籍人是邱姓和张姓。人口较多的姓氏则以邱姓（客籍）为最，共 657 人；帅姓（本地）居次，631 人；蓝姓（客籍）居三，有 370 余人。人口较多的姓，大多聚居在一个或几个自然村中，而人口较少的姓氏则或散居在全镇的各条山沟或半山腰上，或夹杂在多人口姓氏的居住点中。唯有帅姓独居于排埠村中的排埠、山背、磉上三个自然村内。

据调查，排埠镇本地人总数占全镇总人口的 10.8%；1949 年以后，从湖南等地迁来的人占 7.17%；其余基本上都是客籍人（约占全镇总人口的 82.03%）。从姓氏数量上看，全镇 115 个姓氏中，本地人姓氏占总姓氏数的 2.65%，而客籍则占 47.35%，1949 年后移民而来的姓氏占 50%。由此可见，1949 年后移入的姓氏占据了全镇总姓氏数的一半，可人口只占 7.17%，这是因为他们迁来排埠的时间短，最早的也不过是十九世纪五十年代末或六十年代初才迁来，而最晚者则是八十年代初才迁来，而且他们中的大多数来自不同的地方，由此形成了排埠杂姓占多数的局面。本地人则不同，他们来排埠的时间长，最短的已有 800 多年，长的已经有上千年了，他们经过长时间的延续，得到了很大的发展。所以，虽然从姓氏上看，只占2.65%，可人口占到了10.8%；客籍人也是如此，通过几百年的发展，绝大多数姓氏都已自成气候，其姓氏数在全镇不到一半，而人口却占到了五分之四还要多。

该镇的老住户除本地姓氏外，其余便以客家姓氏为主，有邱姓、陈姓、蓝姓、叶姓、江姓、林姓、张姓、曾姓、谢姓、王姓、黄姓、李姓、钟姓等50多个。他们的分布情况是：梅洞村以陈、蓝、张、谢、林、杨姓为主；华联村以叶、陈、郑姓为主；排埠村主要是姓帅的本地人；永庆村聚居的是姓刘的本地人和姓洪的客籍人；高陂村由于外地迁来的人占绝大多数，故为杂姓杂居；只有大塘村民小组基本上是林姓人在那里居住；永丰村则以蓝、林、江、李四个姓氏为主；曾溪村以刘、谢、江三姓为主；青溪村主要是曾、张、李姓较多；南溪村主要是姓邱的和姓李的，还有少数姓张的；黄溪村绝大部分人都是姓邱的，是全镇邱氏居住最集中的地方；三溪村主要是林姓较多，其次是张姓和黄姓。同一姓氏的人，常常三五成群，十家八家甚至几十家地聚居在一起。

二、宗族

帅、邱、陈、蓝、叶、江是排埠镇内有代表性的几个宗族。其中，帅姓为本地人（或称土籍），其他几姓均为客家人（或称客籍，或称怀远人）。

帅姓是排埠最老的姓，相传他们是宋江陵都统制帅逢源的后代，帅逢源一生中娶了两个妻子。因前妻无生育，故再娶一妻，于是便生下了五个儿子。帅逢源致仕还乡后，一家老小都住在浙江的金华。死后，其五个儿子不知何因，全部迁到了江西修水县居住。不久，其长子帅鉴迁到铜鼓，次子帅竞迁往遂川，三子帅能迁往湖南醴陵，四子帅让迁往奉新，五子帅兹则迁往湖南株洲。北宋中晚期，帅鉴生下儿子帅好让，好让成家后，便到排埠来立业。相传那时排埠没有人烟，故帅好让以插草为标，占据了整个排埠墩。之后，好让生子帅天瑞，天瑞又生子帅元通，元通再生四子，取名志文、志武、志贤、志良。四子长大成人后，帅志武迁住本县温泉镇广下坳，帅志文迁到温泉镇义田花门楼，帅志良迁到本县帅家坝，只有帅志贤留在排埠镇的排埠村居住。

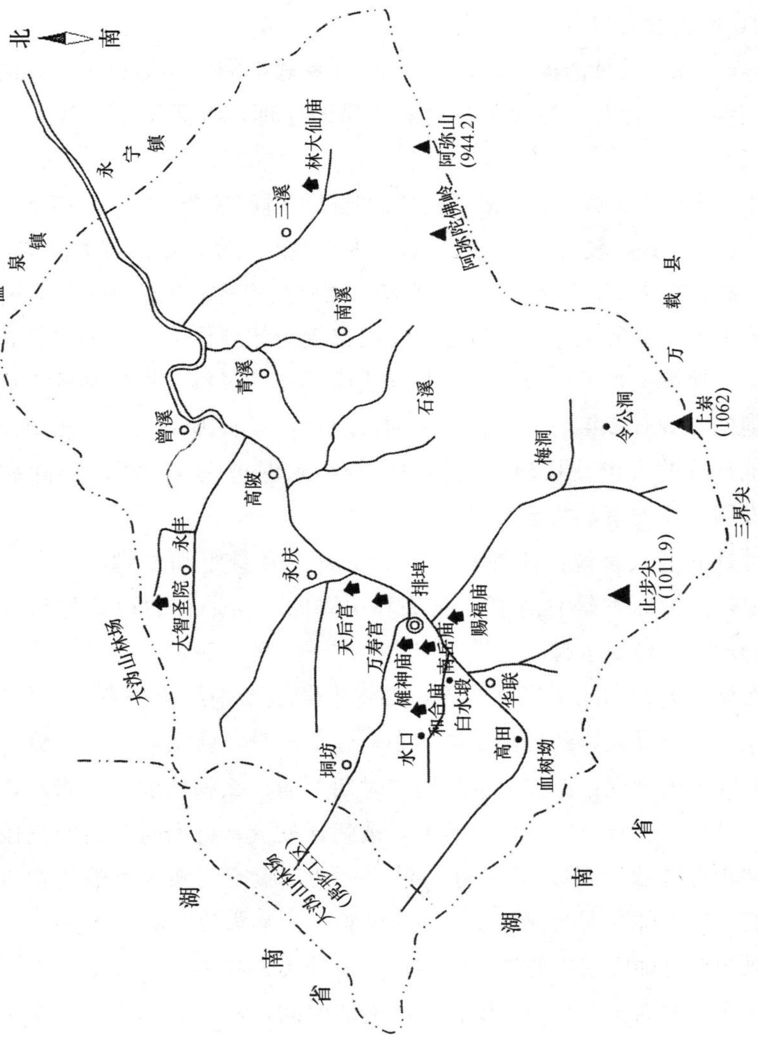

图3-1 排埠镇村落分布图

排埠新村鹅形里的一栋大屋是排埠帅氏家族最早的宗祠，是由帅志贤这一代人动手兴建的。到帅志贤的第四代则又另建了几个分祠，即帅汝端立祠于排埠上，帅汝立立祠于排埠山背。从帅好让迁入排埠算起，到如今已传到第26代，有男女人口631人。

“排埠帅家，牙牙渣渣”，这是从前远近乡邻中的一句顺口溜，说的是排埠帅家当时有少数人，常常牙黄口臭，强词夺理，以强压弱，甚至打架斗殴，横行乡里。

历史上，帅氏家族出过十多个武举，但只出过两三个文举，经济状况也只算一般。也就是说，较为平庸，既没有多少有钱的人家，更没有大富豪，仅民国时期，磉上的帅世敬和山背的帅尚奉两人稍有些积蓄，各有田庄200亩上下。

帅家人最信奉的是傩神。从前，帅氏家族把傩神作为他们的保护神。传说傩神是一尊能保护禾苗等植物、驱除病魔邪疫的灵神。据姓帅的人讲，这尊神是他们在300多年前从万载接来的。起初，只有帅家人才会敬奉。但后来，其他姓氏的人也一样敬奉，都向傩神祈求保护庄稼，祈求驱除病魔邪疫，使人们身体安康，共享太平。

据帅姓的老人家说：傩神只有一颗头，没有身躯和手脚，但有三只眼睛。还说，傩神原本是有身躯也有头和手脚的。只是有的地方却只敬奉身躯，有的地方只敬奉手脚，而排埠这个地方正好敬奉头颅。为什么傩神不是完整的人样？笔者询问了好几个人，都弄不清楚个中缘由。有的开玩笑说，可能是傩神十分灵验，到处都要请他去，分不开身，就采取一种“分身术”。而排埠的帅新柯则说：傩神原本是远古时期不知什么朝代的一位将军，是朝廷中的一员忠臣良将，因被奸臣所害，被朝廷处决，行刑时被斩为三段（又说是封神斩将时截为三段），一处飞足，一处飞腹，飞来排埠的是颗头，这样，便成了排埠帅姓人的福主。因为很灵验，大家非常敬重它。

游傩神，是帅氏宗族的规矩。为了保佑帅氏人的平安，保佑当年的五谷丰登，在每年的六、七月间，要花三四天的时间，举行一次灯会。这次灯会实质上是游神，故也叫傩神出行或出案。游神时，属于帅氏人家住的地方都要走遍。即使中间夹杂着别姓人家，也要去。像春节要灯一样，不论姓氏穷富，家家户户都得去。为了不走弯路、空路，首先得计划好从哪里开始，到什么地方结束，也就是说，游神前必须计划好路线。每年确定的路线是：从傩神庙出发，先到华新，然后到联盟，顺路一个村庄接一个村庄地游去，即傩神庙→华新→联盟→梅洞→古坪→石溪→柴溪→高陂→永丰→永庆→垌坊→排埠芳林坪，一直到排埠塅里。游完排埠村后，将傩神送回庙里，休息一夜，第二天再游。有时则游完排埠村后，接着按上述路线游完其他各村，最后游到永庆村就算完毕。

游神队伍的排列是有固定顺序的。前面一尊小傩神，叫“开路先锋”领路，后面是大傩神，坐在轿子里，让八个轿夫抬着，再后面有三尊簇拥着大傩神的傩神菩萨，叫副将，然后才是锣鼓队伍，锣鼓队伍后面是其他闲杂人员。锣鼓喧天，铳炮齐鸣，浩浩荡荡，威风凛凛，巡游各家各户。领路的傩神和后面的三尊傩神菩萨，都在头颈下面扎了一条长长的裙子，名曰“身穿长红袍”，用竹棍或者木棍撑着，足有一丈多高。轿子里的傩神也只有一颗头，放在轿子里面的座位上。游神时，无论信神的和不信神的，傩神来到时，都会一边点香灯，一边放鞭炮迎接。接进屋厅后，杀鸡宰鸭，三跪九叩首，诚心祷告，保佑全家安泰，庄稼茁壮成长，无灾无病无虫害。其虔诚，如敬天皇。而不信神的人，前面所说的那一套均可免了，但也不会用言语或行为去得罪傩神。

起初只有帅家人会游傩神，但不久后，邻村的各姓人见帅姓人游神后，绝大多数家庭都兴旺发达，认为傩神确实灵验，所以附近村落的其他姓氏也会将傩神接去，在当地巡游，如联盟的郑家，华新的叶家，还有永庆、古坪、梅洞等地都陆续会在六、七月间把傩神接去游几天。新中国成立前的几年，丰田、南溪、曾溪、青溪、黄溪等几个村，也将傩神接去游了几次。

接傩神须征得帅家人的同意。同时还要在神前跌珓，经准珓后方可。每次游神都是家族中和地方中有脸面的人牵头，组织傩神菩萨信士去参加。无论是姓氏或者村落，游完神后，必须把傩神送回庙内。送回庙内时，同样要点香灯，烧纸钱，以感谢傩神的出行。

邱氏是排埠镇客籍阵容中人数最多的宗族。据该姓族谱记载，邱氏在铜鼓的开基始祖是端我、元来两兄弟。清康熙初年，他们一起从广东的嘉应州（今广东梅县）迁来铜鼓。其中，元来是直接来排埠镇三溪村龙船埚安家的，而端我是位官吏，被派到修水县来当差，不久便在铜鼓排埠镇黄溪村小陂定居下来。过了一段时间，又从小陂搬到黄溪村的庙前。他到黄溪之后，生了四个儿子，即东山、南山、嵩山、华山。四人中，唯南山住在黄溪村的黄陂坑。他们来铜鼓的时间比其他姓氏稍早一些，而当时的铜鼓，尤其是排埠黄溪一带人烟还很稀少，所以邱南山的父亲来后，就在当地占到了很多地盘，且那里地理条件又比较好。就凭着这上千亩的良田，他很快发迹，不但在黄陂坑建起了祠堂，而且还在黄溪村的马家墩、松树坳以及修水等地建了多处祠堂。

人们所称的邱家大屋就是由邱南山一手建起的邱氏宗祠。祠堂归邱氏显能公（南山之三子）属下嗣孙所有。它坐落在本镇的黄溪村民小组，小地名叫黄陂坑，距县城约 9 公里，沿三滩到三溪的水泥公路而上，约 2 公里处左边的大屋便是。大屋背靠矮山坡，门前有一段稻田，左右两边都有高低不一的小山坡，一条小溪在对面的山脚下由南向北潺潺流过。乍一看去，整个地方四面环山，田、山、屋宇甚是协调。

邱家大屋始建于清朝乾隆年间，据说建屋就花了 13 年，装修又花了 7 年，整整用了 20 年的时间，工程才算全部完工。大屋分上、中、下三栋，左右两边又各有四栋，共 120 间。占地总面积 30 余亩，建筑面积 1 万多平方米。按旧时一般的建筑模式，大门前是一片禾坪（客家语），禾坪中的横直过道，约有 1.5 米宽，包括天心（天井）在内，都是用大小基本一致的河中小片石（鹅卵石）铺砌而成的，而且还砌有花纹。禾坪前面是一口半月形池塘，到目前为止，都归邱家众家所有，每年租给人家养鱼，所得租钱为修缮房屋之用。池塘外边便是围墙，将整个屋场都包围起来。两边的偏房与正房平行，砌起了灰砖封火墙，高出房屋足有一米多。像这样的大屋，其规模之大，间数之多，建筑时间之长，可谓全县之最。由于年久失修，两边偏房已部分倒塌，但封火墙依然耸立，门楼完好无损。

邱家大屋的创建人，是邱氏家族中的南山公。此人号承德，字淑芳，是太学生，在世时间是清康熙三十二年（1693）至乾隆六十年（1795），享年 103 岁。他有三个儿子，长子显书，次子显秀，三子显能。建大屋过程中，南山病故，由其三子显能（太学生）继承他的事业。据说，父子俩均非常聪明能干，为人很有心计。有一次，邱南山去采石场视察打石进度，看见石工们都躺在石头上鼾然大睡。他看见之后，一下也不去惊动他们，只是悄悄在每人面前放了一撮黄烟。石工醒来时，发现每个人面前多了一撮黄烟，知道主人已经来过了。第二天，南山吩咐家丁们杀猪宰牛，并派家丁将一担猪肉和其他菜蔬送到石工们的住地。石工们知道后，甚为感激，也深知主人的气量。于是，自第三天起，石工们便齐心协力，大干了一场，竟很快就将建大屋所需的石料全部打好了。

世间只有为死人建墓竖碑，而没有听说过为死了的牲畜修建坟墓的。然而，自邱家大屋沿公路上去2公里处的河对面一个叫青山坝的山上，邱氏家族的墓地右边，却有一座神骡墓，神骡墓虽已遭到了一定的破坏，但还能看清墓的模样和墓石。由此证明，邱氏为骡子建墓，确有其事。

为什么邱氏要为骡子建墓呢？原来，大家认为，邱氏之所以会那么兴旺发达，与邱显能家养的一头骡子有密切关系。据说这头骡子不是一般的骡子，而是一头神骡，它虽然不会说话，但善解人意。有一次，显能骑着这头骡子去武宁老家察看建祠堂的情况。到了目的地后，一询问，才知道是因为没有了钱而被迫停工。因此，他赶紧写好一封书信，要骡子即刻回家取钱。骡子顺从主人的吩咐，当晚就动身，第二天上午就赶回了家中。家里妻子阅信后，就按照显能的意思，包好一包银两，要骡子当晚就把银子送到武宁去。骡子很听话，丑时过后就赶忙出发。走到一个叫惊村（现在修水县的征村）的地方，突然冒出一伙歹徒，将骡子团团围住，要抢劫其银两。在这千钧一发之际，骡子机智地跳进河里，顺水就漂走了。歹徒无奈，只好作罢。由此，骡子顺利地把银两交到了主人的手上。

更为离奇的是，据说在显能去世时，大家已将灵柩抬上了骡车，催神骡拉到墓地去，可神骡却一动也不肯动。众人疑惑，问：是否出柩还山的时辰不好？骡子摇头。又问：是否埋的地方不好？骡子又摇头。众人再问：是否不该你去送葬？骡子还是摇头。众人左猜右想，忽然一个长工问：骡子呀！你跟了主人几十年，恩深情重，现在主人去世了，你是否也想戴孝？骡子这才点了点头。于是，主事人立即吩咐家人，找来一块白布，裹在骡子的头上，神骡便在无人指点的情况下，安全地把灵柩拉到了下葬的地方。下完葬，大家都回家了，骡子却不肯回去，不喝不吃，在墓地守了七天七夜，最后，死在墓地上。邱家为了纪念它，特意在显能的墓地右边，为之建了一座神骡墓。

排埠客籍中的另一家族，便是陈氏家族。该镇现有陈姓624人。相传陈氏的授姓始祖名伯焕，祖籍福建省汀州府（今长汀），隋代迁至广东兴宁石马小堡一个叫下坪的地方。到伯焕授姓以后的第108代出了友益、友义、友德、友声、友信五兄弟。清康熙年间，友义馆于湖南浏阳东乡大桐岭数载，然后迁入义宁州上武乡，即今排埠镇梅洞村令公洞居住，成为令公洞陈氏的先祖，友义生四子，即祚生、祚旺、祚联、祚兰。陈祚生是陈文凤的祖父，生有二子，名俊瑛（又名定享）、俊玑（又名定衡），俊瑛的长子便是铜鼓赫赫有名的陈文凤，以下则是次子陈文木，三子陈文田，四子陈文育。

陈文凤又名鸣岗，清道光二十一年（1841）以县试第一名进入州学，咸丰元年（1851）考中举人。陈家原本不算富裕，陈文凤中举前为读书考试，已花了家里不少钱，如果再要进京赶考，花钱会更多，所以他中了举人后便不想再考了。排埠帅家人见陈文凤不想再进京赶考，认为陈文凤心虚，于是便故意刺激他，想让他匆忙进京赶考，这样既会考不上，同时又会把家里的钱全用光，继而让令公洞陈氏家族垮下来。于是，帅家便派了 90 多个人，闯到他家，对他说：如果你中了举人不去考进士，就说明你中的举人是假的，我们就要把你竖在祠堂门前的桅杆①锯掉。作为当时还是小姓人的陈文凤，对于帅姓人的蛮横无理，显得毫无办法。迫于无奈，他只好于同治四年（1865），临时凑了些钱，匆忙进京赶考。谁知这一考，竟中了个文科进士。由此，不仅使得赣西北客家人中有了一位文科进士，同时也使铜鼓县有史以来出了唯一的一个文科进士。这不仅让陈姓人感到骄傲，而且也让整个赣西北客家人，乃至全铜鼓人为之骄傲。从此之后，铜鼓客家人在社会中的地位明显提高，谁也不敢藐视他们的存在了。

据说，令公洞陈家原先是没有考试名额的，所以陈文凤参加科举考试时，去借用了华联村烟竹陈家的考试名额。为此，他决心振兴当地的文教，故从自身开始，延续好几代人，都十分重视办学。1869 年前后，陈文凤等在西坑的花园背、浏阳张坊的虎坳、富溪都捐资设立了小学学堂，而且亲自主持。从考中进士前的同治元年（1862）起，他还出任了由客家人创办的铜鼓奎光书院的首事，出任了光记宾兴的第一任首事，为振兴当地的教育事业出了很大力气。

陈文凤一共生了三个儿子，长子陈辅臣长年在家主持家务，他注重置田买地，据说经他的手为该家族买下的土地，占到排埠所有土地的 20%；次子陈朋三，才略较好，并写得一手好字，在陈文凤先后担任福建松溪县县令、安溪县知县期间，他长期留在父亲身边，辅佐父亲；三子陈宝鉴，则长期在铜鼓街上做生意，对于父亲投资办学的行为，他给予了积极的支持，对后代的培养也很舍得花钱，故其子陈应霖后来曾担任江西省保安司令部的秘书处主任、修水县县长。

① 当地习俗，凡族中有人科举中榜，便要在祠堂门前竖根桅杆作为标志。

清同治至今的140多年中，陈姓修过三次族谱。第一次是同治二年(1863)，以陈文凤、陈宝箴为首，组织联络义宁州和邻近各县的客家陈姓，合修大成宗谱，两人编定“三恪封虞后，良家重海邦，凤子占远耀，振彩复西江”的谱派，结束了同治以前派号混乱的现象。第二次是民国十年(1921)，由陈朋三任聚星祠一修族谱总理，主持本县陈氏族谱的撰修。由于令公洞一支走得较慢，要到“锡”字派才能接上同治二年大成谱派规定的“三恪封虞后”派号。而此时，宗族制度正值瓦解，大成谱派已失去了昔日的统摄力量，故陈文凤自己拟定的谱派，到后代竟没有派上用场。第三次是1993年，在江西、湖南等地民间修谱的大潮中，令公洞陈氏宗族的后裔陈光锡邀约附近两三个乡镇和浏阳的另一支陈姓人共修了聚星祠二修族谱。

在排埠梅洞这个村子里，还有另一个家族也比较有名，那就是蓝氏家族，人称“势大陈鸣岗，财大蓝生芳”。陈鸣岗即上文提到的陈文凤，他因同治年间科举中进士而成为铜鼓县内最具政治实力的人物。而蓝生芳则是排埠的一位普通的工商业者，他靠造纸起家，最后竟发展成不仅在铜鼓，而且在整个湘赣边界造纸业中最大的财主。这两个人又恰恰都是当地客家人。

蓝生芳祖籍广西。其先祖早年从广西迁到广东。清康熙年间，有蓝亦渊者，又从广东迁到了江西万载县交湖乡高岭一个叫开井埚的小山村。迁来后，生了杨玉、柱玉、梅玉、揖玉、祀玉、柯玉、赠玉、樽玉等八个儿子。

蓝生芳的高祖，叫蓝柱玉。清乾隆初，从万载县交湖乡的高岭迁到万载西坑乡的老屋场居住。据说他所在的老屋场地形如观音坐莲，风水非常好，所以迁到该地后，他家很快就人财两旺，迅速发达起来。到他祖父蓝朗山时，因高寿至105岁，故受到朝廷旌表，赐建“升平人瑞”牌坊。他娶了令公洞陈氏为妻，所以待西坑老屋人丁繁衍过多，村子容纳不下时，便迁到岳父所在的排埠镇梅洞村蜂子吊斗（窝）居住，以经营山场为业。

蓝生芳的父亲叫蓝溢川，字腾青，是个既精明也很有魄力的人，当家业交到他手之后，他便倾其所有，大置山场、田庄。据说仅田庄一年就可收几百担租谷。同时，还利用山场，建了一些纸槽，造些表芯纸到万载、平江、浏阳等地去销售。

蓝生芳，1850年出生。因其结发妻子无生育，后来便再娶了一妻，生了两个儿子。老大蓝庚成，又名蓝克宽，字蓝鼎，曾任湘鄂赣联防主任，新中国成立前夕迁居香港，后转往台湾。留下的儿子蓝经魁、蓝经伟现仍住在排埠镇。

次子蓝吾成，因命中八字缺火，所以改名蓝焱炳，现也住在台湾，生有子女。

因父亲年迈，蓝生芳很早就接手了家业。他为人精明，又很勤奋，且善于谋划，家业一到他的手里，就迅速扩大，以至过后不久，家中就拥有了铜鼓蓝家祠边、排埠下街、永庆汤家、永丰小感、梅洞、万载县黄沙田、西坑等 24 个田庄，有耕地 3 000 担。如果按二担谷田收一担租计算，每年可收租谷 1 400 多担。山林就更多了，据他的孙子蓝经伟说，官源山一带方圆 45 里的山林全是蓝生芳的。而且这些山大部分属于竹山，山上建有表芯纸槽 72 个（其中 48 槽是长年槽）。传说有一位做纸工人，因与蓝生芳发生了一些争执，遂辞工不干。蓝生芳无奈，只好让他结账走人。这位做纸师傅从蓝家出发，一直走到天黑，才在一个纸棚里落下了脚，纸棚下的师傅们说："我看你也是一个有手艺的人，我们纸棚里现在正好缺个师傅，你就在这里做吧。"师傅没推辞，第二天就开始在这个纸槽做起纸来了。过了四五天，蓝生芳巡视纸棚，来到了这里，他看见那个走了的师傅还在他所属的纸槽里做纸，就说："你不是不愿给我做纸了吗？怎么又在这里做呢？"那师傅听了，吃惊地说："什么？走了这么远，这里还是你的纸棚？"由此可见，蓝生芳当年的山场有多么大，纸槽有多少。

据说，蓝生芳为人沉稳，很有气量。有一次，一位西坑人带了个零工，一起到蓝生芳的山上（即天井埚）去偷砍竹子。恰好蓝生芳穿着一件粗布旧长衫，戴着一顶旧草帽在山上巡山，碰见这个西坑人在砍竹子，就说："这位老兄，砍几根竹子用用就算了，不要总砍得去，砍多了怕不好吧！"这人不认识蓝生芳，见眼前这人穿得这么破烂，心想绝对不会是蓝生芳，就说："反正蓝生芳的山场阔，别说砍几十根，就是砍几百根也不要紧。"蓝生芳说："这如果让蓝生芳知道了，多不好呀！"正说着，那个认识蓝生芳的零工回来了，赶忙对东主说："这个就是蓝生芳。"那人大吃了一惊，忙说："对不起，蓝财主，我以后再也不来砍你的竹子了。"此事一传十、十传百，很快就在万载西坑、官源山及铜鼓的排埠一带传开了。大家都说蓝生芳待人和气，以后不要再去欺负人家，砍人家的竹子了。还有一次，铜鼓蓝家祠边的 12 位佃农来向蓝生芳交租米。为了增加米的重量，他们把米挑到离蓝生芳家不远的黄草坪时，就开始往米箩里浇水。这事恰好又被过路的蓝生芳看见了，但他一声不吭。一会儿，佃户把米挑到了家，管事的人一验收，发现米里掺了水，坚决不肯收，要他们把浸湿了的米挑回去。正在这时，蓝生芳走出来说："米还是收下，不然，这些掺了水的米，过几天就会霉烂掉，多可惜呀！我们家人多，几天工夫就能吃掉，不致造成浪费。"佃户抬头一看，见说话的正是刚才在黄草坪过路的那个人，一下子脸就红了，忙说："蓝老爷，我们以后决不这样做了，你大人大量，就饶过我们一回吧。"

蓝生芳各个纸槽生产的表芯纸，一年下来，有一万五千担左右。他的纸，大多卖到湖南浏阳、平江、长沙、万载的船埠滩及宜春、铜鼓县城。其中长沙、浏阳和船埠滩是蓝生芳最主要的销货市场。为了抢占这几个市场，蓝生芳每次出货都亲自出马，并不惜血本拼搏。有一次，他到长沙去卖纸，在纸栈里，他遇见了一个想与他争夺市场的姓刘的老板，两个人一起谈生意。刘老板说："我是这里的老卖主，我相信这个纸老板，可以预先押100担纸放在这里，一年后再处理。"蓝生芳则说："我和纸老板虽不是深交，但我也相信这个纸老板，愿预先押300担纸到这里。"刘老板一听，觉得蓝生芳财大气粗，自己不是他的对手，赶紧退出。此后，再也不敢与蓝生芳抢生意了。还有一次，他去宜春卖纸，这次所带的纸总数有600多担。到了纸栈，老板问："你的纸可以开担检验吗?"蓝生芳点头表示同意。按照当地的规定，每担纸必须有144刀，每刀纸有36张。拆开后，老板抽了中间的一刀纸，一算，只有35张。蓝生芳要求再往下算一刀，以免弄错了码口。于是，店老板往下再抽一刀，一算，果然有37张。就这样，蓝生芳凭着过硬的质量和数量，占领了湘赣边界各地的主要纸张销售市场。

话说蓝生芳卖了这600多担货，结到了一大批银两。但如何才能顺利地把这些银子拿回家去呢？从老板刚才付钱时的眼神中，他感觉到此人并不那么和善。于是，结完账，他不急于回家，而是以感谢为名，在当地请了个戏班来老板家演戏。一演就是三天。到第三天，戏结束之后，他假装回屋里睡觉，但暗地里却找来一个破累公（即竹背篓），把银两都藏进累公里，上面还盖了些破烂。自己也换了一身破衣服，戴了一顶破草帽，打扮成乞丐的模样，深夜逃离了市场。待老板发现，并想派人追赶时，蓝生芳早已离家不远了。

蓝生芳依靠自己的勤劳、智慧与胆量，生意越做越大，银两也越积越多。后来，为了纸张交易的方便，他特地办了个专用钱庄，印制并发行了仅限于湘鄂赣三省边界通用的纸币。只是据说在纸币发行的过程中，其女婿汤某滥发了不少，结果在兑银时，出现了大笔亏空（也有人说，是他的叔叔为了争夺其财产，故意设下了这个陷阱。到底谁是谁非，现已不得而知）。

蓝生芳尽管有钱，但生活却很朴素。不管出门还是在家，穿着都与普通人一样，有时甚至还更寒酸。据说有一次，他在排埠下街的一个旅馆里，遇见了一个卖皮袍子的皮货商。蓝生芳原本不爱穿皮袍，但出于好奇，便过去问了问价钱。皮货商见他穿着一般，不像是有钱人，便故意讽刺他，说："你买得起吗？如果你要买，我两件只要一件的钱。"蓝生芳听了，非常生气，随即拿过皮货商手里的两件皮袍子，对旅馆老板说："我买了这两件皮袍子，你替我付一下账。"说完就走，这个皮货商叫苦不止。第二天，蓝生芳在街上又碰见了这个皮货商，便对他说："你把两件皮袍拿回去，以后不要再以貌看人了。"皮货商听了，惭愧万分。

蓝生芳一生中，除了做生意发财，还有个心愿是想当官。因此，他在世时，曾花十万多两白银，为自己买了个功名。同时，还花了许多钱修桥铺路，如梅洞当地的一些大小桥梁、排埠象湾和潭头的石拱桥、排埠至西坑船埠滩的石条路及排埠到西坑的石条路，都是以他为主捐资修建的，目的就是想博得大家的称赞，提高本家族的社会地位。六十岁以后，蓝生芳便自行引退，开始吃斋念佛，并在湖南平江县安定桥的大岗洞为自己修建了一座庙。此外，还拜陈大仙（当地的一位女巫，死后，蓝生芳为其在自己的庙旁兴建了一座"大仙庙"）为师，向她学习修仙成佛之道。六年后，他便溘然去世。据说死后，其尸体一直没有腐烂，故被制作成"仙体"①，安放到了高陂村米西塘的蓝大仙庙里，长期受人供奉，"文化大革命"时才被毁掉。

在排埠镇，离帅家最近的是客家叶姓，两姓人的祖堂相距仅一公里左右。相传叶氏的始祖原本姓沈，因其先祖对社稷有功，受封到河南叶县，故后裔以封邑为姓，改姓叶。其后，叶姓人中的一部分从河南迁到福建的仙游，后又从仙游迁到广东的嘉应州，从嘉应州迁到江西南康的上犹定居。

明万历十五年（1587），铜鼓境内七月下霜，禾苗尽萎，后又疫病不止，死者无数，使得境内人口锐减，田园荒芜。由此，清康熙十七年（1678），朝廷向广东、福建以及江西的赣州下诏，号召向铜鼓移民，并许诺可减免赋税徭役。于是，清康熙后期，居住在赣南上犹县章子上社的叶昌龄之子叶国

① 所谓仙体，是待尸体干馏后，再裹上数层夏布，并在每层夏布的外面漆上土漆，制成千年不朽的干尸。

基与侄子叶茂松一起结伴迁到义宁州上武乡中排埠高村坪居住。他俩初来乍到，因人地生疏，便在高村坪（今排埠中学处）路边盖了个草棚，靠卖些茶、饼谋生。叔侄俩相依为命，生意倒也做得不错。只是旁边的帅家人，经常到棚里来喝茶、吃点心，且每次来都只记账，不付钱。时间越长，积欠越多，不得已，叔侄俩只好不断地上门讨账。经过多次催欠，帅家人最后答应划处山场给叶家人抵账。谁知帅姓人划出的这块山场竟是风水宝地。过了数年，叔侄俩颇有积蓄后，就在那块山的山脚下一个叫旗形的地方（今华联村旗形组），建了一栋土木结构的房屋，取名老屋。在老屋上厅的正方安放了叶氏祖宗的牌位。自从这祖堂做好之后，叶茂松家便人财两旺，不久，其长子叶洪胜、次子叶洪旺、三子叶洪春先后出世。眼看原来建的房屋已无法挤下去了，便由当时的掌家人罗氏（即叶洪胜的妻子）主持，计划在虎形（今华联村鳌上组）再做一栋新屋。由于当时资金有限，罗氏就号召兄弟们自己动手挖地清基。谁知开工没几天，他们就在地基下挖到了一个陶瓷罐，里面装的全是银子。利用这批银子，他们不仅建起了上下两栋像样的砖瓦房（取其风水为“虎形”），房屋的正厅设了新的祖堂，规定凡排埠叶姓人去世，其祖灵都必须安置到新、老香火堂内，而且还大张旗鼓地买田置地，开始新的创业。

叶姓人的迅速崛起，使近在咫尺的叶、帅两姓人的矛盾不断加剧。赐福桥之争就是其中的一例。

赐福塅位于白水塅的河对面，白水塅后面是象湾里，象湾里的后面则是高村坪。这里有一道山梁，从高村坪一直伸到白水塅前面的排埠河边。远远看去，高村坪像个大象头，而这道山梁则酷似一根伸向河里饮水的象鼻子。白水塅的下方，则是帅家祠。其坐落的地方，山形如同一只大白鹅，故称“鹅形”。这里原先有条古道，从排埠下街一直往上，到下山湾过木桥，再经过帅家祠堂鹅形屋后，从垌坊口到高村坪至白水塅，再上华水，往前走三四里路便到了湖南边界上血树坳。有一次，一位叫蓝玉芳的风水先生经过帅家祠，便进帅家祠堂歇了一会儿脚，帅家人为之端茶递烟，甚为热情。风水先生觉得过意不去，便主动点拨他们，说：你们这个屋场是个鹅形，可屋后是路，行人来往都踩在鹅颈上，时间长了会把鹅踩死；再者，鹅前必须有个食盆，不然鹅没吃没喝，必然会饿死、渴死。帅家人听信了风水先生的忠告，便私自把铜鼓通往浏阳的古道从下山湾起改为从帅家祠堂门前经过，再沿河岸上去，一直到达象鼻嘴，再渡过排埠河，经狮形山到赐福墩。有意思的是，从象鼻嘴渡过排埠河，帅姓人为了维护自家的利益，竟不肯在河面上加桥，只利用狮形山上长出的两条碗口粗的古藤，在藤上搁块横板，要大家战战兢兢地过去。

叶姓人来往铜鼓，也要从这条路上经过。以往势力不大时，他们敢怒不敢言。如今，他们人也多了，财也多了，便决定独自出资，在河上架起一座石拱桥，其目的一方面是方便大家行走，一方面也是要乘机做出个“撑住象鼻，让它拼命在河里吸水”的风水，认为这样，就能抑制住帅家人，使其不再那么霸道。但谁知工程进行中，突然遇到发大水，将所有修桥用的木头全冲进了排埠河，帅家人乘机将其捡回家，并始终不肯归还，说叶姓人在那里修拱桥会破坏帅家人的风水。没有办法，叶姓人只好忍气吞声，重新筹集木头，制作桥梁拱架。但拱架一做好，帅家人又来闹事，不仅强行拆掉了拱架，还把新备下的木、石料也一起抢光了。就这样，帅、叶两家，一来一去，斗争了很多年。最后，石桥还是于清光绪二十二年（1896）竣工了。前后共计花去白银 1 000 余两。

为了保证桥梁永固，按照当地的习俗，在该桥竣工的时候，原本该进行一场“喊人守桥”的仪式，即届时要由石匠师傅在半夜里随便叫个人的名字，如果那个人答应了，不久就会死去，他的魂灵就会永远留在桥上，为大家守桥。叶姓人不愿这样做，所以就改为埋“桥胆”，即把一定数量的金银财宝埋在桥中间。在埋桥胆的地方，据说还留下了一片油渍。

在排埠的客籍群体中，江氏也是一个不可小视的宗族。在其最兴旺的时期，在排埠的总丁口曾达到 600 多，后因在土地革命当中遭受过巨大损失，目前留在乡里的不足 200 人。

据说江氏原居江西鄱阳，之后不知经过了多少代，他们又从鄱阳迁到广东嘉应州平远县河头乡。清康熙三十四年（1695），江启先四兄弟再从河头乡迁往江西。其中，江启先的二弟江启辉迁到万载县西坑乡黎源村的竹子坝，其余三兄弟（即江启先、江启亮、江启文）迁到南昌府义宁州上武乡二十一都（今铜鼓县排埠镇永庆村）熊家岭居住。来到排埠后，江启先等三兄弟在今永庆村汤家组熊家岭对面的工头排搭了一个茅棚居住，并以给排埠帅家人打长工、短工谋生。过了两三年，江启先等有了一点积蓄，就请求东主帅尚付让块地盘给他们建几间房子居住。东主看在江启先为他做事非常卖力的分上，就答应将熊家岭一块叫“老虎埚”的地方出让给江家人。这块地方很偏僻，老虎经常在此做窝，所以，江启先建屋之前便请风水先生来察看地形，商量解决办法。风水先生看了后，要他建屋前，先捉一只大雄鸡，丢给老虎吃，这样，老虎自然会离开。江启先按照风水先生的话去做，果然，第二天，老虎就走了，而且再没回来，江氏的祖屋也因此很快就建好了。

江启先死于清乾隆七年（1742），葬在熊家岭水口的汤家垄，妻廖氏殁于雍正十一年（1733），埋在熊家岭屋后的大托里。其地形称作“月里藏瓜”。据说廖氏死后约十年，后裔准备给她择地另葬。但挖开墓地之后，左找右找，始终找不到一根骨头。于是便去请教风水先生，一位叫吴天明的风水名师看了以后，就对他们说，这座坟葬是活瓜形，因为活瓜生长要养料，所以便将尸骨化掉了。这是一处好风水，最好不要改葬。如果一定要改葬，就要买 100 筒（亦即 1 000 只）花碗，将碗埋在墓地龙颈位置一丈二尺深的地下，用 300 斤石灰覆盖。一周之后，把墓挖开，便可捡到骸骨。听了风水先生一番话，江姓人决定不再迁墓，于是将墓按原样恢复，并用猪羊祭奠。据说正是因为江姓人临时改了主意，才保住了这个好风水，所以后来丁口发达，人财两旺。

江启先生了六个儿子，长子于云迁居万载西坑，次子于华迁居上饶，三子于连住在排埠苦竹垄，四子于洪迁到浏阳上洪，五子于禄住在排埠熊家岭，六子于朋住在邓公洞、垌坊等地。江于朋，字有信，号中孚，生有五子。他一生尊崇儒学。清嘉庆之前，一家大小始终坚持不分家，故得到皇帝恩封，授予了“五世同堂”横幅大匾。到第一次国内革命战争之前，江启先一支发展到数千人（包括早年迁居到外省、外县的），故有“响鼓一千兵”之美称。

江姓人从广东迁来排埠之后，先后修过六次族谱：

一修时间是清嘉庆二年（1797），总理江锦波，副总理江金华，督修江果瑞、江朝宗。

二修时间是道光六年（1826），总理江廷华，副总理江梅龄、江成章、江煜俊。

三修时间是光绪三年（1877），总理江栾荣，副总理江煜弦、江文兰、江增瑞。

四修时间是宣统元年（1909），主修江肇岷，编修江松乔、江文鸿、江荣玉。

五修时间是民国三十七年（1948），总理江锦添，督修江富安、江锦清。

六修时间是1994年，倡修主任江发牙，副倡修主任江绍华。

族谱修好后，各房各支都要到总祠去接谱。接谱是件既隆重也辛苦的事。以1994年接六修谱为例，是时，接谱的代表均要齐集总祠。工作人员问清情况后，给每人发张餐票，同时还发张字卡，卡上写有字号，如祖德流芳、工农商学兵等，总共有100个字（表明来接谱的代表100个支族）。接着，大家进去查对墙上公布的账目清单。再按编好的席位就餐。饭后，全部人员都集中在坪里（第一栋后面坪里），依照字号顺次排好队，管理者一边叫号，一边把谱传出，放到各人面前。传完谱，主修开始讲话，当其说到“房房发”时，外面便锣鼓声、鞭炮声大作。屋里接到谱的人则飞快起身，争先恐后地夺门而出。由于有“先走者先发”的说法，夺路出门的人谁也不让谁，你挤我，我挤你，乱作一团。有的青壮年甚至爬上别人的肩膀或爬到别人的头上翻越出去。等在门外的人也不示弱，他们从接谱者手中接过谱，立即便起程返回自己的村子。路上、船上，照样是你争我抢，显得十分热闹。把谱接到家后，以前要请道士打醮，给谱上座。现在一般都不再做了，所以情况不太清楚。

江氏迁到排埠后，对周围各姓氏一般都比较友好，与梅洞村令公洞的陈氏宗族和华联村的叶氏宗族更是犹如兄弟，关系非常密切。但和叶姓人一样，江姓人也不喜欢与帅家人打交道。无论是娶亲还是嫁女，只要提到是帅姓人，他们都会一概拒绝。

除了上述各姓，林姓也是排埠较为活跃的客家宗族之一。目前住在该镇的大约有600人，足迹遍及本镇的每一个行政村。

相传林姓是商代比干遗腹子坚的后代。世居济南，后迁入福建，再迁入赣州。清康熙十七年（1678），有林瑞及别名林宗翰者从江西赣州云都①迁至铜鼓县排埠镇永丰福缘坪居住，依靠给当地人做长工、打短工谋生。瑞及来到铜鼓排埠后，生了燕山、连山、衡山、恒山、嵩山、俊山等6个儿子，每个儿子家都人丁兴旺。所以，不久之后，林家就出现了一片繁荣局面，经济条件也有了明显的改善。

---

① 赣州市无此地名，疑为宁都或雩都。

经济条件改善之后，林家就在福缘坪原址上建了几间土木结构的房屋。这些房屋后来便成了该家族的香火堂。到清乾隆三年（1738），又开始筹划在铜鼓县城下街兴建林氏宗祠。经过三十年的努力，终于在乾隆三十三年（1768）把林氏宗祠建起来了。

随着族中人口的迅速增长，社会资源的日趋紧张，作为客籍人的林氏家族与本地的帅氏家族之间也开始摩擦不断，以致到咸丰年间，两姓之间还为山林问题打过一场长达数年的官司。这场官司原本是林姓人的一场预谋。他们认为帅家仗着是本地大姓，从不把外地来的人放在眼里，所以想整一整帅姓人。于是，在一个不引人注意的时候，他们在帅家人所属的山冈一个叫小感槎形的地方事先开了一穴祖墓，砍了一大堆柴草把墓穴遮盖起来，同时还造了一份假契约。数年后，柴草腐烂，墓穴开始暴露出来，帅家人发现后便与林姓人打起了官司。但因林姓人早有准备，这场官司的结果是帅姓人大败。为此，帅姓人不服气，便与林姓人打起了群架。但林姓这时早已人多势众了，所以打架时帅姓也占不到上风。最后，还是通过两姓协商的办法才了结了此案。

三、墟市

（一）排埠街道

很久以前，排埠就有了街道与墟市。排埠的街道，原来分为上排埠、中排埠、下排埠，长度为一里左右。上排埠坐落在赐福墩，街道很短，街上仅有数间小店，生意很冷清。店的后面有座赐福庙，庙内供奉东岳关帝①，因此也叫东岳庙。自从建了赐福庙后，所在的地方也称赐福墩。

据说上排埠的形成，是华新叶姓人和排埠帅姓人宗族斗争的结果。时在清乾隆年间，帅姓人邀华新叶姓人在排埠南面的傩神庙旁合建一座南岳庙，双方商议之后签订了一份修庙的合约。经过两个多月，庙宇宣告竣工，雕刻好的关帝神像也已经搬到了庙里，只等丑师前来做法事、进卜状了（所谓进卜状，就是在雕刻菩萨时，预先在菩萨的背后挖一个小洞，等到做法事时，

① 当地传说关羽曾受命“永镇酆都”，所以成了主管人们生死荣禄的阴间大帝。详情参见《铜鼓县的传统经济与民俗文化》中蓝松炎《棋坪镇的传统经济与民间信仰》一文的附录2。

丑师通过念咒作法，将预先准备好的36味中药和适量的茶叶，放入菩萨背后的洞里，然后用木塞塞上。卜状放好后，任何人不得开启。只有菩萨在规定的时间内仍不显灵，才可由丑师打开小洞，重新放入卜状，直到其显灵为止）。在进卜状时，叶姓人为防止帅姓人变卦，偷偷将这份修庙合约也一起放进了菩萨背后的小洞里。数十年之后，帅姓人因和叶姓人发生了一点小摩擦，便不许叶姓人再到南岳庙去求神，说南岳庙是帅家人的，叶姓人没有份。叶姓人不服，遂告到官府，要求查明事实。县官在听取了各自的辩解之后，便按照叶姓人的说法，赶到排埠南岳庙，打开了菩萨后面的小洞，取出了合约，原来上面清清楚楚地写着：建庙经费各出一半，庙建好后，归帅、叶两姓人共同所有。县官验明之后，当即判定排埠南岳庙为帅、叶两姓共同建造，共同所有，并希望日后两姓人要继续合作，共同管好庙宇。但帅姓人经过这件事后，却不肯再与叶姓人继续合作了。于是，按照合约上记载的金额，帅姓人把钱如数退还给了叶姓。叶姓人则利用这些钱，又在赐福塅（今华联村旗形组）铜鼓通往浏阳的要道口另建了一座庙，取名东岳庙，又名“赐福庙”。庙里依然主祀关公，同时又配祀观音菩萨、十八罗汉。庙旁还建了一所客籍人的学校。自从有了这座庙宇之后，来往的人越来越多，于是，就有人在路边开了几间简陋的店铺，如刘仲龙的父亲开的裁缝店、钟瑞生开的南杂店和王象春开的饭店等。这便形成了早期的上排埠街。后来，由于公路改道，通往浏阳的道路不再从这里经过，庙内的香火大不如前，店铺也随之逐渐消失，上排埠街从而名存实亡。不久之后，其名便被与之相邻的中排埠街取代（即人们逐渐习惯于把作为排埠主街道的中排埠街称作上排埠街，简称上街）。

下排埠街即现在永庆村的下街组，它地处万寿宫旁边，早年又称“永庆街”。尽管排埠的上、中、下三段街都曾有过店铺与街市，但店铺最多、地段最繁华的仍非中排埠街莫属。民国时期，排埠有大小店铺八九十家，其中仅中排埠街（现名上街）就有五十余家，下街有三十八家。其街名也不少，有上街头、中街、下街头、余家巷、铺背、横街、后街等。其人口，中排埠街（上街）有400余，下街有200余。开有药、南杂、布匹、洗染、制烟、纸庄（经营地方土纸、草纸、写字纸）、豆腐、槽坊、猪肉、酒（分米酒、烧酒二类）、客栈、饮食、五金杂货、铁匠、爆竹、木匠、金银首饰、道士、纸扎等店，种类繁多。中排埠街（上街）的店铺大多为当地旺族帅姓人所建，经营者绝大部分也是帅姓人。上街的店铺数量比下街的更多，资金也更雄厚，规模更大。其中，较大的店铺有帅长吉（又名帅明初）经营的杂货、药材店，帅谦泰（又名帅益庄）经营的布匹店，帅德生经营的药材、烟酒店，帅信成经营的酒肉店，号称“排埠四大店”。下街的店铺则多是杂姓人所开，其中，除陈长发经营的布匹、杂货店较大外，其余如袁玉华经营的饭店、江有声的饼铺、刘望山经营的肉店、张△△（绰号水牯）经营的豆腐店、江伦开经营的饭店、杨发旺经营的药店、张玉凰经营的首饰店、江山河经营的杂货店等，均是小本经营。因为交通运输不便，排埠街上的商品常常供不应求，从而造成物价上涨，村民的生产和生活受到很大的影响。特别民国十七年（1928）前后，国民党的军队经常前来“清剿”红军，局势纷乱，生意萧条，商品交易时时中断。直到民国二十三年（1934）以后，街市才逐渐恢复，但景况也远不如从前。街上仅有的十多家店铺，也大多被当地豪强霸占。其中，仅帅姓就有帅瓣全、帅明芳、帅秋甫等多人，而杂姓仅有吴演初、付尚奎、刘炳光、李上达、周桂生、袁玉华、李癫子等几个人。抗日战争时期，豪强们采取囤积居奇、强买强卖、骗买骗卖等手段，大发国难财。仅食盐一项，老秤 100 斤干柴，只能换取二两食盐，120 斤稻谷只能换取二斤食盐，故而民不聊生，百姓叫苦连天。

（二）墟市

排埠街一年当中生意最兴隆的时节，莫过于十月二十四日傩神庙举行庙会的时候。这个庙为帅姓人集体所建，每当庙会临近，以帅氏族长为首，有一大群帅姓人负责向邻近的各姓头领及信徒们募捐。不足部分，则由帅家的族众予以补足。准备好钱后，要请远地的戏班前来唱戏，以示对神的敬仰。唱戏一般都要唱一二十天，时间长时，要唱一个月或一个多月。庙会演戏的时间，也是排埠当墟的时间。庙会演戏的时间有多长，排埠当墟的时间也就有多长。这期间，来做生意的，看戏的，赌博的，都涌进了排埠街，使得街上熙熙攘攘、人流如潮。前来参加商品交易的，不仅有本村、本乡的群众，还有远自长沙、南昌、宜丰、万载，近自县城以及附近乡镇的商人。他们从城市贩来布匹、油盐和其他生活用品，又从排埠采购表芯纸、白纸和药材等各种土特产品运往外地，从而加强了商品的流通，对当地的经济发展起到了促进的作用。

墟市的秩序是很重要的。有的人常会因为一点小事而发生口角，甚至大动干戈；有的则会强买强卖或者短斤少两；少数地痞流氓更会挑衅滋事，故意捣乱或乘机扒窃偷盗。遇到这些问题，都由帅姓派人分别用不同的方法一一摆平，以维护墟市的正常秩序。

四、民间信仰

排埠镇的民间信仰非常活跃，除了极个别的村子，几乎每个村都有属于本村人所有的神坛庙宇，如梅洞村有观音庙；华联村除东岳庙外，还有一个宝石庵；永庆村有枫树老爷，以一棵大枫树为神明标志，据说也很灵验；高陂村米西塘有个蓝大仙人庙；曾溪村有个曾公庙；大感桥有个观音庙；青溪村有个松隐寺；黄溪村有个九龙庙；三溪村除林、陈两个大仙庙外，还有三个五显灵官小庙；排埠村除已毁的傩神庙、南岳庙外，还有赐福庙、和合庙；永丰村有观音庙。只是南溪村目前未发现有什么寺庙。至于社坛，更是每个自然村都必不可少，有称三圣福主、五显福主的，也有称三元大帝、白马将军的，名目非常之多。在这些庙宇中，排埠下街的万寿宫、天后宫，三溪村的林大仙庙以及永丰村的大智圣院都是较有代表性的。

万寿宫，坐落于排埠下街。由排埠附近 12 个村[①]的土客籍各姓宗族和信奉玉皇大帝的信士们于清嘉庆年间集体捐资修建。整个万寿宫是一个假三栋建筑。前栋沿河筑起了一道高墙，两边再筑两道墙，组成凵字形，上面是一个罩亭，罩亭下是一个戏台。中栋只有两边的墙。后栋和中栋之间，隔着一个天井，也是一个敞口厅，前面并无墙壁。中栋和后栋的两边紧挨着正屋做了四间偏房，偏房的外围是高出房屋一米多的封火墙。前栋和中栋之间是一个不大的院子，中间是一条过道（属于上通排埠、下往铜鼓的交通要道）。前栋和中栋对面各有两根石柱子，足有 5 米多高，其余的柱子便是用木头做的。从院子到中、后栋，必须经过十一级石台阶。整座宫殿气势恢宏，结构十分紧凑。

万寿宫的后栋是祭祀的主要场所，这里供奉的神明（牌位），一是玉皇大帝，二是历代明君，三是当今皇帝。前来祈求的人们和到其他庙宇一样，需要烧香、磕头、许愿、烧纸钱。如果菩萨显灵，许愿得到回应后，还要前来还愿。

---

① 这 12 个村分别为排埠、永丰、高陂、排西、石溪、永庆、永福、垌坊、华兴、联盟、梅坑、古坪等。

管理万寿宫的是管首和管事，管事是由12个村的民众分别推举出来的，其中有社会名流，有农民，也有商人。推出管事之后，再由他们自己推选出管首。管首与管事都无固定任期，只要有人认为他们不称职或者他们自己辞职，便可更换。

每年秋收之后（约九月间），万寿宫要组织打一次清醮，时长3～5天。清醮都请当地不出家的和尚主持，经费由管事分别在12个村解决。打醮期间还会演戏，时间长则7～8天，短则3～5天。

从万寿宫沿河走100米，在下街的尽头，便是天后宫。天后宫成梯形，分上、中、下三栋，全是土木结构瓦房。此屋的建筑时间比万寿宫稍后一些，房主则是高陂村石溪的林氏家族。因为天后娘娘姓林，故林氏家族认为，他们理所当然地要为她建房修庙，以博得天后娘娘的欢心，庇佑他们林氏家族螽斯衍庆，发越无疆，同时也为排埠百姓祈求天后娘娘的护卫提供方便。

据说天后娘娘主要是保护妇女、儿童的。所以，凡小孩多病多痛，村民大都会去求拜天后娘娘。而且村民还认为天后娘娘很爱小孩，会像保姆一样为村民照看孩子。故人民公社时，有的妇女因带小孩出工不方便，便把小孩放在附近天后宫里，嘱托天后娘娘代为照看，自己则放心地下田做事。说来也奇怪，凡嘱托了天后娘娘照看的孩子，整整一个上午，既不会走失，也不会哭闹，甚至还不会遗屎遗尿①。

如果妇女到了生育年龄而无生育，也可以去求拜天后赐福降子，据说天后会有求必应，不久就会给求拜者送上一个白白胖胖的小孩。

据说天后娘娘除了会庇佑妇女、儿童之外，还会行侠仗义，保障一方人的平安。相传清末时，下街苦竹垄曾出了九名大盗，他们到处偷、抢、掠、淫，闹得民不安生。有一次，他们窜到浏阳一带抢劫杀人，犯下了惊天大案。浏阳官府多次派兵前来捉拿，但每次都一无所获。后来，村里人便去求拜天后娘娘，请娘娘出面捉拿。天后娘娘不负众望，果然降下一道灵签，说“八月十五见分明”。原来，八月十五日正是天后娘娘的生日，此时，大家会聚在一起，为天后拜寿。有时，会请戏班演1～2天戏，以示庆贺。天后娘娘

① 即把屎尿拉在身上。

料定九名匪徒此时一定会现身，所以降下此签。大家得到灵签后，立即告知义宁州府衙，于八月十四日晚派兵包围了苦竹垄。果然不出所料，九名匪徒于八月十四日晚，便偷偷潜回家中，并准备第二天在天后娘娘的庙会上再大捞一把，可是却万万没料到官兵早已布下了天罗地网，于是，只好束手就擒。

因为天后娘娘是受了皇封的，所以在天后宫中厅殿前的香案上，还供奉了一块金龙镶边的万岁牌，上书"万岁万岁万万岁"。庙会期间演戏时，也只准演正戏，而不准演那些邪淫污秽的戏。

在排埠的水口，有一座和合庙。庙的两边有两座小山，像螃蟹的两个钳子，从岸上渐渐伸向水里，据说这两座山过去会日开夜合，故又称夜合山。

相传以前这里曾经出了个鲤鱼精，常常会到水口来玩，累了就躺在那里休息，从而把水口堵住，使溪水泛滥成灾，影响农作物的收成。同时，由于鲤鱼精的捣乱，和合山也常常日开夜合，让夜间从这里经过的人经常找不到回家的路。为了镇住这个鲤鱼精，清代康熙年间，磉上的帅家人便在水口建了这座和合庙。

据说，庙里的三尊菩萨原是三个生意人，因为三人情投意合，又是同道中人，便结拜为三兄弟。他们经常一起外出做生意，且只要一出去，无论是做什么生意，都一定能赚到很多钱。有一年的六月，他们从北方贩了一批毡帽到南方来卖，人们都以为他们这次一定会亏本，谁料到了目的地后，该地竟突然下起了鹅毛大雪，温度骤然下降，所以，他们贩去的毡帽卖到了大价钱。卖完毡帽，转眼间就到了十二月。他们想，这次回北方，应该贩些什么呢？盘算了一阵，他们决定从南方拉一车黄泥，买一车凉粉回去。谁知回到北方时，正赶上当地发生流行病，许多人高烧不退，不但凉粉卖得一干二净，而且连黄泥也被当地人抢购一空（当地人认为，黄泥水是退烧的良药，而那地方又恰恰是沙漠，无处可找黄泥），他们从中又赚了不少钱。因为这两次生意，三个人大笑不止，结果竟活活地笑死了。帅姓人认为这三个人财运好，所以就供奉他们为庙里的菩萨。现在知道这座庙的人不多，所以庙里没有庙会，来庙里上香的人也很少。

在三溪村的莲花山上，则有座林大仙庙，它是三溪的人头子①林挺生捐

① 即地方首领。

资并一手操办修建起来的。当时，林挺生因为生脚病，到处寻医问药，却久治不愈。听说宜丰石花尖莲花山庙里的林大仙十分灵验，便择日到了该庙，祈求林大仙人给他治病。他烧香磕头，虔诚跪拜，许下诺言，如若治好了他的脚病，就把林大仙接回三溪龙船埚侍奉，并修建一座庙宇，作为林大仙的安身之所。过后不久，他的脚病果然痊愈了。于是，清咸丰十年（1861），林挺生便从宜丰石花尖的莲花山庙里，将林大仙的金身①接到三溪村的龙船埚，即林姓祠堂的偏房中进行供奉。第二年，即咸丰十一年，林挺生遵守诺言，在今三溪村龙船埚的南面山顶上（小地名叫长埚子）建了一座林大仙人庙。林大仙人原来的庙叫莲花山庙，因此，他把长埚子的林大仙庙也称为莲花山庙。其庙祝姓林，叫林彩丰。他终年吃斋念佛，后因疾病缠身，无法侍奉仙人了，才被儿子接回家中，不久后逝世。

林大仙，据说是本镇三溪村龙船埚西河堂林氏门中吉先公属下的嗣孙（又说是修水县的林姓人），原名叫林顺赤，又名林一九，于清乾隆年间出生在一个贫苦农民家中。他以医为生，终年走村串户给病人看病。他的医术很高明，有药到病除之能效，而且行医时见到有人交不起诊费，就免收诊费，见有人交不起药费，就自己掏钱，帮助病人买药。后来，他因年老去世。死时，因孤身一人，无人知晓，几天后才被他的好友陈玉斌发现。当陈玉斌发现他时，尸体还完好无损，没有一点腐烂，陈玉斌这才想起他生前曾说：要成为仙人，死后也要为天下百姓救苦救难。由此，大家便一直没有给林顺赤下葬，而把其留在了家中。后来，当地人一方面感激他在世时的为人，一方面也是为了方便大家敬奉，便将其干尸（又称金身）迁移到了宜丰石花尖莲花山庙里，直至林挺生接走为止。

林顺赤去世后，无论在石花尖的莲花山庙里，还是在龙船埚的莲花山庙里，前来祈求他治病的人都络绎不绝。尤其是三溪和万载西坑的人特别相信他，都说林大仙生前是名医，成仙后是神医。不但如此，即使家里有些杂七杂八的事，只要求了他，也都能得到解决。据说三溪村有一位姓林的老者，其孙子第一胎生了个女孩，三四年后，孙媳又要怀第二胎。老者深知国家的计划生育政策，生怕孙媳再生个女儿而香火无从延续，于是便急忙赶到莲花

① 金身，当地人又称仙体，是用真人的尸体制成的偶像。

山林大仙庙里，点着香灯，跪在地上，不断地向仙人祈求。谁知这一求竟十分灵验，一年以后，便看到了曾孙出世。为此，他十分高兴，专门请裁缝到家，做了一条高质量的桌围，送到了林大仙人的庙里。

林大仙人生前吃斋，不沾荤腥，据说成仙后依然厌恶荤腥，故香客进庙前，必须提前斋戒。有一次，桃坪的张玉长用米箩子挑了一担行李，出门去万载打铳（打猎），途经林大仙人庙时，特意进庙去祈求菩萨保佑。他的米箩子盛过牛肉，没有洗干净，结果污秽了仙人，让仙人很生气。结果打猎时，他的脸部竟无缘无故地被火药烧伤了。

在莲花山林大仙人庙里，和林大仙人在一起的，还有一位陈大仙。此人究竟是何方人氏，暂且无法考证。据说，该仙是在林大仙人庙建好以后，由三溪的林、邱、张三姓人从高陂村米西塘接过来的。有一位姓林的老人说，他的姐夫邱绍贤曾去米西塘接陈大仙人，当经过万载西坑的青塘时，曾看见有个妇女正好在路中间晒被子，于是就告诉她，他们是去接陈大仙人的，请她把被子收起来。那妇女却说："我的被子比仙人菩萨的还要干净。"始终不肯把被子收起来。结果，待陈大仙人过后，那妇女去收被子时，竟发现好端端的一床被子，用手一摸全变成了白灰。

林大仙人庙的主要负责人是林育长（三溪村龙船埚人）、邱华赞（三溪村梅埚人）、袁石凤（万载西坑人）。主事和具体办事的人，主要还是龙船埚林氏家族的人。每年的七月二十四日，是林大仙人的生日。按照惯例，负责人会请和尚来做醮一旦二夕。做醮就像一般人家里做红白喜事一样，需安排好人员，让其各司其职：有的当总管，有的写簿收礼，有的煮饭炒菜。不过，凡来观看做醮或者前来祈求菩萨的人，每人每天要交 10 圆伙食费。当然，有的如愿交 30 圆、50 圆，不少信士愿交 100 圆、200 圆，也均随其方便。每次打醮收得的钱，除去所有开支，均会略有结余。结余下来的钱，或备修缮庙宇之用，或买香烛纸钱作日常祭祀用，或留作下次打醮时用。

明代，永丰村还有一个很大的寺院，叫大智圣院。该院在铜鼓境内的佛教禅院中，名列榜首。它坐落在今排埠镇永丰村上村村民小组境内。寺院共有五栋建筑。全盛时期，院内曾有 500 多名和尚。院内供奉着一尊巨大的观音神像。该神像在明清两朝曾分别修饰过一次。最后的一次修饰，是以蓝立军为首，集蓝、赖、林三姓族人之力完成的。那时，香火鼎盛，香客众多。但自清乾隆以后，和尚不守清规，在附近民间奸淫妇女，胡作非为，引起了当地乡民的不满。大家知道，寺院最忌讳人家做纸鞋给和尚[1]，于是便特意经常做些小纸鞋，偷偷地放在和尚的床底下，意欲将和尚赶走。同时，和尚们自己也为来寺庙烧香进供的人日渐减少而感到难堪，无奈之下，只好在一天深夜，偷偷地离开了。据说离开之前，寺里还敲了七日七夜的钟，以示忏悔。

该寺院究竟始建于何时，现已无法查清，我们只在寺院的附近发现了几处僧墓。其中一处，有用花岗岩做的墓碑，碑中间雕刻着“开山南岳尊者”六个较大的字。左右两边的小字，因残缺不全，辨认不清楚，只能看清其中有“法施宋朝”等几个字。

被访谈人员名单：

帅学良，男，70岁，本地人，排埠镇退休干部

陈光锡、陈丰锡，男，客籍人，农民，住排埠镇梅洞村新屋村民小组

邱桂成，男，80岁，客籍人，农民，住排埠镇黄溪村响塘村民小组

蓝海青，男，58岁，客籍人，农民，住排埠镇永丰村上村村民小组，任村文书

蓝东山，男，78岁，客籍人，住县城柳林街，县政府退休干部

蓝建国，男，60岁，客籍人，农民，住排埠镇梅洞村松坳村民小组

蓝友贞，男，78岁，客籍人，住万载县高村镇西坑村

叶志根，男，40岁，客籍人，农民，住排埠镇梅洞村石田村民小组

叶素芬，男，50岁，客籍人，农民，住排埠镇华联村鳌上组

江玉林，男，73岁，客籍人，住排埠镇永庆村下街村民小组，现为永庆村医疗所医生

江斌，男，58岁，客籍人，住排埠镇高陂村，任村委会主任

林鑫启，男，83岁，客籍人，住排埠镇永丰村下村村民小组

---

① 民间传说，做纸鞋不仅能羞辱和尚，还能起到诅咒他们的效果。但对此事，接受探访的和尚们却坚持闭口不谈。

永宁镇的妇女传统习俗*

胡敦桃

永宁镇，古称铜鼓城，杂居着客家人、本地人与外地人，以客家人居多。客家语言和客家习俗在全镇占据主导地位，本地人和外地人不仅学客家话，而且其习俗也逐渐与客家习俗交融并存。本文记录的主要是永宁镇客家妇女的传统习俗，本地妇女的传统习俗如有不同之处，另加说明。

一、生命礼仪习俗

永宁镇的客家妇女从出生、成人、结婚、生子直至死亡，不仅有与汉族妇女相同的人生经历，而且保留着客家人独特的传统。

（一）成长习俗

1. 羞耻教育

女孩子从懂事起，就开始接受严厉的管教。男孩子到五六岁都可以穿开裆裤，但女孩子从一两岁起便要穿完裆的带子裤，原因是要遮羞，此后也不能再当着人的面或当街大小便，洗澡擦身都要避人。女孩子从小就要养成“坐有坐相”的习惯，即坐时两腿并拢，不能叉开，也不能跷腿。到七八岁，女孩子除了可以同自己的亲兄弟、堂表兄弟玩外，不能与其他男孩子在一起，更不允许打闹。否则，轻则遭大人骂“不知羞”“没有规矩”，重则遭打。

---

* 原载刘劲峰、赖文峰主编：《铜鼓县的传统经济与民俗文化》（上），第256～300页。

2. 行为规范

女孩子六七岁起，行动受到限制，称为“守牙根规矩”。日常生活要遵循“坐凳坐凳沿，夹菜夹面前，屙尿坐桶沿，走路看面前”的规矩，即坐凳时，不能坐在凳子的中间，要靠边沿坐；夹菜只能夹自己面前的菜，筷子不能与他人的筷子交叉；屙尿要坐桶沿，以避免发出响声，被人听见丢人；走路不能东张西望，只能看自己面前。女孩子平常（除外出劳动外）不能随便出门，不能过家串户，上街、走亲戚、拜菩萨等都由亲人陪同。女孩子一人单独出门被视为没规矩，被姓上①知道了，不但女孩子要遭打遭骂，而且家长都会遭到训斥。家里来了客人，由已婚的妇女接待，未婚女子要回避。女孩子如从外面做事回家，要从侧门或后门进屋，避免与客人碰面。女孩子不能学唱山歌，有喜欢的，只好偷偷跟人学，不能让大人知道。

本地女孩子到了六七岁要缠脚。缠脚又称裹脚、包脚。缠脚布用一丈二尺长、三寸宽（老尺）的白棉布做成。除大脚趾外，其余四只脚趾都要用布日夜紧紧扎在前脚掌上，形成粽子形状，可以放进升筒②里打转，时称“三寸金莲”。缠脚时，双脚似火烧火燎，女孩痛得日夜啼哭，直到脚趾折断定型后，疼痛才会停止。缠脚后，一直到死，脚都要用布缠着。绝大多数客家女孩不缠脚，这与客家人当年长途迁徙、四处奔波和客家妇女要承担粗重的劳动有关。另一说，客家女孩也有缠脚的。原因是客家人定居后，生活相对稳定。家境较好的人家，女孩子已不用再做重体力活，所以也学本地人的样缠脚。不过，这种现象较少。

3. 成人礼

女孩子初潮，俗称“做大人”，母亲会“煮碗”给女儿吃。所谓煮碗，又称“煮满碗”“煮亲碗”，是铜鼓人待客的一种风俗。主要用料有粉丝或面条、蛋、肉（猪肉或鸡肉），佐料有香葱或蒜。主要亲戚，如亲家、母舅、女婿、外甥等，满碗里放鸡腿。煮好满碗后，母亲让女儿坐在尿桶上或坐在尿桶边吃（因为尿桶有臊味），还要催女儿快吃。据传，吃得快，以后月经就来得快，去得也快。又传说，这样吃了，以后来月经就不会腰痛。

---

① 姓上，即本姓宗族。

② 当地用竹筒制成的量米用具，容量为大米一升，故称“升筒”。

4. 习武

客家人叫练打。客家人向来有练打的传统，民间常说“书要读，打要练”，又讲“日读诗书夜学打”。客家人在教儿子练武时，往往也会教一教女孩。据调查，在现年五十岁以上的客家妇女中，七成以上从小练过武。她们在父兄或本姓人的指导下习武，主要为防身，故而从不张扬。有个姓李的老年妇女，九岁起就跟父亲和公公学武，还曾经与姑姑一起，随本村的狮灯到排埠一带上场表演。

本地女孩不习武，也不准偷看男人练武。原因有三：一来本地女孩脚小，行动不便；二来本地女孩不必外出劳作，潜在的危险较小；三是男人怕妇女有了武功不服管。

(二) 结婚习俗

妇女在婚姻上没有自己的权利和自由，全凭“父母之命，媒妁之言”。父母为女儿找人家时讲究“门当户对”，如果门户不当，家门会反对，婚事便办不成。

本地人与客家人，以往不通婚，这是在最初的相处中存在隔阂造成的。也有一说，清雍正三年（1725），朝廷在铜鼓设立怀远都，客家人开始有了户籍。经过几十年的经营，客家人凭着吃苦、勤劳的精神，有了钱，能买田置房，供子女读书，有的客家子弟还中了举人、进士，人口也越来越多，社会地位随之提高。这时，本地人与客家人开始了通婚。这种通婚常有个规律：本地人讨客家妇女为妻的，多是家庭较贫穷的人，因为客家妇女能劳动，一个媳妇能抵得上半个长工，对改善家庭经济有好处；客家人讨本地妇女为妻的，多是家境富裕的，讨的也是有钱人家的小姐，以此来提高自己的身份地位。不过，以前本、客籍通婚仍属少数。1950 年，国家颁布《婚姻法》以后，客家人与本地人才有了真正的通婚。

家中有女儿到了十五六岁，就会有人来提亲。有一种说法，说女孩子做了“大人”后，不找人家，就会闭经，故而大人会着急。

结婚要经过合八字、看妹子、踩家舍、报日子、成亲等多道程序。

合八字时，男女青年，尤其是女方青年是不知情的。到了看妹子的这天，母亲吩咐女儿不要出去做事，头发梳好些，衣服穿好些，会有某家人来看。这时，妹子才知道家里已给自己找了人家。此时的妹子心里“突突”乱跳，不知家里给自己找了一个怎样的人家。男家人与女家人在厅里坐定后，就会叫妹子出来，妹子出来后，给每人端一碗茶，或者去拿什么东西从厅里走一趟。此时，妹子低着头，不敢看人。本地人看妹子还特别留意看妹子脚的大小，故脚大的妹子会将脚藏起来（如穿长裙），怕人嫌弃。随后，妹子躲在房里不再露面。男家如不满意，起身就走，有的会拿一点钱给妹子买花线，表示歉意，同时将八字庚帖退回。男家如果满意，就会留下来吃午饭。

妹子十五六岁找人家时，年龄尚小，对婚姻只有很模糊的认识，心里既紧张又担心，不知对方的家境、人品如何。但对这些事，妹子又不能过问，否则不但要遭骂，而且还会遭到耻笑，故只能任凭父母做主。有的妹子在与自己的姐妹或女同伴谈起自己的婚事时，会有意无意地提出，想看看郎子（男方）怎么样。这些姐妹听后，会马上训斥她："我们还给他看？这么贱。"

到踩家舍时，女方家人才能见到郎子的面，知道男方家里的一点情况。这些情况，父母会告诉妹子。如果男家情况还好，妹子心里会好受些，庆幸自己走运；如果男家情况不好，妹子纵然十二分不满意，也无法摆脱父母定下的亲事。只要两方亲家见了面，婚事就不能更改，否则，姓上不肯，会干涉，认为是坏了规矩。

踩家舍中也会有欺瞒行为，特别是一些家境不好的人家，会想各种办法制造假象。如，镇上有个叫陈某的女孩子，父母早故，跟着叔伯过日子，家里很清苦，故十六七岁时，就由叔伯做主许配了人家。踩家舍时，大伯去看了，男家有屋、牛、狗，觉得蛮好（当时人认为，能养得起狗的人家是不错的人家）。可到了成亲那天，大伯才觉察新郎家不是当初自己踩家舍的地方。成亲过了三朝，陈某发现，床上半新的被子、毯子、枕头、帐子都不见了。一问才知，当初踩家舍是在下屋的叔子家里，牛、狗都是叔子的，床上的东西也都是借的。陈某气得痛哭流涕，但也无可奈何。

接到男家报的日子后，女家就要着手准备嫁妆。嫁妆的丰厚俭朴相差很大。一般人家嫁女有床、柜、桌、箱、盆、被、衣物、首饰等；富贵人家是"全场嫁妆"，将妇女一生所需的物品都置办齐备，甚至还有牛、棺材等；穷人家只有一只箱，内放一两件衣物。客家妇女喜好戴银饰，如银簪子、银耳环、银手镯、银戒指、银牙签、银耳挖子，系围裙用的也是银链子，因此，客家人嫁女，银饰是不能少的，再穷的人家嫁女也会打一对银戒指。有了银器，男家才喜欢，认为是带了“人气”① 过去。

置办嫁妆由父亲负责，母亲则忙着做鞋。鞋是千层底鞋，白布底，面料为乌贡呢或乌哔叽呢。做的鞋有两种：（1）拜鞋。这是为男家人做的鞋，要做满堂红，即男家有多少人就要做多少双鞋。女鞋要绣花，家娘的鞋要绣“福寿双全”，大嫂的要绣牡丹花（奉承大嫂长得好，高贵，这样，大嫂才喜欢），其他女鞋可以绣桃花、菊花、梅花、兰花等。（2）同郎鞋。又叫同鞋，是新郎、新娘穿的鞋，布料要一样。新娘的鞋绣“连生贵子”，或“必定双全”，或“同偕到老”，从鞋前到鞋跟要全部绣满。本地人的同郎鞋，女鞋放在男鞋里。所有的鞋子里都要放张红纸，以示吉祥。

女鞋绣的花有一定的寓意，如绣一朵莲花（新娘的鞋一定要绣莲花），接着绣一棵人参，再绣桂子、红枣，表示“连生贵子”或“早生贵子”；绣一只挑盐老鼠（即蝙蝠，铜鼓人认为蝙蝠活泼，生仔多，代表“福”），再绣寿字花和两个铜钱，表示“福寿双全”；绣一支毛笔放在笔架上，连着两个铜钱，表示“必定双全”；绣一截树筒、一双鞋子和长长的倒叶柳，表示“同偕到老”。

如果男家人多，母亲会请人帮忙，女亲戚也会主动来参与，但前来帮忙的都必须是命好（父母双全，有儿子）的人。无儿女的妇女、再婚妇女和寡妇不能参与。

妇女出嫁的前一天要开面。开面也要由命好的妇女来做。开面用砻糠灰（将砻糠烧成灰后，冷却，用筛米果粉用的筛子筛下细粉待用），因其含碱，具有细、滑、白的特点。开面时，开面人先将新娘子的头发用头帕包好，洗干净脸，再用手或用绢布把砻糠灰均匀地抹在新娘子的脸上。然后，开面人拿一根苎麻线，一头用牙咬住，另一头用右手的拇指和食指钩住，左手抓住线中间，将线打个交叉，接着，挨着新娘子的脸皮，一松一缩，将额头到下巴的汗毛绞得干干净净，这叫“打线刀”。绞眉毛时，要顺着眉毛的长势，将眉毛绞成弯弯的柳叶眉。开面后，新娘子的脸庞变得红润光洁，非常好看。

新娘洗澡一般都在下午，洗澡后，把男家送来的内衣穿上。这时，男家

---

① 铜鼓客家话中“银器”与“人气”同音。

来接亲的人会特别留意新娘是否来了月经。如果来了月经，女方会如实告知男家。民间称妇女来月经为“骑马”，有“‘骑马’拜堂，家散人亡”的说法。故男家得到消息，迎亲时会在屋门前的坪上放一个“木马”（锯木头时用的木架），花轿到了门前要从木马上抬过去，据说灾难就可化解。

晚上八点钟左右闹轿，又叫拉轿。母亲带着出嫁女到轿前，点上木油（茶油）灯，装上三根香（香插在轿前踏脚板上的小洞里），作三个揖。据说，闹了轿，新娘才不会闷轿。

晚上，开面人帮新娘捡箱。新娘子平常穿的衣服，父母、亲戚送的新衣服、鞋、袜，被一一放进箱里。同时，母亲还会在箱底放上一些银圆（数量多少视家庭状况而定），这叫压箱钱。有的还会在箱底放利器，如剪刀、钻子等。据说放了利器，就可制服家娘，使家娘不会多嘴，不会作恶。

这一天，母女俩难舍难分，有许多话要讲。在女儿成长过程中，母亲尽管已经教了很多事情，但这时，母亲仍会反反复复交代，生怕女儿忘了，会在婆家受委屈。如，在婆家做事要利索，吃饭要快，吃了饭就要去做事。不能到处走动，要把家里的事做好，先做重事，后做轻事，缝缝补补、扫地洗衫总是要做的，这样婆家才不会嫌弃。要尊重大人（家娘、家倌），要端茶端水，冬天要热茶、热水，铲好火笼给他们。脾气要好，大人生气要小声劝，大人教训不能回嘴。对老公要好好服侍，洗澡打好水，拿好换洗的衣服，睡觉要扯顺裤脚。老公行房事，要顺着他，不能拗着他，老公才会喜欢。来了月经不能同房，碰了“马头”会得暗病（妇科病）。结婚这天，不能大声，不能笑，不能放屁，不管人家怎样逗都要忍着。晚上闹新房，眼睛要放煞①，头要傲开②，不能上当，如果闹出笑话，会被认为没有规矩，以后难做人，娘家也没有面子。

有一个笑话在铜鼓流传很广，讲的是一个女孩出嫁前，母亲交代她要忍气，她听了连连点头。三年后，女儿回到娘家放了一个很长很臭的屁。母亲问她怎么回事。女儿回答说：你不是交代要忍屁吗，我在婆家整天就忍着不敢放，生怕婆家人嫌弃，给娘家人丢脸，都忍了三年了，今日回来才敢放出来。

---

① 放煞，当地客家话，意思是眼光要锐利，脑筋要精明。

② 傲开，当地客家话，意思是头要转开。

出嫁这天，一大早，新娘子由开面人帮着梳头。开面人将新娘子的辫子散开梳顺，往后脑盘起，挽成一个髻子，用金簪或银簪叉住，这叫“女子成人及髻”。新娘子早上吃些瘦肉（厨房里另煮），不敢喝汤、喝水（一两天前就不喝汤，改喝茶），怕坐轿时要解手①，也不敢吃米果，怕会放屁。这时，新娘子常会吃不下饭，要在亲人的一再劝说下，才吃下一点点。早饭后，新娘子穿嫁衣。

这时的新娘子悲喜交加，泪流满面。有的在前几天，甚至在准备嫁妆的时候就开始哭了。这是因为妇女出嫁时年龄小，平时不出门，突然离家，难舍父母。另外，新娘子对婆家不了解，对自己的命运又担心又害怕，即将到一个陌生的地方生活，感到非常孤单，但又无处诉说，只有用眼泪来表达内心的悲苦。

出嫁时，新娘子由兄弟或叔伯背到厅里。这时，客家新娘子仍穿着自己平时穿的鞋子（本地新娘子则换上男家送来的红绣鞋）。到厅里时，新娘子的脚不能踩着地皮，而要站在一个倒扣在地上的斛筒（量谷用具）上，手拿一扎筷子，对着祖宗牌位作三个揖，然后将筷子往背后一丢，意思是不能带走娘家的粮食。随后，新娘子哭着向父母、亲戚一一告别，母亲和姐妹等也拉着新娘子的手，哭着舍不得松开。之后，兄弟或叔伯将新娘子背上轿。嫂嫂则把一个火笼放进轿里。进轿时，新娘子的胸前要挂一面铜镜，轿顶要放老尺、剪刀、鞋托（鞋托上放一本通书），还有三支箭，这些都是压邪物。母亲交给新娘子三袋果子，意为“祖宗三代”（路上，如有孩子吊轿杠，讨喜果吃，新娘子可用果子打发他们）。花轿到男家后，男家有妇女接过三袋果子拿到新房去，意为“传代”。

路上，如果有两乘花轿相遇，两个新娘子会互相交换手帕。据说，两个接亲队伍相遇，一来一往，新娘日后在夫家会有波折，交换了手帕，就可以避免这种事情发生。如果花轿与官轿相遇，官轿会让路。这是因为妇女一生只有一次坐花轿的机会。如果花轿与棺材相遇，花轿让路，这是因为历来有“死者为大”的观念。路窄的地方，花轿会靠边停下来，让棺材先过。有的新娘还会下轿向死者鞠躬。花轿与棺材相遇，被认为是好事，因为遇“官”

① 解手，当地客家话，指大小便。

又遇“财”，日后有“官”又有“财”。

花轿出了门，到看不见娘家的房屋时，客家新娘便可换上男家送来的红绣鞋，旧鞋由亲戚带回，意思是娘家的地皮泥不能带过去。花轿快到男家时，轿内火笼里的火和灰要倒掉，意思是娘家的火种不能带过去。

花轿到了男家，男家派人“斩轿煞”和“撒花米”，牵轿娘从媒人手中接过花轿轿门钥匙交给新郎。新郎上前对着轿门踢三脚，这叫压新娘威风，使新娘日后服帖。新娘随即也会在轿内踢三下轿门，表明新娘子不示弱，威风刹不下。然后，新郎打开轿门。牵轿娘扶新娘出轿门到厅里。

新郎、新娘在正厅里举行拜堂仪式，拜了堂，表明男女双方已结为了夫妻。拜完堂，有人来逗新娘，逗笑的人头戴烂草帽，在新娘身边打转转，说些笑话，惹得众人大笑。但新娘子这时要牢记母亲的嘱咐，不能笑，否则，日后回娘家就要挨骂。

拜了堂，新郎、新娘才得见面。如果新郎还过得去，新娘心里会好受些；如果新郎品貌不佳，新娘当时心里就有一个很大的“哎着”①，觉得自己命不好。这种感觉会持续很久，有的甚至持续一生。拜堂后，新郎、新娘进新房。家娘早就在新房里放上了一个箩（顺着放，箩口向上，上面盖一块红布或婴儿的包裙，包裙上放张红纸），以试探新娘机灵不机灵。如果坐了箩，新娘会一屁股坐到箩底，从而闹出笑话。又有人说，坐了箩，新娘日后就会在“箩车里转”，做事舍交②，会卖力。一般情况下，牵轿娘牵着新娘去坐箩，但新娘不会坐（这也是母亲事先交代了的）。有的人不懂事，会真的去坐，这时，牵轿娘会暗暗拉住，让她坐在床前的凳子上。新娘落座后，箩随即被人拿走。

待众人都出去了（新郎也去招待客人了），新娘才可以脱下外面的嫁衣。牵轿娘留下来陪新娘，问要不要吃东西，要不要解手。说这些话都要小声，不能让人听见。大多数新娘都会闷轿，有的还会呕吐，身心非常疲惫，这时只想好好休息一下。但陆陆续续，有很多人会来看新娘，新娘要一一起身迎接。新婚之夜的闹新房，是新娘子最难挨的时刻。闹新房的人大都会提一些让新娘难为情的题目，如拥抱、亲嘴之类的。大多数新娘子这时既害羞又害

---

① 哎着，当地客家话，意思是失望。

② 舍交，当地客家话，意思是勤劳、勤快。

怕，而且心里悲伤、烦躁，故再闹也不会开心，但既不能得罪大家，自己又不能出丑，只有牢记母亲的话，时刻提防众人的捉弄，以免闹出笑话，给娘家丢脸，日后自己难做人。

新婚的第二天早上，新娘由男家姐妹陪同，去给家倌、家娘、亲戚送茶，叫“新娘传茶”。姐妹端茶托，茶托里摆着已泡好茶的茶碗。新娘先给家倌、家娘送茶。然后，家娘做介绍，每介绍一人，新娘就端一碗茶送上去。受茶人喝完茶，就会给新娘一个红包。此刻，也有厨倌捉弄新娘的情况发生。据说以前，有位新娘的娘家很有钱，陪嫁的是全场嫁妆。厨倌想试探新娘的机灵程度，第二天一早，把厨房扫得净光，要传茶时，他说厨房里没有一根柴，无法烧水。新娘听了，随即到衣橱里拿出两匹棉布，交代厨倌将棉布放在油桶里浸一下，就可当柴烧。由此，厨倌才知道了新娘的利害。

新婚 3 日内，新娘不下厨。3 日以后，新娘可以到厨房里打扫卫生，烧烧火，洗洗碗筷。一般 10 天以后，新娘正式下厨做饭。一个月内，新娘不进菜园。传说，新娘一月内进了菜园会烂脚，要一个月以后才可以到菜园里扯草、摘菜。

新娘出嫁后的半月或一月内，娘家人来看女儿，叫“拉月”，又叫“新亲上门”。拉月的日子在成亲那天就要定好（也要选择吉日）。是时，男家（新郎或家门都可以）要派人去接，娘家要放爆竹迎接，并准备礼品，有新娘的衣服、布料、鞋底、袜底、苎麻线等。有钱人挑盒担，穷人家提篮子。礼品越多，新娘越喜欢。拉月的时间，有的几天，有的十几天。正月初二以后，新娘在丈夫的陪同下第一次回娘家，叫转门。时间一般在上七（即正月初七）之前。男家带的礼物有猪肉、饼、米果、面条、糕点、钱等。礼物用盒担挑，有的一担，有的两三担（可请人挑）。丈母娘将男家送的礼物，按亲疏关系分成若干份（每个至亲一份）。其间，对每个至亲，新婚夫妇都要亲自上门，走一家，送一份礼，吃一餐饭。新人告辞时，亲戚会回礼。回礼也有讲究，新人送的礼，至少要回一半，送了钱的要加额回送，有的加三分之一，有的加一半。同时，一般的人家还会加送一双袜，有钱人家加送衣料。另外，还要送果子包。回送的礼要双份，总的原则就是不能让新郎亏本。

果子包用表芯纸包成长方形，内有花生、豆子、薯片等食物，外面用线扎，再夹一张小红纸。关系亲的，果子包上还要放带子和种子，寓意“带子归”。带子用9根白线、9根黑线、9根红线（苎麻线）织成扁状，寓意白头到老，一根头发畜①到尾，祝福一对新人白头偕老。种子有茄子、辣椒、冬瓜、豆角、梅豆、线瓜（丝瓜）的六样。其中，种子寓意“生仔”，“六”表示“六六顺”，线瓜寓意“线来线去，总来总多”。万万不可送番葡种，因其有翻来翻去（不稳定）的意思。

转门时间不得超过正月半（正月十五），新郎就要回去，而新娘则可多住几日。有首民谣写道：“女转娘家，脚打莲花；女转婆家，眼泪婆娑。”说的是妇女回娘家与返婆家的两种不同心情。还有民谣写道：“雪花飞飞，偓（我）问贤妻，丈夫脚冷，你乃久②归？（学丈母娘的口气）姐夫厚脸皮，偓（我）的妹子要明年八月归。”它表达了娘家人盼望女儿转门时多待的心情。故到了回婆家的日子，新娘心里很难过，难舍娘家，因为这次回去后就不能再随便回娘家了。

贫穷人家置办不起礼品，有的新娘三年五载也别想转门。转门时，一定要新婚夫妇同往，如新娘一人转门，婆家、娘家都会失面子，丈夫更会恼羞成怒，甚至打骂妻子。

新郎来接新娘回去时，除了新郎来时所带的盒担外，娘家还要另外准备一担盒担，把亲戚回送及娘家送的礼都放在盒担里。同时，每个亲戚家要一人相送，一直将新娘送到婆家。亲戚回来时，婆家仍要打发，品种有果子包、手帕、钱、一扎红线。红线的寓意是情义要长久，不要断。自此，新婚夫妇开始正式的家庭生活。

（三）生子习俗

1. 怀孕

又叫“有喜”“有身子”。妇女怀孕，全家都喜欢。家里会用香丝莼煮蛋，蒸鲤鱼给孕妇吃。据说，吃了可保胎。

当胎儿有四五个月大时，有的人家会敲锣打鼓，到供有天师牌位的人家里，把天师牌位接到家里来供奉。每日早晚装香、作揖，早上供开甑的第一碗饭、一碗茶，祈求神明保佑胎儿平安，顺顺当当出生。生了孩子满月后，如有人来接天师的牌位，就让其接走；无人来接，可以继续供在家里；如果

① 畜，当地客家话，留或养的意思。

② 乃久，当地客家话，多久、什么时候的意思。

不想供了，可以送回原处。有的人则会接仙姑娘娘牌位来家里供着。满月后送仙姑娘娘牌位回庙，庙里带过来的东西不能损坏。据说，如若损坏了庙里的东西，婴儿就不好带，病痛多或带不成。

妇女怀孕期间有许多忌讳，如家里不能搬动床，怕会动胎气；“胎神日”① 不能补灶，补灶就是补缺，怕孩子生下来豁嘴（兔唇）；老屋厅下不能动土，不能钉钉，怕会引起流产；孕妇不能进牛栏、跨牛轭、跨牛绳，怕会怀孕到 12 个月，怕孩子会傻；孕妇如果怀孕超过 10 个月还不生，就要在孕妇的床下放牛轭；孕妇坐凳、椅要坐正，不能把屁股全落在凳、椅上，怕胎儿会打后（胎位不正）；七月初十到十六日下午以后，孕妇不能出门，怕碰着鬼；孕妇不能用手拿米、盐、茶叶过门坎，怕婴儿出生时先出手要米、盐、茶叶（即难产），而要将这些东西放在托盘里或碗里；孕妇不能随便去抱或摸别人的孩子，怕抱（摸）过的孩子得“过家病”（其特征是头发发黄发直，眼睛发蓝，不想吃东西，黄皮寡瘦，睡觉时脸不向内而向外）。传说，得了“过家病”，孩子的灵魂会过到孕妇的肚子里去，不久就会夭折。凡得了“过家病”，要请懂行的人用孩子的贴身衣包几枚缝衣针，放到炉罐里煮，边煮边念咒，孩子的病就会好，但那个孕妇肚子里的胎儿却会流掉。

2. 临盆

妇女生孩子称为“蚂蚁爬锅沿”，是一场劫难。所以，家里人都很重视，家娘会守在产妇身边，而男人则会守在厅里（据说男人的毫光大，可以挡住邪气）。

过去，妇女生孩子，不是躺在床上，而是跪在床前的踏脚板上。城里家境较好的人家会请接生婆，农村少有接生婆（一般人家也请不起），多由家娘或附近有经验的妇女（生孩子多的妇女）来接生。也有很多妇女是自己处理。因此，孩子生得多，但成活率很低，有的妇女生了五六胎，却仅有一胎成人。

妇女不能在娘家生孩子。据传，妇女在娘家生孩子是“血水倒流”，会

---

① 当地人认为，妇女从怀孕之日起一直到孩子出生，家里就会自动有胎神。胎神每个月会分别附在屋内的墙上、床上或灶上。届时，便要避免在这些地方伤害到它。到底当月的胎神附在哪里，要请专门的女巫来推算。有些人请不起女巫，就干脆怀孕期间既不在墙上打钉，也不移床，也不修社，更不动土，以示慎重。

污染娘家的风水，娘家以后就会不兴旺。如遇到特殊情况，妇女必须在娘家生孩子，也只能在屋子侧边的茅草房里生。

如果是死胎，家里人会拿一捆秆（稻草）放在产妇的床前。产妇跪在秆上，双手扳着床沿，头发含在嘴里，两个脚跟顶着屁股，用力坐下，死胎就会生下来。

如果久久生不下胎儿，当地人会认为是落月鬼①来了。于是，家里人便要在产妇房间的窗子上挂上网、秤，并蒙上产妇的内裤，屋前屋后烧表芯纸，在坪上烧油纸伞，用镰铲刮铁锅底，打响铳等，用这些办法来驱赶落月鬼。

婴儿生下来后，家娘会主动去处理胎盘（铜鼓人叫“包衣”）。方法是，将胎盘用纸或布包好，放在砻糠堆里（也可以用瘪谷、油茶壳），一起沤火堆。沤火堆要在茅房或牛栏里。由于时间较长（半天或一天），茅房有门的，要把门关好；无门的，要有人看着，避免狗去吃掉胎盘。传说，狗吃了胎盘，婴儿就较难带。胎盘要烧尽，如烧不尽，传说婴儿就会倒奶。胎盘烧成灰以后，就地扫掉。据说胎盘不能见天日（因胎盘有血，见了天日会污染天地），故不能到户外去沤火堆。

3. 坐月子

产妇（又叫月婆）产后一个月（一般 40 天）不出房门，叫“坐月子”。民间有种看法，“月子”坐得好坏，对妇女今后的身体影响很大。如果“月子”坐得好，日后妇女的身体就会好，甚至一些老病老伤都会好；如果“月子”坐得不好，妇女就会落下一身病痛。所以，妇女对坐月子很重视。产妇坐月子多由家娘服侍，其额上要扎手帕（据说以后头就不会痛），要保暖（即使是夏天也不能扇扇吹风），不能下冷水（洗脸、洗脚都要用温开水，以后手脚才不会痛）。吃的有鸡、鸡蛋、瘦猪肉、刀豆干、豆腐干、豆角干、菜干等。干菜只能蒸，不能炒，且要放上木油（茶油）。此外，要吃甜酒、黄花菜、猪脚、面条，据说吃了会发奶。不能吃猪油、肥肉、辣椒、蔬菜、水果以及酸东西。传说，产妇吃了猪油、肥肉，婴儿会泻肚，以后妇女老了，肠胃也会不好，会经常拉稀；不能吃菜油，说吃了菜油会有“风”（一

① 传说月子里死亡的产妇，阎王不收留，就会成为野鬼，俗称“落月鬼”。落月鬼需要寻一个产妇做替身，才可以转世。

种病症），将来母子会迎风流眼泪；不能吃辣椒，不能吃酸东西，说吃了辣椒，妇女会发气痛病，且婴儿吃过奶后会有火气，吃了酸东西会缩奶（没有奶水）；不能吃蔬菜、水果，否则到年老时牙会痛。

产妇40天内不能出产房（产房又叫“暗房”），不能到厅里，否则家里会不昌盛；也不能进别人的家里，跨人家的门槛，否则，被进的那家人会背时。其间，男人也不准进产房（包括产妇的丈夫在内），传说男人进了产房会背时，不发旺。已婚年轻妇女也不能进产房，说年轻人夜里同了房，身上会带“射”①。婴儿接触到“射”，肚脐会出血，带不成。故产房，只有老年妇女才可以进。

为了怕陌生人闯入（传说陌生人进了房，产妇会断奶根），产妇的房门脚下常会放根扁担。为了除去家里人外出时沾染到的各种“射”（如草丛里有狐狸拉的尿，会形成“青草射”；野地里有骨头，会形成“筋骨射”），产妇的房门口要放一个熏火笼，里面放上柏木、枫球，有钱人家还放上檀香，以保证婴儿不会受到“射”的伤害。

4. 逢生

当产妇生下孩子之时，第一个踏进这个家门的不知情者，当地叫“逢生”。“逢生”进门，这家人会热情地请他（她）坐，恭喜他（她）当了干爷（干娘），并随即煮个满碗给他（她）吃。传说，如果不吃满碗，“逢生”今后会背时倒霉；如果吃不完满碗，婴儿今后会不吃奶。所以，干爷（干娘）一定要将满碗吃完，而且吃完后不做声，起身就走。其缘由是，当地习俗，报丧的人才会讲“多谢”。所以“逢生”走时不能说“多谢”，否则就等于骂人。干爷（干娘）回去后，要准备鸡、蛋、婴儿衣服，到婴儿三朝时送到婴儿家里去。此后，每逢孩子满月、百日、周岁、逢年过节直到干儿（干女）结婚，干爷（干娘）都要送礼。长大后的干儿（干女）也要给干爷（干娘）送节礼，做酒席还要给他们安席，两家成了名副其实的亲戚。

5. 三朝

婴儿出生后三天，接生婆或有经验的妇女要给婴儿洗澡，将胎垢洗干净，称之为“洗三朝”。洗澡用的是用蕲艾、香蒲、枫球煮的水，可以去风

---

① 射，指一种邪气、污气。

热。婴儿的衣服也要用枫球、柏木熏一下，据说以后就不会有奶臊、尿臊。家里要做“三朝酒”，请几桌客。外婆家则会送来婴儿的衣服以及鸡、蛋，另外还有三朝茶①和一壶甜酒。三朝茶有花生、豆子等六种农家所产。宴席有多少桌，就要送多少包三朝茶。

6. 满月

婴儿满月，家里做满月酒，亲戚、朋友、左邻右舍都会来喝酒。这一次，外婆家送的礼要比三朝时送的礼更丰厚，大富人家常用条箱扛，一般人家要用盒担挑，最差的人家也要用米箩装。礼物有婴儿的衣服、鞋、帽、拦加②、包裙、兜肚、枕头等，以及鸡、蛋、甜酒。另外，银器也不能少，如“长命富贵”银锁、银手镯、银脚镯、婴儿狗头帽上的银牌子等。当地有“不戴银器不成人”的说法，所以没有银器，婆家会生气。外婆家再贫穷，也要给婴儿的帽子安一块银牌子。

喝酒时，要给婴儿摸脑、开荤。首先，婴儿让舅舅（或外公）抱，舅舅（或外公）摸了婴儿的头后，送一个写有“易长成人”或“长命百岁”的红包。然后，要抱着婴儿到每张桌去。每人都要抱抱婴儿，讲一句吉利的话，送一个红包给婴儿。摸脑后就开荤。主人将婴儿交给舅舅（或外公），舅舅（或外公）左手抱婴儿，右手拿筷子，在桌上的每碗菜里点一点，一边点一边说：“珍珠百味尝一尝，外甥长大状元郎。”主人送一个红包给舅舅（或外公）。也有人说，婴儿要百日才能开荤。

(四) 寿庆习俗

妇女到了花甲之年才可以做寿，妇女的寿庆由儿子操办，此后逢十寿庆都由儿子操办。

寿庆之日，主家大厅正中贴大寿字，大门两侧贴对联。到上午拜寿时，母亲头插金银簪子，身穿绿衣、乌裙（或蓝裙），脚穿绣花鞋，坐在大厅上方。父亲健在的与母亲同坐，一同领拜。子女一一下跪拜寿，给父母敬酒，祝福父母。父母喝酒只需表示一下意思就可以。中午，家里举行寿宴，亲戚、朋友、左邻右舍都会来祝寿，一一给寿星夫妇敬酒。

子女和亲戚送的礼，主要是衣服（或布料）、钱、鸡、蛋。父亲健在的，

---

① 三朝茶，虽名为“茶”，但实际是农家所产。

② 拦加，围在婴儿脖子上的布“围兜”，以防止口水弄脏衣服。

礼物送双份。

如果妇女的父母还健在（或一方健在），不能做寿，哪怕是七八十岁，都不能做；家倌、家娘健在的可以做寿。民间的说法是，寿星称为“老”，年龄虽大，但父母还健在，就不能称“老”，不能为“大”。如果做了寿，就是对父母的大不敬，会遭到娘家人的指责。

客家妇女逢“一”做寿，即六十一、七十一、八十一等；本地人逢“十”做寿，即六十、七十、八十等；小孩和年轻人不做寿。

（五）丧葬习俗

妇女的丧葬习俗与男人基本相同，所不同之处大致有以下几个方面：

1. 寿衣

男双女单。女的穿三套上衣。其中内衣一套，用绢料做，另外，还有绢帽、绢袜、绢手套。这是因为绢料不会腐烂，将来洗捡时，骨头不会漏在棺材里，而且骨头也不会变黑。外面穿两套外衣，衣料可用竹布、哔叽、贡呢、绸缎等。下身穿三条裤子，一条裙子。衣裤不能有扣子，说“扣子扣子”就是“克子克子”；裤子不能系带子，说“带子带子”会“把子带走”。裤子用布筋扎（布筋，是从布上撕下来的一条细长布，带子是用线织的）。也有用苎麻线扎裤子的，死者有多少岁就用多少根苎麻线。寿鞋是软底鞋。传说，如果死者穿的是硬底鞋，死后的灵魂就过不了奈何桥。如果是突然死亡，还没有做好软底鞋只能穿硬底鞋的话，要将硬底割断。寿鞋的鞋底有三个包底，用的是七上八下的针法，即脚掌上用鞋绳打七针，脚后跟打八针，也有的用墨点。鞋面绣花，什么花都可以，就是不能绣动物。家境好的人家会给死者戴上金银首饰。

2. 断气

男人断气在厅里，叫正寝；女人断气在房里（不必抬到厅里），叫内寝。不论男女都不能在床上断气，而是要在其断气前将其抬到操椅[①]上。

3. 摆放

棺材摆放在正厅里，男放左，女放右。再婚妇女的棺材放下厅。

4. 孝杖棍

父死用竹子，母死用梧桐枝，长至膝盖。孝子、孝女腰上系秆绳，在搓

---

① 操椅，指竹制的躺椅。

绳时，死父往左搓，死母往右搓。

5. 做道场

给母亲做道场多一个“拜血盆”和唱《十月怀胎歌》。

拜血盆。拜血盆的原因，传说是因为母亲在生孩子时流的血污染了天地，死后，要通过儿女们拜血盆来谢罪。如果不拜血盆，母亲死后，到了阴间，每天就要坐在血水里受磨难，拜了血盆就可以解脱了。是时，道士念一句《血盆经》，随即响一阵锣鼓，儿女们跪拜一次（念一遍《血盆经》，儿女们要跪拜30次左右，称其为拜一次血盆。每拜一次血盆，最后要烧一部《血盆经》经书①）。有多少儿女，就要拜多少次血盆，而且每个儿女每次都要跪拜（媳妇只要拜其中的一次）。如儿子不在了，由孙子代父拜血盆；如无孙子，只剩媳妇一人，可由媳妇代夫拜血盆。

唱《十月怀胎歌》。《十月怀胎歌》在“绕棺救苦”时唱，讲述的是母亲怀孕时身体的变化和艰难程度，以及分娩时的痛苦和喜悦。

6. 牌位和碑石

母亲称“先妣”。有儿子的写“某母某氏”，无儿子的写“某门某氏”。只有女儿的不能写“某母”，说明死者不能为男家传宗接代。

7. 产妇死

产妇在月子里死亡，被认为是落月鬼寻了替身，也变成了落月鬼。有的说，产妇死亡可以做醮；有的说不做醮，要赶快埋掉。产妇的棺材里要放炒熟了的芝麻、豆子、菜子等，用纸包好放在死者的胸前，并告诉她，拿这些种子去种，生了苗就可以出世。其坟墓的顶上，请土师钉三根七尺三寸长的铁钉，也告之，铁树开了花才可以出世。传说，这样做，可制止她不再去寻产妇当替身。另外，也不捡地（即洗捡），让其永不翻身。传说，如果捡了地，她会出来残害亲人。这些“制”死者的做法，均不能让外家知道。因外家知道了会不让他们这样做。

产妇死亡时，如胎儿也死在腹中，可用秆（稻草）扎个假人，穿上衣服，放在死者的胸前。告诉她：孩子在这里，你带走，可以放心了。如婴儿出生后才死亡，可扯根丝茅缠在婴儿的尸体上，不与其母合葬。传说，这样

---

① 经书由道士预先准备。计划拜多少次血盆，就要事先准备多少部《血盆经》经书。

做，死去的婴儿就不会出来害亲人了。

二、生产、生活习俗

客家妇女从小养成了参加生产劳动的习惯，并掌握了一定的劳动技能。出嫁后的妇女，既要侍奉公婆、抚育子女、操持家务，还要承担一些繁重的生产劳动。她们勤劳质朴、吃苦耐劳的品格，深受人们赞誉。

（一）生产习俗

城乡流传着这样一句话："犁耙辘轴，锄园作菜，斩柴烧火，三餐茶饭，调猪搞潲，洗衣汤衫，做鞋绩线。"这几句话，基本上概括了客家妇女所从事的劳动内容。

1. 农业生产

犁耙辘轴。主要指犁田、耙田，俗称"作犁耙"。"作犁耙"是农业生产中技术性很强的农活。在较早的年代，会作犁耙的妇女很普遍，只是到了后来逐渐减少，但仍不乏其人。如今，妇女的主要田间劳动是拔秧、插秧、耘禾、割禾等。

晒谷、车谷。这是妇女的专项劳动。打下的湿谷，晾晒在竹制的晒垫上，时常翻动，让谷子晒匀。遇上下雨，要赶紧收谷，雨一停又要赶紧晒出去。晒谷要赶好天，尽快将谷晒干，以免谷子发芽。谷子晒干后，用风车扇去瘪谷，然后装谷入仓。

锄园作菜。男人一般是不进菜园门的，种菜主要靠妇女。夏季产辣椒、茄子、苦瓜、豆角、丝瓜、南瓜等，冬季产萝卜、白菜、青菜、大蒜等。此外，妇女还要协助男人种杂粮和油料作物，如红薯、豆子、玉米、油菜、花生等。

2. 家务劳动

"男做女工，饭甑捞空。"说的是男人做了女人的事，家里就会败落。所以，除砍柴外，男人是不做家务的，家务劳动基本上由妇女担当。

三餐茶饭，指烧茶、煮饭、弄菜。铜鼓的客家人和本地人都吃甑饭。做甑饭时，先将米放到锅里煮到半熟，然后捞在筲箕里滤出米汤（米汤用来喂猪），再用冷水冲一下，就可以将半熟的饭捞到甑里再放到锅里蒸。一般是早上煮好一天的饭，中午、晚上只需将饭甑放到锅里热一下就可以吃。早先，米不够吃，饭里要掺很多薯丝，叫“薯丝饭”。菜是以蒸菜为主。蒸菜的好处是：（1）吃了不上火。人们普遍认为，吃炒菜会有“热”（即上火）。（2）省油盐。以前油盐很珍贵，只能省着吃。有的菜放一点点油，有的菜根本不放油。（3）省人工。切好的菜盛在碗里，放到饭甑里蒸，饭蒸熟，菜也蒸熟。省出的时间，妇女可以去做其他的事。

斩柴，即砍柴。不仅农村妇女要砍柴，城里家境贫穷的妇女也要砍柴。柴分茅柴和木柴，用柴夹挑或用藤条捆。大清早出门，中午返回，路远的，带饭上山，下午返回。

调猪搞潲，指养猪。俗语说：“畜牛耕田，畜猪过年。”过年的猪全靠妇女来养。养猪用的是青饲料。红薯藤是喂猪最好的饲料，用铡刀铡短，放到锅里煮烂，喂猪时加米汤和糠。妇女煮潲往往在晚上。没有红薯藤的季节或红薯藤不够的时候，妇女经常背着背篓去田间地头、山边扯猪草。

洗衣汤衫。洗刷全家人的衣服、被子、鞋袜等。永宁镇的妇女有一个习惯，洗好的被子、床单，要用稀释了的米汤“浆”一下。“浆”好的被单、床单，铺在床上很平整，睡觉很舒服，而且更耐用，不易破损。

3. *女红劳动*

做鞋绩线。俗话说：“男人办吃，女人办着。”“着”，指的是做鞋。全家人一年四季穿的鞋都靠妇女晚上做。以前，一般人家买不起雨鞋，穿的是妇女做的“洽鞋”。洽鞋的做法同布鞋，不同的是鞋底更厚，鞋面要遮住脚面，鞋底钉“洽钉”（手指粗，约两寸长），做好后用烧开的桐油涂两三遍，这样就不怕水。绩线：将苎麻水浸一下，然后刮掉外皮，去掉内秆，留下中间一层，撕成细细的丝条，把两根丝条的头尾相搭，用手指揉在一起。照此类推，揉成长长的苎麻丝，结成团，再用线车将两团丝绞成一团线。

纳袜。俗话说：“若要发，先纳袜。”过去，乡下人穿的是布袜。为了使布袜耐穿，妇女就用两三层布另外纳一个袜底。后来有了机织的“洋袜子”，虽然好看，但容易破。她们将袜底从中剪开，也另外纳一个袜底缝上去，这样就耐穿了。

挑花绣朵。用花线绣鞋、绣枕头、绣帐帘等。

有的本地妇女同客家妇女一样能干。但相对而言，大多数本地妇女不参加繁重的农业生产和家务劳动，而是“柴要进灶，水要进缸”。就是说，男人要将柴搬到灶前，水要挑进缸里。有的本地妇女走路要扶壁，端不动饭甑，提不起潲桶。所以，本地妇女一般做些较轻的家务劳动，如煮茶饭、洗衣服、做鞋、绣花、绩线、喂养鸡鸭、铡猪草、煮猪潲等。这与本地妇女脚小行动不方便有关，但也不排除传统习惯的因素。

（二）生活习俗

男人是家里的顶梁柱。他们从事作田、挑担、做生意等劳动，用以养家糊口。妇女处于从属地位，无权过问家中大事，也无钱过手。但是，对家务琐事，男人是不太过问的，任由妇女做主。

1. 夫妻关系

婚姻是父母包办的，所以，不少夫妻感情不和。多数妇女在家中没有地位，处境很凄惨。如该镇的陈某，婆家无山无土，租田耕作，是个“丢了禾镰冇米煮”的穷苦人家。其夫游手好闲，不思赚钱养家，而且经常赌钱、嫖女人，半夜不归。对此，陈某却不能过问，有时实在忍不住说两句，其夫开口就骂，动手就打，夫妻吵架成了家常便饭。至1950年，国家颁布了《婚姻法》，陈某才坚决要求离婚，从而结束了这段痛苦的生活。

当然，社会上也不乏夫妻恩爱的。如镇上的李某，婚后每天上山采草药，治好了婆婆烂了三年的腿，又尽心照顾夫家年幼的小姑子、小叔子，深得全家人敬重。夫妻二人有事共同商量，从没有吵架相骂。其夫在县里收粮，月薪如数交给李某掌管使用。这在当时是很少见的。

大多数家庭，虽然家里有钱，但妇女不能过手，故很多妇女都惯于积攒私房钱。其私房钱的来源有三：一是出嫁时母亲给的压箱钱，二是走亲戚时亲戚给的打发钱，三是家庭劳动以外的收入，如养猪婆生下的第一窝猪仔、捡木梓（油茶）榨的油、采的半夏子（草药）、晒的笋干、做的茶叶、绩线、做鞋、绣花等，这些产品出卖后的收入可归妇女所有。一般情况下，妇女的私房钱都锁在自己的箱子里，一般不拿出来供家用。如家中确实缺钱而又急需钱用，或买田差一些钱，或走亲戚少一点钱，有的妇女就会主动拿些私房钱来垫补。也有的老公会向老婆借，日后如数归还。有的老公赌输了钱，向老婆要私房钱还债，老婆不给，老公就抢箱子，甚至砸箱子。老婆再不肯，夫妻二人就会打起来。私房钱较多的妇女，有的会用私房钱买谷放债，或买田，或买岭。这样做的目的是以防万一，怕老公被抓兵拉夫，或老公比自己先死，而日后子女又不孝，无以谋生。有了这些家产，就可以作为自己日后生活的依靠了。

2. 婆媳关系

婆媳关系是家庭中最复杂的问题。永宁镇上，有些婆媳相处得很好。如湛某，7岁当童养媳时，因思念父母经常哭闹，家娘总是哄她，带她睡觉。她与小丈夫常常打闹抢东西吃，家娘从不责骂，也不强迫她做繁重的劳动。

但在过去，大多数婆媳之间的关系都比较紧张，主要表现在：

媳妇娶进门后，家娘的地位发生了变化，有了掌管家务的权力。而且，家娘也不再从事繁重的劳动，过起了悠闲的日子，这就是俗话所说的“多年的媳妇熬成婆”。而此时，刚出嫁的妇女一般才十五六岁，童养媳更小，只有六七岁，她们劳动技能不熟练，需要家娘的指点和调教。媳妇每日做什么，要由家娘指派，做得好坏由家娘说了算。家娘掌握着家里的贵重物品，如米、油、盐、茶叶、干菜、果点等。每日煮饭需要的米、菜、油、盐，都由家娘交给媳妇。家里生活上需要添置的东西及人情往来，也由家娘处置。

媳妇是家中的廉价劳动力，不但要承担起所有的家务劳动，而且春耕、秋收还得到田间地头劳动，同时要尽心服侍公婆（尤其是家娘）。冬天早晨，媳妇要铲好火笼放到家娘床前，将家娘的鞋子放在火笼上，这样，家娘起床穿鞋就很暖和；每天早（晚），媳妇要打好水给家娘洗脸（洗脚）；平日里，媳妇要泡好茶端到家倌、家娘面前，他们在哪里，茶就要端到哪里。媳妇付出的很多，得到的却很少。比如“吃”。媳妇弄好饭菜后，要把厨房收拾干净，洗好锅，放好水，才可以吃饭，这时，桌上只剩下菜汤、菜脚；有的媳妇只能吃一碗饭，再去添饭时，家娘就伸出脚，挡住媳妇去路，媳妇只得放下碗筷去干活；媳妇吃的是家里的剩饭，如果事情没做好，连剩饭也没得吃；家里有好吃的，比如杀了鸡、蒸了肉，家娘就会支开媳妇，让她去扯猪草、种菜；家里来了客人，媳妇是不能同桌吃饭的，只有娘家的人来了才可以一起吃饭，但好菜是不能吃的，哪怕家娘再三地劝，将菜夹到碗里也不能吃，要将好菜夹回菜碗里，如果吃了，事后家娘就会揪媳妇的嘴巴。再比如“穿”。男人只供吃，不供穿。媳妇添置衣服鞋袜等要通过自己额外的劳动收入来解决。媳妇没有做好事情，受到的处罚是很严厉的。比如碗筷未洗干净，家娘要媳妇用舌头舔干净，或用钻子扎她；猪不吃煮的潲，家娘会把媳妇的头按到潲桶里，要她吃；衣服未洗干净，家娘用洗衣槌打媳妇；农忙季节，媳妇要通宵做事，如摘豆荚、捡木梓壳，如睡着了，被家娘发现会挨打。特别是童养媳，因年龄太小，做的事很难让家娘满意，所遭受的折磨更惨，有的甚至被折磨致死。这样的媳妇通常被称为“寒婆媳”。

3. 母子（女）关系

孩子出生40天，坐月子结束，妇女就要劳作了。出外劳作时，婴儿大都放在农村装谷用的谷箩里，里面塞些稻草，上面铺上旧棉衣、棉裤，婴儿就坐在里面。也有很多时候，妇女用一条长条背带将婴儿背在背上干活。

孩子开始懂事时，父母要对其进行教育。俗话说：“养子不教如养驴，养女不教如养猪。”因此，父母对子女的教育是很重视的。由于男人外出劳作较多，讲的是“三餐茶饭，两昼工夫”，对孩子只能“堂前教子”，花的时间和精力都比较少，平常的教育大多由做母亲的来担当。母亲对儿子教育的主要内容是如何做人，如何理家养命，如何读书出人头地，不能嫖赌逍遥、好吃懒做。儿子长到七八岁，有的开始读书，有的跟父亲劳动，有的十来岁就随父亲出去赚钱。女儿直到出嫁前都在母亲身边，由母亲管教。主要教女儿“三从四德”，恪守妇道。母亲除了用自己所接受的东西来教育女儿外，还会以自己的亲身经历和听到、看到的事来告诫女儿。不论识字与否，母亲都会给女儿口授《女儿经》。

女孩子七八岁起在母亲的指导下学习做女红，随着年龄的增大，劳动强度也加大，与母亲一起参加家务劳动和农业劳动。子女的生活起居也多由母亲照顾。

孩子生了病，如果是重病，家里会请郎中来诊治，如果久治不愈，就会请道士来作法，搞“打关钻甑”等。如果是一般的病，妇女会找些草药，用土方治疗，或采用民间信仰习俗进行治疗，方法有：

穿“百家衣”。孩子平时病痛较多，家中请算命先生来推算，如算出是带了“关煞”的话，就要让孩子穿“百家衣”。是时，孩子的母亲或婆婆会到各家各户去讨些碎布，对大家说：“托你的福，讨一块布给我。”被讨的人家知道是怎么一回事，所以都会给一小块布。如此，要凑满100家，便将布拿回家，有的自己动手，有的请裁缝，做成小衣服或包裙。由于各家给出布的颜色、花样各不相同，所以，主家先要将其拼成各种图案，最常见的是将布剪成一块一块的小三角形，然后将四块不同颜色的三角布对角相缝，拼成一块方形，再将一块一块的方形布拼成衣服或包裙。做好的衣物，要拿到雷坛，请觋公“吉”一下（觋公将衣物放在托盘上，在神案前作法）。据说，“吉”好的衣物给病孩穿上，病会好得更快。

吃“百家饭”。孩子得天疱疮或病的时间太久，孩子的母亲或婆婆会去讨100家的米（有的会带着孩子去讨，每家给一杯米或一把米都可以。也有的会去叫花子那里换米，因为叫花子的米是从各家各户讨来的）。讨来的米同样要送到雷坛去“吉”一下，再拿回家放锅里炒一炒，磨成粉，加些碱，做成米果。然后在大门前摆张桌（要放出屋檐，当着天空），摆上米果，这叫“化天灾”。知道情况的左邻右舍都会来吃米果，过路的也会来吃。意思是，大家吃了米果，就把灾难化掉了。据说，米果吃得快，孩子的病也好得快。也有的将讨来的米煮成粥给孩子吃，据说病孩吃了，病就会好。

喊魂。孩子久病不愈，请人推算，如果算出是丢了魂，母亲或婆婆就要去把病孩的魂喊回来。在什么地方喊魂，要点多少根香，烧多少张纸，纸上滴多少滴鸡冠血，都有规定。孩子的母亲或婆婆到被认为是丢了魂的地方，按规定点香烧纸，然后反手（虎口朝下）在烧纸的旁边扯三把草放在围裙里（早年的妇女喜欢系围裙），然后往回走。回时，母亲或婆婆一边走，一边喊病孩的名字：“△△△，归去啊！”这时，早在家门口等着的人就回应一句：“归来哩哟！”喊三声，回三声，然后一同进屋。据说，这样做了，孩子的魂就被喊回来了，病就会好。

压惊，又叫“收惊”。孩子（多为婴儿）啼哭吵闹，晚上不睡，被认为是“着了吓”“受了惊”，就要给他“压惊”。这件事也多由孩子的母亲或婆婆来做。其做法是，将孩子的内衣脱下（不能洗），用小杯子（酒盅、小碗也可以）装满米，再用内衣包好，外面用绳子系三转扎紧。孩子睡觉时，用包好的杯子在其头上划三下，手上和脚上也划三下。然后将杯子放在孩子的枕头底下，杯口朝下，放时要阴手（手心朝下）放。这样，孩子就会乖乖地睡觉。三天后，阳手（手心朝上）将杯子取出。据说，打开来看，杯中的米会失去一些。将米倒在桌子上，如果呈现出鸡爪印、树枝印之类的图案，说明孩子确实是受了惊吓。然后用这些米煮饭给孩子吃，孩子就会安宁。

4. 媳妇与娘家的关系

媳妇平时是不能随便回娘家的，但有一项是例外，就是“投外家”。外家，指媳妇的娘家。媳妇与丈夫、婆婆吵架后，独自一人回娘家，向父母倾诉自己的遭遇，以求得娘家的帮助，就叫“投外家”。一般的矛盾，娘家人会做和事佬，送女儿回去，并当着婆家人的面，指责女儿的不是；矛盾闹大了，娘家父母、舅子、家门上婆家调解，本着“大事化小，小事化了”的意愿，各自检讨，以解决矛盾；如女儿在婆家受到了虐待，娘家就不客气了，会以强硬的态度指责婆家的行为。当然，只有娘家与婆家的家势相当或娘家人较强蛮，投外家才有作用，媳妇的处境才会有所改善；娘家处于弱势或较老实本分的，投外家较难解决问题，只能诉苦。

俗话说：“天上的雷公，地上的舅公。”说明舅舅的地位很高（丈夫称媳妇的兄弟为“舅子”，子女称母亲的兄弟为“母舅”）。家中有红白喜事，男人会找舅子议事；讨亲嫁女，媳妇的兄弟为大，要坐上席，母亲的兄弟坐第二席；送嫁时，由舅子把箱子钥匙交给新郎；妇女投外家，也多由舅子出面解决矛盾。母亲死，儿子必须到母舅家下跪报丧，母舅不到不能封棺，母舅点主，送灵旌。灵旌，即用绿布一丈二尺，对折后，扎在一根长竹竿上。有灵旌，说明死者外家还有人。

妇女死，丧家最怕外家找碴，外家人也多由母舅出头。

惩罚不孝子。子女平时对母亲不孝，外家人会趁办丧事之机教训不孝子，丧家不得不从。比如，罚子女长跪在母亲棺材前不起。如子女不听，外家可用孝堂棍打；外家要求做多少夜醮事，子女若回答没钱，外家可自行做主，变卖其家产。

打人命。儿子不赡养、不孝敬，导致母亲自杀，则外家全姓人，不管亲疏，全部到场，卖外甥的屋、田、岭、牛等，把丧事办得非常隆重，搞得外甥家散人亡，这叫“打人命”。

背尸游街。媳妇逼死家娘或家娘逼死媳妇，死者的外家会强行要媳妇或家娘背着死者的尸体游街，还要一边打锣一边讲自己是如何逼死人的，诅咒自己没有好下场，并劝大家不要学自己等。媳妇被丈夫逼死，有时也会要丈夫背着媳妇的尸体游街。

打官司。民国后期，永宁镇发生了这样一件事情：有个帅氏女子，十来岁就嫁给榔树下的一个吴姓人做童养媳，吃的是剩饭，睡的是床前的踏脚板，打禾、栽禾、摘木梓都要做。帅氏每天天不亮就起床煮饭，人太矮了，就用矮凳子垫起脚来。有时，帅氏坐在灶门前睡着了，饭煮烂了，家娘就用火钳打她。打了几次后，帅氏只好投外家。因投外家的次数多了，怕人看见后会讲自己不会做人，只得偷偷从后门进屋，其委屈也不敢对父亲、哥哥讲，只敢对母亲讲。后来，帅氏突然死了，吴家报丧人说是在塘里淹死的，帅氏娘家想起帅氏多次投外家，必定另有死因，便要求验尸。果然发现帅氏身上有多处伤痕，证实是被打死的。帅家人心疼，叫来吴家家门，逼着吴家做七日七夜的醮，家娘背着帅氏尸体做醮。之后，帅家又到县里打官司，为帅氏申了冤。

5. 寡妇生活

妇女失去丈夫，大部分都会守寡，尤其是有子女的，更会尽心尽力将子女抚养长大。当地过去的习俗，寡妇再嫁是被人瞧不起的，出嫁时要坐“暗轿子”（轿用毛竹扎成，外蒙乌布或蓝布[①]，俗称“暗轿子”。坐“暗轿子”被看作妇女的耻辱）。此外，寡妇的日常行为也有很多的限制，比如不能帮人做新娘的拜鞋、同鞋，不能为新娘开面，不能做牵轿娘，不能去闹新房，等等。凡是娶亲嫁女的喜庆场合，寡妇都要自觉避开，免得尴尬。寡妇的生活很艰难，夫家有家产，有田有山的，可以依此为生，夫家贫穷的全要靠寡妇的劳作来养家。寡妇在精神上和肉体上要承受双重的苦痛，有的守寡时，年纪还很轻，生理上有要求，只好用红萝卜作为阳器，加以发泄。俗话说，“寡妇门前是非多”。为避是非，寡妇平时不能与男人打交道，有事只能请娘家人或子嫂[②]帮忙，如卖菜、卖蛋等，寡妇不能亲自去，只能托子嫂代劳。年轻寡妇难免受到性骚扰，尤其是面对地方上的头面人物，很难抵挡，如不从，会有莫名其妙的费用摊到头上，出得起要出，出不起也要出。

寡妇偷情会遭到众人的鄙视。而寡妇，尤其是年轻寡妇坚贞守节，操持家务，侍奉高堂，抚育幼儿成人，则会普遍受人敬重。有钱人家会为其修造牌坊。修造牌坊前，须先由夫家姓上出面，将其事备文呈报州府，再由州府上奏朝廷，最后由皇帝下旨建坊旌表。在永宁镇境内，曾有三座贞节牌坊：东门口有萧家钟氏牌坊，西门口有萧家谢氏牌坊（据说，钟氏与谢氏为婆媳俩），上街秆洞口则有戴家（本地人）莫氏牌坊。

年老的孤寡妇女，一般会得到夫家姓上的照顾。口粮由会众提供，自己可根据能力养鸡鸭、种菜、做女红，得些经济上的补贴。死后，由夫家姓上安葬。

---

① 也有人说，暗轿子的轿门前面要挂一块红布。

② 子嫂，当地客家话，指妯娌。

6. 离婚与再婚

俗话说：“嫁鸡随鸡，嫁狗随狗，嫁个狐狸满山走。”从内心上讲，妇女是不愿意离婚的，再苦再难也要坚持下去。她们说：“合人家的心肝难，合人家的脾气也难。离婚，丢不得这个面子，以后难做人，看轻了自己的身份。”

如实在过不下去，离婚以后再婚的妇女，也会被社会瞧不起，出嫁时照样要坐“暗轿子”，娶亲嫁女的场合要回避，与人吵架会被骂为“暗轿嬷”“坐暗轿子的”，矮人三分。母亲改嫁被称为“下堂”。依照乡规民约，子女对“下堂”的母亲可以不尽赡养的责任。尽管如此，在现实中，离婚与再婚仍时有发生。

嫁生妻，就是丈夫嫁妻子。嫁生妻有几种原因：一种是妇女犯了七出，即无子、不贞、不孝、多嘴、妒忌、偷盗、恶疾；一种是丈夫有新欢，嫌弃妻子；一种是丈夫因贫困或赌博欠债而要嫁妻还债；一种是因夫妻性格不合或家娘嫌弃媳妇而造成的。男人有了嫁生妻的念头后，由婆家请媒人为媳妇找人家，对方来看了后同意就行。事情说成后，婆家请媳妇娘家人来吃顿饭，叫“喊嫁饭”，对外家讲：“不相生要嫁掉△△△去。”有能力的娘家可用赎金将女儿接回去，无能力的只好任由婆家处置。另有一说，嫁生妻时，妻子不知情，到了新夫来接人时，丈夫才告诉妻子，嘱咐她穿好些，有轿子来接走，这种情况多数是以妻还债。嫁生妻时，要写张休书（又叫“作嫁钱”），休书由丈夫或家门在牛栏里或茅房里写，内容大致是：“休掉△氏，嫁给△△△为妻，从此生老病死与己无关。空口无凭，立此为据。”丈夫落名字，按手印。写完后，要丢掉笔，要翻掉桌子。新夫拿这份休书为凭证，就可以前来接人。同时，新夫还要给原夫一些“身价钱”，数量多少由双方协商（另有一说，身价钱分三份，原夫一份，妻子娘家一份，媒人一份）。一切办理妥当，新夫派一顶“暗轿子”来接人。轿子接人，只能下午来，来后停在屋后，被嫁的妻子从后门出去坐轿（后门外是石壁的，要搭梯子爬上去）。子嫂等要手拿杉树条打她，装作赶其走的样子。有些好强的妇女这时会又哭又闹，拼命往大门跑，叔伯等就会一起动手，拖着她往后门去，将其塞进轿子里。被嫁的妇女，走时可以带走自己的随身衣物、首饰，有的会将衣物等先寄放在路边人的家里，轿子路过时再去取。轿子接了人后，先到亲戚家住一晚，第二天再抬到新夫家。到了新夫家，不放爆竹，不拜堂，不举行酒宴（也有人说，有的新夫家会放串爆竹迎接，搞一个简单的结婚仪式）。

赎婚。娘家以一定数目的赎金将女儿接回，然后按妹子的规格嫁人，便叫“赎婚”。这里有两种情况：一种是丈夫有意要嫁生妻，妻子的娘家得讯后出赎金将女儿接回；一种是妇女受不了婆家的折磨或对丈夫不满，主动要求离婚，娘家由父亲或兄弟到婆家提出女儿的意愿，出一定数目的赎金将女儿接回。这两种情况，多是妇女娘家家境较好，出得起赎金的才行。娘家把女儿赎回，也会要其夫写张休书，只是休书可在厅里写。

赎婚后回到娘家的妇女，可再由父母做主，许配人家，并按妹子的规格出嫁，只是程序稍简单些。男家来迎亲的轿子，有的说坐“暗轿子”，有的说可以坐红轿。男家可以放爆竹迎接，可以拜堂，设酒宴，亲朋好友也照样会前来祝贺。

年轻寡妇改嫁。虽然大部分寡妇宁愿守寡，但有的为日后的生活考虑，不愿受磨难，也会选择改嫁。寡妇改嫁须征得婆家的同意，一般情况下，婆家均不会阻拦，并会给她写下一份休书。

寡妇改嫁，一般有以下几种形式：

挽房。弟弟死后，弟媳嫁给丈夫的哥哥，叫“挽房”。家里兄弟多，家境还好，而且大家相处得很和睦，婆家舍不得媳妇出门，而正巧兄长无妻的，就会挽房。挽房后，子女可以一起带过去。婆家请家门、外家一起吃顿饭，把事情说一说就算成了婚。但挽房，只能弟媳嫁兄长，而嫂子不能嫁给小叔子。

寡妇随意改嫁。寡妇有意改嫁，婆家人再三挽留无效，便会同意媳妇的要求，但条件是新夫家只能在夜晚用暗轿子来接人。

娘家将寡妇接回，以后仍按妹子规格重新嫁人。许多娘家人不忍心看着女儿年纪轻轻守寡，就会满足女儿的要求，将其接回。然后做主将女儿再许配人家。这种情况可仍按妹子出嫁之例，白天坐红轿。

婆家把寡妇当妹子嫁。这是客家人独有的习俗，即媳妇很会做人，与婆家人尤其是婆婆处得很好，情同母女。婆婆便会把寡妇当作自己的女儿，为其做主，再许配人家。出嫁时，如果寡妇有儿子，可以把儿子带走，但不能改姓。家境好的婆家还会给这个孙子留一份田产。孙子成人后，由其母负责娶亲成家。如寡妇带身孕嫁人，则须签订协议，让腹中胎儿出生后随前夫姓。寡妇当妹子嫁，一切仪式与嫁女一样，可以坐红轿、吹唢呐、放爆竹。带儿子走的，儿子也可坐红轿。男家也按娶红花女的程序迎亲过去。送嫁时，家娘、子嫂都会哭，场面很热闹。此后，两家互相走动，如同亲戚。

逼嫁。有家产的人家，兄弟为争夺家产，逼嫂子或弟媳改嫁之事，过去在永宁镇也常发生。上仓街就发生过这种事情。是时，有一户人家，兄弟三人共有祖屋一栋。后因战乱，祖屋被烧。老大便出钱在原址上做了一栋两层楼新屋，楼上住人，楼下一间开纸扎店，一间租给别人做饭铺。不久，老大不幸去世，留下妻子和养女。老二、老三为霸占这栋房子，竟强迫嫂子嫁人，一乘暗轿子便将其抬到了新夫家。

7. 娼妓现象

大约在二十世纪三十年代中期到四十年代中后期，铜鼓街上出现了三家卖淫窝点，其中，柳林街两家，上仓街一家。这些窝点的主人多是孤身的中老年妇女，因为没有生活来源，以此项职业来获得经济收入。她们提供场所，要收取“床铺费”；提供茶水、香烟、果点，要收取“茶点费”。因此，铜鼓街上的人称她们为“卖床铺的”“卖席子的”。参与卖淫的，除上仓街窝点有一个固定妇女外，另外两个窝点中都是一些家里有丈夫、有子女的妇女。她们中，有的是丈夫被抓兵拉走了，个人难以承担家庭经济重担；有的是家境贫寒，需要一些钱补贴家用；有的则是好吃懒做。这些人平时在家做各人的事，当有“客”时，窝主就会去通知她们来卖淫。听说，参与卖淫的妇女，不仅有街上的居民，也有农村的妇女。有的农村妇女到街上卖菜后，也会到这种窝点去赚钱。当时，正是抗日战争时期，铜鼓是大后方，驻扎的和过往的部队都比较多。所以，前去这些窝点嫖娼的多是部队的官兵，当然也有地方上的一些权贵、有钱人及流氓地痞。这些窝点都受地方恶势力的保护。听说，这里曾发生因争风吃醋而引发的人命官司，但在地方恶势力的保护下，当事人依然安全过了关。

8. 日常忌讳

妇女的日常行为要受到很多的限制，除孩童时的行为规范和生育时的忌讳外，还有以下生活中的忌讳：

（1）男人说话忌妇女插嘴。妇女一多嘴就被骂为“鸡公不啼鸡婆啼，前锅不煎（开）后锅煎”。鸡婆（母鸡）会啼，被认为是不吉利的事。妇女有事只能跟丈夫讲，自己不能出面处理。

(2) 长辈责骂忌回嘴，否则会被骂："不懂尊卑大小，早死爷娘少教。"

(3) "男人出门是贵，妇女出门是贱。"妇女忌随便出门，忌走家串户。家中需要购买的物品大都由男人去办。妇女走亲戚、吃喜酒、拜菩萨，要快去快回，不能拖延时间。

(4) 走路与男人相遇，妇女要主动靠右行，忌往左行，否则就是对男人的不敬，因为素有"男左女右"的规矩。妇女遇门槛也要跨右边，不能跨左边。

(5) 民间礼仪往来中，凡需写名字的都要写丈夫的名字，妇女的名字不能上礼簿、柬帖、幛、镜屏等。

(6) 正月初一，妇女不能出门拜年。过了元宵后，妇女才能走动。家中请客，先请男客，后请女客。一般性的酒宴，只能由男人去。只有大型酒宴，妇女才能去，且去了只坐厢房或下厅。

(7) 男女裤忌在一个盆里洗，应分男盆女盆。晾晒时分男、女竹篙。男竹篙长粗，女竹篙短细。男衣裤晾晒在高处，女衣裤晾晒在低处。妇女的内裤及卫生带洗好后晾在屋背的角落里，忌被人看见。据传，丈夫看见妻子的卫生带会瞎眼。

(8) 妇女忌坐别人的扁担或跨扁担、跨秤，因为扁担是要上肩的（多为男人用），秤是要做生意的。据说，谁的扁担和秤被妇女坐过、跨过，谁就会倒霉。年轻妇女忌跨羊绳。据说，跨了羊绳，妇女会带"阳运"。民间有"男人阳运刀下死，女人阳运月间亡"的说法，而"月间亡"，即指落月死。

(9) 妇女不能挑灶头泥，否则，打的灶会穿筒，即前锅与后锅的交合处会爆裂。

(10) 借了别人家孩子的用具，比如坐架子、企（站）桶等，用了后不能主动送还物主，而要由物主来拿回去。把借来的孩子用具送回，意思是把自己的孩子送出去，以后这个孩子就不好带。

(11) 客家人喜欢唱山歌，但要遵守"歌不入堂"的规矩（这一点男女都一样），就连在屋前屋背唱歌，都会被房主禁止。喜欢唱山歌的人只能在田头、山上唱。

(12) 妇女忌笑露齿，忌仰头看人，忌坐凳分腿，忌出门露脚。

9. 暗话

"暗话"是客家妇女中独有的语言现象，传说最初只在少数年轻妹子中流传，后来范围逐渐扩大到中老年妇女中。但暗话产生的具体时间、流传经过及流行区域，目前还不太清楚。

这种“暗话”的特点是，在话语的每个主体字的本音（客家话）前面加一个“附加音”，如“你去上街么”变成暗语之后，就成了“lí—你—lì—去—liáng—上—lái—街—luō—么”，由此，五个字音就变成了十个字音。而增加的这五个字音“lí”“lì”“liáng”“lái”“luō”是没有任何意义的，它只作为本音的前缀，起搅乱外人听觉的作用。所以，尽管这些“暗话”的基本音用的是铜鼓客家话，但当妹子之间用“暗话”秘密交谈，尤其是谈得较快时，一般的铜鼓客家人是根本听不懂的。

依照笔者的观察发现，“暗话”的构成有个基本的规律，即附加上去的这些音与主体字的本音之间，韵母及声调基本相同，而声母则换成“l”或“r”。

由于有了妇女专用的“暗话”，妇女尤其是青年妇女之间能在大庭广众之中交谈一些不想让旁人，尤其是男人知道的知心话、悄悄话，从而给自己创造出了一片自由的天空。

三、社交习俗

妇女除外出劳动之外，一般时间都操持家务，社交的机会比较少。其中，较为突出的社交活动有下列几种：

（一）结拜“盟兄弟”

结拜“盟兄弟”的主体是媳妇。出嫁后的妇女在陌生的环境中生活，缺少与自己父母之间的那种亲情，感到孤单无援，希望得到依靠和帮助。永宁镇的男人有结拜盟兄弟的。她们非常羡慕男人盟兄弟中的团结和互助，从而萌发结拜妇女“盟兄弟”的愿望。妇女“盟兄弟”中不存在姓氏和血统的关系，但有一定的区域性和人缘性，即居住相隔不远且交情又较好的妇女会结拜“盟兄弟”。妇女“盟兄弟”之间，按照年龄的大小，分别称呼为大姐、二姐、三姐……据说，永宁街上，过去有三个妇女“盟兄弟”组织，每个组织或七八人，或十几人。现以西门铺子妇女“盟兄弟”为例，加以叙述。

西门铺子妇女“盟兄弟”有七八人。结拜加入“盟兄弟”时要举行一定的仪式，仪式一般在僻静的地方举行，不让家里的长辈和丈夫知道。举行仪式时，点上香烛香火，每人一碗米酒，杀一只雄鸡，碗里滴上雄鸡血，大家跪下起誓。誓词的内容大致是：今日起，我们结为姐妹，以后有福同享，有难同当，永不背叛等。大家喝了鸡血酒后，仪式结束。从此以后，众姐妹过节过年要像亲戚一样，互相来往。

西门铺子妇女“盟兄弟”有自己的规矩，如有事大家相帮，不能临阵脱逃，女的不能鸡舍底下窃食，男的不能倒穿花鞋。后两句的意思是，“盟兄弟”的人不能勾搭内部姐妹的丈夫，自己的丈夫不能与内部姐妹偷情。如有违反，犯事的人将遭斥责，或被开除，或挨打（有些姐妹会武功）。犯事人被开除时，也要举行一场仪式。是时，众姐妹要全部到场，点上香火，宣布：从今日起，不再认△△△作姐妹。此后，众姐妹不再理睬犯事人，要像对待仇人一样对待她。

西门铺子妇女“盟兄弟”以互相帮忙为活动的主要内容。其间，一家有事，大家要相帮，如一家要砍柴，大家会都去帮她砍；一家要做米果，大家都去帮她做；一家有红白喜事，大家都会去帮忙，有的做鞋，有的帮厨，只要妇女能做到的，都会尽力去做。谁家有了灾难，如失火、死人、患病、作物歉收等，众姐妹有钱的出钱，有粮的出粮，有力的出力，帮其渡过难关。据说，有一个姐妹的丈夫被拉夫走了，家里有困难，众姐妹便动员自己的丈夫帮她干重活，如作田、砍柴、碾米等。有的姐妹与丈夫、家娘吵了架，众姐妹会一同去劝解，谁有错就跟谁讲道理，直到矛盾解决。有的姐妹受丈夫欺负，众姐妹会与其夫交涉，交涉两三次后，如果无效，她们就会背着这个姐妹将其夫狠揍一顿，直到其夫不再欺负该姐妹为止。所以，凡加入了“盟兄弟”的妇女，很少会遭丈夫、家娘的欺负和折磨。

妇女“盟兄弟”有时还会邀一些有权势的家庭中的妇女入盟，这样一来，地方上就不敢到这些姐妹的家中随便抓兵拉夫。

（二）助夫会

助夫会，是永宁街老板娘之间成立起来的一个组织，目的是帮助丈夫发展事业。当年，上仓街、中仓街、下仓街（今永宁街）、柳林街的店铺很多，竞争也很激烈。于是，陈氏布店老板的妻子便邀集了五六个平时关系较好的店铺老板娘，组成一个小团体，共同商量如何帮助丈夫做大做好生意。她们互相出主意、想办法，某店有事，大家会一起帮忙（如某个店要搞推销，大家就会一起帮助推销商品），从而对街市经济的发展起了一定的作用。

（三）庙会

庙会是管理庙宇及庙内神明祭祀的一个组织（每座庙宇都有），男女都可以参加。妇女参加庙会多是跟随家里的男人或亲戚好友一起去。大家认为哪座庙的菩萨最灵，离家又不远，就会选择哪座庙加入。加入庙会的人要为庙里做事（男女一样）。大家认为，为庙里做事，可以得到神明的保佑，使自己和家人无病无灾。

加入庙会有一定的程序，先由本人向主管提出要求，然后主管在神台面前打珓，打准了珓，说明得到了神明的同意，接着就可以“进表”。进表要选好日子、好时辰，不能是“空亡”时。“表”上写的内容主要是姓名、性别、年龄、住址及自己愿意加入这个组织，要永远做善事，不做坏事等。最后，在菩萨面前烧掉这张“表”，就成了这个组织的一员。“表”上所写的姓名不是自己的真名，而要写“坛名”，故凡是加入庙会的人，都要给自己取一个坛名，坛名中要包含庙会所给的一个固定的字（如同宗族中的字辈）。坛名只在进表时用，其他时间不用，故外人不知道。

打醮、念经时是庙会的集中活动时间。入庙会的妇女，除了要到庙里念经拜佛外，还要为庙里做事，如打扫卫生、煮饭、烧水、端茶等。活动时间的长短以庙里打醮、念经的时间为准，少则一天，多则七七四十九天。

（四）做善事

妇女做善事需要有独立的经济来源。西门萧家谢氏，人称萧寡妇，据说她有一万八千担谷田。所以在丈夫死了以后，她修了三条石路：一条从温泉镇的岭下村开始，翻过新开岭到棋坪镇，直到平江县界；一条从二源乡（今永宁镇）的坪田村到仙姑潭；一条从坪田村经过太阳岭到万载县上坪村。这三条路都经过铜鼓的高山大岭。其中，一块石头就要花费一块银圆。

四、信仰习俗

永宁镇境内及附近有很多庙宇，有的供奉一尊神，有的供奉多尊神，前往求神拜佛的大多数是妇女。

拜神的前两天，妇女会在家里打扫卫生，洗被子、末单，用砻糠擦洗桌凳，用灰擦洗碗盆，甚至连吹火筒都擦得干干净净。自己也洗澡换衣。做好了这些事，妇女才去拜神。

妇女心地善良，不仅为自己，更多的是为子女、丈夫和家人祈求神明的保佑。妇女对神明有一种无形的敬畏，例假时主动不进庙，头天行了房事主动不进庙，这些外人不知晓的事，她们都严格遵守。妇女去拜神时穿长裙遮住脚，表明自己对神的敬重；在庙里不乱说话，怕话多有失，冒犯了神明；对神的“旨意”唯唯诺诺，不敢不从；对神明许下的神愿更是千方百计兑现。

（一）拜观音、拜天地

观音普度众生、大慈大悲、救苦救难，是妇女最崇拜的菩萨。观音庙也是妇女去得最多的庙宇。每到二月十九日、六月十九日、九月十九日三个观音圣诞日，大家都会带着香烛香火、供品，结伴前往观音庙朝拜。很多妇女，特别是中老年妇女会在家里供奉观音像，早晚烧香叩拜。有钱人家中的老太太手拿佛珠，敲木鱼，念“观音经”，初一、十五和观音的圣诞日吃花斋。

也有的妇女崇拜天地，每日早晚会在家门口点香叩拜，早上拜的是神（太阳君），晚上拜的是鬼，祈求天地保佑家中顺遂，无病无灾。

（二）摘鞋子

当地的习俗，婚后不孕的妇女要到观音庙（另一说到仙姑庙）摘鞋子，求“送子观音”赐子。婴儿鞋挂在观音的神台上（另一说，仙姑庙的婴儿鞋挂在殿旁的房里），求子的妇女先要拜过观音，许下愿，然后到神台上摘下一只鞋子，并在菩萨面前打珓，准了珓，就可以带着鞋子回家（铜鼓客家话“鞋子”与“孩子”同音，所以“带着鞋子回家”就寓意“带着孩子回家”）。据说，摘鞋子都要婚后不孕的妇女自己去（也有的说，可以与丈夫同去），去前要躲着人，不让外人知道。鞋子带回家后，放在干净的地方，或箱子里，或枕头下，或挂在蚊帐钩上都行（也有的说，鞋子要供奉在祖宗牌位前，每日烧香作揖）。生了孩子后，该妇女要用干净的棉布另做一双婴儿鞋。然后，带着香烛供品和当初许愿的物品，连同自己做的一双鞋与在庙里摘下的一只鞋，一起到庙里还愿，并将 3 只鞋子都挂到当初摘鞋子的地方（也有人说，当初摘下的那只鞋仍留在家里）。

（三）拜“干娘”“干爷”

孩子有病，母亲会带孩子到庙里拜“干娘”“干爷”，为的是求神帮助，保佑孩子病好，拜哪尊神，哪尊神就成为孩子的“干娘”或“干爷”。在进表时，要把孩子的姓名、生庚八字及拜××神做“干娘”或“干爷”，祈求病好的意愿写在表上，然后在神像前将表焚烧。孩子另外还要取一个名字，其中要含神名中的一个字，如拜观音为“干娘”的，男孩可取“观生”，女孩可取“观妹”。取好名字后在菩萨面前打珓，准了珓，便表明得到了“干娘”或“干爷”的认可，如不准珓，便要再取，直到准珓为止。此后，每逢“干娘”或“干爷”的生日，“干仔”都要带上供品去烧香叩拜。在调查中，卢日岳讲了一件他亲身经历的事。他3岁时，头上长疮化脓，烂了半年，吃药涂药都无效。后来，母亲背着他去古佛庵，拜古佛老爷为“干爷”，取了个名字叫“佛保”。在回家的途中，母子俩遇到一位70岁左右的老人。老人问他们去哪，干什么。母亲将拜古佛老爷的缘由诉说了一遍。这老人随即告诉母亲一个方子，说只要将玉米骨烧成灰去涂一涂就会好。回家后，母亲按老人教的方法给他涂抹了四五次，他头上的疮果然全好了。乡邻听了，都说那位老人是古佛老爷的化身，不然，怎么会这么巧。

（四）求茶

求茶，是妇女在求神拜佛中最常见的一种。不管是谁，有病无病都可求茶。据说，吃了“神茶”，有病的保病好，无病的保健康。去庙里（任何庙都可以）求茶时，自己要带一包茶叶去，放在神的面前。然后烧香叩拜，告诉神明，谁有什么病，祈求病好，或祈求家人无病无痛。这样，茶叶就成了“神茶”。回家后，求病的，将“神茶”泡给病人喝；求平安的，泡给全家人喝（喝“神茶”期间戒荤，“神茶”喝完了才可以开荤）。

（五）敬灶君娘娘

传说煮过三担六斗米的灶就有了灶君娘娘。灶君娘娘是掌管一家祸福的，所以，人们对灶君娘娘心生敬畏。每月的初一、十五，家中妇女要在烟囱边上点三炷香，在灶角烧几张香纸来敬灶君娘娘。八月初三是灶君娘娘的生日，除点香烧纸外，有些妇女还会将家中的桌凳擦洗干净，吃斋一天。年前起油锅（油炸豆腐、米果、果子等），妇女会先端碗水放在烟囱边，请灶君娘娘保护，据说这样就不会爆油。除夕夜，全家人吃了年夜饭后，妇女洗完了碗筷就会把灶头灶尾洗刷干净，然后装上香烛（有的供三牲）敬灶君娘娘，口中念道“保佑来年更好”或“保佑家中事事顺遂”。据说，大年三十洗干净了灶头灶尾，家中孩子就不会发疮毒。有的妇女做了亏心事或不道德的事，遇着打雷下雨时，会装香烛去拜拜灶君娘娘，请求饶恕自己。

又传，灶君娘娘耳聋，如听见有人在灶前大声讲话，便会以为在骂她；筷子放在灶上顿，会认为是用千根棍子打她，就会很生气。十二月二十四日，是她上天奏这个家庭善恶的日子，灶君娘娘就会在玉帝面前讲这家人的坏话，这个家庭从此便不顺遂，或夫妻不和，或家人生病，或乌纱不保。这种事情的发生，据说与一个民间故事有关。传说古时候有个叫罗隐的秀才，他小时候去上学读书时，要经过一座木桥。有一年涨大水，把木桥冲走了。同村的孩子都要绕道上学，而罗隐却意外地遇到了一位白须公公，每天上学、放学，都会赶来背他过河。所以，一连几天，罗隐天天回家都比别人早。罗母觉得很奇怪，便询问罗隐，罗隐也实话相告。于是，母亲要罗隐打听这位白须公公到底是谁，为何天天来背他过河。第二天见了面，罗隐果然问这位老公公，老公公回答说，自己是个河神，因为罗隐有天子命，所以他奉命天天来背他。罗隐回家将老公公的话告诉母亲。此时，罗母正在洗碗筷，一听到这个喜讯，便将筷子在灶上重重一顿，说："赖子（儿子），你要是当了皇帝，首先要把上屋的叔公杀掉。"原来，罗母与上屋叔公有矛盾。罗母这一说，惊动了灶君娘娘。她慌忙上天禀告玉帝。玉帝一听，龙颜大怒，说罗隐未登天子位，先起杀人心，不能当皇帝了。随即下旨，要太上老君下界将罗隐的龙骨换掉。所以，罗隐就没有当成皇帝，永远只能是秀才。因为有了罗隐的教训，妇女在厨房不敢大声讲话，洗锅、洗碗筷都要非常小心，生怕得罪灶君娘娘。

（六）求手艺

妇女手笨，不会做鞋或做得不好，常会拜屎缸娘娘为师，求神教自己做鞋。是时，要求手艺的妇女会在家中的茅房里摆上香烛香火，烧纸钱，一边作揖，一边念："屎缸姑姑屎缸娘，教侄（我）打底教侄（我）上。"① 据说，拜了屎缸娘娘后，手再笨的妇女也能学会做鞋。

（七）修金身

修金身的妇女信的是道教，长年吃斋。开始时，她把自己关在房间里，最初只喝水不吃饭，约一个星期后，水也不喝。据说大约过半个月，这个妇女就成"仙"了（即死亡）。据说，成"仙"的妇女都是心甘情愿的，她们

---

① "打底"指纳鞋底，"上"即把鞋底与鞋面缝合到一起。

认为仙界比凡间好，所以十分向往成“仙”。成了“仙”的妇女被称为“△仙人”（也有男人用此法成“仙”的），尸体则要做成干尸，脸上“裱底”，眼睛点“光”，然后穿上衣服，打扮好，安坐在雕花的椅子里，摆在祖屋的厅堂里，供家人或族人每天点香、敬茶。初一、十五还要点烛，敬杯酒，放一挂爆竹，过年要敬三牲。因为有“杀公鸡男人不顺遂，杀母鸡女人不顺遂”的说法，所以，三牲中的鸡一定要线鸡（被阉割了的鸡）。在铜鼓，修金身的妇女不算普遍，经笔者了解，永宁镇范围内，目前只发现三位妇女修了金身。

（八）“问灵鸽”

“问灵鸽”是一种巫术，类似出菩萨。与出菩萨不同的是，“问灵鸽”除了神明附体之外，还有动物附体，或鸽子、或蛇、或龟，既可以问病痛，问死去的亲人，也可以问未来。当神明或动物附体之后，不管肚子、胸前还是腋下都会说话，有的声音像小孩，有的像被问及的已故亲人。做这种巫术的以妇女为主。这种巫术在铜鼓已经极少了，经过笔者多方调查，才从一位老者那里了解到一件他从父亲那里听来的事。据说有个姓张的人家，连丧了四子。夫妇俩百思不解，想探个究竟，就去请“灵鸽”。张家准备了香烛、香纸、三荤（鸡、鱼、猪肉）、三素（米果、米粉、豆腐），供在祖宗牌位前。巫婆请了“神”后，便在大门口点香作揖，将点着的表芯纸在空中挥了几下，口喊张家四个儿子的名字，要他们到家里来。过了十多分钟，巫婆喊一个名字，就打一下珓，得到准珓，表明他们的魂魄到了门口（鬼魂不能进屋）。巫婆筛酒、烧纸，然后进屋坐在厅里，脸朝门，眯着眼睛（据说，用香火去烧她，她不知痛）。张家人问：“△△△（长子），到了吗?”巫婆抬起右手，腋下回话：“到了。”张家人讲：“家里送你读书，供你长到二十岁，为什么一去不归?”巫婆腋下回答：“我是来取债的，你头世欠了我的债。我在家长年生病吃药，又读书，花了你不少钱，债还清了，我就走了。”张家人又问二儿子：“你又会舍交又会读书，得人喜欢，为什么也一去不归?”巫婆腋下回答：“我舍交做事是给你还债，债还完了，我就可以走了。”张家人又问其两个弟弟的情况。巫婆腋下讲话：“你们不要愁愁疙疙，我们都很好。不信，我可以带你们去看一下。”张母说：“好，我去，不过我要回来的。”说完倒在地上像睡着了。旁人听见她嘴里迷迷糊糊地讲：“哦，是还清了，是还清了。”十分钟左右后，张母醒了，不知道自己做了什么，说了什么。

问完话后，巫婆到案前装香烧纸送神，又到大门口烧纸送鬼魂，说："送你们四兄弟回去。"

一般来说，从事巫术的妇女是不太愿意劳动的，俗称"赤脚懒"。搞巫术所付出的劳动强度较小，而钱却来得较容易，这是吸引人的地方。也有的妇女是大病以后，为了生活而从事巫术活动的，一方面身体较弱，不能担当较繁杂的劳动，另一方面想依附"神明"，得到"神明"的保佑，同时还能有经济收入。大多数人相信巫术，因此对搞巫术的人很敬重，有求时，接来送去，非常虔诚，而有一定地位、文化水平高和家境较好的人是不会去从事巫术活动的，他们从心底看不起搞巫术的人，也不会与这样的人家结亲。

被访谈人员名单：

聂文清，男，71岁，铜鼓县建筑公司离休职工

帅新莲，女，69岁，永宁镇居民

沈桂兰，女，81岁，永宁镇兴源村村民

赖桂华，女，72岁，永宁镇江头村村民

陈秀莲，女，81岁，永宁镇江头村村民

湛桂兰，女，86岁，永宁镇居民

李和梅，女，96岁，永宁镇居民

卢静萍，女，71岁，铜鼓县计划生育委员会退休干部

邹竹兰，女，90岁，永宁镇居民

杨方箴，男，79岁，铜鼓县史志办公室退休干部

卢中岳，男，73岁，铜鼓县防疫站退休医生

钟庆和，女，82岁，永宁镇居民

戴和煦，男，76岁，铜鼓县第二中学退休教师

萧才兴，男，69岁，永宁镇西湖村村民

邱冬梅，女，83岁，永宁镇居民

林淑琴，女，76岁，铜鼓县林业公司退休干部

陈庆云，男，75岁，铜鼓县乡镇企业局退休干部

附录一

“中国客家地方社会研究”作者简介

主编（兼作者）

劳格文（John Lagerwey），法国巴黎高等研究实验学院宗教学荣休教授。现为香港中文大学中国研究中心讲座教授。1975 年获美国哈佛大学中国文学博士学位，后随施舟人（K. M. Schipper）教授于法国巴黎索邦大学从事博士后研究，专攻中国道教。四十年前与中国同人一起开展客家传统社会调查研究。近年专注于徽州传统地方社会与民俗的研究。已出版中、英、法文著作多种，主要中文著作有“客家传统社会丛书”（主编，全 30 卷）、“徽州传统社会丛书”（与王振忠主编，全 5 卷）、“中国地方社会与民俗丛书”（与谭伟伦主编，全 5 卷），主要英文近著有《中国宗教史》（全 8 卷，荷兰博睿［Brill］学术出版社出版，“东方学手册”系列）。

谭伟伦，香港中文大学文化及宗教研究系教授、系主任，香港特别行政区大学教育资助委员会卓越学科领域计划（中国社会的历史人类学研究）共同研究员。加拿大麦克马斯特大学硕士、博士。主修中国佛教。曾多次获香港特别行政区研究资助局优配研究金支持计划资助。用田野调查方法研究中国东南部的地方社会与民俗，研究成果发表于劳格文主编的“客家传统社会丛书”中。发表论文《粤北地区老坪石镇老街的小区结构、商业与宗教文化》等 65 篇，会议论文 68 篇。

第一册《闽西客家社会——长汀》①

张鸿祥，厦门大学中文系毕业。曾任福建汀州客家研究会副会长、长汀县人大常委会教科文卫工作委员会主任、国际客家学会理事。长期从事文化工作，参加客家传统社会田野调查。已出版客家历史文化著作多种，在海内外发表文章多篇，参加国际学术研讨会多次。

李积发，福建省长汀县人。曾任古城县文化站站长。长期从事农村文化活动，组织开展农村文化艺术活动。

赖光耀，福建省长汀县人。曾任职于长汀县四都文化站，今在中国农业银行福建长汀县支行工作，兼从事客家传统文化艺术研究。

杨彦杰，福建省龙海市人。厦门大学历史系毕业。现任福建社会科学院研究员兼客家研究中心主任。长期从事台湾史及客家研究。自 1992 年起，与劳格文教授合作，在闽西地区从事客家传统文化的田野研究。出版专著《闽西客家宗族社会研究》等，主编《闽西的城乡庙会与村落文化》《汀州府的宗族庙会与经济》《闽西北的民俗宗教与社会》等，在历届国际客家学研讨会及两岸学术会议上发表论文多篇。

刘劲峰，江西省宁都县人。江西省赣州市博物馆研究馆员。长期从事文物与地方史研究。出版专著《赣南宗族社会与道教文化研究》等 5 部，在省级以上学术刊物发表论文 80 余篇。

王园珍，浙江省嵊县人。福建省长汀县博物馆干部，长期从事文博工作和文物讲解工作。

---

① 各册的作者（不含主编）介绍，按各册作者的文章出现的先后顺序排列。如同册中收录同一作者的多篇文章，则在作者第一次出现时介绍，以后不再重复介绍。

第二册《闽西客家社会——宁化》

伊启烈，福建省宁化县河龙乡人，宁化县河龙乡中心小学二级教师。

谢云吐，福建省宁化县河龙乡下伊村村民。

钟晋兰，福建省上杭县人，畲族。中南民族大学民族学系本科，福建师范大学人类学硕士。现为嘉应学院客家研究院文化人类学与民俗学研究员。主要研究领域为客家民俗、民间宗教、客家妇女等。发表论文多篇。

廖仕耀，福建省宁化县方田乡岭下村小湖西人。福建省广播电视大学三明分校法律专业大专毕业。曾任方田乡政府、横锁乡政府和安乐乡政府的团委书记、副乡长等职。1997 年从副乡长岗位退下来后，先后担任安乐乡关心下一代工作委员会主任、安乐乡老龄委主任等职。利用业余时间调查客家民俗，撰写文章。

罗华荣，福建省宁化县石壁镇立新村内石坑人。高中毕业。曾任宁化县隆陂水库管理处副主任，2003 年内退。著有《宁化客家民俗》（与李根水合著）。

宁秀峰，福建省宁化县水茜乡沿溪村人。退休干部。曾任泉州地区德化县人民政府科员、永春县供销合作总社业务秘书。

第三册《江西客家与非客的社会》

胡循荣，江西省宁都县蔡江乡人。

曾材，江西省宁都县梅江镇人。

邓文钦，江西省宁都县长胜镇人。

张长生，江西省宁都县长胜镇人。宁都县县委宣传部主任科员。已发表论文《客家传统村落的保护与更新的对策研究》和《加快宁都农业科技的转化与推广》等多篇。

邓诗墅，江西省宁都县长胜镇人。

刘宗彬，江西省吉安市青原区人。吉安市文广新局调研员、副研究馆员。已出版著作16部，发表论文20余篇。

梁必炫，江西省吉安市青原区人。吉安市文陂乡文化站站长。

谢芳桂，江西省万安县涧田人。初中毕业。1949年起下河驾船，曾任万安县水上木帆船运输合作社出纳、保管，并在万安县航运站分管港航监督管理工作。1992年在万安县公路运输管理所副所长职位上退休。

林文修，江西省铜鼓县排埠镇人。铜鼓县排埠镇正科级调研员。家住排埠镇三溪村檀岭村民小组。

胡敦桃，江西省安义县人。铜鼓县文化局主任科员（副科级），做过演员、编导、编辑、记者。《铜鼓客家山歌》执行编辑。

第四册《粤东粤北社会》

刘天一，广东省揭西县人。历任汕头、梅县地区山歌剧团团长，梅州市文联常务副主席等职。广东省戏剧家协会、音乐家协会、文博馆协会、民间文艺家协会会员。已出版著作《山歌·山歌剧与客家》和《艺文点滴》等，主持编撰《粤东客家山歌》。

萧文评，江西省泰和县人。历史学博士、教授，广东省普通高校人文社会科学重点研究基地嘉应学院客家研究院副主任、副院长。主要从事客家地区历史、社会与文化研究。主要著作有《白堠乡的故事——地域史脉络下的乡村社会建构》《民间文化与乡土社会——粤东民俗文化与地方社会》《罗香林研究》等。

邱风，广东省连州市人。广西大学历史系大专毕业，广东教育行政学院大专毕业。曾任中学教师，连县星江中学、连州中学校长，中共连县县委党校校长、县委宣传部部长、县人大常委会副主任等职。

胡祖贤，广东省连州市人。会计师。曾任连县财政局、税务局、各商业公司主管会计。在《南海文史资料》《清远文史资料》《连州文史资料》等刊物上发表论文30余篇。

黄远奇，广东省阳山县黎埠镇同冠村人。广东省警校毕业。阳山县公安局助理工程师。摄录《番禺1500万元特大劫钞案纪实》，获公安厅《南粤警视》开播十周年“真实·感动”荣誉证书，被中国刑事警察学院列为教参资料。曾两次立个人三等功。业余研究地方文史，编有《连江三峡诗文录》《晚唐贤相刘瞻》等书稿。

莫自省，广东省连山壮族瑶族自治县福堂镇人。壮族。曾任广东省政协第七、八届常务委员，连山壮族瑶族自治县政协副主席、县志办公室主任等职。发表学术论文和文学作品多篇。

许文清，广东省连南瑶族自治县人。瑶族。毕业于中央民族大学汉语言文学系。曾任连南县文化馆馆长、文化局局长、文联主席、宣传部副部长、《连南县志》副主编、县志办主任等职。社会兼职有瑶族研究国际协会会员、中国民间文艺家协会会员、广东省民间文艺家协会理事、广东省民族研究学会理事和广西瑶学学会理事。主要著作有《甘基王》（合辑）、《神奇的千年瑶寨》（主编）、《粤北瑶族研究》（专著），发表学术论文60余篇、文学作品100余篇。出席国际和国内学术研讨会并宣读论文10余次。个人作品先后获广东省鲁迅文艺奖和全国民间文学三等奖。

附录二

“客家传统社会丛书”总书目*

一、[法] 劳格文 (John Lagerwey) 主编，“客家传统社会丛书”，全30卷，香港，国际客家学会，海外华人资料研究中心，法国远东学院，1996—2006。

第1卷，房学嘉主编：《梅州地区的庙会与宗族》，1996。

第2卷，杨彦杰：《闽西客家宗族社会研究》，1996。

第3卷，罗勇、劳格文主编：《赣南地区的庙会与宗族》，1997。

第4卷，杨彦杰主编：《闽西的城乡庙会与村落文化》，1997。

第5卷，房学嘉主编：《梅州河源地区的村落文化》，1997。

第6卷，杨彦杰主编：《汀州府的宗族庙会与经济》，1998。

第7卷，罗勇、林晓平主编：《赣南庙会与民俗》，1998。

第8卷，刘劲峰：《赣南宗族社会与道教文化研究》，2000。

第9卷，曾汉祥、谭伟伦主编：《韶州府的宗教、社会与经济》(上)，2000。

第10卷，曾汉祥、谭伟伦主编：《韶州府的宗教、社会与经济》(下)，2000。

第11卷，杨彦杰主编：《闽西北的民俗宗教与社会》，2000。

第12卷，谭伟伦主编：《乐昌县的传统经济、宗族与宗教文化》，2002。

---

* 此处的“客家传统社会丛书”系从广义而言，包括由劳格文主编的、在香港出版的30卷“客家传统社会丛书”，以及由劳格文和谭伟伦主编的、在内地出版的5卷“中国地方社会与民俗丛书”，这两套丛书在内容上都与客家传统社会有关。

第 13 卷，谭伟伦主编：《粤东三州的地方社会之宗族、民间信仰与民俗》（上），2002。

第 14 卷，谭伟伦主编《粤东三州的地方社会之宗族、民间信仰与民俗》（下），2002。

第 15 卷，杨彦杰主编：《长汀县的宗族、经济与民俗》（上），2002。

第 16 卷，杨彦杰主编：《长汀县的宗族、经济与民俗》（下），2002。

第 17 卷，刘大可：《闽西武北的村落文化》，2002。

第 18 卷，刘劲峰主编：《宁都县的宗族、庙会与经济》，2002。

第 19 卷，曾汉祥主编：《始兴县的传统经济、宗族与宗教文化》，2003。

第 20 卷，张鸿祥：《长汀城关传统社会研究》，2003。

第 21 卷，刘劲峰、耿艳鹏主编：《吉安市的宗族、经济与文化》（上），2005。

第 22 卷，刘劲峰、耿艳鹏主编：《吉安市的宗族、经济与文化》（下），2005。

第 23 卷，杨彦杰主编：《宁化县的宗族、经济与民俗》（上），2005。

第 24 卷，杨彦杰主编：《宁化县的宗族、经济与民俗》（下），2005。

第 25 卷，谭伟伦、曾汉祥主编：《连州的传统经济、宗教与民俗》（上），2005。

第 26 卷，谭伟伦、曾汉祥主编：《连州的传统经济、宗教与民俗》（下），2005。

第 27 卷，谭伟伦、曾汉祥主编：《阳山、连山、连南的传统社会与民俗》（上），2006。

第 28 卷，谭伟伦、曾汉祥主编：《阳山、连山、连南的传统社会与民俗》（下），2006。

第 29 卷，刘劲峰、赖文峰主编：《铜鼓县的传统经济与民俗文化》（上），2006。

第 30 卷，刘劲峰、赖文峰主编：《铜鼓县的传统经济与民俗文化》（下），2006。

二、[法] 劳格文（John Lagerwey）、谭伟伦主编，“中国地方社会与民俗丛书”，全 5 卷，2000—2015。

谭伟伦、曾汉祥主编：《英德的传统地方社会与民俗》，成都，四川大学出版社，2010。

杨彦杰主编：《闽客交界的诏安》（上），北京，社会科学文献出版社，2014。

杨彦杰主编：《闽客交界的诏安》（下），北京，社会科学文献出版社，2014。

谭伟伦、曾汉祥主编：《河源的传统社会与地方民俗》（上），北京，社会科学文献出版社，2015。

谭伟伦、曾汉祥主编：《河源的传统社会与地方民俗》（下），北京，社会科学文献出版社，2015。

图书在版编目（CIP）数据

中国客家地方社会研究. 三，江西客家与非客的社会/（法）劳格文（John Lagerwey），谭伟伦主编. —北京：中国人民大学出版社，2017.8
（跨文化研究丛书. 第二辑）
ISBN 978-7-300-24782-3

Ⅰ.①中… Ⅱ.①劳…②谭… Ⅲ.①客家人-民族文化-文化研究-江西 Ⅳ.①K281.1

中国版本图书馆 CIP 数据核字（2017）第 193658 号

"跨文化研究"丛书（第二辑）
［法］金丝燕　董晓萍　总主编
中国客家地方社会研究（三）·江西客家与非客的社会
［法］劳格文（John Lagerwey）　谭伟伦　主编
Zhongguo Kejia Difang Shehui Yanjiu (San) · Jiangxi Kejia yu Fei-ke de Shehui

出版发行	中国人民大学出版社		
社　　址	北京中关村大街 31 号	**邮政编码**	100080
电　　话	010－62511242（总编室）		010－62511770（质管部）
	010－82501766（邮购部）		010－62514148（门市部）
	010－62515195（发行公司）		010－62515275（盗版举报）
网　　址	http://www.crup.com.cn		
	http://www.ttrnet.com(人大教研网)		
经　　销	新华书店		
印　　刷	北京联兴盛业印刷股份有限公司		
规　　格	160 mm×230 mm　16 开本	**版　　次**	2017 年 8 月第 1 版
印　　张	19.25 插页 3	**印　　次**	2017 年 8 月第 1 次印刷
字　　数	299 000	**定　　价**	68.00 元

福尔摩斯
探案全集
The Complete Sherlock Holmes

近百年来全世界最畅销的侦探小说！

永远的福尔摩斯是历史上最受读者推崇的，绝对不能错过的侦探之王。

读者在匪夷所思的事件、扑朔迷离的案情、心思缜密的推理、惊奇刺激的冒险中

尽享侦探小说的独特魅力！

The Complete Sherlock Holmes

福尔摩斯探案全集 3

The Complete Sherlock Holmes

绿玉皇冠案
黄面人

（英）柯南·道尔／著
王逢振 许德金／译
Sir Arthur Conan Doyle

山东人民出版社
全国百佳图书出版单位 国家一级出版社

图书在版编目（CIP）数据

绿玉皇冠案·黄面人 / (英) 柯南·道尔著；王逢振，许德金等译. — 济南：山东人民出版社，2014.6
(福尔摩斯探案全集)
ISBN 978-7-209-08206-8

Ⅰ. ①绿… Ⅱ. ①柯… ②王… ③许… Ⅲ. ①侦探小说－小说集－英国－现代 Ⅳ. ① I561.45

中国版本图书馆 CIP 数据核字 (2014) 第 034868 号

责任编辑：王　路　刘　晨

绿玉皇冠案·黄面人
(英) 柯南·道尔　著　王逢振　许德金　等译

山东出版传媒股份有限公司
山东人民出版社出版发行
社　址：济南市经九路胜利大街 39 号　邮 编：250001
网　址：http:// www.sd-book.com.cn
发行部：（0531）82098027　82098028
新华书店经销
山东海蓝印刷有限公司印装
规　格　16 开（170mm×240mm）
印　张　10
字　数　150 千字
版　次　2014 年 6 月第 1 版
印　次　2014 年 6 月第 1 次
ISBN 978-7-209-08206-8
定　价　24.80 元

译 序

王逢振

福尔摩斯是一个塑造得十分成功的人物典型。从他身上反映出的侦探经验和方法，至今仍有一定的借鉴意义；欧美一些警察学校，现在还常常选用福尔摩斯的一些案例作为考题或案例分析的楷模。概括起来，大体上有下面几点：

一、福尔摩斯十分重视调查研究。他对自己所承办的案件，几乎毫无例外地要到现场进行仔细勘查，即使是未烧完的纸团、灯花的形状也不肯放过。他善于从各个方面对案例进行分析，“很镇静地运用思绪，正像弈棋的好手，深谋远虑地挪动他的棋子一般”。在分析研究的基础上，他进而提出一定的假想，指出矛盾和问题，带着这些矛盾和问题，进一步深入调查，然后仔细研究，剖析案情，解决问题。

二、福尔摩斯对待案子极端热情、认真。他常常不避艰险，废寝忘食，深入虎穴，侦查案情，有时深夜里到贼巢进行查访，有时甚至在自己身上进行毒气实验。他认真观察人物的言谈举止、面部表情，对周围的环境、人们的反映、报纸的新闻和广告，他都进行仔细地了解。哪怕是家具的摆设，家禽家畜的叫声，他也与案情联系起来考虑。正因为如此，他对案情的判断都能列出令人信服的事实根据。

三、福尔摩斯善于运用心理学和逻辑学。他观察人们的心理活动，把心理活动与证据材料密切联系起来，进行周密的逻辑推理，梳理案情的脉络，抓住要领，进行充分的研究，然后再做出判断。另外，福尔摩斯十分注意搜集和积累资料，从各种案例到报纸杂志，只要案情需要，他都可以信手拈来，查阅参考。他还对犯罪学和法医学进行必要的学习和研究，不断扩充自己的知识，这对他的破案活动也起了十分有益的作用。

福尔摩斯的探案经验和侦查方法，对于我们今天的公安、司法工作，仍然具有一定的借鉴意义。

但是，福尔摩斯并不是一个真实存在的侦探，小说也不是专门总结他一生的侦查经验，因此福尔摩斯身上存在着许多虚构成分。这主要表现在神秘主义方面。几乎所有的故事，都存在着“魔鬼的烙印”。尤其在《归来记》之后的作品里，这一缺陷更为明显，好像从“脸部的变动、眼光的变化、嘴唇的闭合、拳头的握紧或松开”，都可以正确地判定一个人的思想活动，判断一个案件的因果。这在一定程度上反映了作者已经失去创作这类故事的热情，只是为了满足出版者和读者的愿望，凭着主观想象臆造出来。这正是柯南·道尔1902年以后的作品不及以前的作品成功的原因。另外，作者处处宣扬福尔摩斯个人的侦查才能，好像在探案方面他是一个无所不能的天才，一切案件的侦破似乎全是单枪匹马、完全是个人的功劳。而且在后来的作品里，他常常凭着自己的想象就能对各种案件做出正确的判断。这种孤立的、主观主义的因素，无疑是不足取的。

在《福尔摩斯探案全集》中，柯南·道尔虽然涉及社会上的犯罪问题，客观上反映了当时一些社会情况，但毕竟不是有意识地描写社会现实、提出社会上的道德问题和犯罪问题，而只不过是借用这些问题(或者虚构一些这方面的问题)，创造一系列引人入胜的故事罢了。正如西方评论家戈德史密斯所说：“一本书可以有上百条谬误，但它却十分有趣。”因此即使柯南·道尔的福尔摩斯缺乏深刻的、真正的社会意义，但其创作侦探小说的艺术技巧依然对后来产生了相当大的影响。用华生回忆并直接参与侦探的手法，使人觉得像听故事一样舒适；把行动与知识结合起来，进行逻辑推理，使人感到真实可信；对惊险场景的构思和描写，常常为今天的侦探小说所借鉴。

虽然正统的文学史对柯南·道尔和他的侦探小说不予重视，但是随着欧美侦探小说的不断流行和发展，近些年来，一些西方批评家开始对他进行新的估价，柯南·道尔作为侦探小说早期的重要作家，侦探小说作为风靡欧美的一个文学流派，两者都应该在文学史上占有适当的位置。

2010年3月

目　录

福尔摩斯

探案全集

The Complete Sherlock Holmes

历险记（二）

斑点带子案

八年时间转眼便过去了，在这八年中我仔细研究了我的朋友——夏洛克·福尔摩斯——的破案方法。我陆续记录的案例已超过七十个。我浏览了一下这些案例的翔实记载，惊奇地发现悲剧性的案例居多，当然喜剧性的也有一些，但那是极小一部分。还有一个特点是，在案例中，很大一部分仅仅是离奇古怪而已，平淡无奇的却绝无仅有。这其中的原因很简单，那就是福尔摩斯做工作不完全是为了当事人的酬金，更主要的是出于对破案技艺的爱好。他只对那些显得独树一帜或甚至于近乎荒诞无稽的案情感兴趣，对其他案情从来是不屑一顾，并且拒绝参与任何侦查。在所有的案例中，我认为有一例更具有异乎寻常的特色，那就是发生在劳洛特家族中的案例，这一家族在比萨里郡司脱克马兰远近闻名。说起来这件事还是发生在我同福尔摩斯刚刚认识的时候。那时我们都单身一人，在贝克街合租一套寓所。本来我可以把这件事在当时就记录下来，但是，当初我曾为严守这一秘密而做出过保证，直到上个月这一保证所带来的束缚才解除，因为，那位女士，那位我曾为之做出过保证的女士不幸过早地逝世了。现在，我可以把葛林斯比·劳洛特医生的死因公布于众了，因为我确实知道，外界对于他的死众说纷纭，而且各种谣言广泛流传。这些谣言骇人听闻，比这桩事情的真实情况更加骇人听闻。

事情就发生在1883年4月初的时候。我记得相当清楚。我和福尔摩斯都是爱睡懒觉的人，但是，一天早上我一觉醒来，发现他穿着整齐地站在我的床边。我看了看壁炉架上的时钟，才刚七点一刻，我诧异地看着他，心里真有点不大乐意，因为我自己的生活习惯一向是有规律的。

“真是对不起你，华生，但我不得不把你叫醒。”他说，“今天早上我们都命中注定不能睡懒觉了。先是敲门声把哈德逊太太吵醒了，她便报复似的来敲我的门，把我吵醒，现在我又来叫醒你了。”

“怎么，什么事，难道失火了吗？”

“不，好像是一位年轻的女士，确切地说是一位委托人前来找我，坚持非要见我不可，她情绪非常激动。她正等在起居室里。我认为她一定有紧急的事要同我商量，你知道，一位年轻女士这么一大早就奔走在这个大都市，而且还把尚在梦乡中的人从床上吵醒，这是不常见的。如果这件事是一件有趣的案子，我肯定你对它一定很感兴趣，我想你一定希望对这个案子从一开始就有所了解。作为朋友，我无论如何应该把你叫醒，给你这一机会。”

“我的老兄，这样说来，我无论如何也不该失掉这个机会了。”

观察福尔摩斯进行专业性的调查工作是我最大的乐趣——欣赏他迅速地做出推论，他的推论总是建立在逻辑的基础上，却犹如单凭直觉做出的，敏捷之至。他就是依靠这些，把委托给他的疑难问题一一解决。几分钟后我准备就绪，穿衣服的速度异乎寻常，随后便同我的朋友一起来到楼下起居室。一位身穿黑色衣服，蒙着厚厚面纱的女士端坐在窗前。看到我们走进房间，她站起身来。

“早上好，小姐，”福尔摩斯说道，显得非常愉快，“我叫夏洛克·福尔摩斯。这是华生医生，在他面前，你可以像在我面前一样谈话，不必顾虑，因为他是我的挚友和最好的伙伴。哈！哈德逊太太已烧旺了壁炉，真令人高兴，她想得太周到了。我看你在发抖，请凑近炉火坐坐，我叫人给你端一杯热咖啡。”

“我的确在发抖，但不是因为冷。”那个女人说，声音很低，同时换了个座位，就像福尔摩斯讲述的那样。

“那么，你发抖的原因又是什么呢？”

“感到害怕和恐惧，先生。”她说着掀起了面纱。她确实是处于万分焦虑之中，这是很明显的，我们都看得出来，怜悯之心油然而生。她脸色苍白，神情沮丧，双眸如同一头被追逐的动物的眼睛惊慌不安。她的表情萎靡憔悴，头发里夹杂着几缕银丝，但身材同相貌却像是三十岁的模样。福尔摩斯迅速地打量了她一下，从上到下，尽收眼底。

“你不必害怕，”他安慰她，并探身向前轻轻拍拍她的手臂，“我们很快就会把事情处理好，这我毫不怀疑。我知道，你是今天早上坐火车来的。”

“那么，你认识我？”

“不，你左手的手套里有一张回程车票的后半截，这一点我注意到了。你一定很早就出发了，并且在到达车站之前，还坐着单马车在崎岖的泥泞道路上行驶了一段漫长的路程。”

那位女士吃惊地凝视着我的同伴，满脸的惶惑。

“这里没什么可神秘的，亲爱的小姐，”他笑了笑说，“你外套的左臂上至少有7处新沾上的泥迹。你知道，只有单马车才会这样甩起泥巴来，并且你一定在车夫左面，因为你只有在那个位置才会溅到泥。”

“你说得完全正确，不管你是通过什么判断出来的。”那女士说，“我不到六点钟便离家上路，到达莱海瑟特已六点二十了，我赶上了开往滑铁卢的第一班火车，便匆匆来了。先生，我十分紧张，我再也受不了啦，这样下去，我想我会发疯的。可没有人能帮助我，一个也没有。虽然有那么一个关心我的人，可他也是爱莫能助，他也是一个可怜的人儿。福尔摩斯先生，我听人说起过你，我是从法林托锡太太那儿听说的，在她最需要帮助的时候你曾援助过她。你的地址，我也正是从她那儿打听到的。噢，先生，你是否也能帮帮我，至少给我指出一线光明，我已陷于黑暗的深渊之中求助无门，走投无路。我保证，我不是一个忘恩负义的人，虽然，目前我无力酬谢你对我的帮助，但在一个月或一个半月以内，确切地说我结婚之时，那时我就能支配自己的收入，把酬劳付给你。”

福尔摩斯转身走向他的办公桌，打开抽屉的锁，从中取出一本小小的案例簿，浏览了一下。

“法林托锡，”他说，“啊，是的，我想起了那个和猫儿眼宝石女冠冕有关的案件。华生，我记得那时你还没来呢。小姐，我很愿意为你这个案子效劳，就像当初我为你朋友做的那样。至于酬劳，我的职业本身就是对我最好的报答，不过，你可以随意支付你可能付出的费用，在你感到最合适的时候。那么，现在请你把一切有利于这案件分析的事实告诉我们。”

“好吧。”我们的来客回答说，“我处在一个可怕的境地，这在于我所担心害怕的东西非常模糊。我的怀疑和忧虑完全是由一些琐碎的小事引起的，虽然它们在别人看来是微不足道的，所有的人都把我告诉他们的事看成是一个神经质的女人的胡思乱想，甚至我最有权力从他那儿寻得帮助和指点的人也这样认为。他虽然没有说什么，但是我能从他安慰我的话中、回避我的眼神中觉察出这一切。福尔摩斯先生，我听说，你能洞察人们心中的种种邪恶。那么，请你告诉我，在危机四伏的情况下，我该怎样做？”

“我在十分认真地听你讲，小姐。”

“我的名字叫海伦·司托南，我和我的继父——位萨里郡西部边界的司脱克马兰的劳洛特家族的最后一个生存者——住在一起，这个家族是英国最古老的撒克逊家族之一。”

福尔摩斯点点头说：“这个名字我很熟悉。”

“这个家族一度是英伦最富有的家族之一，它的产业占地超出了本郡的边界，北至伯克郡，西至汉普郡，可谓极广。可是到了上个世纪，由于连续四代子嗣的挥霍，到了摄政时期就已衰落，最终被一个荒淫浪荡的赌棍搞得倾家荡产。除了几亩土地和古老邸宅外，其他都已荡然无存，而那座200年的邸宅也已典押得差不多了。最后的一位地主在那里过着落魄王孙的可悲生活，已是苟延残喘。我的继父劳洛特就是这位地主的独生子。同先辈不同，他一开始就认识到他必须使自己适应这种新的环境。从一位亲戚那里借到的一笔钱使他得到一个医学学位，并且出国到了加尔各答行医，在那儿由于他的医术高明，个性坚强，业务非常发达，可是由于家里几次被盗，他认为是管家的失误，盛怒之下将这个当地的管家殴打致死。他本人则差一点因为这个被判处死刑。他遭到长期监禁。后来，他返回英国，变成一个性格暴躁、失意潦倒的人。”

“我的母亲——司托南太太——是孟加拉炮兵司令司托南少将的遗孀，劳洛特医生在印度时娶了我的母亲。我母亲再婚的时候，我和我的孪生姐姐朱丽亚才两岁。我们的母亲每年的进项不少于1000英镑，这是一笔相当可观的财产。当我们和劳洛特医生住在一起时，我们的母亲就立下遗嘱把财产全部遗赠给他，但附加了一个条件，在我和我的姐姐结婚后，每年都要拨给我们一定数目的金钱，这样便令我们的生活有了保障。可不幸的是，我们返回英伦不久，我们的母亲便在克普附近一次火车事故中丧生了，那是发生在八年前的事。在我母亲去世后，劳洛特先生便放弃了重新在伦敦开业的意图，带我们回到家乡，在司脱克马兰祖先留下的古老邸宅中生活。由于我们母亲留下的钱足够支付我们的一切开销，我们的幸福按常理来说似乎是毫无疑问有保证的了。”

“但是，就在我们回来居住的这段时间里，我们继父的脾气发生了可怕的变化。起初，邻居们都十分高兴，因为看到这一古老家族的后裔又回到这座邸宅。但很快邻居们发现我们的继父整天把自己关在房子里，而且不管碰到什么人，都一味同他进行穷凶极恶地争吵。这同他以往的行为是大相径庭的。虽然这种怪异的近乎疯狂的脾气，这种暴戾的性格在这个家族中是有遗传性的。但我相信长期旅居热带地方无疑更加重了他这种脾气。随着这种脾气的变本加厉，一系列使人丢脸的争吵接二连三地发生了。有两次，直到违警罪法庭来调停才算罢休。这些事件造成的结果就是，全村人都对他望而生畏。由于他是一个力大无穷的人，特别是当他发怒的时候，几乎没有人能制服得了他，所以，人们看到他的影子就赶紧躲开，对他敬而远之。”

“可悲剧还是不断发生，上星期，村里的铁匠被他从栏杆上扔进了小河里，最终由我花掉我所有能搜罗到的钱，才平息了一场风波。他没有任何朋友，但那些到处流浪的吉卜赛人却是个例外。他同他们相处得非常融洽。他允许那些流浪者在几亩荆棘丛生的土地上扎营居住，那是一块象征着他的家族地位的领地。每当他到吉卜赛人的帐篷去，他们都会殷勤款待他，他对此也非常满意地接受了。甚至有时他随同那些吉卜赛人进行长达数周的流浪。此外，劳洛特医生还对印度的动物有着强烈的爱好。一个记者把他所喜爱的动物送来。现在，一只印度猎豹和一只狒狒成了他的宠物。这两只宝贝在他的土地上跑来跑去，悠然自得。村里人因此又多了害怕的对象，他们就如同害怕他的主人一样害怕它们。”

“通过我的诉说，你们不难想象我同姐姐生活在怎样的一种环境中，毫无生活乐趣可言。孤独寂寞，没有外人愿意同我们长期相处，我们更没有朋友。在一个漫长的时期里，我和我可怜的姐姐操持所有的家务。我们身心俱疲，我姐姐死时仅仅三十岁，可她的两鬓早已斑白，原来乌黑的秀发中掺杂了许多可怕的银丝，甚至和我现在的头发一样白。”

“那么，你姐姐已经死了？”

“她死了已经两年了，有关她去世的事正是我想对你说的。我们靠我刚才叙述的那种生活打发日子，几乎见不到任何同我们年龄相仿和地位相同的人，这种情况你是不难理解的。不过，我们有一个姨妈，霍洛拉·惠司特斐尔小姐，她是我母亲的姐妹。她一生未嫁，住在哈罗附近，我们只是偶尔得到允许，才敢到她家里去做客，而且只能是短期的。两年前，我的姐姐朱丽亚到她家中去过圣诞节，在那里她认识了一位海军陆战队少校，两个人相识并缔结了婚约。我姐姐从姨妈家归来，把此事告诉了继父。继父闻知这一婚约竟然非常愤怒，但并未对此表示反对。出人意料的事发生了，离预定举行婚礼的日期还不到两周的时候，发生了一件可怕的事情，从而夺去了我唯一的伴侣，我亲爱的姐姐。”

在这位女士叙述她悲惨的故事时，福尔摩斯一直仰靠在椅背上，眼睛闭着，头靠在椅背靠垫上，但是，当这位女士讲到那位可怜的姐姐的死时，他半睁开眼，看了一看他的客人。

“请把事情发生经过中的细节说准确些。”他说。

“这对我来说并不难，因为在那可怕的时刻发生的每一件事，我都清晰地记得。我先把庄园的情况说一下。我已经说过，庄园的邸宅是极其古老的，人们只住

在一侧的耳房里。卧室在这一侧耳房的一楼，起居室则位于房子的中间部位。我们三人的卧室连接在一起，其中第一间是劳洛特先生的，第二间是我姐姐的，第三间是我自己的。这些房间虽然相连但彼此并不相通，房间都是朝向一条共同过道开的。我讲的不知道是否已经清楚了？”

“很清楚。”

“房间外面是一块草坪，三个房间的窗子都是朝向草坪开的。在发生不幸的那个晚上，劳洛特医生很早就回到自己的房间，可我们都清楚他并没有就寝，因为他正在抽印度雪茄烟，我姐姐被他那强烈的烟味熏得苦不堪言。他抽这种雪茄已很长时间了，并且上了瘾。我的姐姐实在忍受不了便离开自己的房间，来到我的房间里消磨一段时间。她和我谈起她即将举行的婚礼。当她起身回自己的房间时，已经到了十一点钟，但是，走到门口时她停了下来，并回过头来。”

“‘告诉我，海伦，’她说，‘在夜深人静的时候，你听到过有人吹口哨吗？’”

“‘从来没有听到过。’我说。”

“‘你睡着的时候不可能吹口哨，是吧？’”

“‘当然不会。你为什么要问这个呢？’”

“‘因为连续几天的深夜，大约在清晨三点钟的时候，我总是听到轻轻的但却很清晰的口哨声。我睡觉总是很轻，所以就被吵醒了。可我说不出那声音发自哪儿，可能来自隔壁的房间，也有可能来自草坪。我当时就想问问你是否也听到过。’”

“‘没有，我一直都没有听到过。一定是在种植园里的那些讨厌的吉卜赛人。’”

“‘很有可能。但是，如果那口哨声真的是从草坪那儿来的，你怎么没有同样听到？这一点，我感到很奇怪。’”

“‘啊，但是，我一般睡得比你沉，不容易被吵醒。’”

“‘那好吧，别去想它了，不管如何，这都没什么。’她扭过头，对我笑笑，走了出去。接着随手把我的房门拉上。没过多久，我听到她在开她房间的门，她的钥匙在门锁里转动的声音清晰地传来。”

“什么？”福尔摩斯说，“在深夜，把自己反锁在屋子里，这是不是你们的习惯？”

“我们总是这样的。”

“为什么这样做？”

“我想我刚才同你提到过，劳洛特医生养了一只印度猎豹和一只狒狒，它们在医生的土地上自由自在地来回奔跑，如果晚上不锁上门，我们会感到安全不能得到保障。”

“原来是这样。请你接着说下去。”

“那天晚上，听完姐姐所说的，我睡不着了。一种不祥的预感袭来，那种模糊的感觉沉沉地压在心头。我说过，我和姐姐是孪生姐妹，你也许会知道，连接我们这两颗血肉相连的心的纽带是多么微妙，这两颗心的默契远远超过其他姐妹。那天晚上，狂风大作，暴雨倾盆，我听着外面狂风怒吼，雨点噼噼啪啪地打在窗户上。不禁心惊胆战。突然，一声女人惊恐的狂叫声穿透嘈杂的风雨。我听出那是我姐姐的声音。我猛地一惊，随后从床上一跃而起，抓起披巾裹在肩头，就向过道冲去。就在我打开房门的时候，我忽然听到一声轻轻的口哨声，在混乱中我仿佛听到了，这口哨声就像我姐姐说的那样。稍停了一会儿，我又听到哐啷一声，仿佛是一块金属的东西摔在地上发出的声音。当我顺着过道跑向我姐姐的房间时，只看见我姐姐的门锁已经打开了，房门正在缓缓地移动着，慢慢开启，我吓得目瞪口呆。怔怔得盯着那门，猜不出会有什么可怕的东西从里面出来，借着过道的灯光，我看见我姐姐出现在房门口，她的脸苍白如纸，充满恐惧，双手颤抖着向前摸索，寻找着援救，整个身体就像醉汉一样摇摇晃晃。我急忙跑上前去，双手抱住她，可这时她仿佛浑身无力，颓然地跌在地上。她在地上翻滚扭动，四肢可怕地抽搐着，那痛苦的样子惨不忍睹。开始我还认为她没有认出是我，可是就当我俯身要抱她起来时，她却猛然发出一声凄厉的叫喊，那是我一辈子也忘不了的叫喊。她喊的是：‘唉，海伦！天啊！那条带子，是那条带子！那条带斑点的带子！’她似乎没有把自己想表达的意思说清楚，还想说些什么，把手举在空中，指向医生的房间，但只张张嘴，她说不出话来了，因为那可怕的抽搐再次发作。看着姐姐痛苦的神情，我疾步奔跑出去，大喊我的继父，这时他正穿着睡衣，急急忙忙从他的房间跑过来。当他赶到我姐姐身边时，她已呼吸缓慢，不省人事了。他很快给她灌下了白兰地，并从村里请来了医生，但一切都晚了，一切的努力都无济于事。我的姐姐已奄奄一息，死神正向她走来。直到她停止呼吸，她一直处于昏迷状态，再也没有重新苏醒过来。我亲爱的姐姐就是这样悲惨地死去的。”

“等一下，”福尔摩斯说，“那轻轻的口哨声和金属碰撞声，你敢十分肯定听到了？你能保证这是事实吗？”

“本郡验尸官在调查时也曾这样问过我。我的确听到了，它给我的印象太深了，我姐姐死之前就曾同我谈论这哨声，这给我带来不祥预感的哨音。可是，那晚风声很大，雨声也很猛烈，而且风暴声中还掺杂着老房子嘎嘎吱吱的响声，也许我有可能听错。”

“你姐姐当时还穿着白天穿的衣服吗？”

“没有，那时她已换上睡衣。我发现她的右手中有一根已烧焦了的火柴棍，左手握着一只火柴盒。”

“听你这么说，在出事的时候，她已划过火柴点燃了，借着光亮向周围看了看。这很能说明问题。那么验尸官又得出什么结论呢？”

“他对这件案子的检查是相当认真的，因为劳洛特医生的品行在郡里早已臭名远扬，但是他最终还是没能找出任何令人信服的致死原因。我可以证明，在房里是很安全的，因为房门总是由室内的门锁锁住的，带有宽铁杠的老式百叶窗严密地护住窗子，每天晚上拉上百叶窗，那就关得严严的。验尸官还检查了墙壁和地板，结果发现，四面的墙壁都很坚固，地板也一样。烟囱虽然很宽阔，但是早已用四个大锁环闩上，很安全。因此，从这房间的结构看，可以断定，我姐姐在遭到不幸时，只有她一人留在房间里。再说，她身上没有任何受过暴力的痕迹，连一条划痕都没有。”

“会不会是中了毒药？”

“医生们也怀疑到了这一点，为此做了检查，但没有查出任何迹象。”

“那么，你认为那么可怜的女士是因何而毙命的呢？”

“我相信很有可能是由于恐惧和精神上的极度震惊要了她的命，虽然我想象不出她到底看到了什么可怕的东西。”

“在悲剧发生的那天晚上，有吉卜赛人在种植园里吗？”

“有的，那儿经常有些吉卜赛人。”

“啊，从她提到的带子，带有斑点的带子，你猜想或推断出来什么了吗？”

“有时我觉得，那也许只不过是胡话，你知道，当时她已经精神错乱，极度恐惧，可有时我又觉得她可能是指的某一帮人。也许就是指在种植园里的那些吉卜赛人。他们当中有很多人戴着带有斑点的头巾，我不知道这点是否可以说明她所使用的那个令人不解的形容词。”

福尔摩斯摇摇头，好像他对这样的想法并不感到满意，他认为事实也许远远不是这样，并不像这位女士猜测的那样。

“问题并不如此简单。”他说，“请你继续讲下去。”

“从那个悲剧发生到现在已经两年了，我的生活比姐姐死之前更加孤单寂寞，因为我失去了唯一的伴侣。然而，一个月前，情况有了转机，很荣幸有一位亲密朋友来向我求婚，我们已相识多年。他的名字叫哈米塔琪·柏西·亚密泰奇，是亚密泰奇先生的二儿子，他们一家就住在附近的克拉姆。由于我继父对这件婚事并没有表示不同意，我们便商定着把婚期定在春天。可两天前，我那间房子西边的耳房开始进行修缮，我卧室的墙壁上被钻了一些洞，万般无奈我便搬到我姐姐原来的卧室，就是她丧命的那房间里，我睡在她睡过的那张床上。可是，可怕的事情又发生了。昨天晚上，我静静地躺在床上，毫无睡意，睁着眼睛回想我那可怜的姐姐的遭遇，那悲惨而可怕的情景再一次让我胆寒。就在这时，就在这毫无声息的深夜，我突然又听到了那轻轻的口哨声——那曾经预兆死亡的口哨声。请想想看，处于那种境况下，我被吓成了什么样子！我一下子跳起来，颤抖着把灯点着，我看遍了房间里的每一个角落，可什么也没有，尽管这样，我实在被吓坏了，魂不附体，我穿上衣服，再也不敢上床入睡。天刚刚放亮，我便悄悄地逃出来。在邸宅的对面有家克朗旅店，在那里我雇了一辆单马车，一直坐到莱瑟海特，又从那里辗转来到你这儿，我唯一的目的就是来拜访你并请你指给我一条路。”

“你能这样做的确很聪明，”我的朋友说，“但是，对于一切细节，你是否都说清楚了？”

“是的，我把一切，凡是能回忆起来的，都说清了。”

“劳洛特小姐，你在说谎，你并没有说出所有情况，至少你在为你的继父开脱。”

“哎呀！你这话是什么意思？”

为了让她信服，福尔摩斯拉起了我们客人那黑色花边袖口的褶边，它遮住了那只放在膝头上的手。在那白皙的手腕上，五小块乌青的伤痕清晰可见，那是四个食指和一个拇指的指痕。

“你被虐待过。”福尔摩斯断言。

这位女士满脸绯红地遮住手腕。

“他是一个身体强健的人而且力气很大，他自己也许不知道自己到底有多大力气。”她轻轻地说，声音很低。

室内一阵沉默，大家都各自考虑自己的问题。在这段长时间的沉默里，福尔摩斯手托着下巴，凝视着炉火，炉火很旺，噼啪作响。

最后他说：“这件案子并不简单，可以说很复杂。在决定如何行动之前，我需要了解更多的细节，愈多愈好，不可胜数。不过，时间紧迫。我们想在你继父还不知情的情况下查看一下这些房间，如果我们今天到司脱克马兰去，不知是否能够按预想的做？”

“可以，因为巧得很，我继父谈起，有一些十分重要的事情，他要今天进城去办理。他很可能一整天都不回家，这就会给你行动的自由了，虽然家中雇有一位女管家，但是她已上了年纪而且头脑迟钝，我能不费力地把她支开。”

“好极了。华生，你愿意陪我走一趟吗？”

“十分愿意。”

“那么，我们两个就一起去。你自己还有什么事情要办理吗？”

“我将乘坐十二点的火车赶回邸宅，以便及时在那儿等候你们的光临。但是，既然已经来到城里，在返回之前我将去办理一两件事情。”

“我们午后不久赶到你那儿，你可以在那时把一切安排好等候我们。我自己有些有关业务的小事要处理一下，你愿意再坐一会儿吃点早点吗？”

“不，非常感谢，我得走啦。烦恼的事一旦向你们倾吐以后，心情便轻松了许多。下午你们一定要去，我盼望再见到你们。”那厚厚的面纱拉下来又重新蒙在她的脸上，那位女士悄悄地走出了房间。

“华生，对于这一切，你做何感想？”福尔摩斯向后一仰，又重新靠在椅背上问道。

“我看，这是一个十分阴险而毒辣的阴谋，而且策划已久。”

“是够阴险毒辣的，在不知不觉中置人于死地。”

“可是，这位女士曾说，地板和墙壁都未曾遭到破坏，也不可能由门窗和烟囱钻进去，如果这些情况属实，那么就可以断定在她姐姐莫名其妙死去的时候，确实只有她姐姐一个人在屋里。”

“可是，那夜半的口哨声从何而来？那可怜的女人死亡之前说得非常让人难理解的话又做何解释呢？”

“对于这一点我考虑不出个结果。”

“半夜时分奇怪的哨声；同劳洛特医生关系密切的一帮吉卜赛人的出现；我们有足够的理由能够证实，这位老医生有阻止其继女结婚的意图；那女子临死时说的有关带子的话语；最后，还有海伦·司托南小姐提及的她亲耳听到的哐啷一下的金属撞击声（也许是由一根扣紧百叶窗的金属杠落回原处发出的这种声音）——当你把所有这些情况结合在一处考虑的时候，我想我有足够的根据推断：沿着这些线索就可以把这个谜解开。”

“然而，那些在种植园中的吉卜赛人又扮演了怎样的角色呢？”

“我现在还不清楚。”

“我认为任何这一类的推理，都具有很多缺陷。”

“我认为是这样。正是出于这个原因，我们今天才要亲自到司脱克马兰去察看一下。我想看看这些缺陷是无法弥补呢，还是可以通过一些细节能解释得通。可是，真是不可思议，这到底是怎么回事呢？其中的来龙去脉又是如何呢？啊，真是见鬼！”

由于我们的门突然被人撞开了，我的伙伴发出了一声突如其来的喊叫。在房门口一个彪形大汉挺立在那里。他的装束既像一个专家又像一个庄稼汉，看上去不伦不类，很是古怪。他头上戴的是一顶黑色大礼帽，身上穿着一件长礼服，脚上却穿着一双高筒靴，是带有绑腿的那种，一根猎鞭在他手中挥动着。他长得十分高大，以至于帽子都擦到房门上的横楣了。他身体强壮，块头很大，几乎都要把门给撑破了。他那张宽脸布满皱纹，被太阳长期炙晒，显得发黄，并且充满了邪恶的神情。他那宽脸在我和福尔摩斯之间来回转动，他那一双深陷的闪着凶光的眼睛，同那细长高鹰钩鼻子，一起勾画得他活像一头老迈、残忍的猛禽。

“你们中哪一个是福尔摩斯？”这个古怪的东西问道。

“先生，我就是你要找的人，可是非常失敬，你是哪一位？”福尔摩斯平静地说。

“我是葛林斯比·劳洛特医生，住在司脱克马兰。”

“哦，医生。”福尔摩斯语调平和颇为可亲地说。

“不用跟我套近乎，我一直在跟踪我的继女，我清楚她刚刚来过你这儿，她都对你说了些什么？”

“今年这个时候天气还不暖和。”福尔摩斯说。

“她都告诉了你一些什么？”老头叫喊起来已是暴跳如雷。

“但是，我却听说番红花将要开放，而且还会很不错。”我的伙伴接着说，而且从容不迫，谈笑风生。

“哈！你想敷衍我，不是吗？”我们这位客人挥舞着手中的猎鞭向前跨上一步，“对你我并不陌生，我早就听说过你。你叫福尔摩斯，是一个专爱管闲事的人。”

我的伙伴微微一笑。

“福尔摩斯，好管闲事的家伙！”

我的伙伴更加笑容可掬。

“福尔摩斯，你这个自以为了不起的灰尘一样的小官！”

福尔摩斯这次笑出了声。

“你的话真够幽默，”他说，“你出去时请把门带上，因为我明显感觉到有一股风从门外直冲过来。”

“我说完话就走。你竟有胆子来管我的闲事，我清楚司托南小姐来找过你，我一直跟着她。我可不是好欺侮的，我一直是个危险人物！你看这是什么？”他迅速地向前跨了几步，一把抓起火钳，用他那双粗大的褐色的大手把它拗弯。

“当心，别让我抓住你。”他大声叫喊着说，一把手把那扭弯的火钳扔到地上，迈开大步走出房间。

“他多像一个和蔼可亲的人，”福尔摩斯哈哈地笑着说，“我虽然没有他那么大的块头，但是，如果他在这儿再多停留一会儿，我会让他明白我的手劲并不比他的逊色。”

为了证明这一点，他一面说一面捡起那条被拗弯的钢火钳，猛得一用力，钢火钳便恢复了原貌。

“他竟然那么毫不讲理地把我和官厅侦探人员一视同仁，真是可笑！然而，这么一段插曲却为我们的调查增添了风趣，我唯一希望的是我们的那位小姐不会遭到什么折磨，她由于粗心大意而让这个畜生跟踪上了真是让人担心。好了，华生，我们开始吃早饭吧，饭后我要到医师学会去走一趟，我希望能从那儿得到一些对我们的案子有利的材料。”

早饭后，福尔摩斯步行去了一趟医师学会，他回来时已将近一点了。他手中拿的一张蓝纸上潦草地写着一些笔记和数字。

“我查到了那位司托南太太的遗嘱，”他说，“为了搞清楚它实际上的意义，我不得不计算出他能从那些投资中获多少利。在那位女士去世之前，那些投资的进项稍稍低于1100英镑，但是，到了现在，由于农产品价格下跌这一冲击，最多不超过750英镑。可是当每个女儿结婚时，他都会被索取250英镑的收入。那么，清楚得很，假如他的两个继女都结了婚，那么他的财产就所剩无几了，甚至即使只有一位小姐结婚，也会弄得他狼狈不堪。我上午的工作是很有意义的，因为，这些资料可以证明他有最强烈的动机防止两位姑娘结婚。华生，现在时间紧迫，更糟糕的是，那个老头已经感觉到我们已开始插手这件事了。现在再不抓紧，那就太危险了。所以如果你一切就绪，那我们就去雇一辆马车赶往滑铁卢车站。如果你出于谨慎悄悄地把你的左轮手枪揣在袋里随身带上，那我将对此不胜感激。别忘了，我们的对手是一位能把钢火钳扭弯的先生，一把埃利二号是对付他的最好工具。我想除了这个东西，再加上一把牙刷就是我们全部的装备了。”

在滑铁卢，我们恰巧赶上一班开往莱瑟海特的火车。到达目的地后，我们从车站旅店雇了一辆双轮轻便马车，乘着马车在可爱的萨里单行车道上走了五六英里。那天阳光明媚，万里晴空中飘浮着朵朵白云。树木和路边的树篱笆吐露出春的消息，绽出第一批嫩枝。空气中荡漾着的湿润的泥土气息，令人心旷神怡。对于我个人来说，至少觉得眼前的景色同我们正在从事的事是一个绝妙的对比：景色是春意融融、赏心悦目的，而我们所从事的却是一件有关谋杀的不祥的调查。我的伙伴坐在马车前部，双臂交叉，头上的帽子低垂遮住了眼睛，头也垂到胸前。很显然，他已陷入深深的沉思之中。可是，他却猛得抬起头来，拍了拍我的肩膀，指着对面的一片草地。

“你瞧，那儿。”他说。

那是一片树木茂密的园地，沿着一个比较平缓的斜坡向上延伸，等延伸到顶点，便形成一片密密的丛林。一座十分古老的邸宅便矗立在树丛之中，它那灰色的山墙和高耸的屋顶隐约可见。

“司脱克马兰？”我的伙伴说。

“不错，先生，那是劳洛特医生住的地方。”马车夫说。

“那边正在进行维修，”福尔摩斯说，“那就是我们的目的地。”

“村子在那边，”马车夫指指左边，我远远地看到一簇屋顶，马车夫接着说，“不过，如果你们想去拜访劳洛特医生，那么顺着这条路走会更近一些：篱笆两边有台阶，跨过那台阶，然后沿着地里的小路走。就是那儿，那位小姐正在走着的那条小路。”

“我想，那位在小路上行走的小姐很有可能是司托南小姐，”福尔摩斯用手遮着眼睛仔细辨认那位女士，“看来，我们最好还是按照你的建议办。”

我们下了马车，付清车钱，马车便按原路返回。

我们一边在台阶上走，福尔摩斯一边对我说：“我认为还是让这个赶车的家伙把我们当成来这儿的建筑师或者其他来办事的人为好，免得他闲话不断。司托南小姐，你瞧，我们没有爽约，答应你这个时间到，我们就来了。”

我们早上见过的这位委托人，听到我们的说话声就急急忙忙地跑过来迎接我们，脸上不禁流露出高兴的神色。

“我一直在心神不安地等着你们，”她一边热情地同我们握着手，一边大声说着，“一切我按计划安排好了，进行得十分顺利。劳洛特医生进城了，估计天黑之前是不会回来了。”

“我们已很荣幸地同这位医生见了面。”福尔摩斯说。接着他把早上医生大闹寓所的事叙述了一遍。在他叙述的时候，旁边听着的司托南小姐整个脸和嘴唇都变得刷白。

“老天啊！”她惊呼，“那么说，他一直在跟踪我。”

“看情形确是如此。”

“他太狡猾了，我时时刻刻都感到在受他的监视和控制。他回来后会怎样对付我呢？”

“他一定想办法保护他自己，因为他可能发现，有比他更技高一筹的人在注视着他。今天晚上，你一定要把门锁上，不能让他进去，如果他对你动粗，我们就把你送到你姨妈那儿。现在，我们当务之急是抓紧时间开始行动，所以，请你马上领我们到那些需要进行检查的房间去。”

这座用灰色石头砌成的邸宅，石壁上已布满了青色的苔藓，中央部分高高耸起，两侧的边房呈弧形像一对蟹钳似的向两边延伸着。一侧的边房的窗子都已经破败不堪，用木板堵着窗口，房顶也有一部分坍陷了，完全是一副荒废残破凄凉的景象。房子的中央部分也已长年缺乏修缮，显出破败的痕迹。不过，右边那一排房子却还有些生机，窗子里低垂着窗帘，烟囱上冒着袅袅的轻烟，很显然这家人便在此居住。靠着山墙竖起一些脚手架，墙上的一部分石头已被凿通，很明显是在进行修理，但是当我们到达那里时，却没有见到有工人的迹象。福尔摩斯在房门那块稍微做了些修剪的草坪上来来回回地缓缓走着，十分专注地检查窗子的外部情况。

“我想，这是你以前居住的卧室，当中那间便是你姐姐的房间，紧挨着主楼的那间便是劳洛特医生的卧室。”

“很正确，不过，我现在搬到姐姐那间房中睡觉了。”

“我想这是因为房屋正在修缮中。顺便说说，那座山墙好像不急于进行修缮吧？”

“其实它根本就用不着修缮，我认为那只不过是强迫我从我的房间中搬出来找个借口。”

“啊，这里面很有想头。嗯，这狭窄边房的另一边是一条过道，三个房间的房门都向它开着。里面当然也有窗子吧？”“有的，不过是一些非常窄小的窗子，窄小得连人也钻不进去。”

“既然你俩晚上都锁上自己的房门，从那一边进入你们的房间是不可能的了。现在，请你回到你的房间里去，并且像往常一样闩上百叶窗。”

司托南小姐按着福尔摩斯的吩咐去做了。福尔摩斯十分认真地检查开着的窗子，然后想方设法打开百叶窗，但都无济于事。如果刀子能插进去，就能把闩杠撬起来，但百叶窗连一条能容一把刀子的裂缝都没有。随后，他又用凸透镜检查了合页，可是铁制的合页牢牢地嵌在坚硬的石墙上。

“嗯，”他搔着下巴有点困惑不解地说，“我的推理肯定有些地方出了差错。一旦这些百叶窗闩上，就没有人能够钻进去。好吧，我们来看看房间里面能够给我们提供什么有利于弄明事情真相的线索。”

穿过一道小小的侧门，便踏上刷得雪白的过道，三间卧室的房门都朝向这个过道。我们径直来到第二个房间，因为福尔摩斯不想在第三个房间浪费时间。第二个房间就是现在司托南小姐的卧室，她那不幸的姐姐也是在这个房间丧命的。这所小房间非常简朴，天花板低低的，壁炉是开口式的，完全是按照乡村旧式邸宅的样式建造的。房间的一角立着一只带抽屉的褐色橱柜，另一角放着一张窄窄的床，床上罩着白色的床罩，一只梳妆台被安放到窗子的左侧。除此之外，还有两把柳条夹椅子，这就是房间里的全部家具了。不过，房间的正当中地上铺着一块四方形的威尔顿地毯，房间中的摆设也不过如此而已。房间四周的木板和墙上的嵌板是棕色栎木，那些栎木已蛀孔斑斑，显得十分陈旧，并且褪了色。这些木板和嵌板很可能比这座房子的历史还长。福尔摩斯搬了一把椅子默默地坐在墙角，可他的眼睛却在不停地巡视，前后、左右、上下，观察得细致入微，房间里的每一个细小之处都尽收眼底。

最后，他注意到床头那根粗粗的拉绳，那是拴铃叫佣人的工具。他指着它问：“这个铃通什么地方！”

那根拉铃绳头儿上的流苏明显地搭在枕头上。

“它联结着管家的房间。”

“看上去它比房里的其他东西都置备得晚些。”

“是这样，它装上才一两年的时间。”

“这是否是你的姐姐要求装上的？”

“不是的，据我所知她从来都没用过，我们如果需要什么东西了，往往自己到那里去取。”

“的确，在这里安装一个这样好的拉铃绳，看上去是完全没有必要的。对不起，我得先花几分钟察看一下这块地板。”

福尔摩斯趴在地上，手里拿着他的放大镜，在那里迅速地前后匍匐移动，十分认真地察看着木板间的裂缝。接着，他又以同样方式检查了一遍房间里的嵌板。后来，他来到床边，专注地盯着它很长一段时间，又沿着墙上上下下来来回回打量着。末了，他抓住铃绳，突然用力一拉。

“咦！这铃绳并没有发挥它应有价值，只是做了个样子。”他说。

“不响吗？”

“岂止不响，上面甚至没有接上线。这很有趣味，现在你能观察到，绳子的一头刚好系在那小小的通气孔上面的钩子上。”

“这种做法真是荒唐，我以前从来没有遇到过。”

“非常令人感到不可思议！”福尔摩斯手拉着铃绳喃喃地说，“这房间有两个地方十分特别。比如，造房子的人竟会把通气孔朝向隔壁房间，这种做法是很愚蠢的，因为，花费同样的工夫，他本来完全可以把通气孔建成通向房间外面的形式。”

“设置这个通气孔也是最近才进行的。”这位小姐说。

“和铃绳在同一时间安装的吗？”福尔摩斯问道。

“是这样的。此外还有好几处小改动也是那时候进行的。”

“这些东西实在太有意思了——铃绳是用来摆样子的，通气孔并不通风。司托南小姐，要是你同意的话，我们想到隔壁那间去检查一下，看看有些什么情况。”

劳洛特医生的卧室比起他继女的要宽敞一些，但房间里的陈设却同样简朴。一张行军床，一个小型木制书架上摆满了多数是技术性的书籍，一把扶手椅放在床边，一把普通木椅靠墙放着，另外还有一张圆桌和一只大铁保险柜，这些主要家具和杂物一眼就能看过来。福尔摩斯在房间里慢慢地绕了一圈，一面全神贯注地察看，一面缓慢地走着，将家具和杂物都仔细检查了一遍。

“这里是什么？”他敲敲那只大铁保险柜问道。

“这里放的都是我继父业务上的文件。”

“噢？那么你亲眼见过里面的东西了？”

“只有一次，那是在几年以前，我记得里面满是文件。”

“比方说，这里面会不会放着一只猫？”

“当然不会，你这个想法真是奇怪极了！”

“哦，请你看看这是什么。”他从保险柜上拿起一个盛奶的浅碟。

“不，我们是不养猫的，家里只有一只印度猎豹、一只狒狒。”

“啊，是的，当然！嗯，一只印度猎豹同一只大猫也差不太多，不过，我敢说只是一碟奶怕是不能够满足它的需要的。还有一个特点，我必须进一步证实。”他蹲在木椅前面，全神贯注地检查了椅子面。

“谢谢你，差不多可以解决了。”说着他站起身来，把手中的放大镜放到衣袋里。

“喂，这儿有件十分有意思的东西！”

引起福尔摩斯注意的是一根打小狗的鞭子。不过，这根挂在床头的鞭子卷着打成一个结，这样鞭子便盘成一个圈。

“对这件事你怎么看，华生？”

“那只不过是一条极为普通的鞭子。但令我不解的是，为什么要打成结呢？”

“这根鞭子并不见得像你想得那么简单。唉，这真是个万恶的世界，如果一个聪明人把他的智慧用在胡作非为上，那真是一个悲剧。我想我已经查到我想得到的了，司托南小姐，如果你愿意，我们不妨到外面草坪上去散散步吧。”

我的朋友在离开现场时，脸色的严峻，或者说表情那样的阴沉，是我以前从未见过的。我们在草坪上徘徊着，无论是我还是司托南小姐，我们都不想打断福尔摩斯的思绪，一直静等他从沉思中恢复过来。

“司托南小姐，”他说，“请你在一切方面都按我所说的去做，这极为重要。”

“我一定照你说的去办。”

“事情十分严重，不容有丝毫犹豫。你的生命可能就掌握于你自己手中，这就看你是否听从我的话。”

“我向你保证，我一定对你言听计从。”

“首先，我和我的朋友必须在你的卧室里过夜。”

司托南小姐和我都吃了一惊，不解地望着他。

“是的，必须这样做，让我来把想法说明白。我想，那儿就是村里的旅店吧？”

“不错，那就是克朗旅店。”

“很好，从那儿可以看到你的窗子吗？”

“当然可以。”

“你继父回来时，你一定要把自己关在房子里，假装头疼。然后，当你确信他夜里已经就寝后，你一定要打开你房间的那扇百叶窗，解开窗户的搭扣，把灯摆在窗口作为给我们的信号，随后带上你必备的东西，悄悄地回到你原来的房间。我确信，那房间还是能让你住一宿的，尽管它尚在修理。”

“噢，是的，没有问题。”

“其他的事情我们自会料理。”

“可是，你们打算怎么做呢？”

“我们要在你的卧室里过夜，以便查清打扰你的这种声音从何而来。”

“福尔摩斯先生，我知道你已想好主意了。”司托南小姐拉着我朋友的袖子说。

“大概是这样。”

“那么，你发发善心，告诉我，我姐姐是因何而死的。”

“等有了更确切的证据时，我会告诉你的。”

“我认为她也许是突然受惊而死的，你至少可以告诉我这种猜测是否正确。”

“不，我认为不是那样。我相信你姐姐的死出于某种更具体的原因。好啦，司托南小姐，我们必须走了，如果劳洛特医生回来撞见我们，那么我们这次行程就会前功尽弃。再见，要勇敢些，你尽可以放心，只要你按我说的去做，我们将很快把威胁着你的危险解除。”

福尔摩斯和我很容易就在村里的克朗旅店订了一间卧室和一间起居室。由于房间位于二楼，从窗子我们可以俯视司脱克马兰庄园林荫道旁的大门和住人的边房。我们观察到，黄昏时刻，劳洛特医生驱车而过，他那硕大的身体在为他赶车的瘦小少年的衬托下显得格外突出。我们听到医生歇斯底里的喊叫声，并且看到他愤怒地对一位男仆挥舞着拳头，因为那男仆在开启沉重的大铁门时颇费了一点儿事。马车进入院子。不大一会儿，其中一间起居室点上了灯，我们看到那道灯光从树丛中透露出来。

“你明白吗，华生？”天已渐渐黑下来，福尔摩斯说，“今天晚上让你同我一起来，的确有一些顾虑，因为这里确实存在着危险因素。”

“我能帮你什么忙吗？”

“有你在场，可能会帮我很大忙。”

“如果是这样，我理应陪同。”

“十分感谢！”

“你说有危险因素存在？显然，你在这些房间中看到了比我看到的多得多的东西。”

“不，我认为我只是稍稍多推断出一些东西而已。我想你同我一样看到了所有东西。”

“我几乎没有看到值得注意的东西，除那铃绳以外。不过，至于它用来做什么，我承认我想象不出其中的缘由。”

“你也注意到了那通气孔了吧？”

“不错，但我认为在两个房间之间开个小孔也并不是什么与众不同的事。那洞口小得连耗子也钻不过去。”

“在我们未来这儿以前我就相信，我们将发现一个通气孔。”

“哎呀！亲爱的福尔摩斯！”

“哦，是的，我确实知道，当初司托南小姐在叙述中提到她姐姐闻到劳洛特医生的雪茄烟味。那么，当然这可以证明在两个房间当中必定有一个通道。可是，它必须非常窄小，不然验尸官在询问中就会提到这一点。所以，我推断是一个通气孔。”

“但是，那又会发生什么作用呢？”

“嗯，至少在时间上有着巧妙的一致，凿了一个通气孔，拉了一条绳索，睡在床上的一位小姐丧了命，这难道不使你感到奇怪吗？”

“我仍旧想不明白三者之间有何联系。”

“你注意到那张床有什么异乎寻常的地方吗？”

“没有。”

“它是被螺钉固定在地板上的。你以前见过那样一张固定的床吗？”

“我说不准。”

“那位小姐的床不能移动。那张床必然长期待在那儿！既对着通气孔，又对着铃绳——我们权且这样称呼它。因为很明显，铃绳只不过是个样子，根本就没有发挥过它本有的作用。”

“福尔摩斯，”我叫了起来，“我好像模糊地领会到你所暗示的意思。我们正好来得及防止某种阴险而可怕的罪行发生。”

“的确是阴险可怕。一个医生一旦堕入歧途，运用上他的胆量和知识，他就成为穷凶极恶之徒。柏尔默和普里查德就是他们这一行的杰出人物，但更高出一筹。不过，华生，我相信我们会比他更高明。但是，在天亮之前，让人担心害怕的事情还有不少。看在上帝的份上，让我们静静地抽上一斗烟，休息一下。在这段时间里，想点令人高兴的事吧。”

大约晚上九点钟，那从树丛中透过来的灯光熄灭了，庄园邸宅沉浸在一片漆黑之中。两个小时缓慢地过去了，刚好时钟打在十一点的时候，我们的正前方突然出现了一盏灯，那盏孤灯放射出明亮的光线。

“那是发给我们的信号，”福尔摩斯跳了起来说，“灯光来自当中那个房间。”

我们向外走时同老板解释了一下，让他认为我们要去夜访一位熟人，并且可能会在那里过夜。很快，我们来到漆黑的路上，冷风凉飕飕地吹在脸上，那昏黄的灯光在我们前方闪烁着，在朦胧的夜色中，引导我们去完成阴郁的使命。

我们轻而易举地进入院子，那是由于山墙年久失修，残墙断垣到处都是。穿过树丛，越过草坪，我们正准备通过窗子进屋时，从一丛月桂树中突然窜出一个东西，像是一个丑陋畸形的孩子，它摆动着四肢纵身跳到草坪上，随后飞快地跑过草坪，在黑暗中消失了。

“老天！”我叫了一声，声音很低，“你看到了吗？”

此时，和我一样，福尔摩斯也吓了一大跳。在激动中他用那强有力的手攥住了我的手腕。随后，他低声地笑了起来，把嘴唇凑近我的耳朵。

“真是绝妙的一家子！”他低声说，“这就是那只狒狒。”

医生所喜欢的奇特动物，早被我忘到脑后了。还有一只印度猎豹呢！不知什么时候它会突然趴在我们肩上的。我学着福尔摩斯的样子，脱下鞋，钻进卧室。我承认，直到此时，我才感到稍稍有些放心。我的伙伴轻轻关上百叶窗，把灯挪到桌子上，向屋子四周瞧了瞧。室内的一切同白天一样，他轻手轻脚走到我跟前！

“别发出任何声音，即使是最小的声音也会使我们的计划失败。”他把手圈成喇叭形，再次对着我的耳朵小声说，声音轻得我刚能听出他说的是些什么。

我点点头，表示我已听见了。

“他会从通气孔发现有亮光，我们必须在黑暗中坐着。”

我又点了点头。

“千万别睡着，这事关你的生命。准备好你的手枪，以备万一我们用得着它。我坐在床边，你在那把椅子上坐好。”

我取出左轮手枪，把它放在桌角上。

福尔摩斯把那根随身带来的又细又长的藤鞭放在身边床上。床旁还放了一盒火柴和一个蜡烛头。然后，他吹灭了灯，我们便处于黑暗之中了。

我永远忘不了那可怕的守夜。我听不到一丝声音，甚至连喘气声也没有。可是我很清楚，我那正睁大眼睛坐着的伙伴和我只有咫尺之隔，并且神经高度紧张。百叶窗挡住了可能照到房间的最小光线。我们在漆黑中等待着。偶尔有猫头鹰的叫声从外面传来。有一次一声长长的猫叫似的哀鸣从我们的窗前传来，显然那只印度猎豹确实在到处乱跑。远处教堂深沉的钟声，每隔一刻钟就沉重地敲响一次。但在我们看来，每刻钟仿佛都是无限漫长！钟敲了十二点，一点，两点，三点，我们一直等待着那可能出现的任何情况，默默地端坐在那里等待着。

突然，一道瞬间即逝的亮光从通气孔那个方向闪现，一股燃烧煤油和加热金属的强烈气味随之而来。隔壁房里点着了一盏遮光灯。我听到那挪动的声音，尽管是非常轻微的挪动。随后，一切又都归于平静，只有那气味却越来越浓。我凝神倾听坐了足足半个小时。突然，我听到另一种声音——就像烧开了水的水壶嘶嘶地喷着气，非常柔和轻缓。福尔摩斯在我们听到那声音的一瞬间从床上一跃而起，划着了一根火柴，用那根细长的藤鞭凶猛地抽打那根铃绳。

“你看见了没有，华生？”他大声嚷着，“你是否看见了？”

我却什么也没看见，当福尔摩斯划着火柴的时候，一声低沉、清晰的口哨声传来。但是，猛然出现的耀眼的亮光照着我那已疲倦不堪的眼睛，使我看不清我朋友正在拼命抽打什么东西。可我却看清楚了他的脸，那脸上充满恐怖和憎恶的表情，死一样的苍白。

他已停住手，朝上注视着通气孔。突然，在黑夜的沉寂之中，爆发出一声可怕的尖叫，那是我有生以来从未听到过的尖叫。而且，那交织着痛苦、恐惧和愤怒的令人毛骨悚然的尖声哀叫，越来越高。据说那些远在村里，甚至在远教区的人们都被这尖叫声惊醒了。这一叫声使我们心惊胆寒。我站在那里呆呆地望着我的同伴，他也同样看着我。一直到最后，那一点回声渐渐消失，周围的一切又回归它的沉寂。

“这是怎么回事？”我心神不定地问。

“这表明事情就这样结束了，”福尔摩斯回答道，“而且，总体来看，这可能是结局中最好的一种。带上你的手枪，我们到劳洛特医生的房间去看看。”

我的朋友点着了灯，带着我穿过过道，脸上的表情严峻之极。在敲了两次卧室的房间而没有得到回音后，他转动门把手后走进房间，我紧随其后，手里紧握着手枪。

一幅前所未见的景象出现在眼前。桌上放着遮光灯，遮光板半开着，一道亮光照到铁保险柜上，柜门半开。劳洛特医生坐在桌上旁边的那把椅子上，他身上披着一件长长的灰色睡衣，一双赤裸的脚脖子露在睡衣下面，两只脚上穿着土耳其无跟拖鞋，我们白天看到的那把短柄长鞭子搭在膝盖上。医生的下巴向上翘起，一双眼睛盯着天花板的角落，恐怖而僵直。一条奇怪的、带有褐色斑点的黄带子绕在他的额头上，似乎那条带子紧紧绕在他的头上。当我们走进房间时，他既没有作声，也没有动一下。

“带子，那带有斑点的带子！”福尔摩斯说着，压低了声音。

我向前迈了一步，看见他那奇异的头饰开始蠕动起来，从他的头发中间竟然昂然地钻出一条毒蛇，那毒蛇又粗又短，头部呈钻石形，脖子胀鼓着，令人作呕。

“这是一条蝰蛇，生长在沼地！”福尔摩斯说，“印度最毒的毒蛇。医生被他咬后十秒钟内就丧了命。真是罪有应得，阴谋家掉进自挖的陷阱里，原以为捕获的是别人。我们先把这畜生扔回它的窝里去，然后再把司托南小姐转移到一个安全地方，最后通知警察这里发生了什么事。”

他一边说着一边极为迅速地从死者手中拿过打狗鞭子，轻轻将活结甩过去，套住那毒蛇的脖子，把它从那盘踞着的可怕的地方拉起来，伸长了手臂提着它一直扔回铁保险柜里，随手关上柜门。

劳洛特医生死亡的真实情况便是这样的。至于我们怎样把这可怕的经过告诉那被吓坏了的小姐，我们又是怎样乘坐早车陪着她到哈罗托付她好心的姨妈照看，冗长的警方调查又是怎么得出最后结论，认为医生玩物丧志最终被宠物咬伤而丧生等等，在这里就没有必要详细叙述了，因为故事本身就已够冗长的了。我对于这件案子不太了解的地方，我的同伴在第二天回城路上向我做了解释。

“亲爱的华生，”他说，“由于根据不充分的材料进行推断，我曾得出了一个错误的论断，这多么危险！那些吉卜赛人的出现，那可怜的小姐使用了‘斑点带子’这个词，这无疑表示她在火柴光下仓皇一瞥所见到的东西，依据这些情况我完全可能跟踪一个错误的线索。当我弄清楚那威胁到室内居住人的任何危险既不可能来自窗子也不可能来自房门时，我便重新考虑了我的想法，我觉得只有这一点才可以说是我的成绩。正如我曾对你说过的那样，那个通气孔，和那悬挂在床头的铃绳迅速吸引了我的注意力。当我发现那根绳子完全是摆样子，那张床又不能移动时，二者很快引起了我的疑心。我猜测那根绳子很可能充当桥梁作用，只是为了给什么东西钻过洞孔提供方便。我立即想到蛇，别忘了医生豢养了一群印度动物，两件事联系起来思考，我觉得我的思路是很正确的。只有一个受过东方式锻炼的聪明而冷酷的人，才能想到使用一种任何化学试验都检验不出的毒物。依据他的观点，这种毒药的可取之处是能够迅速发挥作用。确实，只有那些眼光敏锐的验尸官，才能够检出那毒牙咬过的两个小黑洞。随后，我想起那口哨声。为了使他想谋害的人不察觉到这种毒物的存在，天一亮他就必须把它召唤回去。他很可能就是用我们所见到的牛奶把蛇训练得能一听到召唤就回到他那里。他会在他以为最恰当的时候把蛇送过通气孔，确信它会顺着绳子爬到床上。蛇也许会咬，也许不会咬床上的人，她可能整整一周每个晚上都幸免此难，但最终难逃此劫。”

“我得出这个结论，早在走进他房间之前。在对他的椅子做了检查之后，我判定他为了够得着通气孔而常常站在椅子上。余下的任何怀疑，被那保险柜和一碟牛奶以及鞭绳的活结很满意地消除了。司托南小姐的继父由于急急忙忙把他那条可怖的毒蛇关进保险柜而发出的声音，便是她听到的金属哐啷声。那东西嘶嘶的响声一旦被我听到，我便毫不迟疑地点着了灯并猛烈抽打那东西，我坚信你也听到那响声了。”

“抽打的结果是，把它赶回了原处。”

“不仅如此，还引起毒蛇反过去扑向它的主人。由于我那几下抽打够它受的，激起它的毒蛇本性，它就狠狠地对准第一个看到的人咬了下去。这样，我无疑得对医生的死负间接责任。但说实话，我对此是不大会感到内疚的。”

工程师的拇指

在我们亲密交往的那段时间里，我的朋友夏洛克·福尔摩斯解决的全部问题中，仅有两件案子是由我介绍而引起他的注意的：一件是哈瑟莱先生大拇指案，另一件是吴伯顿上校发疯案。在这两件案子中，对于机警且颇有见解的读者来说，后者也许更值得探讨。然而，前者开始就很奇特，事件的细节又颇具戏剧性，所以可能它更值得记述，尽管它用得上我朋友在取得显著成果时所运用的那些进行推理的演绎法的时候很少。我相信，报纸上已不止一次地登载过这个故事了。但如同其他所有诸如此类的叙述那样，仅用半栏篇幅概括地登出来，很难引起人们的注意。因此，还不如使事实在你眼前慢慢展开，让案情中的疑惑之处随每一处有助于取得进展而使人们了解整个事实真相的新发现而逐步得到解决，这样则环环相扣，更加引人入胜。当时的情景给我以深刻的印象，时光飞逝，虽然已过去两年了，但是我仿佛仍记忆犹新。

我现在须扼要地讲一下，故事发生在我婚后不久的1889年夏天。那时，我已重新开业行医，并且最终把福尔摩斯单独留在贝克街的寓所里，尽管我仍不断地去探望他，甚至有时还劝他改掉放荡不羁的习性到我家去做客。我的业务日渐上升，碰巧我家距柏亭顿车站不远，有几名铁路工人就到我这儿看病。因为我把他们之中一位被病痛缠身的患者治好了，那个人便大肆宣传我的医术，尽可能地将他所能影响到的每个病人都推荐到我这儿来诊治。

一天早晨将近七点的时候，女佣人的敲门声把我吵醒。她说，从柏亭顿来了俩人，正在诊室等候我。我匆匆穿上衣服下楼去，因为凭经验得知，铁路上来的人，大凡病情是相当严重的。下楼后，我的老朋友——那个铁路警察——走出诊室，并随手把门关得紧紧的。

“我把他带过来了，”他举起大拇指朝后指指，轻轻地说，“现在他已没什么大问题啦。”

“这是怎么回事？”我问，因为他的举动使我觉得好像他把一个怪物关在我的房间里了。

“这是一个新病人，”他悄声说，“我觉得我最好亲自把他送来，以防他溜掉。现在，我得走了，大夫，跟你一样，我还得值班去，他现在已没什么大问题啦。”这位介绍人说完就匆忙走掉了，我连向他道谢的机会都没有。

我来到诊室，看到有位先生坐在桌旁。他穿着朴素，身穿花呢衣服，一顶软帽放在我的几本书上面。他的一只手上包裹着一块血迹斑斑的手帕。他很年轻，看样子最多不超过二十五岁，容貌英俊，然而面色却很苍白。这使我感到，他正以自己全部的意志来极力控制因为剧烈震动而产生的痛苦。

“很抱歉这么早就来打扰你，大夫，”他说，“在夜里，我碰到一件十分严重的事故。今天早晨，我乘火车来到这儿，正在车站打听哪里能够找到医生时，那位非常热心的好人把我送到了这里。他把一张名片递给了女佣，她将它放到旁边的桌子上了。”

我拿起名片看了一下，看到上面印着：维克托·哈瑟莱先生，水利工程师，维多利亚街16号甲（四楼）。这便是这位病人的姓名、身份和地址。

“非常抱歉，让你久等了，”我说着坐在靠椅上，“看得出你刚刚坐了整整一夜的车，夜间乘车原本就是一件单调无聊的事情。”

“噢，我这一夜可不是单调无聊的。”他说着禁不住大声笑起来，笑声又高又尖。他身子向后倒在椅子上，不停地捧腹大笑。这笑声带给我医学本能上的极大反感。

“不要笑了！”我喊道，“镇定镇定吧！”

我从玻璃水瓶里倒了一杯水递给他。

可是，这丝毫不起作用，他仍在歇斯底里地发作。这是一种有坚强性格的人在经历过一场重大危难之后所产生的大发作。顷刻间，他又醒了过来，疲惫不堪，脸色十分苍白。

“我真是出尽了洋相。”他气喘吁吁地说。

“没有的事，把这喝下去吧。”我往水里面倒了些白兰地，他那苍白的双颊开始有些红润了。

“好多了！”他说，“那么，劳驾大夫给我看看我的大拇指吧，应该说，看看我的大拇指原先所在的位置。”

他解开了手帕，把手伸出来。对于那个场面，就是心肠再硬的人也会目不忍睹的！只见四根突出的手指和一片鲜红可怕的海绵状骨肉断面，这里本是大拇指的部位。大拇指却已被从根部剁掉或者硬拽下来了。

“天呀！”我叫道，“这创伤太可怕了，一定流了很多血。”

“是的，流了很多血。受伤以后我就昏了过去，我想我一定在很长一段时间里都没有知觉了。等到我苏醒时，它还在流血，我用手帕的一端紧紧地缠到手腕上，用一根小树枝把它绷得紧紧的。”

“包扎得太好了！你真应该当一名外科医生！”

“你瞧，这是一个水利学问题，在我所学的专业知识范围之内的。”

“这是用十分沉重、锐利的器械砍的。”我一边查看伤口一边说。

“好像是屠夫的砍肉刀砍的。”他说。

“我觉得这是意外事故，对吗？”

“绝对不是。”

“什么？难道是有人存心凶残地砍的吗？”

“对，的确极其凶残。”

“太可怕啦。”

我用海绵擦拭了伤口，洗净裹好，最后用脱脂棉和消毒绷带包扎起来。他躺在床上，虽然他不时地紧咬牙关，却没有因为疼痛而动一下。

包扎好后我问：“现在感觉怎么样？”

“好多了，你的白兰地和绷带让我感到自己换了个人，原本我十分虚弱。然而我还有很多事要做。”

“我看你最好先别想这事。显然，这会折磨你的神经。”

“噢，不会的，现在不会了。我必须把这件事告诉警察，但不瞒你说，假如没有这伤口作证的话，他们绝不会相信我的话，因为这是一件很不寻常的事，而我又没有其他证据足以证明我的话是真实的。况且，就算他们相信我，我也只能提供些蛛丝马迹，他们是否能给我主持公道还是个问题。”

“嘿！”我喊道，“假如你真想解决问题。我建议你找警察之前，不妨先去找我的朋友福尔摩斯先生。”

“哦，我听说过这个人，”我的病人说，“如果他受理这件案子，我会非常高兴，虽然同时也要报告给警察。你可以给我介绍一下吗？”

“不仅可以为你介绍，我将亲自陪你去找他。”

“那简直太感谢你了！”

“咱们租用一辆马车一起走，还赶得上跟他一块吃早饭，你认为这么做身体吃得消吗？”

“可以，不把我的遭遇讲出来，我心里就觉得别扭。”

“那么，让我的佣人去雇马车，我去去就来。”我匆匆跑上楼，对妻子简单解释了几句。五分钟后，我和这位新伙伴坐上马车直奔贝克街。

不出所料，福尔摩斯正穿着睡衣在卧室里一边踱步，一边读《泰晤士报》上刊

登的寻人启事、离婚启事等专栏，嘴上叼着早餐前抽的烟斗，烟斗中都是前一天抽剩的烟丝、烟草块。这些东西在小心翼翼地烘干后被堆积在壁炉架的角落里。他热情地接待了我们，叫人拿出咸肉片和鸡蛋同我们一块饱餐了一顿。饭后，福尔摩斯把我们的新朋友安顿在沙发上，把一个枕头搁到他的脑后，把一杯掺了水的白兰地放在他手旁。

“不难看出你的遭遇极不寻常，哈瑟莱先生。”福尔摩斯说，“请你在这里不要拘束，随便躺躺。将你所知道的经过告诉我们，累了就休息一下，喝口酒提提精神。”

“谢谢，”我的病人说，“医生的包扎去除了很大苦痛，而这顿早餐又使治疗深入了一步。我尽量少占你的宝贵时间，现在就开始叙述我的奇特经历吧！”

福尔摩斯坐在扶手椅里，一副疲倦困乏的表情掩饰了他敏锐而热切的心情。我坐在对面，我们安静地听哈瑟莱详细地叙述那桩奇特的案件。

“你们要知道，”他说，“我是个孤儿，还是单身汉，独自住在伦敦。就职业来说，我是水利工程师，我在格林威治一家很有名的文纳和马特森公司的七年学徒生涯中，得到这一行的丰富经验。两年前，我学徒期满。爸爸去世后，我继承了一笔相当可观的钱。我打算自己创业，还在维多利亚大街租到几间办公室。”

“我想，谁都知道第一次独自创业是一件艰难的事，我尤其如此。两年间的全部工作只是受理了三次咨询和一件小活儿。我的总收入为二十七英镑十先令。每天从上午九点到下午四点，我都在期待着，直到我意识到将永远不会再有任何一个主顾来访了。”

“然而，昨天当我要离开时，办事员通报说，有位先生为业务之事想见我，还递给我一张印着赖山特·斯塔克上校名字的名片。上校紧跟着办事员进了屋，他中上等身材，极其消瘦，整个面部消瘦得只突出鼻子和下巴，两颊的皮肤紧贴在高高凸起的颧骨上。看来，他这憔悴样是天生的，而不是疾病所致，因为他目光炯炯，步伐轻捷，举止行动灵活自如。他衣着简朴而整洁，据我判断年龄大约有四十岁。”

“‘是哈瑟莱先生吗？’他有点德国口音，‘哈瑟莱先生，有人对我说，你精通业务，为人谨慎，能够保守秘密。’”

“我鞠了一躬。跟每一个青年似的，听到这类恭维的话便感到飘飘然：‘我可否问一下，是谁把我说得这么好呢？’”

“‘噢，现在最好先不要告诉你。我从同一处还听说你是个孤儿，还是单身汉，并且是独自住在伦敦。’”

“‘一点也没错，’我说，‘但是请恕我冒昧，这些似乎和我业务能力没什么关系，据我所知，你是为了一件业务上的事情来同我商谈的。’”

“‘的确是这样。不过，你将发现我没有半句废话。我们想委托你一件事，但必须绝对保密。我想一位独居的人应该比一位和家属生活在一起的人更易做到这一点。’”

“‘你尽管放心，’我说，‘既然我向你保证严守秘密，那就肯定会做到。’”

“我说话时，他一直紧盯着我，我从没见过这么多疑的眼光。”

“最后，他说：‘这么说，你做出保证啦？’”

“‘是的，我保证说到做到。’”

“‘在事情前后和进行的过程之中完全保持缄默，口头上和书面上都绝对不提这件事，能做到吗？’”

“‘我早已向你做过保证了。’”

“‘那太好了。’他猛地跳了起来，闪电般跑过房间，砰地推开门，外面走廊里空无一人。”

“‘还不错！’他走回来，‘我知道有时办事员们对他们东家的事很好奇。现在，我们可以放心地谈话了。’他把椅子拉到我身边，再一次以满载怀疑和探索的眼光打量着我。”

“看到瘦骨嶙峋的人的古怪行为，我心中荡起一种反感和恐惧，甚至对失去主顾的担心，也无法压制我流露出来的不耐烦。”

“‘请说你的事吧，先生，’我说，‘我的时间很宝贵。’愿上帝饶恕我脱口而出的后一句话。”

“‘工作一个晚上五十个基尼[①]可以吗？’他问。”

① 基尼：是英国第一代由机器生产的货币，于1633年开始流通。但后来随着黄金价格上涨，到1733年左右，基尼的货币价值已超出了其本有的面值数倍，逐渐成为珍藏性货币，失去了其现金功能，不宜继续流通。1816年，英国进行货币改革，确立了英镑为新的流通货币，基尼正式退出了面值交易平台。

“‘真不少。’”

“‘我说是一晚上的工作，也许只需一小时，我只是想请教你有关水力冲压机齿轮脱开的问题。只要你指出问题出在哪里，我们自己很快就能把它修好。对于这个委托，你觉得怎么样？’”

“‘看来工作很轻松，报酬极为优厚。’”

“‘不错，我们想今天晚上乘末班车过去。’”

“‘到哪儿去？’”

“‘去伯克郡的艾津。那是牛津郡附近的一个小地方，距雷丁不到七英里。伯亭顿有一班车可以在十一点十五分送你到那儿。’”

“‘这太好啦。’”

“‘我会乘马车去接你的。’”

“‘那么，还要坐马车赶一段路了？’”

“‘是的，那地方在乡下，距艾津车站足有七英里远。’”

“‘这么说午夜前我们到不了啦，我估计赶不上回程的火车了，看来我必须在那儿过夜了。’”

“‘对，我们会给你安排地方过夜的。’”

“‘那很不方便，我不能在方便的时候去吗？’”

“‘我们想，你最好能晚上来。正是为了补偿你的不便之处，我们才对你出那么大的价钱。这个价钱足够请教你这行中最高明的人士了。假如你要推掉这笔生意，现在还来得及。’”

“我想到五十个基尼及这笔钱对我极为重要。‘不是这个意思，’我说，‘我很高兴照你说的做，只是我想更清楚地知道你让我做的是什么工作。’”

“‘是啊，我们要求你务必严守秘密，自然会引起你的好奇心，但我们不想让你不知道委托你办的这件事的底细。我想，没有人偷听吧？’”

“‘绝对没有。’”

“‘那么，事情是这样的，也许你知道，漂白土是一种很贵重的矿产，在英国只有一两处有这种矿藏。’”

“‘我听说过。’”

“‘前不久，我在雷丁附近买了一小块地，非常小的一块地。我幸运地发现，其中一块地里有漂白土矿床。可是，经探查后发现，这个小的矿床连接了两个大得多的矿床。但是，这两处全在我邻居的地里。不过，他们却一点儿也不知道。当然，在他们发现矿藏之前把他们的地买下来是很划算的。然而，我却没有足够的资金购买。因此，我和几个朋友秘密商讨。他们建议先秘密地开采我们自己的小矿床，以这种方式来筹集资金购买邻居的土地。现在，我们已干了一段时间。为了利于操作，我们安装了一台水压机。我先前已说过，这台机器出了毛病，我们需要你的指点。我们谨慎地保守着秘密，一旦有人知道我们曾请水利工程师来过我们的小房子，很快便会引起人们的好奇。倘若泄露了真相，获得土地和实行计划的机会就全完了。这就是让你严守秘密的缘故。但愿我把一切都讲清楚啦。’”

“‘我听得很明白，’我说，‘只是有一点，水压机对你们挖漂白土有什么用处呢？据我了解，漂白土是像从矿坑里淘沙砾那样挖出来的。’”

“‘啊，我们有自己的方法，为了搬运时不泄露他们是什么，我们把土碾压成砖坯。这是细节问题。现在我已全部告诉你，并表示了我对你的无比信任。’他边说边站了起来，‘那么，十一点十五分在艾津见。’”

“‘我一定会去的。’”

“‘绝不可告诉任何人。’最后，他又用怀疑的眼光凝视着我。尔后，用湿冷的手和我握了一下就匆忙地走出了房间。”

“后来，当我冷静地全盘考虑这件事时，可以想象，我对这件突如其来的业务十分惊讶。同时，我也很高兴，因为他所付的酬金至少相当于我所要求的十倍，而且这次任务很可能会带来其他的业务。另一方面，我的主顾的尊容和举止给我留下一个很不好的印象，我觉得他关于漂白土的解释并不足以说明我深夜前去的必要性和他唯恐我对别人谈起这件事的担心。无论怎样，我把一切恐惧抛到脑后，吃完晚饭便驾车前往柏亭顿，恪守着主顾要我守口如瓶的要求。”

“在雷丁，我必须倒车，而且必须更换车站。但是，我恰好赶上了最后一班开往艾津的火车，十一点钟以后到了那个灯光暗淡的车站。我是在那儿下车的唯一乘客，除了一个手提灯笼且显得困乏的搬运工人外，站台上寥无一人。我走出检票口时，发现早上结交的那位主顾正在另一边的暗处等我。他默不作声地攥住我的胳膊，催促我赶快登上一辆敞开着车门的马车。他拉上窗子，敲了敲马车的木板，马就飞速行进了。”

“仅有一匹马吗？”福尔摩斯问道。

“是的，仅有一匹。”

“你记得它的颜色吗？”

“记得，跨进车厢时，我借着边灯瞧见的。是栗色的。”

“看上去无精打采还是充满活力？”

“噢，充满活力，毛色十分光润。”

“谢谢，很抱歉打断了你的话，你的叙述很有趣，请接着讲。”

“就这样，我们上了路，马车至少行驶了一个小时。斯塔克上校说过仅仅七英里远，可我总觉得，将近有十二英里的路程。行程里，他始终默默地坐在我旁边，我几次朝他瞟过去，觉察到他在紧张地盯着我。那个地方的道路不太好走，我们随着颠簸的车子东倒西歪。我尽力看窗外，想知道我们到了哪里。但窗子是毛玻璃的，除了偶尔路过有灯的地方看到朦朦胧胧的亮光外，什么也看不清。我不时地找几句话试图打破旅途的沉闷，但上校却用只言片语来答复我。这样，话便无法谈下去。最后，马车转到砾石路上平稳行驶，接着便停下来。上校跳下马车，我跟在后面，突然他一把将我拉进了在我们面前敞开着的大门。我好像是一跳出马车就进入了大厅，以至于连大致扫视一下房子正面的机会都没有。我一进门，门就砰的一声在我身后重重地关上了。我隐约可听到马车离开时车轮发出的吱吱嘎嘎声。”

“房子里漆黑一片，上校摸索着寻找火柴，并小声地嘟哝着。忽然，走廊另一端有一扇门打开了。一道金色亮光朝我们这个方向射来。灯光愈来愈亮，接着出现一个女人，手里拿着一盏灯，高举在头顶上，朝前探身打量着我们。我看得清清楚楚，她很漂亮，从她那黑色的服装上反射出来的光泽可以看出那是很华丽的衣料。她说了几句外语，好像是在问话。当我的伙伴简单粗暴地回答时，她显得很吃惊，手里的灯差点掉下来。斯塔克上校走上前去对她耳语一番，然后把她推回到房间里。随后他手里提着灯朝我走来。”

“‘请你在这房间里稍等几分钟，’他说着推开了另一个房子。这是一间摆设简单且十分僻静的小房间。中间有一张圆桌，上面散乱地堆着几本德文书。斯塔克上校把灯放在门旁一架小风琴的顶上。‘我不会让你等得太久。’他说着就消失到黑暗中去了。”

“我看着桌子上的书，虽然我不懂德文，但我认出其中有两本是科学论文，其他则是诗集。我跟着走到窗口，想着能看看乡间的景色，可一扇栎木百叶窗关闭得很严，遮住了窗子。房间里静得出奇，一座破旧的钟不知在走廊里什么地方滴滴答答地响着。此外，一切都死气沉沉。一阵不安的感觉逐渐支配了我。这些德国人是干什么的？他们深居在这偏僻的小乡村做些什么？这个地方是哪儿？我只知道这儿离艾津十英里左右，可是连东南西北都分不清。”

“对于这个地方的位置而言，雷丁或许还有其他一些大镇子的位置都是在这个半径所形成的圆的范围之内，所以这儿可能并不是太偏僻。但是，这儿那么寂静，可以确定是在乡间。我在房间里徘徊，低声地哼着小曲来壮胆，觉得我完全是为了挣那五十基尼的酬金来的。”

“在这极静之中，事先没听到一点响声，我房间的门却突然渐渐地打开了。那个女人出现在门缝处，她的身后是黑暗的大厅，我那盏灯所发出的昏黄的灯光照在她热诚而美丽的面庞上。我一眼就看出她惊慌失措的神色，这使我心惊胆战。她哆嗦着举起手指暗示我不要吱声，快速地跟我讲了句蹩脚的英国话。她的眼睛如同一匹受惊的小马，匆匆地朝身后的阴暗处回望。”

“‘假如我是你，我就跑掉了，’她说。看来，她想尽力使自己说得平静些，‘假如我是你，我就跑掉了，我不会留在这里。留下来对你没有什么好处。’”

“‘可是，夫人，’我说，‘我还没做要做的工作呢。看过机器后，我才能离开。’”

“‘别再等了。’她接着说，‘你从这扇门可以出去，谁也不会阻拦你。’她见我微笑着摆手，忽然去除了紧张，往前走了一步，两只手紧紧地握在一起。‘看在上帝的面上！’她轻声说，‘现在还来得及，快点逃！’”

“但我这个人天生固执，在工作时遇到阻碍就会更加努力。想到丰厚的酬金，疲惫的旅行，还有眼前将有的一个很不愉快的夜晚，就让这一切都毫无代价地付诸东流吗？为什么我不完成任务，也不拿到应得的报酬就逃走呢？据我观察，她也许是个偏执狂的女人。因此，虽然她的神态给我的震动超出我所愿意承认的程度，我却十分坚定，依然摇头表明我要留下的意图。她正要再次恳求，只听见楼上有很响的关门声，随后又听到楼梯上的一些脚步声。她听了片刻，双手举起做了一个绝望的姿势，便像来时一样悄无声息地突然消失了。”

“进来的是斯塔克上校和一个身材矮胖、双下巴的肉纹褶上长着栗鼠须的人。

上校向我介绍这就是弗格生先生。”

“‘这位是我的秘书兼经理，’上校说，‘顺便说一下，我记得这扇门刚才是关着的。我恐怕穿堂风吹坏了你。’”

“‘正好相反，’我说，‘是我把它打开的，因为我觉得这房间有点憋闷。’”

“他怀疑地看了我一眼。‘那么，我们开始我们的事吧，’他说，‘弗格生先生和我打算带你到上面去看看机器。’”

“‘我认为最好还是戴上帽子吧。’”

“‘哦，不必了，就在这房子里面。’”

“‘什么？你们在房子里挖漂白土？’”

“‘不，不。这仅是压砖坯的地方。不过这没有关系。我们要你做的只是检查一下机器，并告诉我们是什么毛病。’”

“我们一块儿上了楼，上校在前面提着灯，胖经理和我紧跟其后。这是一座颇像迷宫的古老房子，有很多走廊、过道、狭窄的螺旋式楼梯、低矮的小门，由于几

代人的践踏，所有的门槛都已凹陷了。底层地板上既没有地毯，也没有摆放过瓷器的痕迹，墙上的白灰已经脱落，肮脏的绿色污渍上还在冒着湿气。我故意摆出一副满不在乎的姿态，但是我并没有忘掉那个女人的警告，虽然我没有把它放在心上，但还是留意我的两个伙伴。弗格生看起来是个孤僻寡言的人，可是从他的寥寥数语中可以判断出他至少是一位同病相怜的人。”

“最后，斯塔克上校站在一扇矮门前打开了锁，门里面是一个方形的小房间，我们不能一块进去。弗格生留在外面，上校带我进去。”

“‘我们，’他说，‘实际上我们是在水压机里，我不希望有谁去开动它。这个小房间的天花板，其实是下降活塞的终端，它降落到这个金属地板上时带有好几吨的压力。外面有些横向的小水柱，里面的水受到压力后，就会通过你所熟悉的方式传导和递加所受的压力。机器很容易运转，只是运转得不够灵活，导致一些压力的浪费。请费心查看一下，并告诉我们如何修好它。’”

“我从他手里取过灯，十分彻底地检查那机器。这的确是一台庞大的机器，能够产生巨大的压力。可是，当我到外面往下压操纵杆时，听到有飕飕声，我立刻意识到机器里有细微的裂隙，裂隙能使水经由一个侧活塞回流。检查表明传动杆头上的一个橡皮垫圈皱缩了，所以塞不住在其中来回移动的杆套。显然，这是浪费压力的原因，我向他指出了这一点。他很认真地听着我的话，并问了几个关于如何修好这台机器的实质性问题。对他交代清楚后，我回到机器主室内。在好奇心的驱使下，我细细地打量着这个小房间。只要看一眼就会明白，关于漂白土的故事，完全是谎言。试想，为这么不恰当的目的而设计功效如此之大的机器，简直是荒唐可笑的。房间的墙壁是木头做成的，地板是由一个大铁槽构成的。我看到上面积满了一层金属屑。我弯下腰，正想用手指去挖挖看到底是什么东西，这时听到一声低沉的德语惊叫，同时发现上校的脸像死灰一样正向下望着我。”

“‘你在干什么？’他问。”

“因为上了他的当，我很气愤。‘我正在欣赏你的漂白土，’我说，‘我想假如我知道了使用这台机器的真正目的，不是能给你提供更多的建议吗？’”

“但话一出口，我立刻为自己的鲁莽而后悔。他的脸色变得很难看，灰色的眼睛里透射出邪恶的目光。”

“‘很好。’他说，‘你会知道这机器的一切的！’他后退一步，砰地关上了门，并把锁孔里的钥匙转动了一下。我冲过去使劲地拉把手，但任凭我手推脚踢，门却严严实实，纹丝不动。”

“‘喂！’我大叫道，‘喂，上校！放我出去！’”

“这时，我在寂静之中听到了一种声音，使我的心都要跳出来了。那是杠杆的铿锵声和水管漏水的飕飕声。他开动了机器。我检查铁槽时放在地板上一盏灯，借着它的光我看到漆黑的房顶正摇摇晃晃地逐渐向我压来。我最清楚它的压力足可以在一分钟之内把我碾成肉酱。我尖叫着，用身体撞门，用手指抠锁。苦苦哀求上校，但是我的呼喊被残酷的杠杆铿锵声所吞没。房顶和我的头之间仅剩一两英尺[①]了，我一举手就能摸着那粗糙的坚硬表面。这时，一个念头突然闪过我的心里，临死前的姿势在很大程度上决定一个人死亡时的痛苦。假如我趴着，那么重量就会全都落在脊椎骨上。一想到骨头伴随着可怕的噼啪声被压断，我禁不住浑身颤抖起来。也许另一个姿势会好一些，可是我是否有胆量仰面躺在那里，眼睁睁地看着那一团致命的黑影晃晃荡荡地向我压下来呢？我已经站不直了，突然我的目光落在一件东西上，心里生出了希望的火花。”

“我曾经说过，虽然房顶和地板都是铁的，墙壁却是木头的。在我向周围投以最后的一瞥时，我看到一线微弱的黄色亮光从两块墙板之间透过来。当一小块嵌板被往后推去后，亮光变得愈来愈亮，霎时间我简直不敢相信这儿的确是一扇死里逃生的门。我马上就从那里冲了出去，失魂落魄地躺在墙的另一边。在我身后嵌板又关上了，但是那盏灯的破碎声以及片刻后两块铁板相撞的声音显示了我是怎样在千钧一发时逃脱了险境。”

“我是被人发狂似的拉扯着手腕才苏醒过来的。我发现自己躺在一条狭窄走廊的石头地面上，一个人右手拿着一根蜡烛，并俯下身用左手使劲儿地拉着我。不是别人，她就是那位好心的朋友！当初我是多么愚蠢地无视她的告诫呀！”

“快！快！’她上气不接下气地喊，‘他们就要到这里来了，他们会发现你不在那里。哎呀，可不能再浪费这宝贵的时间啦，快点！’”

“这次，我至少没有无视她的告诫。我跌跌撞撞地站了起来，跟着她沿着走廊跑去，紧接着跑下一条螺旋式楼梯。楼梯下面是另一条宽敞的过道。在我们刚跑

① 1英尺=0.304799999537米

到过道时，我们听到奔跑的脚步声和两个人的喊叫声。一个人在我们刚才待的那一层，另一个在他的下层，两个人上下呼应着。我的向导停下来向四周看看，紧接着她推开一扇门，这扇门通向一间卧室，皎洁的月光从窗户洒落到卧室。”

“‘这是你唯一的机会了，’她说，‘虽然很高，但也许你能跳下去。’”

“我在她说话的时候。过道的终端闪现出灯光。我看到斯塔克上校快速奔来的消瘦身影，他一只手提着灯，另一只手握着一把如同屠夫的切肉刀似的凶器。我拼命跑过卧室，猛地打开窗户向外望去。月光下，花园是那么恬静，芬芳而富有生机，它就在下面最多不过三十英尺的地方。我爬到窗台上，我犹豫了，没有马上跳下去，因为我无法预料我的救命恩人和追赶我的坏蛋之间会发生什么事情。如果她被欺负，无论冒什么危险我也要回去援助她。这个念头刚刚闪现在我的头脑中，他已到了门口，想推开她闯进来，但是她张开两臂抱住他，使劲往后推。”

“‘弗里兹！弗里兹！’她用英文喊，‘记住上次事后你对我许下的诺言。你答应过以后不会再发生这种事情了。他不会说出去的！’”

“‘你疯啦，爱丽斯！’他怒吼着，竭力挣脱她的双臂，‘你会毁了我们的。他知道得太多了。听我说，让我过去！’他把她摔倒在地，跑到窗口，用那把沉重的凶器向我砍过来。此时，我的身体已离开窗子，两手还抓着窗台，当他砍下来时，我感到一阵剧痛，松开手，我便掉到下面的花园里。”

“我只是震荡了一下，没有摔伤，我很快站了起来，拼命向矮树丛中奔去，我知道，我还远没有脱离危险。可是，跑着跑着，我突然感到一阵致命的眩晕和恶心。我瞧了一眼那只疼得不断抽搐的手，才发现我的大拇指被砍掉了，血正从伤口中不断地涌出来。我竭尽全力用手帕把伤口包裹起来，一阵耳鸣后，我昏厥了过去，倒在蔷薇花丛中。”

“不知道我昏迷了多久。时间一定很长，因为当我醒来时，星月早已隐没，正是旭日东升。我的衣服全部被露水弄湿了，袖子浸透了伤口流出的血。疼痛使我回忆起夜里的危险遭遇，一想到追赶我的人，我马上就跳起来。但令我吃惊的是，张望四周，既没房子，也没花园。原来我就躺在紧临公路的树篱笆的角落里，前面不远处有一座长长的建筑物。走近一看，却是昨晚下车的那个车站。如果不是手上吓人的伤口，这一段可怕的时间里所发生的一切也许只是一场噩梦。”

“我迷迷糊糊地走进车站，打听早班火车的时间，得知一小时内将有一趟开往雷丁的火车。我看到值班的还是我去时就在那儿的那个搬运工人。我问他有没有听过斯塔克上校这个人，他似乎对这个名字感到很陌生，我又问他有没有注意到昨天晚上等我的那辆马车，他说没有，问他附近有没有警察局，他告诉我二三英里外有一个。”

“这段距离对像我这样伤疲交加的人来说简直是太远了。我决定回到城里再报警。到城里时才六点稍多一点，我先去包扎伤口。这位医生就陪送我到这里了，我把这个案子托付给你，并将竭尽全力协助你。”

听完这段奇特的叙述后，我们两人沉默地坐了好久。然后，福尔摩斯从架子上拿下一本剪贴报的笨重的大本子。

“这儿有一则广告会令你们感兴趣，”他说，“大约一年前所有报纸都登载过。我念给你听：‘寻人。杰利麦亚·海林先生，现年二十六岁，职业水利工程师，于本月九日晚十时离寓所后下落不明。身穿……’”

“等一下。我想，这说明上一次上校需要对他那台机器进行彻底维修的时间。”

“天呀！”我的病人叫道，“那么这恰恰验证了那个女人说的话。”

“不容置疑。很显然，上校是一个残酷冷漠的亡命之徒，他绝不会让任何东西影响他的行为，与那些彻头彻尾的海盗绝不会在被他们俘获的船上留下一个活人一样。好吧，现在每分钟都很宝贵，因此，我们去艾津的第一步措施是我们得马上到苏格兰场去报案，如果你还能支持得住的话。”

大约过了三个小时，我们一起上了火车，从雷丁前往伯克郡的小村子。一块前往的有福尔摩斯、那个水利工程师、苏格兰场的布雷斯特里巡官，还有一位便衣侦探和我。布雷斯特里把一张本郡的军用地图铺在座位上，急切地用圆规以艾津为中心画了一个圆。

“就在这儿，”他说，“这是以这个车站为中心、十英里为半径画的圆。我们要找的那个地方大约是靠近边线的某个地方。先生，我记得你说的是十英里。”

“马车整整跑了一小时。”

“你认为你是在昏迷之中被他们从那么远的地方运回车站附近的吗？”

“我想是这样的。我隐隐约约地记得是被抬起来运到过什么地方去。”

“我不明白的是，”我说，“他们为什么在发现你昏迷在花园里时会放过了你？那个坏蛋会因为那个女人求情而心软了吗？”

“我觉得不太可能。我还从没见到过比他更冷酷的人。”

“哦，不久就会水落石出的。”布雷斯特里说。

“瞧，我已经画好一个圆，唯一想知道的是在哪一点上能找到我们要找的那个坏蛋。”

“我想我能找出来。”福尔摩斯平静地说。

“当真吗？马上！”巡官叫道，“你已做出判断了！那好吧，让我们看看谁和你有同样的看法。我以为是在南面，因为那一带的乡间极为荒凉。”

“我觉得在东面。”我的病人说。

“我觉得在西面，”那位便衣侦探说道，“那一带有几个十分偏僻安静的小乡村。”

“我觉得在北面，”我说，“因为那一带没有山，我们的朋友曾说过他注意到马车没有上过坡。”

“啊！”巡官笑着喊道，“分歧还挺大。我们兜了一个圈子，你这最关键的一票将投给谁呢？”

“你们都错了。”

“我们是不可能全错的呀！”

“哦，是的，你们都错了。你们听我说，”他把手指放在圆心上，“这就是他们的所在地。”

“可是，那十二英里的路程呢？”哈瑟莱气喘吁吁地说。

“去时六英里，回来时六英里。再没有比这更简单的啦。你也说过，你上马车的时候，那匹马精力充沛、毛色亮泽。假如它已经奔走了十二英里那么难行的路，怎么可能是那种样子呢？”

“确实，很可能是这么一个诡计，”布雷斯特里若有所思地说，“当然，关于这个团伙是什么性质的也就毋庸置疑了。”

“那肯定是毋庸置疑的啦。”福尔摩斯说，“他们是大规模造假币的犯罪分子，他们用那台机器铸造合金以便代替白银。”

“我们察觉有一帮狡猾的坏家伙在干这种勾当有一阵子了。”巡官说，“他们一直在大批量地生产半克朗硬币。我们曾一直追踪到雷丁，但再远就失去线索了，因为他们有掩蔽踪迹的办法。这表明他们是十分精通这行的惯犯。现在，幸亏这个侥幸的机会。他们完了。”

但是这位巡官失算了，这些罪犯没有落入法网。当我们的火车进站时，从附近小树丛后涌上一股巨大的浓烟，好像一片巨大的鸵鸟羽毛高悬在田园上空。

“是不是房子失火啦？”当火车出站时，布雷斯特里问。

“是的，先生。”站长回答说。

“什么时候起火的？”

“据说是晚上起火的，但是火势越来越猛，现在已成一片火海了。”

“那是谁家的房子？”

“柏赫医生的。”

“告诉我，”工程师插话说，“柏赫医生是德国人，瘦骨嶙峋，鼻子又尖又长，对吗？”

站长大笑：“不，先生，柏赫医生是英国人，在我们这个教区没有谁比他穿得更讲究。据我所知，像是有位先生和他生活在一起，那位先生是外国人，也是个病人，不过似乎你请他饱餐一顿上好的牛排，他也不会感到油腻。”

站长的话音未落，我们已匆忙往失火的方向奔去了。这条路直通一座小山顶。一座高大的白灰粉刷的建筑物出现在我们面前。每扇窗、每条缝都在向外喷射着火舌，前面花园里三辆救火车尽力想把火势压下去，却毫无效果。

“就是这里！”哈瑟莱激动地喊，“看这沙石路！那边就是我躺过的蔷薇花丛。我就是从第二扇窗口跳下来的！”

“那么，”福尔摩斯说，“至少你的仇已经报了。毫无疑问，是你的油灯被机器压碎后烧了木板墙。显然他们在追赶你的时候太激动了，所以当时没发现。现在，你仔细看看，人群里有没有昨天晚上的那几位朋友？不过，恐怕最起码他们现在已走出一百英里了。”

福尔摩斯的担心是事实。从那时到现在，无论那位漂亮女人，那个险恶的德国人，还是那乖僻的英国人，没有谁知道他们的行踪。当天清早，一位农民遇到过一辆载着几个人和几只沉重的大箱子的马车，朝着雷丁的方向飞驶。但这些亡命之徒逃到那儿后便销声匿迹了，甚至足智多谋的福尔摩斯也没有发现有关他们去向的蛛丝马迹。

消防队员们发现房子里的奇特布置，很伤脑筋。更使他们不安的是在三楼的一个窗台上发现了一截刚被砍下的大拇指。大约在太阳下山时才终于控制了这场大火。但房顶已被烧塌，整个现场已变成一片废墟，除了一些弯曲的汽缸和铁管子外，那台让我们的不幸朋友付出巨大代价的机器没有遗留下任何痕迹。在一间附属的外屋里有大量镍锭和锡锭，却没有发现硬币。也许这种情况可以说明为什么先前提到那些沉重的大箱子。

如果不是那块松软的泥土留下清楚的足迹，我们的水利工程师是怎么从花园里被送往他苏醒时的那个地方可能永远都是个谜，显然他是被两个人抬过去的。一个人的脚格外小，另一个人的脚却异常大。总之，那个沉默寡言的英国人很可能不像他的同伙那样胆大狂妄，或者说没有他那么凶狠。是他帮那个女人把不省人事的人抬离危险之地的。

当我们坐上火车重返伦敦的时候，我们的这位工程师沮丧地说："唉，对我来说，这真是件倒霉的事。我失去了大拇指，失去了五十基尼的报酬，可又得到了什么呢？"

"经验！"福尔摩斯笑着说，"你要知道，间接地说这或许是有价值的。只要这件事一传出去，今后你的事务所就会赢得很好的声誉。"

贵族单身汉案

圣西蒙勋爵的婚事以及它那离奇的结局，早就不再是这位不幸的新郎所处的上流社会圈子里那些人们感到有兴趣的话题了。新的丑闻及其更加刺激的详细情节已经使四年前这一戏剧性的事件更加不值得人们提及。然而，由于我有理由认为这个案件的全部真相从未向公众透露，并且我的朋友夏洛克·福尔摩斯在弄清这件事情的过程中做出过重大的贡献，所以，我觉得如果不对这一不寻常的事件做一个简单的叙述，那么对他的业绩的任何记录都将是不完整的。

那还是我结婚前的几个星期，当时我和福尔摩斯一起住在贝克街。一天午后，福尔摩斯散步回来，看到桌上有他的一封信。那段时间我整天待在家里，那天突然开始下雨，加上秋风阵阵。我的胳膊又隐隐作痛了，因为作为当年参加阿富汗战役的纪念品，那颗阿富汗步枪子弹，一直残留在里面。我躺在一张安乐椅上，把双脚搭在另一张椅子上，把自己埋身在报纸堆里。直到最后，脑袋里面全是当天的新闻，我才丢开报纸，懒洋洋地躺在那里。看着桌上那封信的信封上端的巨大饰章和交织字母，心里揣测着是哪位贵族给我的朋友写了这封信。

“这儿有一封非常时髦的书信。”他进屋时我说，“如果我记得没错的话，你早晨的那些来信是一个贩鱼的和一个海关检查员写的。”

“对，我收到的来信中大都具有引人入胜的地方。”他笑着回答，“通常越是出身卑微的人的来信越是有趣，可是这封信看来又像是一张不受欢迎的、社交上用的传票式的信，不是让你感到厌烦就是让你要说谎才行。”

他拆开信封，浏览了信的内容。

“噢，你来瞧，看起来还是一件有趣的事呢。”

“那么，不是社交来信了？”

“不，显然是业务性的”

“委托人是一位贵族？”

“英国地位最高的贵族之一。”

“哦，老兄，祝贺你。”

“华生，实话对你说，对我来讲，委托人的社会地位没有什么大不了的，我的兴趣更多地在他的案情上。不过很有可能，在这个新案件的调查中，关于他的社会地位的情况也是不可忽略的。你一直在仔细地看最近的报纸，对吗？”

“看起来似乎如此。”我指了指角落里那一大堆报纸沮丧地说，“我没有别的事可做。”

“真幸运，也许你可以告诉我一些关于这件事的最新情况。我是除了犯罪的消息和寻人启事外，别的一律不看的。寻人启事总是能提供丰富的信息，给人以有益的启发。你已经留心了最近发生的事，一定看到过关于圣西蒙勋爵和他的婚礼的消息吧？”

“噢，是的，我是带着极大的兴趣来阅读这个消息的。”

“很好，我手中这封信就是圣西蒙勋爵写来的，我给你读一读，而你一定要再翻一翻这些报纸，然后让我知道关于这件事情的消息。”信是这样写的：

亲爱的夏洛克·福尔摩斯先生：

巴克沃特勋爵告诉我，你的分析力和判断力绝对值得信赖。因此，我决定登门拜访，就与我的婚礼相关的令人痛心的意外事情向你请教。苏格兰场的雷斯垂德先生已经受理了这一案件。但是他明确地告诉我，他没有理由拒绝你的合作。他甚至认为你的合作可能会有所帮助。我将在下午四点造访，届时你若另有安排，我希望你稍后仍能和我见面，因为我这件事情至关重要。

你忠实的圣西蒙

“这封信是从格罗夫纳大厦发出的，用鹅毛笔书写的，这位尊敬的勋爵不小心在他右手小指的外侧沾上了一滴墨水。”福尔摩斯一边叠信一边说。

“他说四点钟来。现在三点，还有一个小时。”

“在你的帮助下，我还来得及弄明白这件事情。请你翻一下这些报纸，把有关的摘录按时间顺序排好，我来查一下我们这位委托人的相关资料。”他从壁炉架旁的一排参考书中取出一本红色封面的书。

“就在这儿了，”他说着坐下来，把书放在膝盖上翻开，“罗伯特·沃尔辛厄姆·德维尔·圣西蒙勋爵，巴尔莫拉尔公爵的次子。哟！勋章，天蓝的底色，黑色中带上三个铁蒺藜。生于1846年，现年41岁，正是结婚的年龄。在上届政府中担任过殖民地事务大臣。那位公爵，他的父亲曾经任过外交大臣。他们都继承了安茹王朝的血统，是它的直系后裔，母系血统为都铎王朝。哈！这些都没有什么价值。华生，我想还是请你给我提供一些更有用的情况吧。”

“我毫不费力地就找到了想要的情况。”我说，“事情发生不久，我的印象很深。但是，我没敢告诉你，因为我知道你手上正有一件案子，而你又不喜欢受到别

的事情的打扰。”

“噢，你指的是格罗夫纳广场家具搬运车那件小事情吧？现在已经彻底弄清楚了，实际上从一开始就是显而易见的。请你把在报纸上搜集到的结果告诉我吧。”

“这是我能找到的第一则消息，登在《晨报》的启示栏里。日期是，你看，几周以前。”

据说一场婚礼已经安排妥当，如果传闻属实，婚礼将在近期举行。巴尔莫拉尔公爵的次子罗伯特·圣西蒙勋爵，将与美国加利福尼亚州旧金山阿洛伊修斯·多兰先生的独生女哈代·多兰小姐缔结秦晋之好。

“简明扼要。”福尔摩斯说着，把他那又瘦又长的脚向火炉旁挪了一下。

“就在同一周，一份社交界的报纸对此有一则更加详细的报道。哦，就在这儿。”

婚姻市场上将很快出现要求保护性政策的呼声，因为当前正在泛滥的自由贸易式的婚姻政策，对我们的英国同胞十分不利。大不列颠名门望族的公子王孙们，一个接一个地被来自大洋彼岸的美女所掌控。就在上周，那些被掠走的、被他们认为胜利品的名单上，又添上了一位重量级的人物。20多年来从未坠入情网的圣西蒙勋爵已经明确地宣布，他不久即将同加利福尼亚百万富翁的、令人一见倾心的女儿哈代·多兰小姐结婚。多兰小姐是个独生女，她优雅的体态和惊人的美貌在韦斯特伯里宫的庆典宴会上引起了人们的极大注意。据传闻，她的嫁妆价值将远远超过六位数。估计还有可能更多。近年来巴尔莫拉尔公爵不得不出卖自己的藏画，这早已是公开的秘密了，而圣西蒙勋爵除去伯奇穆尔荒地那一点微薄的产业外却一无所有，所以，这位加利福尼亚的美女通过这次联姻，使她轻而易举地由一个共和党人一跃而成为大不列颠的贵妇。显然，这不只是她这一方面占有便宜。

“还有别的什么吗？”福尔摩斯打着呵欠问道。

“有，多着呢。《晨邮报》上另有一则消息说：婚礼将尽量从简，并预定在汉诺佛广场的圣乔治大教堂举行。届时将只邀请很少的几位至亲好友参加。婚礼结束后，新婚夫妇及其亲友将返回阿洛伊修斯·多兰先生在兰开斯特盖特租用的寓所。两天后，也就是上星期三，有一个简单的通告，宣布婚礼已经举行，新婚夫妇的蜜月将在彼得斯菲尔德附近的巴克沃特勋爵别墅度过。这就是新娘失踪以前的所有报道。”

“什么以前？”福尔摩斯吃惊地问道，“这位女士失踪以前？那么，她是在什么时候失踪的呢？”

“在婚礼后，吃早餐的时候。”

“的确比原先所想象的有趣多了。事实上，也是非常戏剧性的。”

“是的，之所以引起我的注意，正是由于它不同寻常。”

“新娘们的失踪往往是在婚礼仪式举行之前，当然偶尔也有在蜜月期间失踪的。但是，我还想不起有哪一件像这一次这么及时的。快把细节都给我说一说。”

“我可先得说明，这些材料还很不完整”

“也许我们可以把它们联系起来。”

“正是这样，昨天的晨报上有一篇比较详细的介绍，我给你读一读。标题是《上流社会婚礼中的奇怪事件》。”

“在罗伯特·圣西蒙勋爵婚礼后发生的不幸事件，使他们一家沉浸在惊恐之中。正如昨天报纸上简要的报道所说，婚礼是在前天上午举行的。直到目前，才有可能对流传的各种奇怪传闻加以证实。尽管当事各方设法掩盖，但这件事已经引起了公众的极大关注。所以，对已经成为公众谈资的事故意不加理睬，是很不明智的。”

“婚礼是在汉诺佛广场的圣乔治大教堂举行的，仪式十分简单，尽可能低调。除了新娘的父亲阿洛伊修斯·多兰先生、巴尔莫拉尔公爵夫人、巴克沃特勋爵·尤斯塔斯勋爵、克拉拉·圣西蒙小姐（新郎的弟弟和妹妹），以及艾丽西亚·惠延顿夫人外，没有别人参加。婚礼后，一行人就前往兰开斯特盖特的阿洛伊修斯·多兰先生的寓所。这里早已准备好了早餐。这时好像有一个女人（目前尚不知其姓名）引起了一点麻烦。她跟在新娘及其亲友后面，试图强行闯入寓所，并声称她有权向圣西蒙勋爵提出要求。经过长时间的纠缠，管家和仆役才把她赶走。幸好，这时新娘已经进入室内与亲友一起共进早餐了。可是她突然感到身体不适，回到了自己的房间，她离去后很久没有返回。人们开始议论起来，于是她父亲便去找她。据她的女仆说，她只在卧室停留了片刻，就穿了一件长外套，戴着一顶无边软帽，急匆匆地下楼到走廊去了。另外有一个男仆说，他也曾看见一个这样打扮的太太离开寓所，但不敢相信那就是他的女主人，还以为她仍然和大家在一起。阿洛伊休斯·多兰先生在确定女儿失踪后。立即和新郎一起联系警方，目前警方正在大力调查，这件离奇的事件有望很快水落石出。不过，直到昨天深夜，失踪的新娘仍然下落不明。于是关于这件事出现了很多谣言，甚至有人认为新娘可能已经遇害。据说警方拘留了那个引起麻烦的女人，认为她有可能因为妒忌或者其他原因而与新娘的离奇失踪有关。”

“就这些了吗？”

“另一份晨报上虽然只有一条很短的消息，却很有启发性。”

“内容是——”

“弗洛拉米勒小姐，就是肇事的那个女人，已经被逮捕。她好像以前在阿利格罗当过芭蕾舞演员，结识新郎已经多年。其他再没有更多细节了。现在单就报纸上发表的信息而言，你已经掌握了全部案情。”

“看起来确实是一件很有趣的案子。我无论如何不能放过它。好像门铃响了，四点过几分钟，我可以肯定是我们那位出身显贵的委托人来了。华生，不要想离开，因为我很想有一位见证人，哪怕仅仅为了检验一下我的记忆力。”

“罗伯特·圣西蒙勋爵到了。”我们的仆童推门进来报告。

进来一位相貌惹人喜爱的、显得很有教养的绅士，长着一双惯于发号施令的人们所特有的神色镇静的眼睛，眼睛睁得大大的，鼻子高高的，嘴角显出一点生气的样子，面色苍白。他举止敏捷，但给人一种外表与年龄不相符的印象。走路时背有点驼，膝有点弯，脱下帽檐高高卷起的帽子时，可以看到头部周围的头发已经灰白，顶上有点秃。他的穿着过分考究，几乎算是浮华。黑色的大礼服、高高的硬领、白背心、黄色手套、漆皮鞋和浅色的绑腿。他慢慢走进房间，眼睛在屋里扫了一转，右手晃动着系金丝眼镜的链子。

“你好，圣西蒙勋爵。”福尔摩斯站起身来，鞠了一躬说，“请坐在这张藤椅上。这位是我的同事和朋友，华生医生。来，往火炉前靠近一点，我们谈谈这件事情吧。”

“你可以想见，这件事对我来说是十分痛苦的。福尔摩斯先生，我已经焦头烂额了。我知道你处理了不少类似的案子，尽管你以前那些案子的委托人的社会地位和这次的案子不能相提并论。”

“不能相提并论？喔，对，这一次委托人的社会地位下降了。”

“对不起，请再说一遍。”

“我上次案子的委托人是一位国王。”

“噢，真的吗？我没料到，是哪位国王？”

“斯堪的纳维亚国王。”

“什么，他的妻子也失踪了吗？”

“对不起，”福尔摩斯和蔼地说，“就像我承诺对你这件事保密一样，对其他委托人的事情我也得保密。”

“当然，这很对，很对，请原谅。对于我这个案子，我打算把一切有助于你判断的情况毫无保留地告诉你。”

“谢谢，我已经看了报纸上的全部报道，我想知道是否可以认为这些报道全部属实，例如这篇关于新娘失踪的报道。”

圣西蒙勋爵快速看了一下说：“是的，这篇报道全部属实。”

“但是，任何人在做出判断之前，都需要了解大量的补充材料，我想我可以直接向你问一些我想知道的情况吧？”

“好的，请问吧。”

“你第一次见到哈代·多兰小姐是在什么时间？”

“一年以前，在旧金山。”

“你正在美国旅行？”

“是的。”

“当时你们订婚了吗？”

“没有。”

“开始友好的往来了吗？”

“我为能与她交往而感到高兴，她也能明白这一点。”

“她的父亲十分富有？”

“据说是大洋彼岸最有钱的人。”

“他是怎样发财的呢？”

“开矿。几年前，他还一无所有。后来，他突然挖到了金矿，于是投资开发，从此飞黄腾达，成为了暴发户。”

“现在谈谈你对这位年轻的女士——你的妻子——的印象如何。”

这位贵族眼镜上的链子晃动得更快了一点，他不转眼地盯着壁炉：“你知道，福尔摩斯先生，直到我的妻子二十岁了，她的父亲才发财。在这之前，她自由地在山上或树林里游荡，所以，她所接受的教育，与其说来自于老师的传授，不如说来自于大自然的熏陶。按照我们英国人的说法，她就是一个野孩子。性格泼辣、粗野而又任性，不受传统习俗的约束。她是个急性子，我甚至想说有一点暴躁，她轻率地做出决定，干起事来不顾后果。另一方面，如果不是看在她是一位高贵的女人的份上，我是绝对不会让她享受我所拥有的高贵的称号的。我相信她能够做出英勇的自我牺牲，任何有损名誉的事情都是她所深恶痛绝的。”

“你有他的照片吗？”

“我随身带着。”

他打开一个小盒子，让我们看到了一位非常漂亮的女人的整个面容。那不是一张照片，而是一个袖珍象牙雕像。艺术家充分表现了她那光亮的黑发、又大又黑的眼睛和樱桃小嘴的感染力。福尔摩斯仔细地看了画像很长时间，才递还给圣西蒙勋爵。

“这位年轻的小姐来到伦敦后，你们又重叙旧情吗？”

“是的，她父亲带她来参加这一次伦敦的岁末社交活动。我和她见了几次，然后我们订了婚。”

“我听说她带来了十分丰厚的嫁妆。”

“嫁妆十分丰厚，不过与我们家族的通常情况差不多。”

“既然婚礼已经举行了，这份嫁妆自然应该归你了？”

“我的确没问过这件事。”

“这是自然。婚礼前一天你见过多兰小姐吗？”

“见过。”

“她的精神好吗？”

“比以往任何时候都好，一直在谈着我们在未来的生活中应该做些什么。”

“真的，非常有趣。那么结婚那天早上呢？”

“她高兴极了，至少在婚礼结束前都是这样。”

“那么你注意到她后来有什么变化吗？”

“噢，说实话，后来我注意到我以前从未见过的第一个反常情况。她有点急躁，但那是一件小事，根本不值得一提，并且绝不可能与这个案子有什么关联。”

“尽管如此，还是请你说一说吧。”

“唉，真是有点孩子气。当我们走向教堂的法衣室的时候，她手里的花束掉了。当时她正走过前排的座位，花束就掉在座位前。稍微过了一会儿，座位上的先生把花束捡起来递给她，花束应该完好如初。但是，当我和她谈起这件事时，她的回答十分生硬，在回家途中，坐在马车里，她好像仍因为这件小事而心神不安。”

“你说前排坐着一位先生，那么当时教堂里还有一些人吗？”

“哦，是的，在教堂开门时，不可能不让他们进去。”

“这位先生是不是你妻子的朋友呢？”

“不会，不会，我把他称为先生是出于礼貌，他只是一个很平常的人，我几乎没有注意到他的外貌。但是，我想，我们真的谈得离题太远了。”

“圣西蒙夫人婚礼结束回来时，远没有她去时那么心情愉快。那么，当她回到她父亲的寓所时，她做了些什么事？”

“我看到她和她的女佣人说话。”

“她的女佣人是什么人？”

“名叫艾丽丝，美国人，和她一起从加利福尼亚来。”

“一位忠心的佣人？”

“这样说有点过分，看起来她对她的女主人很随便，不讲什么礼仪。当然，在这一点上，他们美国人的观念与我们不同。”

“她和这位艾丽丝谈了多长时间？”

“哦，几分钟，我当时正在思考其他的事情。”

“你没有注意到她们谈话的内容吗？”

“她提到了关于强占别人土地的事情，她习惯于说这样一些美国俚语，我听不懂她指的是什么。”

“美国俚语有时候是非常形象的，那么你妻子在婚礼结束、与佣人谈话后又干了些什么事情呢？”

“她走进了吃早餐的房间。”

"你挽着她的手进去的吗？"

"不，她独自一人。她向来不在乎这些小节。在我们坐下大约十分钟后，她突然站起来，说了几句道歉的话，就离开了房间，再也没有回来。"

"但是，我听说，她的佣人艾丽丝作证时说，她出去时在婚礼服外穿了一件长外套，戴着一顶无边软帽。"

"就是这样，后来有人看见她和弗洛拉·米勒一起走进海德公园，弗洛拉就是那天早上在多兰寓所制造了一点麻烦的那个女人，她现在已经被拘留了。"

"啊，是的，关于这个年轻的女人，我想知道一些更详细的情况，以及她和你的关系。"

圣西蒙勋爵耸耸肩，眉毛一扬说："我们已经交往许多年了，是非常友好的关系。她过去常在阿利格罗。我待她不薄，她对我应该没有什么可抱怨的。不过，福尔摩斯先生，你也知道女人就那么一回事。弗洛拉是一个可爱的小东西，但性子很急。而且狂热地爱恋着我。当她听说我要结婚时，给我写过几封可怕的信。说实话，我就是怕万一在教堂里出丑，才决定悄悄举行婚礼的。她刚好在我们回来时来到多兰先生的门口，尽力往里闯，用难听的话辱骂我的妻子，甚至威胁她。但是，我预先估计到发生这种事的可能性，所以在那里安排了两个便衣警察，他们很快就把她赶出去了。当她知道吵闹不会有什么结果时，就平静下来了。"

"你妻子听到这些了吗？"

"没有，谢天谢地，她没有听到。"

"后来，有人看到她恰好是和这个女人一起走的。"

"是的，这正是苏格兰场的雷斯垂德先生把这件事看得如此严重的原因。他认为弗洛拉把我妻子骗了出去，并设下了某种圈套。"

"噢，这也是一种可能的推测。"

"你也这么认为？"

"我并没有说可能就是这样，而你自己也并不认为有这种可能吧？"

"我认为弗洛拉是连一只苍蝇都不会伤害的。"

"但是，妒忌有时候是可以神奇地使一个人的性格发生改变的。请你告诉我，你自己是怎么分析这件事的呢？"

"哦，真的，我来这里是寻求答案的，而不是提出自己见解的，我已经把全部的事实告诉你了。既然你问我，我也许可以说说我的想法。我觉得我妻子可能是因为这件事的刺激，加上她意识到她的社会地位突然提高了那么多，就造成她的精神有点儿错乱。”

“简单地说，她突然精神错乱了？”

“哦，真的，我考虑到她居然抛弃了我。但是，这是那么多女人想得到而又得不到的，我不能做出其他的解释。”

“噢，当然，这也是一种可能的假设。”福尔摩斯微笑着说，“现在，圣西蒙勋爵，我想我几乎掌握了全部的资料。我想再问一个问题，坐在你们的早餐桌边是不是就能看到窗外的情况？”

“我们可以看到马路的对面及公园。”

“正是如此。我想我不必再耽误你更长时间了，我会再跟你联系的。”

“但愿你有足够的运气来解决这个问题。”我们的委托人站起来说。

“我已经解决了。”

“哦？什么？”

“我说我已经解决了这件案子。”

“那么，我妻子在哪儿呢？”

“那是我很快就能提供的一个细节。”

圣西蒙勋爵摇了摇头。

“这件事恐怕需要一个比你和我更聪明的脑袋。”他说着，行了一个庄严的老式鞠躬礼就走出去了。

“圣西蒙勋爵居然把我的脑袋和他自己的脑袋相提并论，真是太荣幸了。”福尔摩斯说着笑了起来，“我想经过这么长时间的询问，我需要来一杯威士忌和一支雪茄烟才行。在我们的委托人进门前，我对这个案子就已经做出了结论。”

“亲爱的福尔摩斯，你真是太厉害了。”

“我有好几个类似案件的记录，只不过，就像我前面说过的那样，没有一个像这一个这么干脆。我的全部调查进一步肯定了我的推测。旁证有时候是很有说服力的。正如梭洛所说，就像你在牛奶里发现了一条鳟鱼一样。”

“但是，你所听到的我也听到了呀？”

“然而，你却缺乏对我起了很大作用的以往案件的知识。若干年前在阿伯丁发生过一个类似的案子。普法战争后一年，慕尼黑又发生过一个非常类似的案子。这又是这类案件的一个，但是……雷斯垂德来了。下午好，雷斯垂德，餐具柜上有一只特大号酒杯，盒子里有雪茄烟。”

这位官方侦探身穿粗呢大衣，带一条老式领带，一身水手打扮。手提一只黑色帆布提包，简单地问候了一声就坐下来，接过一根雪茄烟点了起来。

“出什么事了？”福尔摩斯眨了眨眼睛问道，“你好像不太顺心。”

“确实很不顺心，就是圣西蒙勋爵婚事这件倒霉的案子，我到现在还一点头绪都没有。”

“真的吗？你让我感到太吃惊了。”

“谁听到过像这样糟糕的案子呢？好像每一条线索都从我的手中溜过去了。我整天都忙于这件事情。”

“看起来把你全身都弄湿了。”福尔摩斯一只手搭在他那粗呢大衣的胳膊上说。

“是的，我正在塞彭廷湖里打捞。”

“天哪，你在打捞什么呢？”

“打捞圣西蒙勋爵夫人的尸体。”

福尔摩斯仰靠在椅子上大笑起来：“你应该没有在特拉德尔加广场的喷水池里打捞过吧？”

“什么？你这是什么意思？”

“因为你在那里找到这位女士的机会和在其他地方一样多。”

雷斯垂德生气地瞪了我的同伴一眼，大声说：“你好像什么都知道似的。”

“嗯，我刚听说了这件事情。不过我已经做出判断了。”

“哦？真的？那么你认为塞彭廷湖与这件事情无关了。”

“我认为一点关系都没有。”

“那么，请你解释一下我们在那里找到的这些东西是怎么一回事？”他一边说一边打开他的包，把一件波纹绸的婚礼服、一双白缎子鞋和一顶新娘花冠及面纱乱七八糟地倒在地板上。这些东西都浸透了水，并褪了色。

“还有，”他说着又把一枚崭新的结婚戒指放在这堆东西的上面，“福尔摩斯先生，请你来解决一下这个难题吧。”

“噢？真的吗？”我的朋友说着把一个个蓝色的烟圈吐向空中，“这就是你从塞彭廷湖中捞上来的东西吗？”

“不，是一个园丁发现的，当时它们正在湖边漂着。我们已经确定就是她的衣服。我认为既然衣服在那儿，尸体一定在附近不远。”

“根据你这个推理。每个人的尸体都可以在他的衣柜附近找到。请问你想通过这个得出什么结论？”

“有证据表明弗洛拉米勒与这个失踪案有关。”

“恐怕你很难找到这样的证据。”

“现在，你真的这样想？”雷斯垂德生气地叫起来，“福尔摩斯先生，恐怕你的演绎和推理不那么实用吧？在几分钟内你就犯了两个错误。这些衣服确实与弗洛拉米勒小姐有关。”

“怎么讲。”

“衣服上有个口袋，口袋里有个名片盒，名片盒里有张便条，看就是这张。”他说着把便条扔到面前的桌子上，“我读给你听。”

一切准备好之后，你会看到我，然后你马上就来。

F·H·M

“现在我可以肯定圣西蒙勋爵夫人是被弗洛拉米勒骗走的。显然，她和她的同谋者应该对这件失踪案负责。这就是那张用她的名字的首字母签名的便条，一定是她在门口悄悄递给这位夫人，以诱使她落入其控制。”

“太好了，雷斯垂德。”福尔摩斯笑着说，“你真了不起，让我看一下。”

他漫不经心地拿起那张纸条，但他的注意力马上又被吸引住了，并且高兴地叫起来：“这真的非常重要。”

“哈哈，你也发现它重要了。”

“是的，非常重要，祝贺你。”

雷斯垂德得意地站起来，又低头看了一眼，失声地叫起来：“天哪，你看反了。”

“不，我看的才是正面。”

“那才是正面，你简直疯了，这儿才是用铅笔写的便条。”

“哦，这里，你看，这里看起来是一张旅馆的账单，我感兴趣的是这个。”

“我已经看过了，那上面什么有价值的内容都没有。”雷斯垂德说，“10月4日，房间8先令，早饭2先令6便士，鸡尾酒1先令，午饭2先令6便士，葡萄酒8便士。这能说明什么问题呢？”

“虽然你看不出什么，但它们仍然十分重要。至于说便条，也十分重要。或者说至少这些首字母的签名是很重要的。”

“我已经浪费了太多的时间。”雷斯垂德说着站起来，“我相信艰苦的工作，而不相信在壁炉边编出来的理论。再会，福尔摩斯先生，还是让我们看看谁先把事情弄清楚吧。”

他收拾起东西把它们塞进提包，向门口走去。

“给你一点暗示吧，雷斯垂德。”在对手出门之前，福尔摩斯无精打采地说，“我可以告诉你这件事情的真相，圣西蒙勋爵夫人是个神话式的人物。过去、现在都不存在这样一个人。”

雷斯垂德忧郁地看了我的同伴一眼，再转过头来瞧了瞧我，轻轻地在前额上拍了三下，摇了摇头，迅速离开了。

雷斯垂德刚关上身后的们，福尔摩斯就站起来穿上外套。

“这家伙说的户外工作还有点道理。”他说，“所以我想，华生，我必须把你单独留下看一会儿报纸了。”

福尔摩斯离开我的时候是五点多。但是我一点儿也没觉得孤独，因为还不到一个小时，就有两个点心铺伙计送来一个平底的大盒子。打开盒子后，我十分惊奇地看到一份十分丰盛的冷食晚餐摆在我们寒酸的住所的餐桌上：一对山鹬，一只野鸡，一块肥鹅肝饼和几瓶陈年老酒。这一切摆好之后，那两位不速之客，说了声他们只是按吩咐送来这里的，就像精灵一样突然消失了。

刚到九点，福尔摩斯就迈着轻快的步子走进房间。他表情严肃但两眼有神，这使我相信他的结论没有让他失望。

“好的，他们已经把晚餐摆好了。”他搓着手说。

“你好像在等待客人的到来。他们摆了五份。”

“是的，我相信，会有客人顺便来访的。”他说，“我很奇怪，圣西蒙勋爵为什么现在还没有到来。哈哈，我敢肯定我已经听到他上楼的脚步声了。”

来的果然是圣西蒙勋爵，眼镜上的链子晃得比上次更厉害，贵族的面容上显出不安的神情。

“收到我的信了吗？”福尔摩斯问道。

“是的。我承认信的内容让我太震惊了，但是你有证据吗？”

“我有充分的证据。”

圣西蒙勋爵像只泄了气的皮球一样坐在椅子上，一手扶着前额。

“不知道公爵大人听说他儿子受到这样的羞辱会说些什么呢？”福尔摩斯自言自语地说。

“不，我认为这不是羞辱，只是一场误会。”

“啊？你能持这种观点就对了。我看不出有谁应该受到责备。虽然这位小姐处理这件事的方法有点突然，但是，我难以想象她还能找到别的什么更聪明的方法。没有母亲在身边，又没有人能为她出点主意，她也只能这样了。”

“这是蔑视，公然的蔑视。”圣西蒙勋爵用手指敲着桌子说。

“你必须得原谅这位可怜的姑娘，她的处境是别人没有经历过的。”

“我绝不可能原谅，我确实非常生气，我被可耻地玩弄了。”

“我好像听到门铃响了。”福尔摩斯说，“对，楼梯口有脚步声。如果我不能说服你对这件事宽容的话，圣西蒙勋爵，我请来了一位比我更能说服你的人。”

他打开门，让进来一位女士和一位先生。

“圣西蒙勋爵。”他说，“请允许我介绍，这位是弗朗西斯·海·莫尔顿先生和他夫人。这位女士，我想你是见过的。”

一看到新进来的人，我们的委托人就从椅子上一跃而起，笔直地站在那里，双眼下垂，一只手插进大礼服的前胸里，一副受到伤害的样子。那位女士向前走近几步，向他伸出手。但他还是不愿抬起头来看她一眼，这样做可能是为了表示他的决心，因为她那恳求的眼神是难以拒绝的。

“你生气了，罗伯特。”她说，“是的，我想你是有理由生气的。”

“你用不着向我道歉。”圣西蒙勋爵满怀妒忌地说。

“哦，是的，我知道我伤害你太深了。在我出走之前本来应该给你说一声，但是当时我心里有点乱，从我在这里又看到弗兰克的那一刻起，我就不知道自己说了些什么，又做了些什么。我真是感到有点奇怪，我当时居然没在圣坛前昏倒。”

“莫尔顿太太，你也许希望在你进行解释的时候，我和我的朋友离开一会儿吧？”

“如果我可以谈谈我的看法的话，”莫尔顿先生说，“我觉得在这件事情上，我们保密得已经太过分了。对我来说，倒真愿意整个欧洲和美洲的人们都能听到事情的真相。”

说话的这位先生瘦长结实，皮肤黝黑，脸刮得很干净，面部轮廓分明，言谈举止机警而不失礼仪。

“那么，我现在就把我们的故事给你们说说吧，”那位女士说，“我和这位弗兰克是1884年在洛杉矶附近的麦圭尔营地认识的，那时我父亲已经在经营一个矿场了。我和弗兰克订了婚。后来有一天我父亲突然挖到一个金矿，发了财，可是与此同时，可怜的弗兰克的矿脉却越来越小，以致完全消失。我父亲越来越富，弗兰克却越来越穷。所以，为了不让我们的婚姻继续下去，父亲就把我带走到了旧金山，虽然如此，弗兰克却不愿意就此放弃。所以他随后就到了那里，并且我们瞒着我父亲偷偷约会，因为如果让父亲知道的话只会让他生气，于是我们就自己进行了安排。弗兰克说，他要出去发一笔财，直到像我父亲一样有钱才回来娶我。我也答应等他一辈子，只要他还活着，我就不嫁人。‘那么，我们为什么不马上结婚呢？’他说，‘那样我就放心了。’就这样，我们商量好了。他把一切安排妥当，请来一位牧师为我们举行了婚礼。之后弗兰克就出去开始创业，而我又回到了父亲身边。”

“后来我听说弗兰克到了蒙大拿，又到亚利桑那探矿。之后我又听说他到了墨西哥。那以后报纸上有一篇关于一个矿工营地遭到亚利桑那州印第安人袭击的长篇报道，我的弗兰克竟然在死亡者的名单之中。我看后晕了过去，接着卧病数月。父亲以为我得了绝症，带我寻访了旧金山半数以上的医生。一年多来，我再也没有听到弗兰克的任何消息。所以只好接受弗兰克真的死了这个事实。后来，圣西蒙勋爵去了旧金山，我就和他来到伦敦，定下了婚事。父亲非常高兴，但是我总觉得我的心已经给了我可怜的弗兰克，世界上再没有任何男人可以取代他在我心中的位置。”

“虽然如此，如果我真的嫁给了圣西蒙勋爵的话，我当然会对他尽一个妻子的义务。我们虽然不能勉强爱情，但可以约束自己的行为。当我和勋爵一起走向圣坛时，我满心的希望就是尽可能作好他的妻子。但是你们可以想象，正当我走到圣坛栏杆前的时候，我一回头，突然看到弗兰克站在第一排看着我，我当时是一种怎样的感觉。起初我以为是他的鬼魂现身，但是当我再看时，他仍然在那儿，眼里露出几分疑惑，似乎在问我，见到他到底是高兴还是难过。我奇怪自己怎么就没有昏过去，我只感到天旋地转，牧师的话我一个字也没听清，只觉得像蜜蜂一样在耳边嗡嗡作响。我不知道该怎么办。难道我应该打断仪式的进行，在教堂里闹出一场风波吗？我又看了弗兰克一眼，他好像知道我在想什么，因为他把食指放在唇边，示意我不要出声。然后我看见他在一张纸上草草写了几个字。我知道他一定是写给我的。在出来经过那排座位时，我故意让花束落到地上，他在拾起花束递过来的时候悄悄把纸条塞给了我。上面只有一行字，让我收到他发出的信号就跟他走。当然，我绝不怀疑我要做的是向他尽一个妻子的义务，所以我决定完全按他的要求做。”

“回到寓所后我就告诉了我的女佣人。她和弗兰克在加利福尼亚就认识，并且一直是好朋友。我叫她什么都不要说，清理好东西，准备好我的外套。我知道我应当向圣西蒙勋爵说明一下，但是我实在难以在他母亲和那些大人物面前开口。所以只好下定决心，先不辞而别，以后有机会再解释。在就餐桌上坐了还不到十分钟，我就透过窗子看到弗兰克在马路的另一边向我招了招手，然后就走进了公园。我穿戴好我的东西溜出来跟上他。这时有个女人给我说了一些关于圣西蒙勋爵的事情，据她所说他似乎在结婚前也有一点自己的秘密。但是我设法摆脱了她，很快赶上弗兰克。我们一起上了马车，来到他在戈登广场租下的寓所。经过这么多年的等待，这一回我才算真正结婚了。弗兰克在亚利桑那州被囚禁过，后来他逃了出来，到旧金山后听说我以为他死了，并且知道我已经到了英国。他追到这里，终于在我举行第二次婚礼的这天早上找到了我。”

“我是在一张报纸上看到的。”这个美国人解释说，“报纸上有教堂的名字，但没有提到女方的住址。”

“然后我们就讨论接下来该怎么办，弗兰克主张完全公开，但是我羞于面对这一切，我希望自己就此销声匿迹，再也不见到他们中的任何一个人，只是给我父亲留张字条表明我还活在人间就行了。一想到那些爵士、夫人们还围在餐桌旁等我回去，我心里就忐忑不安。为了给人们一种假象，不让他们找到我，弗兰克把我的结婚礼服和其他东西捆成一包，扔到了一个没人知道的地方。如果不是这位好心的福尔摩斯先生今天晚上找到我们的话——虽然我不知道他是怎样找到我们的——明天我们可能就在巴黎了。他善意而又明白地指出，弗兰克是对的，而我错了。如果我们一直保密下去，将有可能犯很严重的错误。然后，他愿意给我们提出一个单独和圣西蒙勋爵谈话的机会，所以，我们立刻来到他的房间。好了，勋爵，现在你什么都知道了。对于我给你带来的伤害，我感到十分抱歉。希望你不要把我想得太卑鄙。”

圣西蒙勋爵一点也没有放松他那僵硬的姿势，而是皱着眉头，紧绷着嘴唇，一直听完这冗长的叙述。

“对不起。”他说，“这样公开讨论我个人的私事，我是很不习惯的。”

“那么，你不肯原谅我了？你不愿在我走以前和我握一下手吗？”

“哦，当然可以，如果这样做能让你感到高兴的话。”他伸出手来，冷淡地握了一下她伸过来的手。

“我本来希望，”福尔摩斯提议说，“你能和我们一起共进一次友好的晚餐。”

“我觉得你的要求有点过分了，”圣西蒙勋爵回答说，“我可以被迫默认最近发生的事情，但我不可能会感到高兴。我想如果你们允许的话，我现在就祝大家晚安。”

他很快地向我们鞠了一躬，就昂首阔步地走出了房间。

“那么，我相信至少你们夫妇会给我这个面子吧。”福尔摩斯说，“结识一个美国人，总是令人愉快的。莫尔顿先生，包括我在内许多人相信，多年前的一位君主的愚蠢行为和一位大臣的错误，将不会影响我们的子孙在某一天成为同一个世界大国的公民，在这个国家的国土上飘扬着米字旗和星条旗。”

“这是一件非常有趣的案子，”我们的客人离开后，福尔摩斯说，“因为它非常清楚地说明这件在开始看起来几乎无法解释的事件，后来解释起来是那么简单。没有任何事情比这位女士所叙述的事情发生的先后次序更自然的了。但是，在另一些人看来，比如在苏格兰场的雷斯垂德先生看来，就没有什么事情比这件事情的结局更离奇的了。”

“那么，你的思路就一点儿也没有错过吗？”

“一开始，就有两件事情十分清楚，一是那位女士本来是非常愿意举行婚礼的，二是她是在回家后只有几分钟时间就反悔了。显然，一定是在早上发生了什么事情使他改变了主意。可能是什么事情呢？出门后，她不可能与任何人说过话，因为新郎一直陪着她。那么她是不是看到过什么人呢？如果有，这个人一定来自美国，因为她来英国的时间很短，不可能有谁对她产生这么大的影响，以致只是看了一眼就能让她彻底改变像结婚这样重大的计划。你看，经过不断的排除，我们已经可以得到一个结论。她可能看到了一个美国人，那么，这个美国人可能是谁呢？为什么会对她产生那么大的影响呢？可能是她的情人，也有可能就是她的丈夫。我知道，她年轻时是在艰难而又奇特的环境中度过的。在听到圣西蒙勋爵的叙述前，我只知道这么多。后来，勋爵告诉我下面这些情况：新娘看到坐在第一排的一个男人后，态度有了变化。从手里掉下花束，显然是为了索取字条之类的东西。求助于女仆以及提到强占别人土地（这在采矿者的行话中是指占据别人原有的探矿权），这是一个很有深意的暗示。这样，整个案情就明朗起来。她跟一个男人走了，这个男人不是他的情人便是她过去的丈夫，丈夫的可能性更大。”

“那么，你是怎么找到他们的呢？”

“本来可能是非常困难的，可是我的老朋友雷斯垂德先生手中已掌握了很有价值的线索，然而他自己却不知道。那个姓名的首字母固然重要，但是那个结账单却更为关键，因为这说明他们在一周之内曾经在伦敦一所最高档的旅馆结过账。”

“你怎么推断出是在最高档的旅馆呢？”

“根据昂贵的价格：8先令一个床位，8便士一杯葡萄酒，显然那是一家最高档的旅馆。在伦敦收费这么高的旅馆并不多。我在诺森伯兰大街问到第二家旅馆时，就在登记簿上发现有一位名叫弗朗西斯·莫尔顿的先生，刚刚在一天前离开。在查看他名下的账单时我又恰好看到雷斯垂德给我们看过的账目。在留言簿中，这位先生要求把他的信件转到戈登广场226号。我赶到那里，幸运的发现这对爱侣正好在家。我以长辈的身份向他们提出建议，并指出，无论从哪个角度来说，他们都应该向公众，特别是圣西蒙勋爵，把他们的处境解释清楚。我邀请他们来这儿与勋爵见面，正如你所见到的一样，我使他遵守了约会。”

“但是，结局不够理想，”我说，“他未免太不够大度了。”

“哈哈，华生，”福尔摩斯笑着说，“如果是你经过求婚、订婚、结婚等一系列麻烦之后，却发现顷刻之间妻子、财产都不翼而飞了，你恐怕也大度不起来。我想我们也不必过于苛求圣西蒙勋爵，并且希望我们自己不要有一天也落到同样的地步。请把椅子挪近一点，把我的小提琴递给我。现在我们还需要考虑如何才能消磨这以后的凄凉秋夜呢。”

（吴陈 译）

绿玉皇冠案

一天早晨，我站在凸肚窗前欣赏街景。

“福尔摩斯，”我说，“有个疯子正朝着咱们这儿过来了。多么可怜，他家里人竟然放心让他独自跑出来。”

我的朋友懒洋洋地从扶手椅里站了起来，双手插在晨衣兜里，向我的背后望过去。这是一个晴朗、清澈的二月早晨。地面上前一天下的厚厚积雪，在冬日的阳光下反光厉害。堆在贝克街马路中心的雪，被来往车辆辗出一条带状的轮迹，呈现出灰褐色。但是，在人行道两旁堆着的高高的雪，却仍然像刚下时那样洁白。灰色的人行道虽然已经被人清扫过，不过还是很滑。路上的行人比平常少很多。实际上，从大都会车站方向朝这边走过来的，除了这位因行为古怪而引起我注意的、孤零零的先生外，就再也没有别人了。

这个人约莫五十岁，身材高大，脸庞丰腴，仪表堂堂，相貌非凡。他的衣着色泽虽显暗淡，但仍难掩奢侈时尚。他身穿一件黑色大礼服，头戴一顶有光泽的帽子，脚穿一双优雅的、有绑腿的棕色高筒靴，珠灰色的裤子剪裁也很考究。然而，与他端庄尊贵的外形相比，他的行动却显得有些滑稽。因为他正在拼命地跑着，偶尔还要小小地蹦跳几下，极像一个已经感到很疲惫的人努力打败别人后再在他身上蹦跳的样子。当他跑的时候，双手机械地上下挥动着，脑袋也晃来晃去的，使他的面部表情看起来像在抽筋一般，显得很难看。

“他到底怎么了啊？”我忍不住问道，“他在查看这些房子的门牌号码呢。”

“他是在找我们这儿。”福尔摩斯搓着手说。

“找我们这儿？”

“是的，通过他的表现，我想他是来问我一些和我职业有关的事情的。呵！我不是刚对你说过吗？”正当我们说着，那个人已经气喘吁吁地冲到我们的门口，使劲地按门铃，声音大到整栋楼都能听见。

不一会儿，他已经到我们房间里了，仍然喘着粗气，两手比画着手势，两眼充满了忧郁和失望。见此情形，我们收起笑容，他使我们感到震惊和同情。一时他还说不出话来，身子颤动着，两手抓着头发，俨然一个失去理智的人。突然，他跳起来将头向墙壁用力地撞去，吓得我们两人赶紧一起把他拉住，拖到房间的中间。福尔摩斯将他按到一张摇摇椅上坐下，自己坐在旁边，轻拍着他的手安抚着他，并开始熟练地和他聊了起来。福尔摩斯的声音很有磁性，语调很轻松，能给人以很大的安全感。

“你到我这儿来是为了要说你的事情，是吗？”他说，“你那么匆忙地一路跑来一定累了，请稍微休息一下，等你缓过劲儿来，我会很高兴地倾听、研究你提出的任何小问题。”

那个人坐了一两分钟，胸部剧烈地起伏着，极力把情绪稳定下来。然后他用手帕擦了擦额头，抿着嘴，转身面朝我们。

他说：“你们一定以为我是疯子吧？”

“我猜，你肯定是遇到了棘手的问题。”福尔摩斯说。

“天晓得我遇到了什么麻烦！……它来得如此突然，又如此可怕，完全让我失去了理智。我可能要受到公众的羞辱，哪怕一直以来我留给别人的印象都是毫无瑕疵的。家家有本难念的经，这是命中注定的。但祸不单行，这可怕的两桩事居然同时降临，简直把我弄得六神无主。退一万步讲，如果这件事仅仅影响我一个人倒也还好，可万一这件事得不到解决，将牵连到我国那位高高在上的人！”

“先生，请你冷静一下，”福尔摩斯说，“让我们先弄清楚你是谁，你究竟出什么事了。”

“我的名字，”我们的客人回答到，“你们也许听说过的，我是针线街霍尔德-史蒂文森银行的亚历山大·霍尔德。”

这个名字我们的确听说过，他是伦敦城里第二家最大私人银行的主要股东。

究竟是什么事情会使他——伦敦一位第一流公民——落到如此地步呢。我们十分好奇，等待着他再缓过劲来讲述他的遭遇。

“我觉得时间很宝贵，”他说，“所以当警厅巡官建议我寻求你们帮助时，我就一刻不敢耽误地赶来了。因为马车在雪地上行驶很慢，所以我先乘地铁，然后再快步赶来贝克街的。我刚才气都喘不过来，因为我平时缺少锻炼。现在我觉得好一点了，我尽量简单明了地把事情的来龙去脉告诉你们。”

“你们应该都知道，一家银行要想有所成就，它就必须依靠有力的投资，同时还要能够增加业务联系和增加存户的数目。最能获利的方法之一是，在绝对可靠的担保之下把钱放贷出去。这几年来我们做了很多这样的生意，许多有头有脸的人都用他们珍藏的名画、图书或金银餐具作为抵押，向我们贷了很大数额的款项。”

“昨天上午，我在银行办公室里时，有个职员递给我一张名片。光上面的名字就把我吓了一跳。这个人的名字，哪怕是给你们讲，我也最多只能透露它是全世界家喻户晓的，一个在英国最崇高最尊贵的名字。他一进来，我简直受宠若惊。当我正想对他的莅临表示感激时，他却一本正经地跟我谈起正事来，像是布置给他的他极不愿意处理的任务，想要赶紧结束它。”

“‘霍尔德先生，’他说，‘我听说你们常办贷款业务。’”

“‘如果抵押品值钱的话，我行是会办理这种业务的。’我回答说。”

“‘我急需马上得到五万英镑。’他说，‘当然，这只是一笔小数目，我原本可以从我的朋友那里借到哪怕十倍于它的数额，但是我选择把它当一桩正事来办，而且要由我亲自来办。你应该明白，以我的身份，随便接受别人提供的好处是不好的。’”

“‘我想冒昧地问一下，你什么时候能还呢？’我问。”

“‘下星期一我有一大笔钱要到期收回了，到时我绝对可以归还这笔借款的，不论利息多少，只要在合理的范围内。但对我来说最关键的是，我必须马上得到这笔钱。’”

“‘我本应很高兴地用我私人的钱借给你的，这样你也就不必要办理任何手续，’我说，‘但是如果这样的话，没有可支配的钱我的生活将陷入困境。另外，如果要公事公办的话，为了保证我的合伙人的利益，即使是你也必须按要求提供相应价值的物品作为担保。’”

“‘我倒宁愿你这样做。’他说着便把放在他座椅旁边的一只黑色四方形摩洛哥皮盒端了起来，‘你肯定听说过绿玉皇冠吧？’”

“‘这是我们帝国最贵重的一件公共财产。’我说。”

“‘一点不错！’他打开盒子，那衬托在柔软肉色天鹅绒上面的，就是他所说的那件华丽珍贵、灿烂夺目的珍宝。”

“他接着说：‘这里有39块大绿宝玉，上面的镂金雕花就是无价之宝。这顶皇冠最低的估价也要值10万英镑。我准备把它放在你这里作为抵押。’”

“我把这贵重的盒子拿在手中，有些不知所措地把眼光从盒子转向这位高贵的委托人。”

“‘你怀疑它的价值吗？’他问。”

“‘一点儿也不。我只是拿不准……’”

“‘至于我将它留在这里是否合适，这你尽可放心。如果我没有把握在四天之内能把它赎回的话，我连做梦也不会想到这样做的。这纯粹是一种形式而已。它作

抵押够吗？’”

“‘太够了。’”

“‘霍尔德先生，你要明白，根据我打听到关于你的一切，我这样做是因为充分相信你。我托付于你的不仅仅是要小心谨慎，而且要避免因此而产生的任何流言蜚语，最重要的还是要对这顶皇冠采取一切可能的防范保护措施，因为如果它受到任何损坏，不用说，肯定会造成一起众人关注的大丑闻。它也不能受到任何的损坏，因为这些绿玉是独一无二的，损坏几乎等同于整个丢失一样严重。要想替换它们也是不可能的。我现在无限信任地把它留在你这里，星期一上午我将亲自前来赎回。’”

“见到我的委托人急于离去，我不便再说什么，马上叫来出纳员取了50张票面一千英镑的钞票给委托人。当我再次独自一人在办公室时，看着放在我面前桌子上的这只贵重的盒子，想到需要承担这样巨大的责任，我不免感到有点忐忑不安。毫无疑问是因为它是一件国宝，倘若它遭到任何意外，随即而来的必定是可怕的公愤。我已经开始后悔当时同意负责保管它，然而既然没办法改变了，我只好将它锁在我的私人保险箱里，然后继续工作。”

“到了傍晚时分，我觉得把这么贵重的东西放在办公室里不太安全。在此之前，银行的保险箱曾经被人撬过，万一轮到我的保险箱被撬呢？万一出了这种事，我就吃不了兜着走了！因此我决定在随后的几天，上下班都随身带着这只盒子，让它和我寸步不离。这样决定之后，我就雇了一辆马车带着这件珍宝回到在斯特里特哈姆的家中。”

“我将它拿到楼上，锁在我起居室的大柜橱里，这才松了一口气。”

“福尔摩斯先生，现在我来介绍一下我家里的情况，因为我希望你对整个情况有个全面的了解。我的马夫和听差是睡在房子外面的，这两个人可以完全撇开不谈。我有三个女佣人，她们照顾我多年，都是绝对可靠的，这个也毋庸置疑。另外，有一个叫露茜·帕尔的侍女，虽然在我家里只服侍了几个月，但是她很优秀，我对她非常满意。她是个非常漂亮的姑娘，有时会引来一些爱慕者在周围转来转去，这是我们发现她身上唯一的不足之处。但是无论从哪方面讲，我们都绝对相信她是个好姑娘。”

“关于仆人方面的情况就是这些。我的家庭很简单，不用花许多时间来介绍。

我是个鳏夫，只有一个独子阿瑟。我对他很失望，福尔摩斯先生，真叫人难过啊。这都是我的错。人家都说是我宠坏了他，很可能是这样。在我爱妻去世后，我觉得只有他一个人是我应该疼爱的，甚至只要看见他有一丁点儿不高兴我都受不了。我对他从来是有求必应的。如果以前我对他严格些，也许对我们俩都要好些，但我所做的一切都是为他好。”

“自然地，我希望他将来继承我的事业。可是他不是那块料，放荡而任性。说实在的，我甚至不敢放心让他经手大笔的款项。虽然他还年轻，但已经是一家贵族俱乐部的会员，在那里他举止风流潇洒，很快就成为一批挥霍成性的富家子弟的亲密朋友。他学会在牌桌上下大赌注，在赛马场上乱花钱，还时不时跑来求我预支给他零花钱去还赌债。他不止一次试图和他那帮损友断绝来往，但是在他的朋友——乔治·伯恩韦尔爵士——的怂恿下，他又一次次地被拉了回去。”

“而且，像乔治·伯恩韦尔爵士这样的人能够影响他，我一点也不感到奇怪。我儿子经常带他到家里来，我觉得连我自己有时都会被他的翩翩风度所迷惑。他比阿瑟年纪大，是一个十足的玩世不恭的人。他哪儿都去过，什么都见过，能说会道，并且品貌不俗。但是当撇开他外表的魅力，冷静地想想他的为人时，他那冷嘲热讽的谈吐，以及我觉察到的他看人的眼神，都使我意识到他是个完全不能相信的人。我是这样想的，小玛丽也这样想，她有一种女性天生的善于洞察一个人气质的本领。”

“说到这里，现在只剩下玛丽一个人的情况需要说一说了。她是我的侄女。五年前我兄弟去世了，将孤苦伶仃的她遗留在这世界上。我收养了她，并一直把她当作我的亲生女儿对待。她是我家里的阳光——温柔，可爱，美丽。她也很会管理和操持家务，而且具有妇女应有的那种文雅恬静、极其温顺的气质。她是我的左右手，没有她我都不知道该怎么办。只有一件事她违背了我的意愿，那就是我的儿子实在是真心爱她，两次向她求婚，但是都被她拒绝了。我想，如果说有谁能够把我儿子引导到正路上来的话，那就只有她了。我想他婚后的全部生活将会有所改变。可是现在，唉，已经是不可挽回了，永远不可挽回了。”

“福尔摩斯先生，现在你对我家里所有的人都了解了，下面我把这件不光彩的事继续讲给你听。”

“那天晚上我吃过晚饭后在客厅里喝咖啡，就把这件事讲给阿瑟和玛丽听，并且告诉他们那件珍贵的宝物现在就在屋子里，我只是把委托人的名字瞒着没提。我肯定露茜·帕尔在端来咖啡以后就离开了房间，但是她出去时是否将门带上了我就不敢肯定了。玛丽和阿瑟听了很感兴趣，并且表示很想见识见识这顶著名的皇冠，但是我想还是别去动它为好。”

“‘你把它放在哪里了呢？’阿瑟问。”

“‘在我自己的柜子里。’”

“‘哦，但愿夜里不会被偷走。’他说。”

“‘柜子锁上了。’我回答说。”

“‘唉，那个柜子随便什么旧钥匙都能打开的。我小时候用厨房食品橱的钥匙打开过它。’”

“‘他常常说话轻率，所以他说些什么我是很少在意的。那天晚上他跟着我到我的房间里，脸色十分沉重。’”

“‘爸爸，’他垂着眼皮说，‘你能不能给我200英镑？’”

“‘不，不可能！’我严厉地说，‘在金钱方面我先前对你都过于慷慨了！’”

“‘你向来是极其仁慈的，’他说，‘我非得有这笔钱不可，否则我将没有脸面再进出那个俱乐部了！’”

“‘那再好不过了！’我嚷着。”

“‘是的。但是，你不会让我灰溜溜地离开它吧？’他说，‘那么丢脸的事我可忍受不了。我必须设法筹到这笔钱。如果你不肯给我，那我就只得想其他的办法了。’”

“我当时非常生气，因为这是这个月里他第三次向我要钱了。‘你别想从我这里得到哪怕一便士。’我大声说。于是他鞠了一躬，一言不发地离开了房间。”

“等他走后，我将大柜橱打开，查看我的宝物是否安然无恙，然后我再把柜子锁上。接着我开始到房子各处巡视，看看是否一切安全，没有差错。平时这是玛丽的工作，但我想当晚最好我亲自巡视巡视。当我下楼时，我看见玛丽一个人在大厅的边窗那儿，我走近她时，她把窗户关上并插上了插销。”

“‘告诉我，’她神情似乎有些慌张地说，‘是你允许侍女露茜今天晚上外出的吗？’”

“‘当然没有。’”

"'她刚从后门进来。我想她刚才一定是到侧门去见了什么人，我认为这样很不安全，必须制止她。'"

"'明早你一定要给她说说。假如你希望我去说的话，那我就去。你确定各处都关好了吗？'"

"'十分确定。'"

"'那么，晚安！'我亲了亲她便上楼到卧室去了，不久便睡着了。"

"我尽可能将所有一切讲给你听，福尔摩斯先生，也许这跟案件有关系。如果我哪一点没讲清楚，请你务必提出来。"

"刚好相反，你讲得非常清楚。"

"现在到了关键的那部分情节了。我是个睡不沉的人，又因为装着心事，所以我睡得比平时还易惊醒。大约在凌晨两点钟的时候，我被屋里的响声惊醒了。我还没完全清醒，那声音就没有了，感觉似乎某个地方有一扇窗户轻轻地关上的声音。我侧着身子全神贯注地听着。忽然间，隔壁房间里传来了清晰的、轻轻走动的脚步声，使我害怕不已。我带着恐惧悄悄下了床，从起居室的门缝向那个方向看过去。"

"'阿瑟！'我尖叫起来，'你这个流氓，你这个贼！你居然敢碰那顶皇冠！'"

"我放在那里的煤气灯还半亮着，我那不争气的孩子就站在灯旁，手里拿着那顶皇冠，身上只穿着衬衫和裤子。他似乎正使出全身力气在扳它，或者说是在拗着它。听到我的叫声，他手一松，皇冠落到了地上，他的脸像死灰。我赶紧把皇冠抢过来一一检查，发现有一个金质的边角处的三块绿玉不见了。"

"'你这混蛋！'我气得发飙地嚷了起来，'你把它弄坏了！你将让我丢一辈子的人！你偷走的那几块宝石哪儿去了？'"

"'偷？！'他叫了起来。"

"'是的，你这贼！'我边吼边使劲地摇着他的肩膀。"

"'没有丢掉什么啊，不可能丢掉什么的。'他说。"

"'这里有三块绿玉不见了。你知道它们在哪里！你非要我说你不但是贼而且还是个骗子吗？你不是正想把另外那块绿玉也扳下来吗？'"

"'你骂够了没，'他说，'我已经忍无可忍了。既然你认定是我偷，这件事我不想再提。明天一早我就会离开你到别处去谋生。'"

“‘你一定会落到警察手里的！’我气急败坏地喊着，‘这件事我要追究到底！’”

“‘你休想从我这里了解到任何情况。’我想不到他竟一反常态地激动着说，‘如果你想报警，那就让警察去搜吧！’”

“因为我愤怒的大声吼叫，全家都被惊动了。玛丽第一个冲进我的房间，一看见皇冠和阿瑟的脸色，她就觉察到了事情的全部，只听她一声尖叫，随即昏倒在地。我立刻派女佣去报警，请他们马上进行调查。一位长官带着一名警员进屋来，阿瑟交叉着两臂悻悻地站着，问我是不是打算控告他偷窃。我回答他说，既然这顶弄坏了的皇冠是国家财产，这就不是私事而是一桩公事了。我不得不决定，一切都遵照法律行事。”

“‘至少，’他说，‘你不会马上让他们逮捕我吧？如果你肯让我离开这间屋子五分钟，我们双方都将受益。’”

“‘这样你就可以逃之夭夭了对吧？也许可以将偷的东西藏起来。’我说。这时我意识到我的处境多么的可怕，我恳求阿瑟，要他知道这关系到的不仅是我，更关系到一位比我高贵得多的人的荣誉，他有可能制造一桩震惊全国的丑闻。但是他可以使这一切不发生，只要他告诉我，他将那三块绿玉藏到哪儿了就成。”

“‘你也应该正视这件事，’我说，‘你被抓了现行还抵赖，这会加重你的罪行，现在你唯一能做的补救办法就是告诉我们你把绿玉藏哪儿去了，那么一切我都可以原谅，过去的事一笔勾销。’”

“‘将你的宽恕留给那些向你恳求宽恕的人吧。’他轻蔑地笑答道，转身离开了。我看他已经固执到不能用任何言辞感动的地步，没有别的办法，只好叫那位长官进来将他看管起来，并立刻作了全面搜查。他的身上，他所住的房间以及屋里他可能藏宝石的每个地方都搜查遍了，但是都没有发现宝石的痕迹。尽管我们威逼利诱，可他还是一句话也不肯讲。今天早上他就被送进了牢房。我在办完了警方要求我办的一切手续之后，便急忙赶到这儿来求你帮忙调查争取早日破案。警察坦言他们目前还一无所获。关于钱，你放心，任何你认为必要的花费都尽管花，我已经悬赏1000英镑。天啊，我该怎么办啊！一夜之间我就同时失去了我的信誉，我的宝石和我的儿子。啊！我该怎么办呢？”

他双手抱着脑袋，全身不停颤抖，像是一个有说不出痛苦的孩子在自言自语。

福尔摩斯静静地坐了几分钟，皱着眉头，两眼凝视着炉火。

“你平时接待很多客人吗？”他问。

“也就我的合伙人和他的家人，偶尔还有阿瑟的朋友。乔治·伯恩韦尔最近来过几次。我想没有别的什么人了。”

“你常出去参加社交活动吗？”

“阿瑟常去。玛丽和我待在家里。我们俩都不想去。”

“对于一个年轻姑娘来说，这倒是很少的啊！”

“她生性安静。并且，她也已不是很年轻了，她已经二十四岁了。”

“这件事，照你所说，好像也使她很震惊。”

“非常震惊！她可能比我还要震惊。”

“你们俩人都认为你儿子有罪吗？”

“这还有什么好怀疑的呢？我亲眼看见皇冠在他手里。”

“我不认为这是确凿的证据。皇冠的其余部分损坏了没有？”

“嗯，皇冠被扭歪了。”

“那么你是否这样想过，他或许是想将它弄直？”

“哦！上帝保佑！你是在竭力为他说话吧？但是这个理由太难令人信服了。他究竟在那里干什么？如果他是无辜的，为什么不解释清楚呢？”

“正是这样。如果他有罪的话，为什么不随便编个谎言？他的沉默在我看来有两种解释。这案子有几个奇怪的地方。对于把你从睡梦中惊醒的声音，警方是怎么认为的？”

“他们认为这可能是阿瑟关卧室门的声音。”

“说得倒像呢！好像一个存心作案的人非得大声关门把全家吵醒不可似的。那么，对这些宝石的失踪，他们是怎么说的？”

“他们此刻还在敲打地板，搜查家具，希望能找到它们。”

“他们有没有考虑去房子外面搜搜看？”

“考虑了，他们劲头十足，把整个花园都翻了个底朝天。”

“说到这里，亲爱的先生，”福尔摩斯说，“这不是很明显地告诉你这件事比你或警察起初所想的要复杂得多吗？在你们看来这只不过是一桩简单的案件，但在我看来它似乎特别复杂。看看你们的分析都是一些什么：你猜想你的儿子从床上下来，冒着很大的风险走到你的起居室，打开你的柜子，取出那顶皇冠，用很大的力气从上面扳下一小部分，再到别的什么地方，把39块绿玉中的3块用任何人都无法发现的巧妙办法藏了起来，然后带着其余的36块回到房间里来。现在我来问你，这个假设站得住脚吗？”

“可是，还能作别的什么假设呢？”这位银行家做出一个失望的姿态无奈地说着，“要是他没有不良动机，那他为什么不解释清楚呢？”

“这正是我们要做的工作，把事情弄清楚。”福尔摩斯回答说，“所以现在，霍尔德先生，如果你愿意的话，我们就一起动身到你斯特里特哈姆的家里去，花上一个小时更周密地查看一下。”

我的朋友坚持要我陪同他们一起去调查，正好我也希望一同去，因为刚才听到的陈述深深地激起了我的好奇心和同情心。我承认，对这银行家的儿子是不是罪犯这点，我当时和这位不幸的父亲想法一样，都认为是很明显的；但是，对福尔摩斯的判断力我仍然抱有十足的信心，既然他对已为大家所接受的解释不满意，那么一定有某种理由表明这事情还有希望。在去南郊的整个路程中，他一言不发地坐着，下巴贴到胸口上，帽子拉下来遮住了眼睛，沉浸于深深的思考之中。我们的委托人，由于有了一线新希望，顿时有了新的勇气和信心，他甚至有一句没一句地和我聊起他业务上的一些事情。我们坐了一会儿火车，再步行一段很短的路程，就到了这位大银行家住的不太豪华的费尔班寓所。

费尔班是一所相当大的、用白石砌成的房子，离马路有点远。一条双行道沿着一块积雪的草坪，一直通到紧闭着的两扇大铁门。右面有一小丛灌木，与一条狭窄的、两旁有小树篱的小径相连，这条小径从马路口一直通到厨房门，成为零售商的进出小道。在左边有一条小道通到马厩，这条小道不在庭院之内，而是一条并不常用的公共马路。福尔摩斯让我们站在门口，他自己慢慢地绕房步行一周，经过屋前，沿着小贩走的小道，再绕到花园后面，进入通往马厩的小道。他来回走了很长一段时间，霍尔德先生和我索性进屋，在餐室的壁炉边等候他。当我们正沉默地坐着的时候，房门被人推开了，一位年轻的女士走了进来。她身高中等以上，身材苗条，漆黑的头发和眼睛在她苍白的皮肤衬托下显得分外的黑。我想不起曾几何时见到过脸色如此苍白的妇女。她的嘴唇也是毫无血色的，眼睛却因哭泣而红肿。她静悄悄地走进来，给我的印象是，似乎她的痛苦更甚于银行家今早所感受到的，因为她显然是一位个性很强、具有极强自制力的女人，这就显得更加引人注目。她不顾我的存在，径直走到她伯父跟前，以女人的温情抚摩着他的头。

“你已经命令将阿瑟释放了，是吗？”她问。

“没有，没有，我的姑娘，这件事必须追查到底。”

“但是我保证他是无辜的。你懂得女人的第六感是怎么回事。我知道他没有做什么错事。你这样严厉地对待他，你是要后悔的。”

“那么，如果他是无辜的话，为什么不作解释呢？”

“谁知道呢？也许他是因为你竟会这样怀疑他而感到恼怒。”

“我怎么能不怀疑他呢？当时我确实看见那顶皇冠在他手里拿着。”

“他只不过是将它拾起来而已。哦，相信我的话吧！他是无辜的。这件事就这样算了吧，不要再提它了。想到我们亲爱的阿瑟被抓进了监狱，多么可怕啊！”

“找不到绿玉我决不罢休——决不，玛丽，因为你对阿瑟有感情，所以你看不到它给我带来的严重后果。我绝不能就这样善罢甘休，我从伦敦请了一位先生来，要更深入地调查这件事。”

“是这位先生？”她转过身来看着我问道。

“不，是他的朋友。他要我们让他一个人走走。他现在正在马厩那条小道那边。”

“马厩那条小道？”她的黑眉毛向上一扬，“他奢望能在那里找到什么？哦，我想这就是他吧。我相信，先生，你一定能证明我所说的是真的，那就是我的堂兄阿瑟真的是无辜的。”

“我完全同意你的看法，而且我相信，有你在，我们就能证明这一点。”福尔摩斯一边答话，一边走回擦鞋垫上把鞋底下的雪蹭掉，“很荣幸能和玛丽·霍尔德小姐谈话。我能否问你一两个问题？”

“先生，如果能对澄清这件可怕的事有帮助的话，请随便问吧。”

“昨天夜里你没听见什么吗？”

“没有，只听见我的叔父大声说话，我就下来了。”

“你昨晚将门窗都关上了，可是有没有将所有的窗户都关上呢？”

“都关上了。”

“今天早上这些窗户是否都还关着？”

“都还关着。”

“你有个女仆，她有个情人吧？我知道你昨晚曾经告诉过你伯父，说她出去跟他见面来着。”

“是的，就是那个在客厅里侍候的女仆，她也许听见了叔叔谈到关于皇冠的话。”

“我明白，你的意思是说，她可能出去将这件事告诉了她的情人，也许是他们俩密谋盗窃了这顶皇冠。”

“但是，这些空洞的理论有什么用？”银行家不耐烦地嚷了起来，“我不是对你讲过我当时亲眼看见阿瑟手里拿着那顶皇冠吗？”

“不要着急，霍尔德先生。我们必须弄清这件事。霍尔德小姐，关于这个女仆，我想你是看见她从厨房门附近回来的，是吗？”

“是的，当我去查看那扇门有没有关好时，我碰见她偷偷地溜进来。我也看见那个男人在暗地里。”

“你认识他吗？”

“噢，我认识！他是给我们送蔬菜的菜贩。他的名字是弗朗西斯·普罗斯珀。”

“他站在门的左侧，”福尔摩斯说，“也就是说，远离需要进入这个门的路上？”

“是的，是这样。”

“他还是一个装有木头假腿的人？”

这位年轻小姐富于表情的黑眼珠突然显得有点害怕。

“你真像个魔术师啊！”她说，“你怎么知道这个？”

她当时面带笑容，但是福尔摩斯瘦削而热切的脸上没有讨好对方的笑容。

“我很想现在就上楼去。”福尔摩斯说，“我很可能还要到房子外边再走一趟，也许我在上楼之前最好再看看楼下的窗户。”

他很快地从一个个窗户前走过，只是在那扇可以从大厅向外望到马厩小道的大窗户前停了一下。他打开这扇窗户，用随身携带的高倍放大镜非常仔细地检查窗台。最后他说：“现在我们可以上楼去了。”

这位银行家的起居室是一间布置简朴的小房间，地上铺着一块灰色地毯，放着一个大柜橱和一面长镜子。福尔摩斯先走到大柜橱跟前，紧盯着上面的锁。

“哪把钥匙是开这个锁的？”他问道。

“就是我儿子说的那把开贮藏室食品橱锁的钥匙。”

“它在你这里吗？”

“就是放在化妆台上的那把钥匙。”

福尔摩斯把它拿过来打开大柜橱。

“这是一把无声的锁，难怪它没有吵醒你。”他说，“这只盒子，我想就是装那个皇冠的。我们必须看一看。”

他打开盒子，将皇冠取出来放在桌子上。这是一件华丽的珠宝工艺品，那36块绿玉是我从未见过的最精美的玉石。皇冠的一边有一道裂口，一个角上有三块绿玉被扳掉了。

“现在，霍尔德先生，”福尔摩斯说，“这个边角和那丢失绿玉的边角是对称的。我请你试一试，看能否将它掰开。”

那银行家惊慌地往后退了几步：“我连做梦也不敢去掰它。”

“那么我来试试，”福尔摩斯猛然使劲去掰它，但是纹丝不动。

“我觉得它有点松动，”他说，“虽然我的手指特别有劲，但要掰开它也很费事。一个普通人是不可能把它掰开的。好了，霍尔德先生，如果我真的掰开了它，会是什么情况呢？那就会发出像枪响一样的声音。你敢说，这一切是发生在仅离你床几步之遥的地方，而你却一点声音也没听见吗？”

“我什么也不敢想，什么问题也看不出来。”

“但是，事情也许会越来越清楚。你是怎么想的，霍尔德小姐？”

“我和伯父一样困惑不解。”

“当你看到你的儿子时，他没有穿鞋，哪怕是拖鞋，对吗？”

“除了裤子和衬衫外，他什么也没有穿。”

“谢谢你。我们的确从这次询问中受益匪浅，实在太幸运了，如果我们还不能把这事情弄清楚的话，那就是我们的无能了。霍尔德先生，请允许我再到外面去继续看看。”

他要求让他独自一个人去，因为他解释说，人去多了会留下一些不必要的脚印，可能给他的工作造成干扰。他工作了大约一个多小时，最后回来时他的脚上满是积雪，而他的面部表情仍然是那样神秘莫测。

“我想这里要看的我都看过了，霍尔德先生，”他说，“我想现在最该做的就是回到我的住房去。”

“但是，福尔摩斯先生，那些绿玉，它们在哪里呢？”

“我说不好。”

“那我就永远再也找不回它们了！”这位银行家搓着双手大声地说，“还有我的儿子呢？你不是给了我希望吗？”

“这个一点也没改变。”

“那么，我的天哪，昨晚上在我屋子里到底发生了什么鬼事？”

“如果明天上午九点到十点你能到我贝克街的住所来，我将高兴地尽我所能把它讲清楚。我想，你已经全权委托我替你办这件事，只要我能找回那些绿玉，你不会限制我支取的可能开支，对吗？”

“为了把它们找回来，我愿付出我的全部财产。”

“很好，在明天上午以前我将继续调查这件事。再见，很可能傍晚以前我还得再来这里一趟。”

我清楚地知道现在我的伙伴对这件案子已经胸有成竹了，至于他究竟有了些什么样的结论我一点也搞不清楚。在我们回家的途中，我多次想从他那里打听点眉目，但他总是转移话题。最后，我只好失望地放弃了。不到下午三点时，我们就回到了自己屋里。他急忙走进他的房间，几分钟后便打扮成一个一般的流浪汉走下楼来。他把领子翻上去，穿着磨得发光的破外衣，打着红领带，穿着一双破旧的皮靴，成了一个典型的流浪汉。

“我这样打扮还可以吧？”他一边说一边对着壁炉上的镜子照了照，“华生，我很希望你能和我一块去，但是恐怕不行。我可能会找到这个案子的线索，也可能会白忙活，但是不久我就会知道是哪种。我希望几个小时内就能回来。”

他从餐柜上放着的大块牛肉上割下一块，夹在两片面包里，然后把这干粮塞进口袋，接着就出发探险去了。

过了半天，我刚喝完茶，只见他兴高采烈地回来了，手里晃着一只边上有松紧带的旧靴子。他把那只旧靴子扔在角落里就去倒茶喝。

“我只是经过这里顺便进来看一下，”他说，“我马上就得走。”

“到哪里去？”

“噢，到西区那边去（伦敦西区是富人聚居的地方），可能得等很长时间我才能回来。如果很晚我还没回来，你就别等我了。”

“事情进展得怎么样了？”

“噢，还可以，没有什么困难的。我离开你后又到斯特里特哈姆去了，只是没进屋里。那个小疑点是很有趣的，我怎么也不能轻易放过它。我不能光坐在这里闲聊天，我必须把这身下等人的衣服脱下来，重新穿上我自己那套上等人的衣服。”

我从他的一举一动可以看出，他有比他谈话中所透露的更充分的理由。他的眼里放着光彩，他菜色的面颊上甚至泛出了红晕。他匆匆地上了楼，几分钟后，我听见大厅的门砰地一响，我知道，他又一次出发去搞他天生喜欢的破案去了。

我一直等到半夜还是没见他回来，就回房休息去了。他连续几天几夜外出跟踪一个线索是常有的事，因而对于他今天迟迟不归我并不奇怪。我不知道他是什么时候回来的，但是当我早晨下楼吃早餐时，他已经坐在那里了，一只手端着咖啡，另一只手拿着报纸，精神饱满，雍容整洁。

“对不起华生，我没等你下来就先吃起来了。”他说，“但是你不要忘记我们的委托人今天上午和我们有约。”

“怎么，现在已过九点钟了？”我回答说，“我想一定是他在叫门。我听到门铃响了。”

果然，来的正是我们那位银行家朋友。他身上发生的变化使我感到非常惊讶，他天生宽阔又结实的脸庞因为消瘦而瘪了下去，他的头发好像比以前更灰白了。他带着萎靡困顿的倦容走了进来，与前一天早晨那种狂暴的样子相比更加痛苦，他沉重地跌坐进我推给他的扶手椅上。

“我不知道上辈子做了什么缺德事，使我现在要受这么残酷的折磨，”他说，“才两天时间，我就从一个幸福、富裕、无忧无虑的人，落魄到要过孤独和不光彩晚年的地步。真是祸不单行啊，我的侄女玛丽抛弃了我。”

“抛弃了你？”

“是的。今天早晨我发现她的床一夜没有人睡过，她的房间也已经是人去楼空，她在大厅的桌上给我留了一张便条。我昨晚曾经忧伤但不是气愤地对她说，要是她和我儿子结了婚，他本来可能一切都变好的。也许我这样说有欠考虑，她的便条里也谈到了：

我最亲爱的叔叔：

我觉得我已经给你带来了麻烦，如果我采取另外一种方式，这可怕的事可能永远都不会发生了。这种想法在我心里抹不去，我再也不能愉快地住在你的屋檐下了。而且我觉得我必须永远离开你。不要为我的前途操心，因为我自己有住的地方；最重要的是，一定不要找我，因为这将是没用的，反而会帮我的倒忙。不管我是生是死，我永远是你亲爱的玛丽。

她这张便条是什么意思，福尔摩斯先生？你认为这暗示她想要自杀吗？”

“不，不，根本不是这么回事。这也许是最好的解决办法。我相信，霍尔德先生，你的这些苦恼事快要结束了。”

“啊！你肯定吗？你听到了什么，福尔摩斯先生，你听到了什么消息？那些绿玉在哪里？”

“你认为1000英镑一块绿玉的价钱高吗？”

“我宁愿付1万英镑。”

“这没有必要，三块绿玉3000英镑就够了。我想，此外应该有一笔小小的酬金。你带了支票簿没有？给你这支笔，开一张4000英镑的支票好了。”

这位银行家神色茫然地照着开了支票。福尔摩斯走到他的写字台前，取出一个小小的三角形的金纸包，里面有三块绿玉，顺手将它扔在了桌子上。

我们的委托人发出一声喜悦的尖叫，一把将它抓在手中。

“你弄到手了！”他急切地说，“我得救了！我得救了！”

这喜悦的表现和他之前的愁苦一样激烈。他将这几颗重新获得的绿玉紧紧地贴在胸前。

“你另外还欠了一笔债，霍尔德先生。”福尔摩斯相当严肃地说。

“欠债！”他拿起一支笔，“欠多少，我这就还。”

“不，这笔债不是欠我的。你应该对那个高尚的小伙子，也就是你儿子，好好地道歉。他把这件事揽在自己身上了，我要是能看到我自己的儿子这样做，假如我有这样一个孩子的话，我也会感到骄傲的。”

“那么不是阿瑟拿走的了？”

“我昨天就告诉过你，今天我再重申一遍，不是他。”

“你肯定是这样？我们马上去他那里，让他知道现在已经真相大白了。”

“他已经知道了。我将事情全部理清后去找他谈过，发现他不愿意将实情告诉我，我就直接把我的推测给他说了，他听后不得不承认我是对的，并且补充了我还不很清楚的几个细节。你今天早晨带来的消息一定能使他开口。”

“我的老天爷呀！那么，快告诉我这离奇的谜底到底是什么吧！”

“我会这么做的，并且我要给你说我为弄清事情的来龙去脉所采取的行动。让我从头讲给你听。首先，这话我觉得很难说出口，你也很难听入耳，那就是乔治·伯恩韦尔爵士和你的侄女玛丽有私情。他们两人现在已经一块逃走了。”

“玛丽？不可能！”

“不幸的是，它不是可能，而是事实。当你们将此人引入你们家中时，不论是你还是你的儿子，都并不很了解他的真实脾性。他是英国最危险的人物之一，是一个潦倒的赌徒，一个穷凶极恶的流氓，一个没有心肝和良知的人。你的侄女对这种人一无所知。当他对她山盟海誓，一如他以前向众多其他女人所做的一样时，她扬扬得意，以为只有她一个人触动了他的心。这个恶魔熟练如何用花言巧语利用她，并且几乎每晚都和她幽会。”

“我不能，也绝不会相信这种事！”银行家脸色灰白地嚷道。

“那么，让我来告诉你前天晚上你家里所发生的一切。你的侄女，当她认为你已经回到你的房间去后，悄悄地溜下来在那扇朝向马厩小道的窗口和她的情人谈话。他的脚印因为长时间站在那里而深深地印透了地上的雪。她和他谈到那顶皇冠。这消息燃起了他对金子的邪恶贪欲，他就强迫她服从他的意愿。我不怀疑她是爱你的，但是常有这种女人，她们对情人的爱会淹没对所有其他人的爱，而我想她必定也是这样一个女人。她还没有听完他的指使，就见你下楼来，急忙把窗户关上，并向你诉说那女仆和她那装木头假腿的情人的越轨行为，那倒是事实。”

“你的儿子阿瑟和你谈话后便上床去睡觉，不过他因为欠俱乐部的债心神不宁，难以入睡。半夜的时候，他听见门外有轻轻的脚步声，便起床向外偷看。令他吃惊的是，他的堂妹正蹑手蹑脚地偷偷沿着过道走去，然后消失在你的起居室里。这孩子惊讶得目瞪口呆，急忙随便披上一件衣服站在暗地里，要看看究竟是什么怪事。这时只见她又从房间里走了出来，你儿子在过道灯光的亮光下看见她手里拿着那顶珍贵的皇冠走向楼梯。他感到一阵恐慌，跑过去藏在靠近你门口的帘子后面，从那里他看到了下面大厅里所发生的一切：她偷偷地将窗户打开，把皇冠从窗户里递出去，交给暗地里的什么人。然后把窗户重新关上，从十分靠近他站立的地方——他躲在帘子后面——经过，匆匆地回她房间去了。”

“只要她还在现场，他就不能采取什么行动，可因为他怕暴露他心爱的女人的可耻行为。但是她刚一走开，他马上意识到这件事将会使你蒙黑，并意识到必须挽救它。他急匆匆奔下楼，仍然是披着衣服，光着脚，打开那扇窗户，跳到外面雪地里，沿着小道跑去，在月光里他瞧见一个黑影。乔治·伯恩韦尔爵士正企图逃跑，但是被阿瑟捉住了，两个人在那里争抢起来，你的孩子抓着皇冠的一端，而他的对手抓着另一端。争执间你儿子揍了乔治爵士一拳，打伤了他的眼部。这时忽然间好像有什么东西被拉断了，当时你的儿子发现皇冠已经在他手里，便急忙跑回来，关上窗户，上楼到你房里，正在查看那扭坏了的皇冠，并用力要把它弄正的时候，你就出现了。”

“这怎么可能？！”那个银行家捏了一把汗说。

“正当他认为你应该热烈感谢他时，你却对他开始谩骂，这激起了他的怒火，他不能仅为了自己脱身而出卖了别人——那个肯定值得他认真考虑手下留情的人。他认为他应有骑士风度，于是将她的秘密隐藏了起来。”

“这就是为什么她一看到那顶皇冠便发出一声尖叫昏了过去。”霍尔德先生大声嚷着，“噢！我的天！我真是瞎了眼的蠢人！是的，他要求过我让他出去五分钟！这亲爱的孩子原来是想到争抢的现场去寻找皇冠丢失的部分。我是多么残酷无情地冤枉了他啊！”

“当我来到你屋子的时候，”福尔摩斯接着说，“我立即到四周仔细地察看了一下，看看雪地里有什么痕迹有助于我的调查。我知道从前天晚上到现在没有再下过雪，并且这期间恰好有重霜保护着印迹。我经过商贩所走的那一条小路，但是脚印都已经被践踏得无法辨别了。不过，正好在它这一边，离厨房门稍远的地方，却发现有过一个女人站在那里同一个男人谈话时留下的痕迹。那里的脚印有一个是圆的，这正说明此人有一条木制的假腿。我甚至可以断定是有人惊动了他们，因为有那个女人赶紧跑回到门口的痕迹，这可以从雪上前脚印深后脚印浅的形状看出来。看来，那个装木头假腿的人在那里待了一会儿才走的。我那时猜想这可能是那个女仆和她情人。有关他们的事你已经告诉过我。后来我经过调查证明确是这样。我到花园里绕了一圈，除了杂乱的脚印外，别的什么也没看到，我知道这是警察留下的；但是我到了通往马厩的小道时，印在雪地上的一段很长很复杂的情景便浮现在我的眼前。”

“那里有两条穿靴子的人的脚印，另外还有两条，我很高兴地看到这是一个赤脚脚印。我立刻根据你曾经告诉过我的话，证明后两条脚印是你儿子留下的。头两条脚印是来回走的，而另两条则是跑得很快的脚印，而且他的脚印在有些地方盖在那穿靴的脚印上，显然他是在后头赶过去的。我随着这些脚印走，发现它们通向大厅的窗户，那个穿靴的人在这里等候时将周围所有的雪都踩得溶化了。接着我到另外一边，这里从那小道走下去100多码[①]。此外，我看出那个穿靴的人曾转过身来。地上的雪被踩得纵横交错，狼藉不堪，好像在那里发生过一场搏斗。最后我还发现那里有溅下的几滴血，这说明我没猜错。这时，那穿皮靴的人又沿着小道跑了，在那里又有一小摊血，说明他受了伤。当他来到大路上另一头时，我看见人行道边已经清扫过，所以线索就此中断。”

“在进屋子时，你记得，我曾经用放大镜检查过大厅的窗台和窗框，我马上看出有人从这里进出过。我能够分辨出脚的轮廓，因为一只湿脚跨进来时曾在这里踩过。那时我对于这里出过什么事就形成了初步的看法。也就是说，一个人曾在窗外守候过，一个人将绿玉皇冠带到那里，这被你的儿子看见了。他去追那个贼，并和那个贼格斗；他们两个人一起抓住那个皇冠，一起使劲争抢，才造成并非任何单独一个人所能造成的那种损坏。他夺得了战利品回来，但却留下一小部分在他对手的手中。我当时所能弄清的就是这些。现在的问题是，那个人是谁？又是谁将皇冠拿给他的？”

“我记得有一句古老的谚语说，当你排除了不可能的情况后，其余的情况，尽管多么不可能，都必定是真实的。我知道，一定不是你将皇冠拿到下面来的，所以剩下来只有你的侄女和女仆们。但是，如果是女仆们干的，那为什么你的儿子愿意替她们顶罪呢？这里没有可以站得住脚的理由。正因为他爱他的堂妹，所以他要保守她的秘密，这样解释就很通了。更因为这秘密是一件不光彩的事，他就越要这样做。当我记起你说过曾经看到她站在那窗户那里，后来她见到那皇冠时便昏过去，我的猜测便变成十分肯定的事实了。”

“但是，是谁可能成为她的共谋者呢？显然是一个情人，还有谁能够获得超过她对你的爱和感激的感情呢？我知道你交际不广，结交的朋友有限，而乔治·伯恩韦尔爵士却是其中之一。我以前曾听到过他在妇女的传说中臭名昭著。穿着那双皮

---

① 1码=0.91439999861米

靴并持有那失去的绿玉的人一定是他。尽管他清楚阿瑟已经发觉是他，但他依然认定自己会安然无恙，因为阿瑟只要吐露一个字就必将危及你们的家庭。”

“好啦，凭你自己良好的辨别力，你就能联想到我采取的第二个步骤是什么。我打扮成流浪汉的样子到了乔治爵士住处，买通了他的贴身仆人，知道了他的主人前天晚上划破了头。最后我花了6个先令买了一双他主人扔掉的旧鞋。我带着那双鞋来到斯特里特哈姆，并核对出它和那脚印完全相符，一丝不差。”

“昨天晚上，我在那条小道上见到了一个衣衫褴褛的流浪汉。”霍尔德先生说。

“一点不错，那就是我。我觉得我已经查到了我所要查的，所以我就回家更换衣服。这里有一个微妙的角色要我扮演，因为我认为必须避免起诉，才不至于出现丑闻。而且我明白，如此狡猾的一个恶棍一定会看出，在这件事上我们很受牵制。我登门找他，开始的时候，他自然矢口否认一切。但是，当我向他指出发生的具体情况后，他从墙上拿下一根护身棒企图威吓我。然而，我懂得我要对付的是什么人，我在他举棒打击以前，迅速将手枪对准他的脑袋。这时他才开始有点理性。我告诉他我们可以出钱买他手里的绿玉——1000镑一块。他这才显出一种后悔的样子。‘哎哟，真糟糕！’他说他已经把那三块绿玉以600英镑的价格卖给别人了。在答应不告发他之后，我很快就从他那里得到了收赃人的住址。我找到了那个人，和他多次讨价还价后，我以1000镑一块的价格把绿玉赎了回来。接着我就去找你的儿子，告诉他一切都办妥了。终于，在可称之为真正艰难辛苦的一天之后，夜里两点钟左右，我终于上床睡觉了。”

“这一天可以说是将英国从一桩受人唾弃的大丑闻中救了出来，”银行家说着站了起来，“先生，我不知道该说什么感谢你，但是你会看到我不会辜负你所做的一切。你的本领实在令我大开眼界。现在我必须飞快地去找我亲爱的儿子，为我冤枉了他而向他道歉。至于你所谈到的关于可怜的玛丽的事，使我伤心透了。你的本领再大，恐怕你也说不出她现在在哪里吧！”

“我想，我可以有把握地说，乔治·伯恩韦尔爵士在哪里，她就在哪里。”福尔摩斯回答说，“同样，我还可以肯定地说，不论她犯了什么罪，他们不久就会受到严厉的制裁。”

（张玲莉 译）

褐色山毛榉宅案

“一个人为了艺术真谛而热爱艺术，往往就能从最简单最平凡的展示中获得最大的乐趣。”夏洛克·福尔摩斯将《每日电讯》报的广告专页扔到一旁说道，“华生，我注意到，从你所擅长的对我们那些案件的记录中，你已经把握住了这个真谛，这让我感到高兴。另外，我还得说说，你偶尔加以润色所突出的，不是那些我参与侦破的著名案件或引起轰动的审讯，而是那些案情本身可能琐细的案件，然而正是在破解这类案件时，才有可能发挥推论和逻辑综合分析的才能，这也正是我进行研究的特殊范围。”

“然而，”我微笑道，“在我的记录中，我也不可能完全避免去追求轰动效应的做法。”

“你或许有过错误。”他说着用火钳夹起一块炽热的火炭，点燃他那只长嘴樱桃木烟斗。当他与人争论时，就常常使用这只烟斗吸烟；当思考问题时，就会用那只陶制烟斗。

“也许你的错误在于总是想把每项记录都写得生动活泼，而不是将记录限制在记叙就事物因果关系的严谨推理上，然而这些严谨推理才是事物唯一真正值得注意的特征。”

“我认为，在这个问题上我对你是完全公正的。”我说道，语气有些冷淡。因为我不止一次注意到，在我这位朋友的奇特性格中有一种很强的自负因素，这让我感到不快。

“不，不是我自私自利，也不是我自吹自擂，”他像往常一样，并不是针对我的言辞，而是针对我的思想，“如果我要求公正对待我的技艺，那是因为这种技艺并非属于某个人——那是一种超越我个人的东西。犯罪是普遍的现象，逻辑则是罕见的思想。因此，你应该详细记录下逻辑推理而不是犯罪经过。可你却把本来应该是一系列的讲座降格为一连串的故事。”

那是初春一个寒冷的早晨，在位于贝克街的老房子里，我们俩吃过早餐后，面对面坐在熊熊的炉火旁边。忽然，一团浓雾从两排暗褐色的房子之间滚滚而来。透过黄色的浓雾团，只见街对面的窗户时隐时现，黑黢黢一片模糊。我们点燃煤气灯，灯光投射在白色台布上，投射在微微反射着光亮的瓷器和金属餐具上，因为当时餐桌还没有收拾。福尔摩斯整个早晨一直沉默不语，不停地翻阅着一份份报纸的广告栏，最后，他显然结束了埋头查找，情绪稍有不快，开始就我文笔上的短处教训我。

“与此同时，”他稍稍停顿一下，一边坐着抽他的长烟斗一边盯着炉火说道，“大概不会有人指责你那种追求轰动效应的做法，因为在那些激起你自己兴趣的案件中，相当多的部分并不是法律意义上的犯罪行为。我尽力帮助解决过一些小问题，譬如波希米亚国王的那桩小事、玛丽·萨瑟兰小姐的奇异经历、那个歪唇男人的疑难问题、那桩贵族单身汉事件等等，全都属于法律范围以外的事情。尽管你的本意是尽力避免追求轰动效应，可我担心你的记述有点近乎琐屑了。”

“结果可能是这样，”我回答道，“可我所采用手法却是新颖的，而且饶有趣味。”

“我的好伙伴，广大公众不善于观察，他们几乎不可能根据一个人的牙齿看出他是个编织工，也不可能根据一个人的左拇指看出他是个排字工，他们才不去管分析和推论的细微差别呢！但是，如果你写得太琐屑，我也不能责怪你，因为作大案的时代已经过去了。人们已经不具有昔日那种冒险和创新精神了，至少刑事犯罪分子缺乏那种精神。就拿我自己的这桩小买卖来说，它似乎也降格成了一家代办处，只办理一些为人家寻找丢失的铅笔，以及替寄宿学校的女学生出出主意这类琐事。照我看，不管怎样，我的事业终于还是落到谷底了。我想，今天早上我收到的这封短信，标志着我的事业降到了最低点。你念念吧！”他将一封弄皱的信扔给我。

这是前一天晚上从蒙塔格街区寄来的，内容如下：

亲爱的福尔摩斯先生：

我急切地想找你请教，内容是关于我是否应该接受聘请去当家庭女教师。如果你方便，我明天十点三十分来拜访你。

你忠实的

维奥莱特·亨特

“你认识这位年轻女士吗？”我问道。

“不认识。”

“现在已经是十点半了。”

“是啊，无疑这是她在按门铃。”

“这事也许比你想的有趣多了。你还记得那桩蓝宝石事件吗？开始看上去不过是一时的兴致而已，结果却变成了认真的调查活动。眼下这事也许同样如此。”

“唔，但愿如此吧。我们的疑问很快就会有答案了。要是我没搞错，当事人这就过来了。”

话音未落，房门开了，一位年轻女士走进房间。只见她衣着朴素，但收拾得很整洁，面容活泼，看上去聪明伶俐，脸上长满了雀斑，活像雎鸠蛋的蛋壳，她举止轻快，像个为人处世很有主见的女人。

“我肯定你会原谅我来叨扰，”我的同伴起身迎接她时她说道，“我遇到一桩非常奇怪的事，由于我没有父母，也没有其他亲戚，无法向任何类似的人讨教，因此我想可能你会告诉我该怎么办。”

“请坐，亨特小姐，我很高兴为你效劳。”

我看得出，这位新委托人的举止和谈吐给福尔摩斯留下了良好的印象。他以探视的眼光打量了她一番，然后镇静下来，耷拉下眼皮，两手的指尖顶在一起，听她讲述她的经历。

“我一直在思朋斯·芒罗上校的家里担任了五年的家庭女教师，”她说，“但是两个月以前，上校奉命到加拿大新斯科舍省的哈利法克斯去就职，并带着他的几个孩子去了美洲，我便失业了。我登出求职广告，也按报纸上的招聘广告前往应征，但是都没有结果，最后我那一笔很少的积蓄也快要用完了，我毫无办法，不知如何是好。”

“西区有一家有名的家庭女教师介绍所——韦斯塔韦介绍所，我每星期都要到那里询问，看有没有适合我的职业。韦斯塔韦是这家介绍所创办人的名字，但经理是一位名叫斯托珀的小姐。她坐在自己的小办公室里，求职的妇女在接待室里等候，然后逐个被叫进屋里，她查阅登记簿，看看是否有适合她们的职业。”

“就这样，上个星期，我像往常一样被叫进那间小办公室，发现斯托珀小姐并不是单独一个人在里面，还有个身材庞大的肥胖男人坐在她旁边。那人的下巴又大又厚，一层摞一层，连脖子都没了，他满脸堆笑，鼻子上架着一副眼镜，仔细观察着进来的求职妇女。当我走进办公室后，他在椅子上明显抽动了一下，很快转身面对斯托珀小姐。”

“‘这位就行，’他说，‘我不能要求比这更好的了。好极了！好极了！’他那样子十分热情，搓着两手，表现得极为亲切。他的神态那么随和，让人一看就觉得很愉快。”

"'你是来找工作的吧，小姐？'他问道。"

"'是的，先生。'"

"'做家庭女教师？'"

"'是的，先生。'"

"'你要求多少薪水？'"

"'我以前在思朋斯·芒罗上校家任职时每月4镑。'"

"'啧，啧，啧！可恶啊——实在可恶啊！'他一面嚷着，一面伸出一双肥胖的手在空中挥舞，显得情绪异常激动，'对这么有吸引力和有水平的女士，怎么有人好意思出这么可怜的小数目呢？'"

"'我的水平，先生，可能不及你想象的那么高，'我说，'我只懂一点法文，懂一点德文、音乐和绘画——'"

"'啧，啧！'他叫道，'这些都不是主要问题，关键是你是否具备一位有教养的女士应该拥有的举止和风度。简单地说就是，要是你没有，那你就不适宜于教育那个孩子，因为将来有一天，这个孩子也许会对国家的历史起很大作用；但是倘若你有，那么，怎么竟有一位先生好意思要求你屈尊接受少于三位数的年薪？小姐，你在我这里的起始薪水是一年100磅。'"

"福尔摩斯先生，你可以想象得出，对我这样的穷人来说，这样的待遇令人感觉好得难以置信。可是这位先生大概看见我脸上露出的怀疑神色，便打开钱包，抽出一张钞票。"

"'我还有个习惯，'他说着脸上露出迷人的微笑，笑起来两只眼睛在肥胖的白脸上变成两条发亮的细缝，'那就是给我的年轻女士们预付一半薪金，好让她们应付旅途的零星开支，也添置些衣裳！'"

"我从来没有遇到过这么有魅力又体贴人的男人。由于我当时已经欠了食品商贩的债，这笔预付款对我当然是极大的方便。然而，整个洽谈过程中，我总觉得有些地方不大自然，就希望多了解一些情况之后再做决定。"

"'请问你住在什么地方，先生？'我问道。"

"'汉普郡迷人的乡村地区，宅子名叫褐色山毛榉，离温切斯特只有5英里。我亲爱的小姐，那里是最美丽的乡村，房子是一座最可爱不过的古老乡村宅子。'"

"'那么我的职责呢，先生？我很想了解一下我去了做些什么工作。'"

"'一个小孩子，一个只有六岁大的可爱的小淘气。啊，要是你能亲眼看见他用拖鞋打死蟑螂就好啦！啪！啪！啪！你还没来得及眨眼睛，三只已经报销了！'他把身子靠在椅背上，笑得又把眼睛眯成了一条缝。"

"孩子的这种玩耍天性有点让我吃惊，但这位父亲的笑声使我认为，也许他只是说着玩玩。"

"我问道：'这么说，我仅有的工作，就是照管一个孩子？'"

"'不是的，这不是你仅有的工作，我亲爱的年轻小姐，你有聪明的头脑，我相信你能想到。'他大声嚷道，'你的职责就是听从我妻子的任何命令。只要是她的命令，总是适于一位小姐去遵从。你看，没什么困难对吧？'"

"'我很乐意成为对你们有用的人。'"

"'那太好了。就拿服装来说吧，我们喜欢追随时尚，品味有点与众不同，但我们并没有坏心眼。倘若我们要求你穿上给你的某一件服装，你不会反对我们一时兴起的怪念头吧？'"

"'不会的，'我嘴上这么说，可心里对他的话感到颇为吃惊。"

"'叫你坐在这里，或是坐在那里，这不至于得罪你吧？'"

"'哦，不会的。'"

"'或者在你到我们那里之前，让你把头发剪短呢？'"

"我简直不敢相信自己的耳朵。福尔摩斯先生，你看，我的头发长得相当浓密，还是一种相当特别的栗色，一直被认为具有艺术美感，我做梦也不会想到要这样随随便便把头发剪掉。"

"'我恐怕这是完全不可能的。'我说。他瞪着小眼睛一直密切注视着我。我说这话的时候，见他脸上掠过一道阴影。"

"'我恐怕这是非常必要的，'他说，'这是我妻子的小小喜好。小姐你要明白，夫人们的喜好是必须得给予考虑的。这么说，你不打算剪掉头发啦？'"

"'是的，先生，我真的不能这么做。'我回答的口吻十分坚定。"

"'啊，好吧，那么这事就算了。很可惜，因为你在其他方面都很合适。既然那样，斯托珀小姐，我最好再在你这里多看几位其他年轻女士。'"

"那位女经理一直坐在那里忙着翻阅文件，在我们两人交谈过程中，她一句话也没说过。可是现在她看着我，一脸不耐烦的神色。我不禁怀疑，由于我拒绝，也许她会失掉一笔可观的佣金。”

“‘你愿不愿意把自己的名字保留在登记簿上？’她问我。”

“‘请保留下吧，斯托珀小姐。’”

“‘嗯！其实，保留下也无用了，既然连最为优越的机会你都拒绝了，恐怕你很难指望我们再为你找一个这么好的机会了。’她说话的口吻尖刻，‘再会，亨特小姐。’她打了一下桌上的信号锣，一个听差进来把我带了出去。”

“后来呢，福尔摩斯先生，我回到住处，当看见食橱里已经没有多少食物，桌子上还放着两三张尚未支付的账单时，我就开始自责，不知道自己究竟是不是做了件很愚蠢的事。虽然这些人有奇怪的癖好，并希望别人顺从他们异乎寻常的要求，但他们毕竟愿意为自己的怪癖付出代价。在英国，家庭女教师很难得挣到一年100磅的薪水。再说，我的头发再好又对我有什么用呢？好多人剪短头发后显得更好看了，也许我也该像她们那样才好。第二天，我对自己是不是犯了个错误感到疑惑。到了第三天我对此感到确定无疑了，我几乎压住了自己的傲气，甚至打算重新前往介绍所，询问那个位置是否还空着。就在那个时候，我接到了那位先生写来的这封亲笔信。我把它带来了，我这就念给你听。”

亲爱的亨特小姐：

承蒙斯托珀小姐的好意将你的地址告诉我，我在这里写信是想问问你，是否愿意重新考虑你的决定。我妻子急切盼望你能来，因为我对你的描述深深吸引了她。我们情愿每季度付给你30镑，也就是一年120镑，借以补偿因为我们的癖好可能给你带来的小小不便。毕竟我们的要求并不是非常苛刻。我的妻子偏爱特别深的铁青色，并希望你早晨在室内穿这种颜色的服装。不过，你并不需要自己花钱新置，因为我们有这样的衣服，它原属于我女儿艾丽丝（现在美国费城），我估计对你十分合身。至于指定你坐在这里或那里，或者要求你按照指定的方式来消遣，希望这不至于使你感到不便。至于你的头发，要求剪短头发无疑甚为可惜，虽然我们的会面十分短暂，但我仍不禁对你的一头十分美丽的秀发大为赞赏。然而，我恐怕还是必须坚持剪短发这一点，希望增加薪水也许足以补偿你的损失。你照管孩子方面的职责，是非常轻松的。望你务必前来，我将用轻便马车到温彻斯特去接你。请将你乘坐的火车班次通知我。

你的忠实的

杰夫罗·鲁卡塞尔

于温切斯特附近，褐色山毛榉宅

“这就是我刚收到的信，福尔摩斯先生，我已打定了主意要接受这个位置。然而，我认为，在采取这最后一步以前，最好把整个事情的来龙去脉全告诉你，请你代为考虑。”

“嗯，亨特小姐，既然你已打定了主意，这个问题也就得到解决啦。”福尔摩斯微笑道。

“你并不建议我拒绝它？”

“我承认，假如我有个妹妹，我不愿意她去申请这样的工作。”

“这到底是什么意思呢，福尔摩斯先生？”

“啊，我没有详细资料，说不准。也许你已经形成了自己的想法。”

“哦，我觉得只有一种可能的解释。看上去鲁卡塞尔脾气很好，是个很和蔼的人，但他妻子会不会是个疯子？因而他想对此保守秘密，以免人们把她送进疯人院。所以，他要从各方面满足她的癖好，为的是防止她神经病发作。”

“这是一种说得过去的解释。按照你介绍的情况，实际情况极有可能就是这样。无论如何，对于一位年轻小姐来说，那都不是一户好人家。”

“可是，钱给得不少！福尔摩斯先生，钱给得很多呐！”

“嗯，不错，薪水当然优厚，太优厚了，这正是我担心的原因。为什么他们要给你一年120镑，他们本来可以出40镑挑选一个人，这背后一定有某种强烈的理由。”

“我想，我把情况都告诉了你，假如以后我请你帮忙，你心里就有底了。再说了，背后有你支持，我觉得自己胆气壮多了。”

“哦，你可以怀着这种想法去那儿。我向你保证，你的小问题有可能成为我这几个月中最为关注的事。在你的介绍里，有些特征显然是很新奇的，如果你感到有疑虑或遇到危险——”

“危险！你预见到了什么样的危险？”

福尔摩斯一本正经地摇摇头。

“如果我们能够明确将它指出来，那就不是危险了。”他说，“但是，不管白天还是夜晚，只要给我发个电报，我会随时去帮你。”

“这就足够了，”她活泼地从座椅上站起来，脸上的焦虑一扫而光，“我现在可以安心去汉普郡了。我马上写信回复鲁卡塞尔先生，今天晚上牺牲掉可怜的头发，明天就动身去温彻斯特。”

她对福尔摩斯说了几句感谢的话，向我们俩道别后就匆匆走了。

“至少，”当我们听到她下楼梯的步伐又轻快又坚定时，我说道，“她看起来是一位有能力照顾好自己的年轻姑娘。”

“她需要这样的能力，”福尔摩斯态度一本正经道，“要是我们过了很多天还得不到她的消息，那就是我大错特错了。”

没过多久，我朋友的预言便应验了。两个星期过去了，在此期间我心里时常想到她，不知道这个孤单的女孩误入了什么奇怪的人生歧途。非凡的薪水、古怪的条件、轻松的工作，一切都说明情况不正常，不过我自己缺乏能力，判断不出这属于一种癖好还是一个阴谋，也拿不准这个人是个慈善家还是个恶棍。我注意到，福尔摩斯常常一坐就是半个小时。他紧皱着眉头，独自坐在那里出神。但是，我一提到这事，他就把大手一挥，不耐烦地避开：“资料！资料！资料！没土做不出砖！”可是末了他又往往咕哝着说，他绝不会让自己的妹妹接受这样的工作。

一天深夜，我们终于收到了她的一封电报。当时我正打算上床睡觉，而福尔摩斯正打算专心搞他的一项化学研究，他对那样的研究非常着迷，经常通宵达旦地沉湎其中。一旦遇上这种情况，那么，我晚上离开时，他弯腰面对着曲颈瓶和试管，等到第二天早上我下楼吃早饭时，他还是那种姿势。这天夜里，他打开黄色信封扫了一眼电报内容，就扔给我。

“马上查一下火车时刻表。”他说完继续搞他的化学研究。

电文既简短又紧急：

请明天中午来温彻斯特的黑天鹅旅馆。一定要来，我已经毫无办法了。

亨特

“你愿意跟我一起去吗？”福尔摩斯抬起头扫了我一眼，问道。

“愿意。”

“那就查一下火车时刻表。”

“上午九点半有一班车，”我在火车时刻表上查找着，“十一点半到温切斯特。”

“时间很合适。那么，恐怕我最好推迟这项丙酮分析，因为明天早上精神、体力都应该处于最佳状态。”

第二天十一点钟，我们已经远在前往英格兰旧都的途中了，福尔摩斯一路埋头翻阅晨报，但是，越过边界进入汉普郡以后，他扔下了报纸，开始欣赏美丽的风景。那是个理想的春日，蔚蓝色的天空中点缀着蓬松的白云，由西往东飘去。阳光非常灿烂，然而早春的空气中仍带着微寒，令人精神爽快，刺激着人的活力。周围一片乡村美景，远处奥尔德肖特市周围舒缓起伏的山丘上，草木初吐嫩绿，青翠的新绿之间处处隐现出红色和灰色的农舍小屋顶。

“多么清新美丽的景色啊！”离开雾气笼罩的贝克街，周围景色让人耳目为之一新，我不禁热情赞叹道。

但是，福尔摩斯沉重地摇了摇头。

“你知道吗，华生，”他说，“我观察每一事物都必然要与我所研究的特殊问题相联系，这是具有我这种性格倾向的人的一种祸因。你看到树丛间星罗棋布的房屋后得到的印象是其中的美丽景色，可我看到这种景象后心里冒出的唯一想法却是，这些房子四邻不靠，如果一所房子里发生犯罪行为，就得不到应有的惩罚。”

“我的天哪！”我叫了起来，“谁会把犯罪跟这些可爱的古老村舍联系在一起呢？”

“它们经常让我心里充满某种恐怖感。华生哪，我有个观念是根据经验得来的，这个观念就是：即使是在伦敦最底层、最简陋的小巷里，那里的犯罪记录也不会比令人赏心悦目的美丽乡村里更可怕。”

“你可把我吓坏了！”

“但这个道理是显而易见的，在城市里，公众舆论的压力可以解决法律无法办到的事情。假如听到受虐待挨打的孩子在哀叫，听到醉汉殴打家人的喧嚣声，没有哪条小巷里的邻居会不表示同情和愤怒。而且，完整的司法机构近在咫尺，一有人报案，司法机器便会立即启动，犯罪与被告席之间的距离近在咫尺。但是看看这些散布在田野上的房子吧，房子之间距离遥远，住在里面的大多是愚昧无知的乡民，没有多少法律知识。想想看，这里可能有地狱般的残暴，有隐藏的邪恶，年复一年地存在于此，却一直不为外界所知。假如向我们求助的这位女士是住在温切斯特，那我绝不会为她担忧。但是她住在5英里之外的乡下，这就是危险所在。不过，她的个人安全显然还没有受到威胁。”

“不错。既然她能到温切斯特来跟我们见面，就说明她能自由离开那里。”

“完全正确。她有行动自由。”

“那么，又会是怎样的事情呢？你就不能做出点分析解释吗？”

“我设想过7种不同的解释，根据我们迄今了解到的情况，每一种解释都说得通。但到底哪一种解释才是正确的呢？只有得到新的信息后才能断定。我们无疑马上就能获得新的信息了。瞧，那边就是教堂的尖塔，用不了多久，亨特小姐就要把一切都告诉我们了。”

“黑天鹅旅馆”是市区主要大道上一家有名的旅店，离火车站很近。到了那里，我们见那位年轻小姐正在等候我们，她已经预定了一个房间，替我们叫的午餐也已经摆在桌子上了。

“你们能来我太高兴了！”她诚恳地说，“非常感谢你们二位，我实在不知如何办才好。总之，你们的忠告对我太宝贵了。”

“请告诉我们你遇到什么事了。”

“我就要讲了，而且得抓紧时间讲，因为我答应鲁卡塞尔先生要在下午三点钟以前回去，今天早上我向他请假到城里来，不过他不知道我来办什么事。”

“请你按事情发生顺序一件一件讲。”福尔摩斯将两条又瘦又长的腿伸到火炉跟前，情绪镇静下来，开始倾听。

“首先我可以说，我并没有受到鲁卡塞尔先生和夫人的虐待，我这样讲对他们是公平的。但是，我无法理解他们，我心里对他们很不放心。”

“你无法理解他们的什么？”

“他们为自己的行为提出的理由。我来按事情发生的先后讲述吧。当初我来到这里时，鲁卡塞尔先生在这里接我，用他的两轮马车把我接到褐色山毛榉宅。正如他原来说的一样，这里环境很优美。但是，房子本身却并不美。那是一幢四四方方的大房子，外墙刷成白色，可是让恶劣气候和潮湿侵蚀得污渍斑驳。房子四周是空地，三面有树林，另一面是一片倾斜的土地，距离房子门前大约100码是南安普敦公路的一个弯道。屋前的这片地属于这所房子，但周围的树林是萨瑟顿领主的部分禁猎地。房子的厅门正对面长着一片褐色山毛榉树，所以这所宅子就以褐色山毛榉命名。”

“我的雇主驱车把我接回家，他跟原先一样和蔼可亲。那天晚上他把我介绍给他的妻子和孩子。福尔摩斯先生，当时在贝克街上你们寓所里，我们做过可能的猜测，结果并不符合事实。鲁卡塞尔太太没疯，我发现她是一位性格恬静、面色苍白的女人，比她丈夫年轻得多，我估计还不到30岁，可他至少有四五十岁了。从他们的谈话中我了解到，他们结婚大约有7年了。他原来的妻子去世了，他跟前妻的独生女儿已经去了美国费城。鲁卡塞尔先生私下对我说，他女儿离开他们是因为她对继母有一种不理智的反感。既然他女儿的年龄不会小于20岁，我完全想象得出，她跟父亲的年轻妻子在一起时一定感到不舒服。”

“照我看，鲁卡塞尔太太不论是心灵还是外表都很平常，我对她既没有什么好感，也没有什么坏印象，她在家里是个无足轻重的人。很容易看得出，她是个贤妻良母，一心一意爱着她的丈夫和她的儿子。她那对淡灰色的眼睛不时左顾右盼，一旦觉察到他们有任何一点小小的需要，便尽可能设法加以满足。他对妻子也很好，只是方式有点直率，比较喧闹。总的来讲，他俩看上去是一对幸福夫妇。然而这个女人私下里表现出一种悲哀，时常会沉浸在沉思中，脸上露出极其悲哀的神色。我不止一次撞见她在掉眼泪，我有时以为准是她孩子的坏脾气惹得她心事重重。说起那个孩子，我还从来没有见过娇惯得那么糟糕、心地那么恶劣的小家伙呢。他的个子长得比同龄人要小，脑袋却大得出奇，跟身躯很不成比例。他整天不是发作撒野便是绷着脸闷闷不乐，唯一的乐趣似乎就是对一些弱小的动物施加酷刑。在设套捕捉老鼠、小鸟和昆虫方面，他表现出很了不起的才能。不过，我还是不谈这个家伙了，福尔摩斯先生，他跟我的事情的确没有多大关系。”

“你谈的所有细节我都很乐意听，”我的朋友说道，“不管你认为是否有关系。”

“我尽量不漏掉任何重要的事情。这个家里有一个情况当时立刻让我感到极其不快，那就是仆人们的外表和行为。家里只有两个仆人，就是男仆和他老婆。男仆名叫托勒，那人粗鲁笨拙，头发和连鬓胡子都花白了，从来都是酒气熏人。从我到那儿以后，他有两次灌得烂醉，可鲁卡塞尔先生似乎熟视无睹，毫不在乎。男仆的老婆是个身材高大的强壮女人，面目令人厌恶，跟鲁卡塞尔太太一样沉默寡言，但远不如她和气。这夫妻俩是最令人讨厌的一对。好在我大部分时间不是待在育儿室就是待在我自己的房间里。这两个房间相邻，都在房子的一个角落里。”

“我到褐色山毛榉宅后，开头两天生活很平静。第三天，鲁卡塞尔太太早餐后下楼来，压低声音跟他丈夫说了几句话。

“‘啊，没错，’他转向我，‘我们非常感谢你，亨特小姐，因为你迁就我们的癖好把头发剪短了。我向你保证，这丝毫无损于你的容貌。我们现在来看一看你穿铁青色长裙是不是合适。那条裙子已经放在你房间的床上了，如果你肯把它穿上，那我们两人都非常感谢。’”

“放在那里要我穿的长裙是特殊的天蓝色，面料是一种上等的哔叽，不过一眼就能看出有人穿过。要说这条裙子的尺寸，就是给我量体裁衣缝制也不可能更合身了。鲁卡塞尔先生和夫人见我身穿那条裙子下来，两人都兴高采烈，情绪中透着一种很强烈的夸张。他们先前是在客厅等着我下来的。客厅十分宽敞，占据了房子的整个前半部，有三扇落地窗，靠中间的那扇窗子摆放着一把椅子，椅背朝着窗户。他们要我在这把椅子上坐下。接着，鲁卡塞尔先生在房间的另一边来回踱步，开始给我讲一连串笑话，我从来没听过那么好笑的故事。你们想都想不出他有多滑稽，我笑个不停，最后都笑累了。可是鲁卡塞尔夫人显然缺乏幽默感，脸上甚至连一丝微笑都没有浮现出来，只是双手搭在膝盖上端坐在那里，一脸的忧愁和焦虑神色。大约一个钟头以后，鲁卡塞尔先生忽然说，该开始做这天的工作了，我可以更换衣服去育儿室照看小爱德华了。”

“两天以后，同样的表演又从头到尾重复了一遍，情况也完全相同。我又一次更换衣服，再次坐在那扇窗户旁边，听我的东家以无与伦比的方式讲那些说不完的滑稽故事。我又一次禁不住开怀大笑。后来，他递给我一本廉价小说，将我的座椅向旁边移动了一点，以免我自己的影子把书挡住。他要我朗读给他听。我从其中一章的当中部分开始朗读，念了约十分钟，忽然间，一个句子才念到一半，他就叫我停下来，要我去更换衣服。”

“福尔摩斯先生，你不难想象出，我感到无比的好奇，想知道这种异乎寻常的表演究竟是什么意思。我注意到，他们每次总是可以安排，不让我的脸朝向那扇窗户，结果呢，我就特别渴望看看外面，想知道我背后到底有什么。起初好像根本不可能回头看，但我很快便想出一个办法。我有一面小化妆镜打碎了，我灵机一动，偷偷把一个镜子碎片藏在手帕里。在接下来的一次表演中，我趁正在大笑的时候，将手帕举到眼睛跟前，稍加调整，就能看见身后的景象了。我承认刚开始我感到很失望，因为我什么也没看到。”

“至少，第一眼什么也没看见。可是第二眼望去，我察觉到南安普敦公路那边有一个男人，那人留着小胡子，身穿灰色衣服，正朝我这个方向眺望。那是一条干线公路，平时路上总有人来来往往。可这个人是倚在外面院子的栅栏上，认真朝这边张望。我把手帕放低，瞥了鲁卡塞尔夫人一眼，发现她目光无比锐利，正紧紧盯着看我。她什么也没说，可我相信她猜出我手里握着一面镜子，也猜出我看到背后的情形了。她立刻站起身。”

“‘杰夫罗，’她说，‘那边路上有个无礼的家伙，那个人正盯着看亨特小姐呢。’”

“‘不是你的朋友吧，亨特小姐？’他问。”

“‘不是，这儿的人我一个也不认识。’”

“‘哎呀！这可太无礼了！请你转过身去挥挥手，叫他走开。’”

“‘还是别理他的好。’”

“‘要干涉一下，否则他会常常在这里游荡。请你转过身，就这样挥挥手，叫他走开。’”

“我照他吩咐的做了。鲁卡塞尔夫人立刻将窗帘放了下来。这是一星期前的事了。打那以后，就没有再要我坐到窗户那边，再没要求我穿那身蓝衣服，也没有再看到路上那个男人了。”

“请接着讲，”福尔摩斯说，“你叙述的情况可能极有价值。”

“我怕你会觉得我说得有些不连贯，我叙述的不同事件之间可能也很少有关联。就在我刚到褐色山毛榉宅的头一天，鲁卡塞尔先生带我去看厨房门外不远处的一间小屋。我们走近那里时，只听见有一根链条当啷作响，还有一头大动物在走动的声音。”

“‘从这儿朝里看！’鲁卡塞尔先生指点我从两块木板中间的缝隙往里瞅，

‘你说它不漂亮吗？’”

“我朝里面张望，里面一片黑暗，只能隐约看到两只闪闪发亮的眼睛和一个蜷伏在那里的模糊身躯。”

“‘别害怕，’我的东家见我吃了一惊，不禁笑道，‘那是我的獒犬卡罗。我说它是我的，实际上只有我的饲养员老托勒才能对付它。我们一天只喂它一次，还不能喂得太多，这样它才总有一股冲劲。托勒每天晚上把它放出来，倘若有哪个人敢私自闯进院子里，那就只有上帝保佑他从犬牙里逃生了。看在上帝份上，天黑以后，不论有任何事，你千万不要跨过那道门槛，否则会付出生命代价的。’”

“他的这个警告并不是随便说说的。两天后的夜里，大约凌晨两点钟，我偶然从卧室窗口向外眺望。那天晚上月光皎洁，把屋前的草坪照得雪亮，几乎跟白昼一样清楚。我站在那里，眼前这宁静美丽的景色让我着迷，忽然间，我发觉有个东西在褐色山毛榉树的阴影下移动。那东西后来出现在月光照耀下，我看清楚了，原来是一只体形足有小牛犊那么大的大型犬，只见它毛色棕黄，耷拉着下巴，鼻子黑黢黢的，巨大的身躯瘦骨嶙峋。它慢慢穿过草坪，消失在另一边的阴影里了。这个可怕而无声的哨兵在我心里激起了一个寒战。就是看到任何一个窃贼，也不会把我吓成这样。”

“下面我要告诉你一桩非常奇怪的经历。你知道我是在伦敦把头发剪短的。我将剪下的粗粗一大卷头发塞在我的箱子底下。一天晚上，我把小孩子安顿上床后，就开始检查房间里的家具，整理我自己的零星东西，算作一种消遣吧。房间里有一个旧衣柜，上面两只抽屉没有上锁，里面是空的，下面的一只抽屉锁上了。我把我的衣物拿出来装在上面两只抽屉里，但是还有许多东西没地方放。不能用那第三只抽屉，让我感到懊恼。我产生了一个念头，觉得这个抽屉是让人不经意间随便锁上的，就拿出我自己的一大串钥匙试着打开它。结果试的第一把钥匙就把锁打开了。我把抽屉拉开，见里面只有一样东西。我肯定你们永远猜不到那是什么。是我的那卷头发！”

“我拿起头发仔细看。头发的特殊色泽和粗细和我的一模一样。眼前看到的是根本不可能的事情哪，我的头发怎么会锁在这个抽屉里呢？我双手颤抖，将我的箱子打开，把里面的东西统统倒出来，从箱底抽出我的那卷头发，把两卷头发放在一起，我向你们保证，两卷头发完全一模一样。这不是太离奇了吗？我感到莫名其妙，想不出是怎么回事。我把那卷奇怪的头发放回抽屉里，对鲁卡塞尔夫妇只字未提此事，因为我觉得不该打开他们锁住的抽屉。”

“福尔摩斯先生，你可能注意到了，我天生喜欢留心观察各种事物。没有多久，我脑子里就对整个房子有了个很清楚的轮廓。房子一侧的厢房看来根本没人住。房子的一扇门正对着那一侧的厢房，这扇门也通往托勒一家住的外屋，但这扇门平时总是锁着。有一天我正要上楼，遇见鲁卡塞尔先生走这扇门过来，手里抓着钥匙。他那张胖胖的面孔总是露出愉快神色，可他这次的脸色却与平时俨然判若两人。他怒气冲冲，眉头紧皱，两颊涨得通红，激动得太阳穴青筋毕露。他锁上那扇门，急匆匆擦着我身边走过，却一句话也没说，也没看我一眼。”

“这激起了我的好奇心，所以，我带着照管的孩子到院里散步时，就兜个圈子溜达到房子那一侧，想看看房子那一部分的窗户。那里一排有四个窗户，其中三个简直肮脏不堪，第四个窗户关着窗板。这些房间显然都没人居住。我来回走动，不时朝这些窗户瞅一眼。就在这时，鲁卡塞尔先生出来走到我跟前，看上去跟往常一样欢乐愉快。”

"'啊!'他说,'我亲爱的年轻的小姐,要是我一声不吭从你身边走过去,你千万不要认为我粗鲁无礼。我刚才忙着处理一些事务,心里有事。'"

"我请他放心,我并不认为他冒犯了我。我说:'顺便问一下,好像这边厢房上面有许多空房间,其中一间的窗板是关着的。'"

"'照相是我的一项业余爱好,我在上面布置了一间暗室。'他说,'哎呀!我们这儿来了一位多么细心的年轻小姐啊!真是没想到!真是没想到哪!'他嘴上用的是开玩笑口吻,可他看我的时候,目光里并没有俏皮神色。我从他的眼睛里只看到了怀疑和烦恼,却没有诙谐。"

"唔,福尔摩斯先生,自从我明白那边房间里有些东西是不让我知道的,我心里就更加渴望看个究竟了。虽然我跟别人一样有好奇心,但我这种渴望不仅仅是好奇,而是一种责任感——我有一种感觉,仿佛揭开里面的秘密是做了某种好事。人们往往谈论说女人有一种本能,也许就是女人的那种本能让我产生了那种感觉。不管怎么说,我真的有这种感觉。我密切留意着,要找个机会进入那道门,走进禁区。"

"就在昨天,这个机会来了。我应该告诉你,除了鲁卡塞尔先生外,托勒和他老婆也在那边闲置的房间里做过一些事情。有一次,我还看见托勒带着个大黑布袋从那边厢房里出来。最近,他老爱酗酒。昨天晚上他喝醉了。我上楼时,看见门上还插着钥匙,我丝毫也不怀疑,那准是他糊里糊涂拉下的。鲁卡塞尔先生和太太当时都在楼下,孩子也跟他们在一起,对我来说,真是个难得的好机会。我轻轻转动钥匙,开了那扇门,悄悄溜了进去。"

"我面前有条小走廊,走廊墙上没贴壁纸,地上没铺地毯。走廊尽头有个直角转弯。转过这道弯,走廊上有并排的三扇门,第一扇门和第三扇门敞开着,里面都是空房间,积满灰尘,环境阴冷。其中一间有两扇窗,另一间只有一扇窗,窗玻璃肮脏不堪,遮挡了傍晚的光线,里面晦暗朦胧。中间那扇门关着,外面横着一根粗铁杠,是用铁床的床帮子改做的,一头用挂锁跟墙上的一个环子锁在一起,另一头用一根粗绳绑在门框上。这扇门也上了锁,钥匙不在上面。这扇封锁起来的门显然跟外面关了窗板的窗户同属一个房间。从下面门缝露出的微弱光线看,那房间里并不很黑。显然里面有扇天窗,能从上面透进光线。我站在走廊里,盯着看那扇不祥的屋门,心中揣测着,不知道里面藏着什么秘密。忽然,我听到房间里有脚步声。借着房门下面缝隙透出的微光,我看见有个人影在来回走动。福尔摩斯先生,我心里顿时升起一阵莫名的恐惧，紧绷的神经顿时像崩溃了一样。我失去了理智，掉头就跑，好像觉得有一只可怕的手在后面拽着我的衣裙。我狂奔着穿过走廊，跨过那扇门，冲到外面，却闯进鲁卡塞尔先生的怀里。他正等在外面呢。”

“‘哈，果然是你，’他微笑道，‘我看见门开着，就知道准是你。’”

“‘啊，可把我吓死了！’我喘着气说。”

“‘我亲爱的年轻小姐！我亲爱的年轻小姐！’你想象不出他的态度有多么亲切，多么体贴——”

“‘是什么把你吓成这个样子，我亲爱的年轻小姐？’”

“但是他说话的声音完全像是在哄孩子。他做作得有点过分，可我却敏锐地提防着他。”

“‘我太傻了，真不该进那边厢房的空房子，’我回答说，‘里面光线昏暗，多么凄凉，多么可怕呀！把我吓坏了，吓得我跑了出来。噢，里面死气沉沉，寂静得吓人！’”

“‘就这些？’他死死盯着我问道。”

“‘怎么？还有什么？’我问他。”

“‘你认为我为什么要锁上这道门？’”

“‘我确实不知道。’”

“‘就是不让闲人进去，你明白了吗？’他脸上仍然挂着无比亲切的微笑。”

“‘要是我知道，我肯定——’”

“‘好啦，你现在知道了！如果你再敢跨过那门槛——’说到这里，他的和蔼微笑片刻之间变成露齿狞笑，他眼露凶光瞪住我，整张脸变得像个魔鬼，‘我就把你扔给那条獒犬。’”

“我当时吓得不知道自己后来做了些什么。我想我准是离开他飞奔进了自己房间。我不记得到底是怎么回去的，只发觉自己已经躺在床上，浑身颤抖不已。接着我就想到了你，福尔摩斯先生。要是没人给我出个主意，我再也不能在那里待下去了。我害怕那所房子，害怕那个男人，害怕那个女人，害怕那些仆人，甚至害怕那个孩子，那里的人个个让我感到害怕。要是能领你们上那儿去就好了。当然，我本来可以逃离那所房子，不过我的好奇心像我的恐惧心一样强烈。我很快打定了主意，要给你发一份电报。我戴上帽子，穿上外衣，走到大约半英里外的邮局。回去时，心里觉得安稳多了。我走进大门时心里不禁惊慌起来，唯恐那只狗已经放出来了。但是，我想起托勒那天晚上喝得烂醉如泥，我还知道家里只有他能对付那只凶猛的畜生，别人不敢冒险放它出来。我偷偷溜进去，结果平安无事。夜里，我想到不久就能见到你们，开心得躺在床上大半夜没合眼。今天早上，我请假到温切斯特来，没有遇到丝毫困难。但是三点钟以前我必须赶回去，因为鲁卡塞尔夫妇要出去做客，今晚上不在家，所以我必须照看孩子。我已经把冒险经历全部告诉你了，福尔摩斯先生。要是你能告诉我这一切意味着什么，我将非常高兴。最重要的是，请告诉我该怎么办。”

这个离奇故事让福尔摩斯和我听得着了迷。我的朋友站起身，两手插在衣袋里，在房间里踱来踱去，脸色显得极其严肃。

“托勒是不是仍然醉酒未醒？”他问道。

“是的。我听见他老婆对鲁卡塞尔太太说，她拿他一点儿也没有办法。”

“那很好，鲁卡塞尔夫妇今天晚上要出门？”

“是的。”

“那里有没有地下室和一把结实的好锁？”

“有一间酒窖。”

“亨特小姐，从你处理这件事的经过来看，我认为你是个十分机智勇敢的姑娘。你能不能再做一件大事？假如我认为你不是个非常卓越的女性，我就不会提出这样的要求。”

“我会尝试一下，要我做什么事？”

“我的朋友和我要在七点钟到达褐色山毛榉宅。到时候鲁卡塞尔夫妇已经出门。我们希望托勒到时候还是醉得不能动弹。家里只剩下托勒太太一个人了，可她能发出警报。假如你能支使她到地窖里去干些杂活，然后趁机把她锁在里面，就能大大推动这件事了。”

“我会这么做的。”

“好极了！那么我们就来彻底调查这件事。当然，只有一种解释可能说得通，他们请你去那里是为了扮演某个人，而那个人自己被囚禁在了那间屋子里。那是显而易见的。至于这个遭到囚禁的人，我可以断定就是他女儿艾丽斯·鲁卡塞尔小姐，如果我没记错，他们说她去了美国。毫无疑问，你被选中是因为你的身高、身材和你的头发色泽都和她一样。你的好头发被剪掉，很可能因为她以前患过某种疾病，因而，你当然也必须牺牲掉自己的头发。你看见那缕头发纯属偶然。那个公路上的男子无疑是她的一位朋友——很可能是她的未婚夫——因为你穿着那个姑娘的衣服，身材和笑声也很像她，所以他看见你，又看见你做的手势，便相信鲁卡塞尔小姐生活得很快乐，不再需要他了。夜里放出那条狗，为的是防止他设法与她接触。所有这些都相当清楚了。这桩案子最重要的一点就是那个小男孩的性情。”

“这又能跟小孩子有什么关系？”我不禁叫出了声。

“我亲爱的华生，你是一名医生，通过许多病例渐渐懂得，要了解一个孩子的性格倾向，首先要研究他父母的性情。你没想过这个道理反过来也一样适用吗？我时常研究孩子，从中洞察其父母的真实品格。这个孩子的性格异常残忍，而且残忍仅仅是为了过瘾。照我猜想，他的这种性格源于他那个满脸堆笑的父亲，也可能源于他的母亲，不过，无论如何这对他们控制中的那个可怜姑娘都是不幸的。”

“我能肯定你说得对极了，福尔摩斯先生，”我们的委托人嚷道，“你这番话让我联想起无数往事，让我确信你的分析切中要害。我们一刻也不要耽搁了，赶快去营救那个可怜的人吧！”

“我们必须谨慎周到，因为我们是在对付一个非常狡猾的家伙。七点钟以前我们不能行动，一到七点我们就去跟你会合。用不了多久，我们就能解开这个谜了。”

我们谨守约定，把两轮马车停在路旁一家小客栈里，七点整到了褐色山毛榉宅。夕阳的余晖中，那片林子的深绿色叶子闪闪发亮，像擦亮的金属。即使亨特小姐没有站在门口台阶上微笑着迎接我们，我们也能凭那片树林认出这幢房子。

“你都安排好了吗？”福尔摩斯问。

这时从楼下某处传来响亮的撞击声。“那是托勒太太在地窖里呢，”亨特小姐说，“她丈夫睡在厨房地毯上鼾声如雷。这是他的一串钥匙，跟鲁卡塞尔先生那串钥匙一模一样。”

“你干得真漂亮！”福尔摩斯热情夸奖她，“你在前面带路，我们马上就要看到这桩见不得天的勾当的结局了。”

我们沿楼梯而上，打开那扇锁上的房门，沿着走廊往里走，一直走到亨特小姐所说的那个障碍物前面。福尔摩斯割断绳索，将那根闩门的粗铁杠挪开，然后用那串钥匙一把一把在门锁上试，结果所有的钥匙都打不开门锁。房间里没有一点动静，寂静中，福尔摩斯的脸色阴沉了下来。

“我相信我们来得并不太晚，”他说，“亨特小姐，我看是要硬闯了。华生，用肩膀试试，看我们能不能把门撞开。”

这是一扇不结实的旧门，我俩一起使劲，只撞了一下，门就破了。我们俩一起冲进去。屋子里是空的。里面没有家具陈列，只有一张充当床的草垫子，一张小桌子，还有一筐衣服。天花板上，天窗开着，囚禁的人已经无影无踪了。

“这儿有过丑恶行径，”福尔摩斯说，“这个好家伙已经猜到亨特小姐的意图，抢先一步把受害者弄走了。”

“怎么弄出去的？”

“从天窗。我们很快就能看出他是怎么弄出去的。”他扒住天窗，一个翻身登上屋顶。

“啊，没错，”他嚷道，“这儿有一架长长的梯子，一头靠在屋檐上，他就是从这儿弄出去的。”

“这是不可能的，”亨特小姐说，“鲁卡塞尔夫妇出去的时候，这儿还没有梯子。”

“他回来过，刚刚搬的，我告诉过你，他是个狡猾的危险人物。我听到有人上楼的脚步声了，这不是他才怪呢。华生，你最好把手枪准备好。”

他话音未落，只见一个人堵在房门口。这个人体型肥胖，身材魁伟，手里抓着一根沉重的木棍。亨特小姐一看见他，立即尖叫一声，蜷缩着身子靠在墙上。但是福尔摩斯纵身向前，镇定地面对着他。

“你这个恶棍！”他说，“你的女儿在哪儿？”

这个胖子向四周扫视一圈，又抬头望了望上面打开的天窗。

“这话该由我问你们！”他厉声喝道，“你们这帮贼！密探和贼！我这下把你们逮住了对不对？你们落到我手掌心里来了，我可得好好伺候你们才对！”

他转身出门，噔噔噔飞快跑下楼。

“他要放那条狗！”亨特小姐喊道。

“我有左轮枪！”我说。

“把前门关上。”福尔摩斯喊道。

于是，我们一起冲到楼下。我们还没到门厅，就听见了猎犬的狂吠声，接着听到一阵痛苦的尖叫声和可怕的撕咬声，让人听了毛骨悚然。一个红脸老头摇晃着胳膊踉踉跄跄从一道边门走出来。

“我的天哪！”那个老头大声喊起来，“有人把狗放出来了。它已经两天没喂啦。快，快，要不然就来不及了！”

福尔摩斯和我急忙飞奔出去，绕过墙角，托勒紧紧跟在我们身后。只见那边有一只巨大而饥饿的野兽，它的鼻子和嘴巴已经埋进鲁卡塞尔肥胖的喉咙里，他倒在地上折腾着，拼命嚎叫。我跑上去，一枪就把它的脑袋打得开了花。它倒了下去，可锋利的白牙仍然嵌在他肥厚的脖子褶皱里。我们用了很大的力气才把人和狗分开，将他抬到房子里。他还活着，不过已经血肉模糊，模样非常可怕。我们把他安置在客厅沙发上，差遣托勒去通知他太太。老托勒早已惊得清醒过来。我尽我所能设法减轻他的痛苦，我们都聚在他身边忙乱。这时，房门开了，一位身材瘦高的女人走进来。

“托勒太太！”亨特小姐喊道。

“是我，小姐。鲁卡塞尔先生一回来，就先把我放出来了，完事后才上去找你们。嗨，小姐，可惜你没把你的打算先告诉我，我本来可以告诉你，你的打算纯粹是白费力气。”

“哈！”福尔摩斯敏锐的目光盯住她说，“显然，托勒太太对这事知道得比谁都多。”

“没错，大人，我确实知道。我愿意把心里知道的事儿全掏出来。”

“那就请坐，我们来听听。我不得不承认，还有几点我仍然不大明白。”

“我马上就叫你清楚了，”她说，“要是我早点打地窖里出来，你们早就清楚了。要是这事闹上治安法庭，你们可记住了，我可是你们的朋友，是站在你们一边的。我也是艾丽丝小姐的朋友哇。”

“艾丽丝小姐在家里从来就没有舒坦过。自打她爹再娶后，这丫头一向就没舒坦过，家里谁也不理她，她说什么都没人听。后来她在朋友家遇上福勒先生，打那以后，她的日子就更难过了。我听说，艾丽丝小姐有自个儿的财产，那可是她娘死后遗嘱上分给她的。可她就是不开口，一味忍让，到如今也没说过一句要自个儿权力的话，全都任凭他父亲鲁卡塞尔先生处理。他这个当爹的心里清楚，跟她一起过就放心，要是她嫁了男人，就要把该拿的东西都拿走，那可是法律规定的呀。她父亲后来就使了个坏，要女儿签个字据，上面说，不管她结婚不结婚，他们都要管她的钱。她好歹不签那东西，她父亲就一直折腾她，闹得她得了脑膜炎，整整病了六个礼拜，她险些要敲死神的家门了。嗨，最后她好不容易才缓过来，可是闹到骨瘦如柴的地步，把一头好看的头发也剪短了。可她那个相好的年轻人就这也没变心，还是一心一意待见她，真正是个好男人呐。”

“啊，”福尔摩斯说，“谢谢你好意告诉我们这些情况，这样我们对这事已经一清二楚了，至于其余情况我完全能推断出来。我敢说，鲁卡塞尔先生因而就动手把女儿监禁了起来。”

“没错，大人。”

“他专门把亨特小姐从伦敦请来，为的是摆脱福勒先生的讨厌纠缠？”

“说得对，大人。”

“但是福勒先生是个不屈不挠的人，就像个好水兵，他堵在房子外面不走。后来他找到你，既花钱又说理，让你相信你们俩有着共同的利益。”

“福勒先生说话和气，出手大方着呢。”托勒太太安详地说。

“他用这个手段，设法让你的好男人不缺酒喝，趁你家主人出门就把一个轻便梯子架好。”

“大人，你说得就跟发生过的事儿一个样。”

“我们应当向你道谢，托勒太太，”福尔摩斯说，“因为是你把我们伤脑筋的情况都澄清了。现在村里那位外科医生和鲁卡塞尔夫人就要来了。华生，我看咱们最好护送亨特小姐回温切斯特去，因为我认为咱们在这里的身份不够合法。”

就这样，门前长着褐色山毛榉树的不祥宅子里的谜解开了。鲁卡塞尔先生活下来了，不过他的精神从此垮了，靠着忠心耿耿的妻子护理，他才能苟延残喘。他家的两个老用人还跟他们住在一起。大概他们对鲁卡塞尔家的往事了解得太多，鲁卡塞尔先生很难辞退他们。福勒先生带着鲁卡塞尔小姐出走了，他们第二天就在南安普敦领到结婚证书结了婚。福勒先生受政府指派，现正在赴非洲岛国毛里求斯任职。至于亨特小姐，我的朋友福尔摩斯的所作所为使我稍感失望。他继续潜心研究着诸多问题，由于她不再是其中的核心人物，他对她就没有表现出更多的兴趣。她目前是沃尔索耳地区一家私立学校的校长。我相信她在工作中会做出相当大的成绩。

（黄开红　译）

回忆录（一）

梁永刚　孔令会等　译

银色马

一天清早，我和福尔摩斯一起共用早餐。福尔摩斯说："华生，恐怕我要出去一趟了。"

"去一趟？去哪儿？"

"到达特穆尔，去金斯皮兰。"

我听了并不吃惊。说实在的，原本让我不解的是，眼下英国上下都在谈论着一件古怪离奇的案子，可是福尔摩斯却从未过问。他整日双眉紧缩，低头沉思，在屋里走来走去，烈性烟草一烟斗接一烟斗地装，吸个没完，对我提出的问题和看法全然充耳不闻。当天送来的各种报纸，他也只是稍一过目便扔到一旁。然而，尽管福尔摩斯一言不发，他在仔细考虑着什么，我却是心领神会。当前，摆在公众面前的难题只有一个，那就是韦塞克斯杯锦标赛中的那匹赛马的离奇失踪和驯马师的惨死，而这个难题迫切需要福尔摩斯的分析推理才能解决。所以，他突然宣称他打算动身去调查这起离奇的案子时，我并不感到惊讶，这也正是我所期待的。

"要是不妨碍你的话，我很愿意和你一同去。"

"亲爱的华生，你能和我一同去，我非常高兴。我想你此行是决不会白白浪费时间的，因为这件案子有一些特点，有迹象表明，可能是极为独特的。我想，我们到帕丁顿刚好能赶上火车，在途中我再把这件案子的情况详细谈一谈。烦劳记着把你那个双筒望远镜带上。"

约莫一小时以后，我们已坐在驶往埃克塞特的头等车厢里。福尔摩斯戴着一顶带护耳的旅行帽，掩住他那张轮廓分明、略显焦急的面孔，他正在匆匆浏览在帕丁顿车站买的一大堆当天的报纸。车早已过了雷丁站很远，他把最后看完的那张报纸塞在座位下面，拿出香烟，让我来吸烟。

“车行进得很快，”福尔摩斯望着窗外，看了看表说道，“现在我们的车速是每小时53.5英里。”

“我没有注意四分之一英里的路杆。”我说道。

“我也没注意。可是这条铁路线附近电线杆的间隔是60码，所以计算起来很简单。想必你对于约翰·斯特雷克被害和银色白额马失踪的事早有所闻吧？”

“我已经看到电讯和新闻的报道了。”

“对于这类案子，思维推理的技巧应当用于仔细查明事实细节，而不是去寻求新的证据。这件惨案极不寻常，严丝合缝，而且与那么多人有切身利害关系，让人颇费猜测。难就难在，要把那些事实——确凿无疑的事实——与那些理论家、记者们的臆测润色之词加以区分。我们的职责是根据那些可靠的根据得出结论，并确定在当前这件离奇的案子里哪一些问题是有所不同的。星期二晚上，我接到马主人罗斯上校和警长格雷戈里两人的电报，格雷戈里请我与他合作联手侦破这件案子。”

“星期二晚上！”我惊呼道，“现在已经是星期四早晨了。为什么你不昨天就动身呢？”

“亲爱的华生，这是我的过错，恐怕我还会犯很多错误，而并不像那些只是通过你的回忆录知道我的人所想象的那样。事实是，我并不相信这匹全英国鼎鼎大名的赛马会隐藏得这么久，尤其是在达特穆尔北部这样人口稀少的地方。昨天我时时刻刻指望着能听到马已经被找到的消息，而那个拐走赛马的人就是杀害约翰·斯特雷克的凶手。哪料直到今天早上，除了一个名叫菲茨罗伊·辛普森的年轻人落网以外，案子没有任何进展。我感到是该采取行动的时候了。不过，在某种程度上，我觉得昨天的时间也并没有白白浪费。”

“那么说，你已经有所推断了。”

“至少我对这件案子的主要事实有了一些了解。现在我可以对你一一列举出来。在我看来，弄清一件案子的最好办法，莫过于能把它的情况对另一个人讲清楚。此外，如果我不告诉你我们现在掌握什么情况，我就很难指望得到你的帮助。”

我向后仰靠在椅背上，吸了一口雪茄，福尔摩斯俯身前倾，用他那瘦长的食指在他左手掌上比画着，向我说明促成我们这趟行程的事件的梗概。

“银色白额马，”福尔摩斯说道，“是索莫密种，和它声名久远的祖先一样，始终保持着优秀的赛马纪录。它已经是五岁口了，每次在赛马场上都为它那幸运的主人——罗斯上校——赢得头奖。在这次不幸事件以前，它是韦塞克斯杯锦标赛的冠军，人们押在它身上的赌注是三比一。它是赛马爱好者最宠爱的赛马，而且从未使它的爱好者落空过。不过，仍然有巨额赌注没押在它身上。所以，设法阻止银色白额马去参加下周二的比赛，显然同某些人的切身利益息息相关。”

“当然，这件事在金斯皮兰——上校驯马厩所在地——也为人们所重视，他们对这匹鼎鼎大名的赛马采取了各种防范措施来加以保护。驯马师约翰·斯特雷克原是罗斯上校的赛马骑师，后来因身体发福，才更换他人。斯特雷克在上校家当了5年骑师、7年驯马师，平日里总是一副热心肠的忠实仆人的样子。斯特雷克手下有3个小马倌。马厩并不大，总共只有4匹马。一个小马倌每天晚上都住在马厩里，另

外两个就睡在草料棚中。这3人的人品都不错。约翰·斯特雷克已经成家，住在离马厩200码左右的一座小别墅里。他尚无子女，有一个女仆，生活还算舒适。那个地方很荒凉，在北边半英里以外，有几座别墅，是由塔维斯托克镇的承包商建造的，专门供病人疗养以及其他愿来呼吸达特穆尔清新空气的人居住。向西2英里以外就是塔维斯托克镇，穿过荒野，大约也有2英里远近，有一个梅普里通马厩，这个马厩属于巴克沃特勋爵，由一个名叫赛拉斯·布朗的人负责看管。荒野其他方向则荒凉异常，只有少数游荡的吉卜赛人散居着。在这件离奇的案子发生的星期一晚上，大致情形就是这样。”

“那天晚上，和往常一样，这些马匹经过训练，刷洗，九点钟马厩上了锁。两个小马倌到斯特雷克家去，在厨房里用过晚餐。另一个小马倌内德·亨特留下看守。九点刚过几分钟，女仆伊迪丝·巴克斯特把内德·亨特的晚饭送到马厩来，这是一盘咖喱羊肉。她没有带饮料，因为马厩里有自来水，而且按规定，看马房的人在值班时，不能喝别的饮料。天色已晚，送饭经过的这条小路又穿过荒野，所以这

个女仆带着一盏提灯。”

“伊迪丝·巴克斯特走到距离马厩不到30码时，一名陌生男子从暗地里走出来，叫她站住。在提灯的昏黄色灯光下，她看到这个人穿戴得像是个上流社会的人，身着灰色花呢衣服，头戴呢帽，脚蹬带绑腿的高统靴子，手持一根沉重的圆头手杖。然而给她印象最深的是，他的脸色苍白异常，神情慌张不安。据她估计，这个人的年龄恐怕要在30岁以上。”

“‘能告诉我这是在什么地方吗？’他问道，‘要不是看到你亮着的提灯，我原本打算在荒野里过夜了。’”

“‘你快走到金斯皮兰马厩跟前了。’女仆说道。”

“‘真的！呀！我真是撞大运了！’他大声叫道，‘我知道每天晚上有一个小马倌独自一人住在这里。这大概就是你要给他送的晚饭吧？我相信你总不会清高到连买一件新衣服的钱也不屑一赚吧？’”

“陌生男子从背心口袋里掏出一张叠好的白纸片：‘务必在今天晚上把这个东西送给那个马倌，这样你就能得到可以买一件最漂亮的上衣的钱。’”

“他那种认真的样子让伊迪丝大为惊恐，她赶忙从他身旁跑过去，直奔马厩窗下，因为平日里她习惯了从窗口把饭递进去。窗户已经是开着的，亨特就在里面，坐在小桌旁边。伊迪丝正开口要把发生的事告诉他，这时陌生男子又走上前来。”

“‘晚上好’，陌生男子把脑袋从窗外向里探了探，说道，‘我有话同你说。’姑娘发誓说，在他说话时，她发现他手里紧紧攥着一张小纸片，纸片露出一角来。”

“‘你到这儿有什么事？’小马倌问道。”

“‘这事儿可以让你腰包更鼓一些，’陌生男子说道，‘你们有两匹马参加韦塞克斯杯锦标赛，一匹是银色白额马，另一匹是贝阿德。给我透露些可靠的消息，你不会吃亏的。听说在5弗隆[①]距离赛马中，贝阿德可以超过银色白额马100码，连你们自己都把赌注押到贝阿德身上，确有其事吗？”

“‘原来你是该死的赛马探子！’这个小马倌大声喝道，‘现在我要让你见识一下，在金斯皮兰我们是怎样对付这些家伙的。’他跑过去要把猎犬放出来。这个

① 弗隆：长度单位，1弗隆=1/8英里。

姑娘赶紧奔回家去，不过她一面跑一面向后望，她看到那名陌生男子还俯身向窗内探望。可是，大约一分钟后，亨特带着猎犬冲出来时，这名陌生男子已经走开了，尽管亨特带着猎犬绕着马厩转了一圈，也没有发现这个人的踪影。”

“等等，”我问道，“小马倌带着猎犬跑出去时，没有把马厩的门锁上吗？”

“太好了，华生，太好了！”福尔摩斯低声说道，“我认为这一点非常重要，所以昨天特意往达特穆尔发了一封电报查问此事。小马倌在离开马厩以前把门锁上了。我还可以补充一点，这扇窗户小得不可能钻进人来。”

“亨特等那两个同伴小马倌回来以后，便派人去向驯马师报信，把发生的事情告诉了他。斯特雷克听到报告以后，虽不知道这里面的真实用意是什么，却惊慌异常。这件事让他隐隐约约地心神不宁，所以，斯特雷克太太在半夜一点钟醒来时发现他正在穿衣服。他妻子问他时，他回答说因为他挂念这几匹马，所以一直无法入睡，他打算到马厩去看看是否一切安好。斯特雷克的妻子听到屋外雨点滴滴答答地打在窗户上，便央求他留在家里，可是他全然不顾妻子的请求，披上雨衣离开了家。”

“早晨七点钟一觉醒来，斯特雷克太太发觉丈夫还没回来，就匆忙穿好衣服，把女仆叫醒，一同到马厩去了。只见厩门大开，亨特坐在椅子上，身子蜷缩成一团，完全昏迷，不省人事，那匹鼎鼎大名的银色白额马的厩栏是空着的，驯马师也不见踪影。”

“她们赶快把睡在草料棚里的两个小马倌叫醒，因为他们两个人睡得非常死，所以晚上什么也没听到。亨特显然是被烈性麻醉药粉给麻醉倒了，怎么也叫不醒，只好任他睡在那里等待药性过去。另外两个小马倌、斯特雷克太太和女仆都跑出去寻找失踪的驯马师和赛马。他们原以为驯马师出于某种原因一大早把马拉出去训练去了，可是当他们登上马厩附近的小山丘向周围的荒野望过去，却没有看到失踪赛马的一点影子，他们预感到不幸发生了。”

“离马厩四分之一英里远的地方，斯特雷克的大衣在金雀花丛中露了出来。那附近的荒野上有一个碗状的凹陷的地方，就在那里他们找到了不幸的驯马师的尸体。他的头颅遭到不明钝器的猛烈击打，被砸得粉碎。他腿上也受了伤，一道长长的伤痕清晰可见，显然是被一种非常锋利的凶器划破的。斯特雷克右手握着一把小刀，血块一直凝到刀把上，很明显，他与攻击他的凶手激烈搏斗过，他的左手紧握着一条红黑相间的丝领带。女仆认出来，那个到马厩去的陌生男子头天晚上就戴着这样的领带。亨特恢复知觉以后，也确认这条领带是那个陌生男子的。他同样确信就是这个陌生男子站在窗口的时候，在咖喱羊肉里下了麻醉药粉，这样就使马厩没了看守。至于那匹失踪的赛马，在斯特雷克惨死的那个山谷谷底的泥地上留有充足的证明，说明在搏斗时赛马也在场。可是自那天早晨起它就失踪了，尽管高额悬赏，达特穆尔所有的吉卜赛人也都在留心此事，却还是杳无音讯。最后还有一点，经过化验证明，这个小马倌吃剩下的晚饭里含有大量麻醉药粉，然而当天晚上斯特雷克家里的人也吃同样的饭菜，却没有任何不良后果。”

“整个案子的基本事实就是这样。我讲述时去除了一切猜测，尽可能不加任何润色修饰。现在我把警署调查这起案子所采取的措施向你重述一下。”

“受命调查这起案子的警长格雷戈里是一个非常能干的警官。要是他能再有一点儿运用想象的天资，他没准会在警官这个行当里出人头地。他一到案发地点，便立刻找到了那个嫌疑犯，并把他逮捕起来。找到那个人并不难，因为他就住在我刚才提到的那些小别墅里。他的名字，好像叫菲茨罗伊·辛普森。他是一个出身高贵、受过很好教育的人，曾在赛马场上挥霍过大把钱财，现在靠在伦敦体育俱乐部里作马匹预售员糊口。检查他的赌注记录本，发现他把总数5000镑的赌注压在银色白额马失利上。被捕以后，辛普森主动交代他到达特穆尔是希望探听有关金斯皮兰赛马的情况，也想了解有关第二有名的赛马德斯巴勒的消息。德斯巴勒是由梅普里通马厩的赛拉斯·布朗负责照管的。对那天晚上的事，他也不否认，却辩解道，他并没有恶意，只不过是想得到第一手情报而已。在给他看了那条领带以后，他立时面如土色，全然不能说明他的领带是怎样落到被害人手中的。他的衣服湿透了，说明那天晚上曾冒雨外出，而他的槟榔木手杖一端镶有铅头，如果用它反复击打，那它就完全可以作凶器，使驯马师遭到如此可怕的重创以致惨死。可是从另一方面看，辛普森身上却没有伤痕，而斯特雷克刀上的血迹说明至少有一个袭击他的凶手身上带有刀伤，概括地说，情况就是这样。华生，如果你能给我一些启发，那我就不胜感激了。”

和以往一样，福尔摩斯以他那独特的能力把情况讲述得清清楚楚，让人听得兴趣盎然。尽管我已经知道了大部分情况，但我还是看不出这些情况有什么重要意义，或它们之间有什么关系。

“会不会是在搏斗时，斯特雷克的大脑受了伤，然后自己把自己划伤了呢？”我提出了自己的看法。

“可能性很大，十有八九如此，”福尔摩斯说道，“要是这样的话，对被告有利的一个主要证据就不存在了。”

“还有，”我说道，“我现在还不知道警署的意见是什么。”

“我担心我们的推论恰恰和他们的意见相反，”我的朋友又拉回话题说，“据我所知，警署认为，菲茨罗伊·辛普森把看守马厩的人麻醉倒以后，用他事先设法配好的钥匙打开马厩大门，把银色白额马牵出来。显然，他是打算把马偷走的。马缰绳没有了，所以辛普森必然把这个领带套在马脖子上，然后，就让门那么敞着，把马牵到荒野上，在半路碰到了驯马师，或者是被驯马师追上了，这样争执就在所难免。尽管斯特雷克曾用那把小刀自卫，辛普森却没有受到丝毫伤害，他用他那沉重的手杖把驯马师头颅打碎。然后，这个盗马贼把马藏在隐蔽的地方，要不就是在他们搏斗时，那匹马挣脱逃走，现在正游荡在荒野中。这就是警察们对这件案子的看法。尽管这种说法不大可靠，可是所有其他解释更是行不通的。不管怎样，只要我到达现场，我会很快把情况查清的，在这以前，我实在看不出我们如何能从目前的情况有所进展。”

我们到达小镇塔维斯托克时，已经是傍晚时分了。塔维斯托克镇就像盾牌上的浮雕一样，坐落在达特穆尔辽阔原野的中心。车站上早有两位绅士在等候我们，其中一位身材高大、相貌英俊、浓发髯须、宛如雄狮，淡蓝色的眸子中透着聪慧，充满好奇。另一个人身材矮小，机敏伶俐，干净利落，身穿礼服大衣，脚蹬有绑腿的高统靴子，络腮胡须修剪得整整齐齐，戴着一只单眼镜，这个人就是著名的体育爱好者罗斯上校。前一个人则是警长格雷戈里，他在英国侦探界早已声名鹊起了。

“福尔摩斯先生，你能前来，我感到非常高兴，”上校说道，“警长已尽一切力量为我们探查，我愿尽一切力量设法为可怜的斯特雷克报仇，同时找回我的赛马。”

“有什么新的进展吗？”福尔摩斯问道。

“很抱歉，我们的进展不大，”警长说道，“外面有一辆敞篷马车，你一定想在天黑以前去案发现场看看，我们可以在路上边走边谈。”

一分钟以后，我们已经坐在舒适的四轮马车里，车子吱吱嘎嘎地穿过德文郡这个古朴典雅的城市。警长格雷戈里满脑子装得都是案子，滔滔不绝地讲个没完。福尔摩斯偶尔问一问，时而插一两句话。我则兴趣盎然地倾听两位侦探的对话。罗斯上校则双臂抱胸，背倚靠背，帽子斜着耷拉在眼前。格雷戈里把他的看法和盘托出，几乎和福尔摩斯先前在火车上的预言别无二致。

“法网已把辛普森紧紧缚住，”格雷戈里说道，“我个人相信他就是我们要缉拿的凶手，同时，我也认识到证据尚不确凿，如果案子有新的进展，这种证据很可能被推翻。”

“那么斯特雷克的刀伤又是怎么回事呢？”

“我们完全可以得出这样的结论，也就是他在倒下去时自己划伤的。”

“在我们来这里的路上，我的朋友华生医生也是这样推测的。这样的话，情况就对辛普森不利了。”

“那是毫无疑问的。辛普森既没有刀伤，又没有其他伤痕。可是，对他不利的证据却是依然确凿的。首先他早就对那匹失踪的名马非常关注，同时又有毒害小马倌的嫌疑，他还在那晚暴雨中外出，而且他还手持一根沉重的手杖，他的领带也在被害人手中。我认为，我们完全可以提起诉讼了。”

福尔摩斯摇了摇头。

“精明的律师完全可以把它驳得体无完肤，”福尔摩斯说道，“他为什么要把马从马厩中偷走呢？假如他想杀害它，为什么不在马厩内动手呢？在他身上发现有配的钥匙吗？是哪家药店卖给他烈性麻醉药粉的？首先，他人生地不熟，能把赛马藏到哪去？况且还是这样一匹名马？他要女仆转交给看守马厩的小马倌的那张纸条，他自己又是作何解释的呢？”

“他说那是一张十英镑的钞票。他的钱包里的确有一张十英镑的票子。不过你所提的其他疑难问题并不像你所想象的那么难缠。这一地带他并不是初来乍到。每年夏季他要到塔维斯托克镇来住两次。麻醉药粉可能是从伦敦带来的。这把钥匙，既已达到使用目的，也许早就扔掉了。那匹赛马可能在荒野中的洼地里或在一个废旧矿坑里。”

“至于那条领带，他又作何解释？”

“他承认那是他的领带，却又声称早就丢失了。不过该案中有一个新情况足以证明是他把马从马厩中牵出来的。”

福尔摩斯耐心倾听着。

“我们发现许多足迹，说明有一伙吉卜赛人在星期一夜晚来到距发生凶杀案地点一英里之内的地方。星期二他们就离开了。现在，我们假定，在辛普森和吉卜赛人之间有某些协定，在辛普森被人追赶上时，他不是可以把马交给吉卜赛人吗？现在那匹名马不是可以仍在那些吉卜赛人手上吗？”

“这当然有可能。”

“警察正在荒原上搜寻这些吉卜赛人。我也把塔维斯托克镇方圆十英里以内每一家马厩和小畜舍都检查过了。”

“听说，就在附近不是还有一家驯马厩吗？”

“对，这一点我们当然不能忽视。因为他们的赛马德斯巴勒是庄家眼中的第二名马，银色白额马的失踪对他们非常有利。传闻驯马师赛拉斯·布朗在这个比赛中下了很大赌注，再说，他对可怜的斯特雷克压根儿就不友好。不过，我们已经检查了这些马厩，没有发现他和这起案子有什么牵连。”

“辛普森这个人和梅普里通马厩没有什么利益瓜葛吗？”

“一点关系也没有。”

福尔摩斯倚在车座靠背上，谈话中断了。几分钟以后，马车已停在路旁一座整齐的红砖长檐小别墅前，相距不远，穿过牧场，是一长排灰瓦畜舍。四外是平缓起伏的荒原，铺满古铜色枯萎的凤尾草一直延伸到天边，只有塔维斯托克镇的一些尖塔偶尔把荒原遮断。向西望去，一些房屋阻断荒原，那是梅普里通的马厩。我们都跳下马车来，除了福尔摩斯以外。他仍旧仰靠在车座靠背上，远眺天空，凝神贯注。直到我走过去碰了碰他的手臂，他才愣过神来，猛然起身，跳下马车。

“对不起。”福尔摩斯转过身来面朝罗斯上校，罗斯上校正满脸惊愕地望着他。

“我正在进行假想。”福尔摩斯说道，他的双眼发出异样的光彩，竭力抑制着兴奋的心情。根据我以往的经验，知道他已经有了线索，却想不出他是从什么地方找到那线索的。

“也许你想立刻到犯罪现场去看看吧？福尔摩斯先生。”格雷戈里说道。

“我想我还是先在这里稍停片刻，查清一两个细节问题。我想，斯特雷克的尸体已经抬回到这里了吧？”

“是的，就在楼上。明天进行尸检。”

“他在你这里干了好多年了吧？罗斯上校。”

“对，我一直觉得他是一个很不错的仆人。”

“警长，我想你已经检查过死者衣袋里的东西而且列了名目清单了吧？”

“如果你愿意过目，那就去起居室吧，东西都存放在那里。”

“那太好啦。”

我们依次走进前厅，围着正中间的一张桌子坐了下来，警长打开了一个方形锡盒，把一些东西摆放在我们面前：有一盒火柴，一根两英寸长的牛油蜡，一支用欧石南根制成的A D P牌烟斗，一个海豹皮烟袋，里面装着半盎司切得长长的板烟丝，一块配有金质表链的银怀表，五个一英镑的金币，一个铝制铅笔盒，几张纸条，一把象牙柄的小刀，刀刃非常锋利坚硬，上面刻着“伦敦韦斯公司”字样。

“这把小刀很特别，”福尔摩斯说着，拿起小刀打量了一会，“刀上有血迹，我猜想，这就是死者拿着的那把刀子吧？华生，这样的小刀是你们医生行当里用的吧？”

“这就是我们医生所说的眼翳刀。”我说道。

“我也这么认为。刀刃非常精致，是做非常精密的手术用的。一个人带着这样的小刀在崎岖的荒野中外出，而又没有把它放到衣袋里，这倒真是怪事一桩。”

“我们在他的尸体旁边找到了这把小刀的软木圆鞘，”警长说道，“他的妻子告诉我们这把小刀原本是放在梳妆台上面的，他在走出家门时把它带上了，这本来不是一件得力的武器，可是或许在这种时刻这是他能找到的最好的防身家伙了。”

“非常可能。这些纸条是怎么回事呢？”

“三张是卖草商的收据。一张是罗斯上校给他传达指示的信件。另一张是一个妇女服饰商开的37镑15先令的发票，开发票的人是邦德街莱苏丽尔太太。发票是开给威廉·德比希尔先生的。斯特雷克太太告诉过我们，德比希尔先生是她丈夫的朋友，往来信件有时就寄到她这里。”

“德比希尔太太倒真是迷恋奢华的服饰，”福尔摩斯看了看发票说道，“22基尼一件衣服不算便宜啦。不过，这里似乎再没什么可查看的了，我们现在可以到犯罪现场去了。”

我们刚走出起居室，一个女人走上前来，用手拉住了警长的衣袖，之前她一直在过道等着。这个女人面黄肌瘦，神情焦虑，形容憔悴，显然是近日来过度惊吓所致。

“你见到凶手了吗？你找到凶手了吗？”她气喘吁吁地说道。

“还没有，斯特雷克太太。不过福尔摩斯先生已经专程从伦敦赶到这里来帮助我们，我们一定尽全力去破案。”

“不久之前我肯定在普利茅斯的一次公园聚会上见过你，斯特雷克太太。”福尔摩斯说道。

“不，先生，你认错人了。”

“上帝！我可以发誓。你当时穿着一件浅灰色的镶嵌着鸵鸟毛的外套。”

“我压根就没有这么一件衣服，先生。”斯特雷克太太答道。

“啊，这就完全清楚了。”福尔摩斯说道，向斯特雷克太太道了声歉，然后就随警长走了出来。没走多远，穿过荒原便来到发现死尸的地点，洼地边就是当时挂着大衣的金雀花丛。

“我听说那晚并没有刮风。”福尔摩斯说道。

“没有，但是雨很大。”

“既然是这样，那么大衣绝不是被风吹到金雀花丛上的，而是有人放到这儿的。”

“对啊，是有人挂到金雀花丛上的。”

“这倒勾起了我的兴趣。我发现这里有许多脚印。毫无疑问，从星期一夜晚起，有好多人到过这里。”

“在尸体旁边曾经放了一张草席，我们大家都站在席子上。”

“很好。”

“这袋子里有斯特雷克穿的一只长筒靴，菲茨罗伊·辛普森的一只皮鞋和银色白额马的一块蹄铁。”

“警长阁下，你真高明！”福尔摩斯接过布袋，走到低洼处，把草席拉到更靠近中间的地方，伏身席上，伸长脖子，双手托腮，仔细查看面前被踩踏的泥土。

“哈！这是什么？”福尔摩斯突然喊道。这是一根蜡火柴，烧了一半，上面裹了泥，乍一看像是一根小小的木棍。

“真是很难想象，我怎么会把它给忽略了？”警长神情懊恼地说道。

“它埋在泥土里，不容易被发现，我之所以能看到它，是因为我正在有意寻找它。”

“怎么！你原本就料到有可能找到这个吗？”

“我想这不是不可能的。”

福尔摩斯从袋子里拿出长筒靴和地上的脚印逐一比较，然后爬到洼地边，慢慢匍匐前进到羊齿草和金雀花丛间。

“恐怕这里再没有更多的踪迹了，”警长说道，“我在方圆100码之内都仔细检查过了。”

“的确没了！”福尔摩斯站起来说道，“你既然这样说，我就不必再多此一举了。可是我倒愿意在天黑以前在荒原上走一走，明天对这里的地形就可以熟悉一些，我想，为了图个吉利，我想把这块马蹄铁装在我衣袋里。”

罗斯上校对我朋友这种从容不迫、有条不紊的探案方法感到极不耐烦，匆匆看了看表。

“我希望你和我一起回去，警长，”罗斯上校说道，“有几件事我想听听你的意见，特别是，我们要不要向公众声明，把我们的那匹马的名字从参赛马的名单中撤销。”

“当然不必了，”福尔摩斯坚定地说道，“我一定能让它参加比赛。”

上校点了点头。

“听了你的意见，我很高兴，福尔摩斯先生，”罗斯上校说道，“你在荒原上走一走之后，到可怜的斯特雷克家找我们，然后我们一起乘车到塔维斯托克镇去。”

罗斯上校和警长已经返回，福尔摩斯和我一起在荒原上缓缓行走。夕阳西沉，徐徐隐没于梅普里通马厩后面，广阔无垠的平原上沐浴着金光，晚霞洒在羊齿草和黑莓上。可是面对这绚丽美景，福尔摩斯却无意欣赏，陷入深思之中。

“华生，这样吧，”他终于开口说道，“我们先把是谁杀害约翰·斯特雷克的问题暂时放下，目前专注于寻找马的下落。现在，假设在惨剧发生的当时或在惨剧发生之后，这匹马挣脱逃走，它能跑到什么地方去呢？马是爱群居的。按照马的本性，它不是回到金斯皮兰马厩，就是跑到梅普里通马厩去了。它怎么会在荒原上四处乱跑呢？假使如此，它一定会被人看到的。吉卜赛人又为什么要拐走它呢？这些人平常一听说出了什么乱子总是躲得远远的，唯恐被警察纠缠不休。他们是不会认为能卖掉这样一匹名马的。要是带上它，他们要冒很大风险而且会一无所获，这一点他们当然非常清楚。”

“那么，马会在哪里呢？”

“我刚才已经说过，它不是到金斯皮兰就是到梅普里通去了。现在不在金斯皮兰，那一定在梅普里通。我们就按这个设想去办，看结果会怎样。警长说过，这一片荒原土质坚硬干燥，可是向梅普里通的地势则缓缓下斜，从这里你可以看到那边是一个长长的低洼地带，在星期一晚上一定是非常潮湿的。要是我们的设想不错的话，那么这匹赛马必然会经过那里，我们就可以在那里找到它的蹄印了。”

我们边走边谈，兴致盎然，几分钟以后，就走到我们所怀疑的那片洼地了。按照福尔摩斯的要求，我沿着斜坡向右边走，福尔摩斯则向左边走，可是我走了还不到五十步就听到他叫我，并且看到他向我招手。原来在他面前松软的土地上有一些

马蹄印，轮廓清晰可见，而福尔摩斯从袋里取出马蹄铁与地上的蹄印一对照，竟完全吻合。

“你瞧设想是多么重要，”福尔摩斯说道，“格雷戈里所欠缺的就是这种素质。我们对已发生的事进行设想，并按设想的情况去办，结果证明合理。那我们就继续下去吧。”

我们穿过湿软的低洼地段，走过了大概四分之一英里的干硬的草地，地形又开始下斜，又重新发现了马蹄印，后来马蹄印又中断了半英里左右，可是在梅普里通附近却又发现了马蹄印。福尔摩斯首先发现了它，他站在那里，用手指着脚印，脸上露出胜利的喜悦神情。在马蹄印旁边可以明显地看到还有一个男子的脚印。

“一开始这匹马是独行的。”我大声说道。

“完全如此。开始它是独行的。嘿，这是怎么回事？”

原来这两种足迹突然朝金斯皮兰方向转去。福尔摩斯吹起口哨，我们两个人紧随踪迹继续前行。福尔摩斯目光紧盯着足迹，我无意间向旁边一看，让我大为惊奇的是，我看到这同样的足迹又折回原方向。

“华生，你真是好样的，”在我指给福尔摩斯看时他说道，“你让我们少跑好多路，要不然我们就要走回头路了。我们现在还是按折回的足迹走吧。”

我们走了没多远，足迹在通往梅普里通马厩大门的沥青路上中断了。我们刚靠近马厩，一个马夫从里面跑了出来。

“这里不准闲人逗留。”那人说道。

“我只想问一个问题，”福尔摩斯把拇指和食指插到背心口袋里说道，“要是明天早晨五点钟我来拜访你的主人赛拉斯·布朗先生，是不是太早了？”

“上帝保佑你，先生，如果那时有人来，他会接见的，因为他总是第一个起床。现在他来了，先生，你自己去问他吧。不，先生，不行，如果让他看见我拿你的钱，他会赶走我的，假如你愿意给的话，等会儿也行。”

福尔摩斯刚要从衣袋里拿出一块半克朗[①]的金币，听到这话后随即又放回衣袋，一个面目狰狞的老头儿从门内大步地走了出来，手中挥舞着一支猎鞭。

“你这是在干什么，道森？”他呵斥道，“不许闲谈！干你的正事去！还有你

① 克朗：货币单位。半克朗约合二先令六便士。

们俩，你们究竟来这儿干什么？”

“我们要和你谈十分钟，我的好先生。”福尔摩斯和颜悦色地说道。

“我没有时间和每个游手好闲的人谈话，我们这里不许陌生人逗留。走开，要不然我就放猎犬咬你们。”

福尔摩斯俯身上前，在他耳旁低声说了几句。他暴跳如雷，面红耳赤。

“撒谎！”他高喊道，“卑鄙谎言！”

“很好。我们是在这里当众辩解呢，还是到你的客厅里谈一谈呢？”

“啊，要是你愿意，请吧。”

福尔摩斯微微一笑。

“我不会让你等很久的，华生。”福尔摩斯说道，“现在，布朗先生，我全都听你吩咐。”

过了有二十分钟左右，福尔摩斯和他走出来时，天上的红光已经完全暗下来了。我还从来没见过有谁会像赛拉斯·布朗那样一眨眼工夫就有那么大的转变。他面如土色，额头满是汗珠，双手颤抖个不停，手中的猎鞭像是风中的细树枝一样不停摆动。他那种专横霸道的神情也全然不见，畏缩地跟着我的伙伴，像一条猎犬跟着它的主人一样。

“一定照你的指示去办。一定完全照办。”他说道。

“一定不能出差错。”福尔摩斯回头看着他说道。

他战战兢兢，好像从福尔摩斯的目光中领略到了可怕的威慑力。

“啊，不会，一定不会出差错。保证出场。我要不要先把它稍作改变？”

福尔摩斯想了想，忽然放声大笑：“不，不用了。我会写信通知你的。不许耍花招，嗯，否则……”

“啊，请相信我，请相信我！”

“好，我想我可以相信你。嗯，明天一定会收到我的信。”布朗哆哆嗦嗦地向福尔摩斯伸过手来，他毫不理睬，转身就走，于是我们便朝着返回金斯皮兰的方向走去。

“布朗这样一会儿牛气冲天一会儿又胆小如鼠的、猥琐的杂种，我倒很是少见过。”在我们拖着沉重的脚步返回时，福尔摩斯说道。

“这么说，马在他那里了？”

“他原本想咆哮恫吓，想把事情一推了之。可是我把他那天早晨干的事说得丝毫不差，因此他确信我当时是在暗中盯着他。你肯定会注意到那个特殊的方头鞋印，布朗的长筒靴正好和它吻合。还有，当然了，这种事是下人们不敢做的。我对他说，根据他总是第一个早起的习惯，他是如何发现有一匹奇怪的马在荒野上徘徊，又是如何出去把它牵回来的，当看到那鼎鼎大名的银色马的白额头时，他又是如何地喜出望外，因为只有这匹马才能跑赢他下赌注的那一匹马，而这匹马竟然落到了自己的手中。后来我又叙述道，他刚开始一闪念间是如何打算把马送回金斯皮兰，后来又是如何徒生邪念，想把马一直藏到比赛结束的，接着又是怎样把马牵回来，藏在梅普里通的马厩里。我把这一切细节都讲给他听时，他不得不供认，他现在想的只是保全自己的性命了。”

“可是他的马厩不是已经被搜查过了吗？”

“啊，像他这样的老马混子是诡计多端的。”

“既然他有可能为了自身利益伤害那匹赛马，可你现在还把马留在他手上，你难道不担心吗？”

“我亲爱的伙计，他会像爱护自己的眼珠一样去保护它的。因为他知道能获得赦免的唯一希望就是保证那匹马的安全。”

“无论如何罗斯上校给我的印象绝不是一个肯宽恕别人的人。”

“这件事并不取决于罗斯上校。我可以见机行事，根据自己的选择对掌握的情况多说或少说。这就是非官方侦探的便利条件。华生，我不知道你是否发现，罗斯上校对我有点傲慢。现在我想拿他来稍微开开心。不要告诉他有关那匹赛马的事。”

“没有你的许可，我一定守口如瓶。”

“而且这件事与查找杀害约翰·斯特雷克的凶手这个案子相比，当然是微不足道的了。”

“你打算去全力追查凶手吗？”

“恰恰相反，我们俩乘夜班车今天就返回伦敦。”

我朋友的话着实让我惊呆了。我们来德文郡才几个小时，而一开始调查案子就干得这么漂亮，现在他竟然要中途放手，打道回府，这真是让人百思不得其解。在我们返回已故驯马师斯特雷克的寓所途中，不论我怎样劝说他，他都绝口不再谈论此事。上校和警长早已在客厅等着我们。

“我和我的朋友打算乘夜班车返回城里，”福尔摩斯说道，“你们达特穆尔的清新空气真是让人心旷神怡啊。”

警长目瞪口呆，而上校则轻蔑地撇了撇嘴。

“这么说来你是对缉拿杀害可怜的斯特雷克的凶手不抱希望了？”上校说道。

福尔摩斯耸了耸肩。

“缉拿凶手难度很大，”福尔摩斯说道，“可是，我对你的马可以参加星期二的比赛深信不疑，请你准备好赛马的骑师吧。能给我一张斯特雷克的照片吗？”

警长从一个信封中抽出一张照片递给福尔摩斯。

“亲爱的格雷戈里警长，你把我需要的东西都预先准备好了。请你在这里稍等片刻，我想问女仆一个问题。”

“我得承认，对我们这位专程从伦敦来的高参我颇为失望，”我的朋友刚一出门，罗斯上校便毫不掩饰地说道，“我看不出他来这儿以后案子有什么进展。”

“至少他已经向你保证，你的赛马一定能参加比赛。”我说道。

“是的，他是向我保证了，”上校耸了耸肩说道，“我倒也情愿相信他已经找到了我那匹马。”

我正要为我的朋友辩驳，福尔摩斯又走进屋来。

“先生们，”福尔摩斯说道，“我随时会到塔维斯托克镇。”

在我们要上四轮马车时，一个小马倌给我们打开车门。福尔摩斯似乎忽然想起了什么，便俯身向前拉了拉小马倌的衣袖。

“你们的围场里有一些绵羊，”福尔摩斯问道，“谁看管着它们？”

“是我，先生。”

“你最近有没有发现它们有什么异常？”

“啊，先生，没什么大不了的事，不过有三只羊跛足了。”

我看出福尔摩斯极为满意，因为他搓了搓双手，咧着嘴轻声笑了。

“大胆的推测，华生，真是大胆的推测，”福尔摩斯捏了一下我的手臂说道，“格雷戈里，我奉劝你注意一下羊群中的这种流行病。走吧！车夫。”

罗斯上校的表情和以前一样，流露出对我朋友的办案才能极不信任的神情，可是我从警长的表情中可以看出，福尔摩斯的话使他非常在意。

“你断定这很重要吗？”格雷戈里问道。

“非常重要。”

“还有要我注意的其他问题吗？”

“在那天夜里，猎犬的反应让人怀疑。”

“那天晚上，猎犬没有什么异常反应啊。”

“这正是让人怀疑的地方。”福尔摩斯提醒道。

四天后，我和福尔摩斯又乘车到温切斯特市去观看韦塞克斯杯锦标赛。罗斯上校如约地在车站旁迎接我们，我们乘坐他那高大的马车到城外跑马场去。罗斯上校神情凝重，态度冰冷。

“直到现在连马的影子都没见着。”上校说道。

“我想你见到它时，总该能认得它吧？”福尔摩斯问道。

上校极为恼怒。

“我在赛马场已经二十年了，还从来没有听到过这样的问题，”他说，“连小孩子也认得银色白额马的白额头和它那斑驳的右前腿。”

“赌注怎么样？”

“这才是蹊跷之处呢。昨天还是十五比一，可是差额越来越小了，现在竟然跌到三比一。”

“哈！”福尔摩斯说道，“分明是有人知道了什么消息。”

马车驶抵看台的围墙，我看到赛马牌上参加赛马的名单：

韦塞克斯金杯赛

赛马年龄：以四、五岁口为限。

赛程长度：一英里五弗隆。

每匹参赛马交款五十英镑。头名除了颁发金杯外，奖金一千镑。第二名奖金三百镑。第三名奖金二百镑。

希思·牛顿先生的赛马尼格罗。骑师着红帽、棕黄色上衣。

沃德洛上校的赛马帕吉利斯特。骑师着桃红帽、黑蓝色上衣。

巴克沃特勋爵的赛马德斯巴勒。骑师着黄帽、黄色衣袖。

罗斯上校的赛马银色白额马。骑师着黑帽、红色上衣。

巴尔莫拉尔公爵的赛马艾里斯。骑师着黄帽、黄黑条纹上衣。

辛格利福特勋爵的赛马拉斯波尔。骑师着紫色帽、黑色衣袖。

“我们把一切希望都寄托在你那句话上了，把准备好的另一匹马也从参赛名单中划掉了。”上校说道，“什么，那是什么马？银色白额马？”

“银色白额马，五比四！”赛马场上的赌客们高声喊道，“银色白额马，五比四！德斯巴勒，五比十五！其余赛马，五比四！”

“所有的赛马都编了号，”我大声说道，“六匹马都出场了。”

“六匹马都出场了？那么说，我的马也出场了，”上校焦躁异常地喊道，“可是我没看到它，没有我那种颜色的马过来。”

“刚跑过五匹，那匹一定是你的。”

我正说着，有一匹矫健的栗色马剽悍地从马围栏内跑出来，从我们面前缓辔而过，骑在马背上的是上校那位颇有名气的黑帽、红衣骑师。

“那不是我的马，”罗斯上校高喊道，“这马身上一根白毛也没有。你到底搞了什么鬼，福尔摩斯先生？”

“喂，喂，我们来看它跑得怎样。”我的朋友沉着冷静地说道。上校用我的双筒望远镜注意观看了几分钟。

“太好了！起跑得太好了！”他又突然喊道，“它们过来了，已经拐弯了！”

从马车上望过去，赛马径直跑过来，景象异常壮观。六匹马原来紧挨在一起，甚至一条地毯可以把六匹马一铺盖上，可是跑到中途，梅普里通马厩的黄帽骑师就跑到前面。可是，在它们跑过我们面前时，德斯巴勒如强弩之末，气力已经耗尽，而罗斯上校的赛马却突然杀出，冲过终点，领先它的对手六马身长，巴尔莫拉尔公爵的艾里斯名列第三。

“这样看来，真是我那匹马了，”上校把一只手遮到双眼上望着，气喘吁吁地说道，“我承认，我实在是摸不着头脑了。你不认为你把秘密保守得太久了吗？福尔摩斯先生。”

“当然了，上校，你马上会知道一切情况的。我们现在顺便一起去看看这匹马，它在这儿。”福尔摩斯继续说道，这时我们已经走进马围栏，这地方只准许马主人和他们的朋友进去，“你只要用酒精把马面和马腿洗一洗，就可以看到它就是那匹银色白额马。”

“你真让我大吃一惊！”

“我在盗马者手中找到了它，便擅自做主让它这样来参加比赛了。”

“尊敬的阁下，你干得漂亮，真是出神入化。这匹马看来非常健壮，体格良好。它一生中从来还没有像今天跑得这样好。我起初对你的才能有些怀疑，实在是万分抱歉。你找回了我的马，真是好事一桩。倘若你能抓到杀害约翰·斯特雷克的凶手，你就更是帮了我大忙。”

“这件事，我也照办了。”福尔摩斯不紧不慢地说道。

上校和我都满脸惊愕地望着福尔摩斯，上校问道：“你已经抓到凶手了？那么他在哪里？”

“他就在这里。”

“在这儿！在哪儿？”

“此刻就和我在一起。”

上校气得脸色通红。

“我完全承认我受了你的恩惠，福尔摩斯先生，”上校说道，“可是我认为你刚才的话，不是恶作剧就是侮辱人！”

福尔摩斯大声笑了起来。

“我向你保证，我并没有认为你同罪犯有什么联系，上校，”福尔摩斯说道，“真正的凶手就站在你身后。”

他走了过去，把手放到这匹赛马光滑的脖颈上。

“这匹马！”上校和我同时惊呼道。

“是的，这匹马。倘若我说明它是出于自卫杀人，那就可以减轻它的罪过了。然而，斯特雷克是一个压根儿就不值得你信任的人。现在铃响了，我想在下一场比赛中稍赢一把。我们找一个更为适当的时机再详细谈一谈吧。”

那天晚上我们挤乘普尔门式客车匆匆返回伦敦，我们的朋友详细地讲述了星期一夜晚发生在达特穆尔驯马厩里的那起案子和他的断案方法，使我们听得入了神。我料想，罗斯上校和我本人一样，觉得旅程真是太短暂了。

“我承认，”福尔摩斯说道，“我根据报纸报道所形成的那些看法，是完全不正确的。可是这里仍然有一些迹象，如果不是被其他细节所掩盖的话，原本是非常重要的。我到德文郡时，也深信辛普森就是罪犯。当然，那时我也明白并没有完备确凿的证据。在我乘坐马车来到驯马师房前时，我突然想到咖喱羊肉对这个案子意义非凡。你们该记得，在你们都从马车上下来时，我正在出神，仍旧在车子上坐着不动。我当时也在纳闷，我竟然会忽略这样一条明显的线索。”

“我承认，”上校说道，“直到现在我也看不出咖喱羊肉对我们有什么启发。”

“它是我推理链条中的第一个环节。麻醉药粉绝不是没有气味的。这种气味虽不难闻，可是人还是能察觉出来。要是把它掺和在普通的饭菜里面，吃的人毫无疑问可以发现，可能就不会再继续吃下去。而咖喱正好可以掩盖这种气味。很难设想辛普森这个陌生人那天晚上会把咖喱带进驯马师家里去。更为荒诞的巧合是，那天晚上他带着麻醉药粉前来，正好碰到可以掩盖这种气味的饭菜，这种巧合当然是难以置信的。因此，辛普森的嫌疑就排除了。于是，我的注意重点就集中到斯特雷克夫妇身上。只有这两个人能选择咖喱羊肉作为当晚的晚餐用。麻醉药粉是在专门留给小马倌的饭菜里加进去的，因为别人也吃了同样的菜却没有不良反应。那么他们两个人中哪一个更接近这份菜肴而未被女仆发现呢？”

“在解决这个问题以前，我了解到这条猎犬之所以不出声的意义所在，因为一个可靠的推论总会启发出其他的推论来。从辛普森这个插曲中我了解到，马厩中养着一条猎犬，然而，尽管有人进来，并且把马牵走，它竟不吠不叫，没有惊醒睡在草料棚里的那两个看马厩的人。显然，这位午夜来客是这条猎犬非常熟悉的人。”

“我已经确信，或者说差不多确信，斯特雷克在深夜来到马厩，把马牵走了。他是出于何种居心呢？显然是不怀好意，不然他为什么要麻醉倒他自己的小马倌呢？可是，我一下子想不出为什么。以前有过一些案子，驯马师通过代理人把大把的赌注压在自己的马的失利上，通过诈骗伎俩故意不让自己的赛马得胜。有时，在赛马中故意放慢速度而输掉。有时他们用一些更为稳妥更为狡猾的伎俩。本案中用的是什么伎俩呢？我希望检查死者的衣袋里的东西后再作结论。”

“事实果然如此，你们总不会忘记在死者手中发现的那把奇怪的小刀吧？当然没有一个神智正常的人会拿它来当武器使用。正像华生医生告诉我们的那样，显而易见，这是外科手术中用来做最精密手术的手术刀。那天晚上，这把小刀也是准备用来做精密手术的。罗斯上校，凭你在赛马场二十年的丰富经验，你总该知道，在马的后踝骨跟腱处从皮下轻轻地划一小道伤痕，那是绝对显不出半点痕迹来的。经过这样处理的马将逐渐显现出轻微的跛足，而这会被人当作是训练过度或是有轻微风湿疼痛，可是却不会被人发现是一个弥天大谎。”

“恶棍！无赖！”上校大声嚷道。

“我们已经清楚斯特雷克把马牵到荒野去的目的了。而这样一匹烈马受到刀刺以后一定高声嘶叫，因而会惊醒在草料棚睡觉的小马倌。所以绝对需要到野外去干这个勾当。”

“我真是瞎了眼！”上校怒吼道，“怪不得他要用蜡烛而且擦着火柴了。”

“确凿无疑，检查过他的东西以后，我不仅非常幸运地查清了他的犯罪手段，甚至连他的犯罪动机也找到了。上校，你是一个老于世故的人，你当然知道一个人不会把别人的账单装在自己的口袋里。我们一般人都是自己解决自己的账务。所以我立即断定，斯特雷克过着重婚生活，并且另有一家室。从那份账单可以看出，这件案子里一定有一个嗜好挥霍的女人。即使像你这样对仆人慷慨大方的人，也很难想象有人能花二十基尼给女人买一件衣服。我曾趁其不备向斯特雷克夫人打听过这件衣服的事，可是她压根就不曾穿过这样的衣服，这使我很满意。我记下了服饰商的地址，本能地感到我带上斯特雷克的照片一定能很容易地解决这位神秘的德比希尔先生的问题。”

“从那时起，一切就都清楚了。斯特雷克把马牵到一个洼地里，在那里他点起蜡烛别人看不到。辛普森在逃走时把领带丢了，斯特雷克把它捡起来，或许是打算用来绑马腿。到了洼地，他走到马后面，点起了蜡烛，可是突然一亮，马受到惊吓，出于动物的特异本能预感到有人想要加害于它，便尥起蹶子来，蹄铁正踢到斯特雷克额头上。而这时斯特雷克为了干他那种精细的工作，不顾下雨，脱掉大衣，在他倒下去时，小刀划破了大腿。我说得清楚吗？”

“分析得妙啊！”上校喊道，“分析得太精彩了！你好像就在现场一样。”

“我承认，我最后的一点推测是非常大胆的。在我看来，斯特雷克是个诡计多端的家伙，他不经过反复试验是不会轻易在马踝骨跟腱处做这种精密的手术的。他能在什么东西上做试验呢？我看到了绵羊，便问了小马倌一个问题，甚至连我自己也感到惊奇，得到的回答竟说明我的推测是正确的。”

“我回伦敦后，拜访了那位服饰商，她认出斯特雷克是那个化名德比希尔的阔绰顾客，他有一个打扮得很漂亮的妻子，特别迷恋奢华的服饰。毫无疑问，就是这个女人使斯特雷克背上了满身的债务，从而走上不归路。”

“你把一切都说得一清二楚，除了一个问题以外。”上校大声说道，“这匹马当时在哪里呢？”

“啊，它挣脱逃走了，你的一位邻居照料了它。在这个问题上我们必须留有宽容之心。我想，如果我没有弄错的话，我们已经到了克拉彭站，过不了十分钟就到维多利亚车站了。如果你愿意到我们那里抽支烟，上校，我很乐意把其他一些你可能感兴趣的细节讲给你听。”

（梁永刚　译）

黄面人

在诸多神秘的案件中，我的朋友福尔摩斯那非凡的才智，让我们对一些怪异离奇而又极富戏剧性的故事听得入了迷，最后连我们自己也置身于这些故事当中了。在我发表根据这些案件所写的短篇小说时，自然而然地就把笔墨更多地花在写他的成就而不是写他的失败上。我之所以这样取舍，并不是为了顾全福尔摩斯的声誉——因为事实上，每逢智尽计竭之际，他的精力充沛和多才多能着实让人钦佩——而是因为大凡福尔摩斯侦破不了的案子，别人十有八九也不会成功，而案子也就成了永久之谜。即使他偶尔出现了失误，可是案子的真相最终还是被他查了个水落石出。我注意到，类似情形的案子有五六起，其中有两起最为引人入胜，一起是马斯格雷夫典礼案，另一起就是我即将要讲述的故事。

福尔摩斯是一个很少为了强身健体而进行体育锻炼的人，但是，在跟他同一体重级别的人当中，却很少有比他更为健壮的。毫无疑问，他是我见过的跟他同一体重级别的人当中最为优秀的拳击手。不过，他把盲目地锻炼身体看作是浪费精力，所以除了与他职业相关的项目以外，其余活动很少能提起他的兴趣。可是他的精力非常充沛，从不感到疲倦。他的饮食非常简单，生活习惯也极为简朴，几乎到了节衣缩食的地步。这种修身之道，实属罕见。除了偶尔注射些可卡因以外，福尔摩斯没有其他恶习。每当无案可查，而报纸新闻又索然无味时，他便借助于麻醉剂，以排解生活的单调。

早春的一天，福尔摩斯难得有闲情雅致，居然有时间和我一起去公园散步。此时公园里的榆树已经抽出嫩绿的新芽，栗树梢头也开始冒出五瓣形的新叶。我们并肩漫步了两个小时，大部分时间两人话都不多。这对于两个彼此熟知的人是再适合不过了。我们回到贝克街时已经将近五点了。

“请原谅，先生，”我们的小仆人一边开门一边说道，“有一位绅士来找过你，先生。”

福尔摩斯瞥了我一眼，眼神中略带些许抱怨。

“这都怪午后散步！”福尔摩斯说道，“那么，这位绅士已经走了吗？”

“是的，先生。”

“你没有请他进来吗？”

“请了，他进来过。”

“他等了多久？”

“他等了半小时左右，先生。这位绅士非常急躁，他在屋里不停地来回疾走，还不时地重重跺脚。我在门口等候，可是我能听到他在屋里的动静。最后他走到过道里大声叫喊道：‘是不是他不打算回来了？’他的原话就是这样。我说：‘请再稍等一会儿吧。’他又说：‘那么我到门外去等好了，我在这里快要闷死了，过一会儿我就回来。’说完他就转身离开了，我说什么也留不住他。”

“很好，很好，你做得很对，”我们走进屋，福尔摩斯说道，“真叫人生气，华生。从这个人急不可耐的样子来看，这一定是件很重要的案子。正好，我也急需办一件案子来排解生活的单调。喂！这桌上的烟斗不是你的，一定是这个人丢下的。这是一只很好的欧石南根烟斗，斗柄很长，是用烟草商称之为琥珀的那种材料做成的。我不知道伦敦城里究竟有几支真正的琥珀烟嘴，有人认为只有里面包着昆虫的那种才是真正的琥珀。喂，他竟把如此珍爱的烟斗遗忘了，说明他一定是心烦意乱到了极点。”

“你怎么知道他珍爱这只烟斗呢？”我问道。

“啊，据我看来，这只烟斗的原价不过7先令6便士，可是，看到了吗，居然已经修补过两次了，一次在木柄上，另一次是在琥珀嘴上。你可以看到每次修补都用的是银箍，单就是修补的花销都要比烟斗的原价要高出很多。这个人宁愿出高价去修补烟斗，也不愿用这些钱去买一只新的，说明他一定很珍爱这只烟斗。”

“还有别的吗？”我问道，因为福尔摩斯正拿着烟斗翻来覆去地看，以他特有的方式凝神思索。

福尔摩斯把烟斗拿了起来，用他那细长的食指弹了弹，好像一个生物学教授在讲授动物骨骼课似的。

“烟斗有时是非常重要的，”福尔摩斯说道，“除了手表和鞋带以外，没有什么别的东西比烟斗更能显示一个人的个性了。但是这只烟斗上的痕迹并不明显，能提供的重要线索也不多。烟斗的主人显然是一个身强体健的人，惯用左手，一口好牙齿，行事粗心大意，经济很宽裕。”

我的朋友不假思索地说出了这些话，同时跟我交换了一下眼神，看我是否听懂了他的推理。

“你认为他用一只7先令的烟斗吸烟，就算是经济宽裕吗？”我问道。

“这是格罗夫纳板烟，大概是8便士一英两，”福尔摩斯说着把烟斗放在手心里一磕，磕出一些烟丝来，“用这一半的价钱，他就可以抽上等烟了，可见他的经济状况很富裕。”

“那么，别的几点呢？”

“他有在油灯和煤气喷灯上点烟斗的习惯。你可以看到这个烟斗的一边已经烧焦了。当然，若是用火柴就不会烧成这样了。设想，用火柴点烟怎么会烧焦烟斗边呢？但是你要在油灯上点烟，就不可能不烧着烟斗。而烧焦的只是烟斗的右侧，显而易见，我断定他是一个惯用左手的人。现在你在油灯上点烟斗，你可以看到，因为你惯用右手，自然是烟斗左边靠向火焰。也许你不这么点烟，毕竟这不是经常性的。所以只能认为他惯用左手。琥珀烟嘴已被咬破，说明他身强体健，牙齿整齐。如果我没有弄错的话，我听到他正走上楼来，那么，我们就可以研究一些比这烟斗更有趣的问题了。”

话音刚落，屋门开了，一个高大魁梧的年轻人走了进来。他身着一套深灰色衣服，恬淡素净，十分考究，手中捧着一顶褐色宽檐呢帽。我猜他的年龄大致为30岁，可是实际上他还要大几岁。

“请原谅，”他有些窘迫不安地说道，“我想我应当先敲一敲门。是的，我当然应该先敲门。可是我实在是有些心烦意乱，请原谅我的冒失。”

他把手放在额上，仿佛头晕目眩似的，一扭身歪倒在椅子上。

“看得出你已经一两夜没有睡觉了。”福尔摩斯和蔼可亲地说道，“这确实比工作甚至比玩乐还要伤神。请问该如何帮助你呢？”

“想请你指教，先生。我不知道该怎么办才好，我的整个生活似乎已经崩溃了。”

“你是不是想请我做一个咨询侦探？”

“不单是这样。你是一个见多识广、饱经世事的人。我想知道我下一步该怎么办。天哪！我希望你能告诉我。”

他说得断断续续，呼吸急促，声音颤抖，我觉得他好像连说话本身都是一种痛苦，始终竭尽全力用意志克制着自己的感情。

“这是一件非常微妙的事，”他说道，“哪一个人也不愿意家丑外扬。尤其是和两个完全陌生的人来商讨自己妻子的所作所为，更是让人难以启齿。说这些简直太可怕了。可是，我已经到了竭智尽虑的地步，不得不向别人求教了。”

“亲爱的格兰特·芒罗先生……”福尔摩斯开口说道。

我们的来客从椅子上跳起身来。

“怎么？”他大声说道，“你知道我的姓名？”

“倘若你想隐瞒自己的身份，”福尔摩斯笑容满面地说道，“我劝你以后不要再把名字写在帽里上，或者在你拜访别人时不要把帽里冲向人家。我想要告诉你，我和我的朋友在这间屋子里已经听到过许许多多离奇古怪、神秘莫测的事情，而且我们很荣幸能够使不少惶惑不安的人得到安宁。我相信我们也能为你做到这一点。鉴于时间总是宝贵的，请你不要再耽误时间，赶快把这个事情的来龙去脉原原本本地告诉我们吧。”

我们的来客又把手放到额上，仿佛感到非常难过。从他的神情姿态看得出，他是一个沉默寡言、不易冲动的人，骨子里有些骄傲，宁愿掩藏自己的内心创伤，也不愿公之于众。后来，他忽然握紧拳头，做了个下定决心的手势，决定不再保守秘密，开口娓娓道来：

“事情是这样的，福尔摩斯先生，我已经结婚了，成家已有三年。在这三年里，我和我的妻子像所有结为夫妻的伴侣们一样恩爱美满。我们的言行想法没有丝毫分歧。可是现在，从上周一开始，我们中间突然出现了一道厚障蔽。我发现，她在生活上、思想上有一些东西我竟然一无所知，仿佛她是一个和我陌路相逢、擦肩而过的女人。我们彼此疏远了。我不知道这究竟是为什么。”

“不过，在我继续讲下去之前，有一件事我要先让你知道，福尔摩斯先生。艾菲是爱我的。不要在这方面产生什么误会。她全身心地爱着我，比以往任何时候都爱我。这一点我知道，也感觉得到，我也不想矢口否认。女人在爱上一个男人时，男人是很容易察觉得到的。不过我们夫妻之间有个秘密存在，如果这个秘密不能揭开，我们就不能感情如初了。”

“请你把实情告诉我，芒罗先生。”福尔摩斯有点不耐烦地说道。

“我先如实地把我所知道的有关艾菲的过去告诉你。我初次见到她时，他的前夫已经去世了。虽然她很年轻，只有25岁，却已经守寡了。那时人们称她为赫伯龙夫人。她打小就到了美国，住在亚特兰大城，在那里她嫁给了一个名叫赫伯龙的人，他是个律师，找他打官司的人很多。他们有一个孩子，可是那地方爆发了严重的黄热病，她的丈夫和孩子双双被黄热病夺去了性命，我看到过赫伯龙的死亡证。丈夫与孩子的离世让她对美国这片土地心存厌恶，于是便回国和她那终生未出嫁的姑母一起住在米德尔塞克斯的平纳尔。我还得说明，她的丈夫给她留下了一笔相当丰厚的遗产，大约有4500英镑。她丈夫生前对这笔资产的投资相当有眼光，年均利

息足有七厘。我和她相遇时，她到平纳尔才半年，我们一见倾情，几个礼拜后就结婚了。”

“我自己是个蛇麻商人，每年大概有七八百英镑的收入。我们在诺伯里租了一座小别墅，租金为每年80英镑，生活得舒适惬意。我们这个小地方离城镇虽然很近，却别具乡村风情。离我们不远有一家小旅馆和两所房屋，我们门前田野的那一边和我们正对着的是一所单独的小别墅。除此之外，只有到车站去的半路上才有几所房子。由于职业的关系，我在一年中的某几个特定季节才进城做买卖，夏季我在生意上基本不用忙活，就不用进城了。于是，我和妻子在乡下的别墅里尽享天伦之乐。我可以告诉你，在这个心理阴影出现之前，我们夫妻俩从来没有互相猜忌过。”

“在继续讲下去之前，还有一件事我应当先告诉你。我们结婚时，妻子把全部财产都转到了我的名下。这并非我的本意，因为我觉得要是钱都在我手上，万一我在生意场上栽了跟头，那我们的生活就穷困潦倒了。可是，她坚持要这么做，我只好照办了。哦，大约6个星期以前，她来找我。”

“‘杰克，’她说道，‘当我把那笔钱转交给你的时候，你说过，无论什么时候我要用钱都可以向你来要。’”

“‘不错，’我说道，‘那本来就是你自己的钱嘛。’”

“‘那好，’她说道，‘我要100英镑用。’”

“听到这话，我感到有些吃惊，因为我原以为她不过是要买一件新衣服或其他这一类她喜欢的东西。”

“‘要这么多钱到底作什么用？’我问道。”

“‘噢，’她半开玩笑地说道，‘你说过你只作我的银行保管员，你是知道的，银行保管员是从来不可以向人家乱问问题的。’”

“‘如果你真需要这笔钱，当然可以拿到。’我回答道。”

“‘哦，是的，我真的需要这笔钱。’”

“‘你难道就不能告诉我你要这笔钱干什么吗？’”

“‘杰克，兴许改天再告诉你吧，不过，现在还不行。’”

“那我就不能再继续追问下去了。要说我们夫妻间有什么秘密的话，这还是破天荒头一回。我给了她一张百元英镑的支票，事后再也没想过这件事。这件事兴许和后来发生的事情没有什么关系，但我想我还是说出来好一些。”

"对了，我刚才告诉你们，离我们住处不远有一所小别墅。在我们住所和小别墅之间有一块田野，如果你要到小别墅去就得沿大道走，然后再绕到一条小路上去。就在小别墅的另一边，有一片茂密的苏格兰枞树林，我平日里很喜欢在那里散步，因为那总是让人心旷神怡。这八个月以来，这所小别墅一直无人居住，实在是太可惜了。那是一座很漂亮的两层楼，有一道古式的门廊，周围满是金银花。我经常在那里驻足念想，这是一个多么清新雅致的庄园啊！"

"哦，上周星期一傍晚，我沿着这条路走，正好遇到一辆空的运货车转到小路上，同时看到门廊旁边草地上有一堆地毯和一些别的东西。明摆着，这所小别墅终于租出去了。我走过去，悠闲自在地停下来打量了一番，想知道住得离我们这么近的究竟是些什么人。可是正在我打量时，我突然意识到二楼一扇窗户里有一张面孔也正在注视着我。"

"我当时没看清这张面孔的模样，福尔摩斯先生，可是，我感到寒冷彻骨，背上似乎直冒冷汗。我站得稍微远了一点，所以没看清面貌特征。不过这张面孔表情有点僵硬而且十分冷酷。这就是我当时的印象。我便急忙走上前去，想把窥视我的那个人看得更清楚些。但我走近以后，那张面孔突然不见了，仿佛突然被拽回到屋内的暗处。我站了足足有五分钟，仔细考虑这件事，想设法把那张面孔留在我脑海中的印象加以分析。我很难断定这究竟是一张男人的面孔还是女人的，它离我太远了，所以分不清。可是这张面孔的颜色给我留下了深刻的印象。面色铁青，而且有点僵硬呆板，很不自然，让人毛骨悚然。我心里很是不安，便决心再去看看这所小别墅的新住户。我走近门前敲了敲门，很快，一个身材高大、体态消瘦的女人把门打开，这女人相貌极其丑陋，态度更是拒人于千里之外。"

"'你想干什么？'她问道，操着北方口音。"

"'我是你们对门的邻居，'我朝我的住处点了点头说道，'我看你们刚刚搬进来，因此我想是不是能帮助你们做些什么……'"

"'哦，我们需要你时，自然会请你的。'她说着竟然把门给关上了。我吃了这般无礼的闭门羹，十分恼怒，便转身回家了。整个晚上，尽管我竭力想把思绪转到别的事情上，但萦绕在脑海中的始终是窗口出现的那张面孔和那个女人的粗野举止。我抱定主意不向妻子说这件事，因为她是一个十分敏感而又容易紧张的人，我不愿意让她分担我所遭遇到的不快。然而，就在临睡前，我向她提起那所小别墅，说现在已经住上人了，她一声不吭。”

“我通常睡得很死，家里人经常嘲笑我说夜里没有什么能把我吵醒。可是那天夜里，我不知道是不是由于这次冒险经历的轻微刺激或是其他原因，我睡得不像平常那么死。在半睡半醒之际我隐隐约约感觉屋内似乎有什么动静，逐渐意识到我妻子已经穿好外衣，并且披上了斗篷，戴上了帽子。朦胧呢喃中我说了几句怪里怪气的话，劝她不要在深更半夜里收拾东西。当我半睁半闭的目光突然落到我妻子那被烛光映照的脸庞时，惊恐之下，我目瞪口呆。她的表情是我以前从未见过的，这也绝不会是装出来的。她脸色惨白，呼吸急促。她在扣紧斗篷时，偷偷地朝床这边瞥了一眼，看是否吵醒了我。后来，料定我还在睡梦中，她便悄悄地溜出屋去。过了一会儿，我听到一阵刺耳的吱吱嘎嘎声，这分明是大门合页发出的响声。我从床上坐起来，用手关节轻轻敲了敲床栏，看看我是不是还在做梦。然后我从枕下拿出表来，已经是凌晨三点钟了。而凌晨三点钟我妻子竟然要到外面黑漆漆的乡间小道上去，她究竟要干什么去呢？”

“我坐了大约有20分钟，脑海中翻腾着这件事，想挖空一切找一些可能的解释。我越想越觉得此事非同寻常，莫名其妙。正在我为这件事冥思苦想时，听到门又轻轻关上了，我妻子走上楼来。”

“‘半夜三更的，你到哪里去了，艾菲？’她一进来，我便问道。”

“听我这么一说，她大惊失色，喘息急促，尖叫了一声。没有比这一惊一叫更让我大伤脑筋的事了，因为这一惊一叫里面有些莫能名状的愧疚之情。我妻子向来是一个开诚布公、性情直爽的女人，看到她悄悄溜进自己的屋内，而当丈夫问话时竟然逃避躲闪，以至于失声惊叫，这着实让我心寒。”

“‘你醒了，杰克！’她笑了笑，表情有些不自在，说道，‘怎么，我原本还以为没有什么能把你吵醒呢。’”

“‘你刚才到哪里去了？’我问道，语气更为严厉。”

“‘我知道你一定会大惊小怪的，’她在解斗篷上的纽扣时，手指一直在不停颤抖，“哦，这还是平生头一回。是这样的，我觉得好像有点胸闷，特别想出去透透新鲜空气。要是不出去，我想，我早就晕倒了。我在门外站了几分钟，现在已经完全恢复过来了。’”

“她在向我说这番话的时候，始终不敢朝我这边看一眼，说话的声音也完全不像平常的语调。很明显，她说的都是假话。我没有回答，把脸转向墙壁，很是伤心，脑海中满是千百种恶毒的猜测和怀疑。我妻子到底要对我隐瞒什么呢？她这次离奇的深夜外出，究竟到哪里去了？我觉得在我弄清真相以前，我是片刻也不会安宁的。可是，在她向我说过一次假话以后，我退缩了，不愿再问她什么了。这一夜我一直辗转反侧，心神不宁，猜来想去，越想越觉得离谱。”

“第二天我本应该进城去，可是我心烦意乱，也顾不得生意了。我妻子似乎也和我一样心绪不宁，我从她那稍许疑虑的目光看得出，她始终在观察我的脸色，她已经知道我不再相信她所说的话，现在也是六神无主，不知如何是好。早餐时我们几乎一句话也没有交谈，然后我径直出去散步，以便能在早晨清新的空气中思考这件事。”

“我一直走到克里斯特尔宫，在那儿待了约莫一个钟头，回到诺伯里时已经一点钟了。我恰巧路过那所小别墅，于是便稍作停留，望了望那些窗户，看看是否能见到昨天窥视我的那张面孔。你可以想象我有多么惊奇，福尔摩斯先生，原来正当我站在那里时，小别墅的门突然打开了，而我妻子竟从别墅里走了出来。”

“一见到她，我惊得目瞪口呆，可是当我们目光相对时，比起我来，我妻子显得更为神情激动。刹那间，她似乎有意再退回到那所别墅中去。后来，看到再隐藏下去也于事无补，便走上前来，尽管她嘴角强挤出一丝笑容，眼神间却难掩惊惶，面色苍白，目光惊惧。”

“‘啊，杰克，’她说道，‘我刚来这儿看看是不是能给新到的邻居帮点忙。你为什么用这种眼神看着我？杰克，你不会生我气吧？’”

“‘这么说，’我问道，‘昨天夜里你来过这个地方了。’”

“‘你这是什么意思？’她生气地说。”

“‘我敢肯定，昨天夜里你来过这里了。这里都是些什么人？居然能让你在深更半夜来看望他们？’”

“‘我以前没来过这里。’”

“‘你怎么能对我公然撒谎？’我大声喊道，‘你说话的声音都变了。我何时有事瞒过你？我要到别墅里面看看，把这件事一查到底。’”

“‘不，不要，杰克，看在上帝的面上！不要进去。’她情绪激动，不能自已，气喘吁吁地喊道。等我快走到门口时，她一把拽住我的袖子，使尽浑身蛮劲把我拽了回去。”

“‘我求求你不要这样做，杰克，’她大声喊道，‘我保证用不了多久就把一切全都告诉你，如果你现在非要硬闯进去，除了自讨苦吃外，没有别的好处。’后来，我要甩开她的手时，她死死把我拽住，发疯似的苦苦哀求着。”

“‘请你相信我，杰克，哪怕就只相信我这一次。’她哭喊道，‘你今后绝不会为这件事感到后悔的。你知道，要不是为了你好，我决不会对你隐瞒什么的。这关系到我俩今后生活的美满幸福。如果你和我一起回家，一切都会安然无恙。如果你硬要进别墅去，那么我们之间一切全都完了。’”

“她的态度如此诚恳，又如此绝望。她的一番话让我止住了脚步，我站在门口，犹豫不决。”

“‘要让我相信你，得有个条件，而且只有一个条件，’我终于开口说道，‘那就是从现在起必须停止这种鬼鬼祟祟的活动。你有权保守你的秘密，但你必须答应我不要再深更半夜里出来，不要再背着我做些什么事。如果你肯答应我，将来不会再有这样的事情，我就忘掉所发生的一切。’”

“‘我知道你会相信我的，’她松了口气，如释重负，‘我完全可以按你的意愿照办。走吧，咱们离开这儿，回家去吧。’”

“她仍然拽着我的衣袖，把我从小别墅引开。临走时我回头看了看，只见二楼窗户上，有一张铅灰色的面孔正注视着我们。我妻子和这个怪人之间有什么关系呢？我妻子又和头天我见到的那个粗俗丑陋的女人有什么关系呢？这是一个奇怪的谜团。我知道，在我解开这个谜团之前，我的内心是永远不会平静的。”

“在这以后，我在家里待了两天，而我妻子也信守约定。据我观察，她从未离开家门半步。然而，第三天，我有充分的证据证明，即便是再庄重的承诺，也不能让她摆脱那种神秘的吸引，从而让她背离丈夫，背弃责任。”

“那一天我进城去了，可是我没有像往常那样乘坐三点三十六分的火车回家，我是乘坐两点四十分的火车返回的。刚一进门，女仆就满脸慌张地跑进厅房。‘太太在哪里？’我问道。”

“‘我想她出去散步了。’女仆答道。”

“我心头顿时疑云密布，我跑到楼上，确定她不在屋中。这时我不经意间从楼上窗户向外一望，只见刚才和我说话的那个女仆穿过田野，正朝那小别墅方向跑去。于是我便清楚了这是怎么回事：我妻子又到那所别墅去了，并且事先吩咐女仆，要是我回来，就去叫她。我气得瑟瑟发抖，跑下楼来，奔了出去，决心断然将此事作以了结。我看到我妻子和女仆正沿小路匆匆往回赶，我没有停下来和她们理论。这所小别墅里暗藏着一个秘密，它使我的生活蒙上了一层阴影。我发誓，无论如何，不能再让这个秘密继续下去了。我走到房前，连门都没有敲，转动门把手，径直冲进走廊。”

“楼下一片寂静。厨房里炉灶上水壶咝咝作响。一只大黑猫蜷卧在篮中。但没有以前我见到的那个女仆的踪影。我又冲进另一间屋子，同样也是空空荡荡。后来我跑上楼去，发现楼顶上的另外两间屋子也是空的。原来整个别墅竟是空无一人。屋中的家具都极为平常，墙上的画也十分普通，只有我从窗户看到出现奇异面孔的那间寝室舒适考究。当我看到壁炉台上挂着一张我妻子的全身照片时，我的全部疑团刹那间升腾，胸中燃起炽热的熊熊火焰，那照片还是我要她拍摄的，而且是在仅仅三个月前拍的。”

“我在屋内驻足许久，确定里面空无一人之后，才走了出来，心头感到一种前所未有的重负。我进屋时，我妻子来到前厅。在伤心恼怒之下，我什么话也没有和她讲，就从她身旁挤过冲进我的书房。可是在我把门关上之前，她紧随我身后走了进来。”

“‘很抱歉，我没有信守诺言，杰克，’她说道，‘可是你如果知道这里面的一切实情，我相信你是一定会原谅我的。’”

“‘那么就把这一切实情告诉我吧。’我说道。”

“‘我现在还不能讲，杰克，我现在还不能讲。’她哭喊道。”

“‘如果你不告诉我住在那所别墅里的是谁，你送给相片的那个人是什么人，我们就不能再彼此信任了。’”我说道，转身从她身旁走开，再也没有回家。这是昨天的事，福尔摩斯先生，自那以后我再也没有见过她。对于这件离奇的事，我知道的也只有这些。这是我和妻子之间头一次出现不和。这使我十分震惊，不知怎样才能重归于好。今天早晨我突然想到你可以帮我指点迷津，所以急急忙忙赶到你这里来，毫无保留地将一切交代给你。假如这里面有哪一点我没有说清楚，只管问我好了。不过，首先请你赶快告诉我该怎么办，因为我再也忍受不了这样的煎熬了。”

福尔摩斯和我聚精会神地倾听这件离奇的故事。这个人情绪异常激动，讲得断断续续、支离破碎。而此刻，我的伙伴静静地坐在那里，一只手托着下巴，陷入了沉思。

“请告诉我，”他终于开口说道，“你能确定你在窗户上看到的面孔是一张男人的面孔吗？”

“每次我看到这张面孔时，距离都比较远，所以不能确定。”

“但是，显然这张面孔留给你的印象很不好。”

“它似乎面色古怪，表情呆滞。但当我走近时，它就猛然消失了。”

“你妻子向你要100英镑，到现在有多长时间了？”

“有将近两个月了。”

“你见过她前夫的照片吗？”

“没有，在他死后不久，亚特兰大城失了大火，她的所有证件都被烧掉了。”

“可是她有一张前夫的死亡证，你说你看到过，是吗？”

“是的，在这场火灾以后，她拿到了一份副本。”

“你可曾遇到过在美国认识她的人？”

“没有。”

“她有没有提出过故地重游？”

“没有。”

“或者有没有收到过来自那里的信件？”

“也没有。”

“谢谢你提供了这么多。这件事情我现在要稍微考虑一下。如果这所别墅现在仍然空着，我们就有些难办了。不过我料想，很有可能，在你昨天进去以前，里面的住户已经得到报信，所以在你到之前就事先躲开了。现在他们可能又回到别墅了，所以我们不难把它查清楚。我劝你先返回诺伯里，再观察一下那所别墅的窗户。如果有十足的理由确定里面有人居住，你不要硬闯进去，只要发一个电报给我和我的朋友就可以了。我们收到电报后，一小时内就赶到你那里，很快就可以将这件事查个水落石出。”

“假如别墅里现在还是空无一人，怎么办呢？”

“要是这样的话，我明天去，然后再和你商量。不过，最重要的是，在没有弄清真相之前，不要再烦恼了。”

“我担心这事情不妙，华生，”我的朋友把芒罗先生送到门口，往回走时说道，“你觉得这个案子怎么样？”

“这件事非常棘手。”我回答道。

“是啊，要是我没弄错的话，这其中必定有诈啊。”

“那么使诈的会是谁呢？”

“啊，那一定是住在那间唯一布置舒适的房间里，而且把她的全身照片挂在壁炉台上的那个家伙。华生，真的，窗户里那张铁青色的面孔真是吊足了我的胃口，无论如何我也不想放过这件案子。”

“你已经有了推论吗？”

“哦，仅仅是脑海里一闪而过的推论。可是，如果这个推论被证明是不正确的，那就不免出乎我的意料了。我认为这女人的前夫就住在小别墅里。”

“你为什么会这样想呢？”

“不然，她那样惊惶不安、死活不让现在的丈夫进去的举动又做何解释呢？在我看来，事情大致是这样：这个女人在美国结了婚，她前夫沾染了什么不良的习气，或者说，染上了什么令人生厌的疾病，比如说患上了麻风病或是身体有了残障。她终于抛弃了他，回到英国，更名改姓，想开始全新的生活。她结婚已有三年，她深信自己的处境绝对安全，因为在此之前她给丈夫看过的那张前夫的死亡证是冒用的别人的。可是她的行踪突然被她的前夫发现，或者可以设想被某个与这位病人有瓜葛的荡妇发现了。他们便写信给她，威胁说要来揭发她。她便要了100英镑设法去摆脱他们。然而他们却还是来了。当丈夫无意中向妻子提到别墅有了新住户时，她隐隐觉得这些人就是追踪她的人。于是等丈夫熟睡以后，她便跑出去设法说服他们不要再纠缠她。这一次没有成功，第二天早晨她又去了，可是正如她丈夫告诉我们的那样，她出来时正好被她丈夫撞见。这时她才答应不再去别墅了。但两天以后，急于摆脱这些可怕邻居的强烈愿望驱使她又进行了一次尝试。这一次她带上他们向她索要的照片。正在她和前夫见面时，女仆突然跑来通风报信说主人回家了。此时她知道他必定会径直朝别墅奔来，便催促室内的人从后门溜到附近的枞树林里。所以，他看到的房子空空如也。但如果他今晚再去，房子还空着才怪呢。你认为我的推论如何？”

“这纯属猜测。”

“可是它至少涵盖所有的事实。假使再发现了无法涵盖进去的新情况，我们再做考虑也还来得及。在我们没有收到那位朋友发自诺伯里的电报之前，我们只好原地等待了。”

不过，我们并没有等太久。刚吃完茶点，电报就来了。

电报说道：

别墅依旧有人租住。又见窗内那张面孔。乘七点钟火车来会，一切静候来后处理。

我们刚下火车，他早已在站台上等候了。在车站灯光下，只见他面色苍白，心烦意乱，浑身颤抖。

“他们还在别墅里，福尔摩斯先生，”他用手紧紧拉住我朋友的衣袖说道，“我经过别墅时看到里面灯亮着。现在我们应当断然解决这件事。”

“那么，你有什么打算？”沿着幽暗的林荫道上走时福尔摩斯问道。

“我打算闯进去，亲眼看看屋里到底是些什么人。我想请你们两位做个见证。”

“可你妻子警告你最好不要揭开这个谜底，你决心不顾一切地去闯吗？”

“是的，我已经下定决心了。”

“好，我认为你是对的。弄清真相总比无休无止地猜疑好得多。我们最好立刻就去。当然，从法律上说，我们这样做是极为不妥的。不过我想这也值得。”

那天夜色漆黑异常，我们从公路转入一条小路。小路很窄，路面车辙很深，两旁全是树篱。这时天上开始飘起毛毛细雨，芒罗先生急不可耐地冲向前去，我们也竭力前行，一路上磕磕绊绊，紧随在他身后。

“那就是我家的灯光，”他指着树丛中忽隐忽现的灯光低声说道，“这就是我要进去的那所别墅。”

他说话时，我们已在小路上拐了弯，那所别墅已是近在眼前。门前横着一个门闩，显然，门是半掩着的，楼上一个窗户灯火通明。我们望过去，只见一个黑影正从窗帘上掠过。

“这就是那个家伙！”芒罗喊道，“你们可以亲眼看见这里有人。现在随我来，我们马上就会弄明白一切。”

我们走近门口，突然一位妇人从黑影中走了出来，站在黄色的灯光影中。黑暗中我看不清她的脸容，但她双臂高举，做出恳求的姿态。

“看在上帝的面上，不要这样！”她高喊道，“杰克，我料到今晚你一定会来。亲爱的，你再好好想一想！再相信我一次，你永远都不会后悔的。”

“艾菲，我已经相信你太久了，”他厉声喝道，“放开我！我一定要进去。我的朋友和我要彻底解决这件事！”

他把妻子推到一边，我们紧随他身后走了过去。他刚把门打开，一个老妇人跑到他面前想阻拦他，可是被他一把推开了。转眼间我们都到了楼上。芒罗跑到上面亮着灯光的屋中，我们也紧随其后走了进去。

这是一间暖和舒适、家具布置停当的卧室，桌上点着两支蜡烛，壁炉台上也点着两支。房间的一角，一个小女孩模样的孩童俯身坐在桌旁。我们一进门，她就把脸转了过去，不过我们可以看到她穿着一件红上衣，戴着一副长长的白手套。当她突然转向我们时，惊恐之下我竟然失声尖叫。她转过身时，朝向我们的是一副极为怪异的铅灰色的面孔，而且丝毫没有表情。一瞬间，这个谜底就揭开了。福尔摩斯笑了笑，把手伸到这孩子耳后，把一个假面具从她脸上剥落了下来，原来她是一个如炭一般黝黑的小女孩。看到我们，小女孩高兴地露出了一排洁白闪亮的牙齿。看到她那滑稽的样子，我也忍俊不禁。可是芒罗却一只手按着自己的喉咙，站在那里呆呆地望着。

“我的天哪！”他大声喊道，“这是怎么回事？”

“我告诉你这是怎么回事，”他妻子面容坚定而自豪地扫视了一眼屋内的人说道，“你强迫我违背我的意愿告诉你，现在我们两个人必须求得一个妥善的办法。我的丈夫死在亚特兰大，可是孩子却幸免于难。”

“你的孩子？”

她从怀里取出一个大银盒子说道：“你从未见它打开过吧？”

“我以为它打不开呢。”

她按了一下弹簧，盒盖立即打开。里面是一张男人的画像，清秀英俊，温文尔雅，可是他的面貌却明显具有非洲血统的特征。

“这就是亚特兰大的约翰·赫伯龙，”夫人说道，“世上没有比他更高尚的人了。为了嫁给他，我与我的同族人都断绝了关系，不过他在世时我一刻也没后悔过。不幸的是，我们唯一的孩子，竟然继承了他祖先的血统而不是遗传我的肤色。白人和黑人结合，往往有这种情形。小露西居然比她父亲还要黑得多。不管是黑是白，她毕竟是我的亲生女儿，是母亲的小宝贝儿。”

听到这些话，小家伙跑了过去，依偎在母亲身旁。

“我离开美国时只因她的身体太虚弱了，换了水土可能对她没有好处，我才把她托付给我们以前的仆人——那个忠诚的苏格兰女人——来抚养。我从未想过遗弃我的孩子。可是机缘巧合，自从遇见了你之后，杰克，我知道我爱上了你，我不敢把我有小孩的事对你讲。上帝原谅我，我怕会失去你，所以就一直没有勇气告诉你。我只有在你和孩子两人中间左右为难。在爱情方面我是个很脆弱的人。我最终暂时舍弃了我的小女儿，选择了你。三年来我一直向你隐瞒了这件事，可是我经常从保姆那里得到消息，知道她一切都很好。然而，我终于抑制不住想见见孩子的愿望。我虽然一再压抑这种愿望，可是无济于事。我知道这样做会有危险，但还是决心让孩子来，哪怕是几个星期也好。于是我给保姆寄去100英镑，告诉她这里有所小别墅，她可以来和我做邻居，而我根本无须出面和她联系。我甚至嘱咐她白天不让孩子到外面去，并且在孩子的脸上戴上面具，手上戴上手套，这样即使邻居从窗户里看到了她，也不会因为邻里住着一个黑人而闲言碎语。要不是我过于小心谨慎，就不会弄巧成拙了。但是我当时已经吓得快要疯了，唯恐你了解到实情。”

“是你首先告诉我这个小别墅有人租住了，我本应该等到天明，可是我激动得睡不着，因为我知道你平日里睡得很死，所以就溜了出去。不料被你看到了，于是我开始碰到了麻烦。第二天你察觉了我的秘密，可是你宽宏大量，没有追究。三天后，你从前门闯进去时，保姆和孩子却从后门躲了起来。今天晚上终于真相大白，请问你打算怎样处理我和孩子呢？”她握紧双手，等待着回答。

这样僵持了非常难熬的十来分钟，芒罗终于打破了沉默。他的回答让我回味无穷。他抱起孩子，吻吻她，然后，一手抱着孩子，一手挽着妻子，转身向门口走去。

“我们可以回家去从容商量，”他说道，“我虽然不是什么圣人，艾菲，可是我想我总比你所想象得要好一些。”

福尔摩斯和我随他走出那条小路，这时我的朋友拉了拉我的衣袖。

“我想，”他说道，“我们还是回伦敦去，这比留在诺伯里更有用些。”

大半个晚上福尔摩斯对本案只字未提，直到最后他手持烛火走回卧室。

“华生，”福尔摩斯说道，“如果以后你觉得我对我的办案能力过于自信，或在办一件案子时下的功夫不够，请你最好在我耳边轻轻说一声‘诺伯里’，那我一定会感激不尽的。”

（梁永刚　译）